中國學術思想 研究輯刊

十 三 編
林 慶 彰 主編

第 **15** 冊

魏晉身體修養論

孫 世 民 著

花木蘭文化出版社

國家圖書館出版品預行編目資料

魏晉身體修養論／孫世民 著 — 初版 — 新北市：花木蘭文化
出版社，2012〔民 101〕
目 4+320 面：19×26 公分
（中國學術思想研究輯刊 十三編：第 15 冊）
ISBN：978-986-254-799-1（精裝）
1. 魏晉南北朝哲學　2. 修養　3. 氣
030.8　　　　　　　　　　　　　　　　101002167

ISBN-978-986-254-799-1

9 789862 547991

中國學術思想研究輯刊
十三編　第十五冊　　　　　　ISBN：978-986-254-799-1

魏晉身體修養論

作　　　者　孫世民
主　　　編　林慶彰
總 編 輯　杜潔祥
出　　　版　花木蘭文化出版社
發 行 所　花木蘭文化出版社
發 行 人　高小娟
聯絡地址　新北市永和區中正路五九五號七樓
　　　　　電話：02-2923-1455／傳真：02-2923-1452
網　　　址　http://www.huamulan.tw 信箱 sut81518@gmail.com
印　　　刷　普羅文化出版廣告事業
封面設計　劉開工作室
初　　　版　2012 年 3 月
定　　　價　十三編 26 冊（精裝）新台幣 42,000 元

魏晉身體修養論

孫世民　著

作者簡介

孫世民，國立彰化師範大學國文研究所中國文學博士，目前為國立台北商業技術學院助理教授。研究專長包含《世說新語》及魏晉玄學，碩士論文為《世說新語反映的魏晉老學》，博士論文為《魏晉身體修養論》。除此之外，尚有單篇論文數十篇，發表於《中國學術年刊》、《孔孟學報》、《彰化師大國文學誌》、《興大人文學報》、《靜宜人文社會學報》、《慈濟大學人文社會科學學刊》等優良學術期刊。

提　　要

　　魏晉身體修養之縱深處，隱含著生命意義之自我治療。劉邵所重在「政治身體」，而以「自然身體」為追求目標，欲塑造政治上之聖王；王弼才為玄理化人生修養的真正開端。王弼的理路，非常特殊，他強調的是身體的「物質自主真實性」，認為只要放掉意識造作執著，順任自然之氣，身體自身的物質自主性，才可獲得保全，當身體不受意識掌控時，身體自身可自生、自濟、自我長成、自定方向。

　　阮籍身體修養論，談論春氣與地氣對身體的正面影響，亦論及地氣對人之性情的負面影響，所論較王弼為細膩，但義理之深刻性，不及王弼，亦未能承續王弼「身體自主性」之說。阮籍身體修養論，雖細膩處超過王弼，但所述較為零散，不成系統。

　　嵇康相須論則以「氣論」為理論基底，以陰陽相須、形神相須、明膽相須、人地相須為綱目，以「氣的交感互通」為運作方法，以「大通境界」之「整體諧和觀」為「終極關懷」。嵇康身體理論，是兼含「理論基底」、「核心概念」、「運作方法」、「終極關懷」，這是一套系統龐大的完整理論。

　　嵇康雖解決阮籍身體修養論不成系統的問題，但是劉邵、王弼、阮籍、嵇康，雖然都以自然之道為身體修養追求之目標，但是「身體」與「自然之道」，懸隔甚遠，以致於阮籍與嵇康內心時相衝突，未能安穩，這樣的理論缺失，到了郭象、張湛，終於獲得解決。

　　郭象「即身證天道」，「身體即是天道」，張湛「天地」、「身體」、「萬物」融通為一，天地以複本的姿態，融入身體，萬物亦以「附件」、「物件」的方式，鑲嵌入身體之中，不但身體具備天地之理，且取於身而足，靡有一物不備，魏晉身體修養論發展至郭象、張湛，已達顛峰。

　　就因為魏晉身體修養論發展至此，理論高度難以超越，是故，葛洪別開一路，取道教理論，開發宗教身體療癒一路。

目
次

第一章　緒　論

第一節　身體與修養

　　大致來說，西洋哲學對身體採二元分立的立場，笛卡爾（Rene Descartes,
1596～1650）主張身心二元論，他在《沉思錄》中說：「心靈和身體之間有極
大的差別。有關身體方面，就它的本性來說，是永遠可分的，而心靈的本性
則完全不可分。」〔註1〕「我和此身體緊密地連結和混合在一起，使心靈和身
體組成了一個整體。如果不是這樣，則我的身體受傷時，就不會感到痛苦，
因為我只是一個思想物，只能藉著理解力知覺這個傷處。」〔註2〕「嚴格來
說，我只是一個思想物，也就是說，我是一個心靈，一個靈魂，或是一個理
解，一個理性。」〔註3〕笛卡爾認為身心二分，身體和本性可分開，但心靈和
本性不可分開。能思本性即是我，我就是一個思想物，人心成了映照外界的
鏡子，劉放桐便說：「笛卡爾把我思作為出發點，意味著認識是從人的內心發
生的，人心成了一面映照外在世界的鏡子。」〔註4〕柏拉圖主張心物二分，且
人心為照耀外物的一面鏡子，此為「鏡像論」。笛卡爾二元分立的觀點，延續

〔註1〕　〔法〕笛卡兒（Rene Descartes, 1596～1650）著，黎惟東譯：《沉思錄》（台北：
　　　　志文出版社，2004年1月），頁119。

〔註2〕　〔法〕笛卡兒著，黎惟東譯：《沉思錄》，頁114。

〔註3〕　〔法〕笛卡兒著，黎惟東譯：《沉思錄》，頁46。

〔註4〕　劉放桐：〈後現代主義與西方哲學的現代走向〉，收於李惠國、黃長著主編：
　　　　《流變與走向：當代西方學術主流》（北京：社會科學文獻出版社，2001年1
　　　　月），頁6。

了柏拉圖的「鏡像論」。

　　笛卡爾身心二元論影響重大，奠定了整個近代西方思想對身體的理解，張豔豔《先秦儒道身體觀與其美學意義考察》說：

> 笛卡爾以身心割裂、對立的二元論，奠定了現代性得以展開的基石，精神／物質、心／身、主體／對象、本質／現象、內容／形式、價值／事實的二元判定由此成為現代哲學與美學的主調。當現代性愈益陷入危機之時，究本清源，當代的思想者由回溯到笛卡爾，以對笛卡爾身心二元論的批判展開救贖，而身體因此也便成為當代思想視域中的焦點，身體的轉向成為西方思想轉向的重要標識。〔註5〕

笛卡爾主張能思本性即是我，且身心割裂、心靈與外物對立，身與心互相獨立，互不影響，Bryan S. Turner《身體與社會理論》便說笛卡爾「建立身體（作為機器）與心靈（作為理性意識）的二分」〔註6〕。胡賽爾（Edmund Husserl, 1859～1938）《笛卡兒的沉思：現象學導論》認為是「我思與作為我思對象的分離」〔註7〕，對於此種分離，約翰‧伯格（John Berger, 1926～）《觀看的視界》稱之為「笛卡兒式分裂」。〔註8〕

　　在研究「魏晉身體修養論」時，常被人問及：「為何對肉體有興趣？」這實在是一個不太精準的問題，一般人都以為「身體即肉體」，這是受到近代西洋哲學身體二元分立的影響，將精神與肉體二分，在這樣的理解脈絡下，「身體研究」當然就成為在研究肉體。

　　因此在論述「身體修養論」之前，須先了解本文所說的「身體」意義，以免滋生誤解。何乏筆說：「東方身心觀重視身心合一，而避免身心二元論。」〔註9〕在東方身心一元論的思維中，會認為西方身心二元論是不恰當

〔註5〕張豔豔：《先秦儒道身體觀與其美學意義考察》（上海：上海古籍出版社，2007年6月），頁4。

〔註6〕Bryan S. Turner 著，謝明珊譯：《身體與社會理論》（台北：國立編譯館，2010年2月），頁39。

〔註7〕〔德〕胡賽爾（Edmund Husserl, 1859～1938）著，張憲譯：《笛卡兒的沉思：現象學導論》（台北：桂冠圖書股份有限公司，2004年5月），頁48。

〔註8〕〔英〕約翰‧伯格（John Berger, 1926～）著，吳莉君譯：《觀看的視界》（台北：城邦文化事業股份有限公司，2010年8月），頁246。

〔註9〕楊儒賓、何乏筆主編：《身體與社會》（台北：唐山出版社，2004年12月），頁13。

的，梁漱溟《中國文化要義》便說：「二元歧出者，正是在淺處植基，未得其
通之道也。」〔註10〕二元歧出，未得其通，言下之意，便是身心一元，方得
其通。楊儒賓《儒家身體觀》亦云：

> 笛卡爾式的身心二元反而是獨特的，孟子的形——氣——心一體論
> 才是當理之談。〔註11〕

身心是合一的，身體並非純粹指軀體，而是兼包意識、形、氣，是形、氣、
心一體的。亦即，身體指的是完整的生命有機體，楊儒賓《儒家的身體觀》
說：

> （孟子）他的身體是種體驗證成的三體合一，他當下就是形氣意志
> 的交融體，或者該說是形氣心的完美呈現。〔註12〕

據是，身體是一個整體性的概念，指的是形、氣、心三體合一的「生命整全
體」。也可如張豔豔所說，為「身心一如，形神融合的統一體」〔註13〕。

　　身體的特性，除了楊儒賓《儒家身體觀》所指出的是「生命整全體」
外，從現象學的角度來說，身體尚具「自然變化生成」的特性。瑞士學者畢
來德（J. F. Billeter, 1939～）《莊子四講》云：

> 要進入莊子的思想，必須先把身體構想為我們所有的已知和未知的
> 官能與潛力共同組成的集合，也就是說，把它看作是一種沒有確鑿
> 可辨的邊界的世界，而意識在其中時而消失，時而依據不同的活動
> 機制，在不同的程度上解脫開來。按照莊子的想法，學會適度地轉
> 換機制，或是任由這些變化自然生成，是非常重要的。〔註14〕

畢來德《莊子四講》採用現象學的視角來詮釋《莊子》，極具新意。魏晉思想
深受老莊之學的影響，因此，要研究魏晉思想，必須先了解老莊。本論文接
受畢來德《莊子四講》的詮釋，將「身體」解釋為「已知和未知的官能和潛
力共同組成的集合」，或說是「身體作為一種可知亦不可知的活動」〔註15〕。
身體除了已知的部份外，尚有未知的官能與潛力，可自然變化生成，或是轉

〔註10〕梁漱溟：《中國文化要義》（上海：上海人民出版社，2007年4月），頁190。
〔註11〕楊儒賓：《儒家身體觀》（台北：中央研究院中國文哲研究所，2004年12月），
　　　　頁4。
〔註12〕楊儒賓：《儒家身體觀》，頁25。
〔註13〕張豔豔：《先秦儒道身體觀與其美學意義考察》，頁7。
〔註14〕〔瑞士〕畢來德（J. F. Billeter, 1939～）著、宋剛譯：《莊子四講》（北京：中
　　　　華書局，2009年4月），頁107。
〔註15〕〔瑞士〕畢來德著、宋剛譯：《莊子四講》，頁131。

換機制。就因爲身體可轉換機制，可自然變化生成，身體修養或修煉，才有提昇身體狀態，或提昇精神境界的可能。據此而言，可說身體具有「自我超拔」的可能，Chris Shilling《身體三面相：文化、科技與社會》便說：「身體具有自我超越的能力，因爲身體會產生一種神聖的能量，繼而加速文化或符號秩序的浮現。」〔註 16〕透過身體修養或修煉，產生神聖能量，能讓身體具有自我超越的能力。本論文第九章將談論「葛洪的身體修養論」，便將論述身體如何透過修養，來產生神聖能量，使自身能自我超越。

吉爾·德勒茲（Gilles Deleuze, 1925～1995）《電影 2：時間——影像》云：「直擊一個有待破譯、一貫曖昧的真實。」〔註 17〕身體研究也是在直擊一個有待破譯的曖昧的真實，之所以說是「曖昧的真實」，是因爲身體研究不是一開始便能對準問題的焦點，不是一開始便能完全掌握身體的真實狀況。所以畢來德將身體詮釋爲「可知亦不可知的活動」，就現象學來說是正確的。吉爾·德勒茲主張的真實，是指「自主的物質真實性」，德勒茲說：「物質與環境取得某種自主的物質真實性，因而具有了自身價值。」〔註 18〕身體亦具某種自主的物質真實性，可自然地生成變化，也可產生碰撞，因而生成原先難以想像的新形式，所以德勒茲說：「碰撞可以呈現極其迥異的形式」。〔註 19〕本論文第六章探討「嵇康相須論」，便將吸收部份「身體現象學」的養份，來進行論述。

身體現象學大師梅洛龐蒂（Maurice Merleau-Ponty, 1908～1961）《眼與心》一書云：「實際運作中的身體，它不是一塊空間或一簇功能，而是視覺和運動的交纏。」〔註 20〕梅洛龐蒂視身體爲視覺與運動的交纏，並說：「我的身體既是能見者，又是可見者。身體凝視萬事萬物的同時，也能凝視自己，並在它所見之中，認出能見能力的另一面。」梅洛龐蒂認爲身體爲能見者，又是可

〔註 16〕〔美〕Chris Shilling 著，謝明珊、杜欣欣譯：《身體三面相：文化、科技與社會》（台北：國立編譯館，2009 年 8 月），頁 45。

〔註 17〕〔法〕吉爾·德勒茲（Gilles Deleuze, 1925～1995）著，謝強、蔡若明、馬月譯：《電影 2：時間——影像》（長沙市：湖南美術出版社，2004 年 8 月），頁 1。

〔註 18〕〔法〕吉爾·德勒茲著，謝強、蔡若明、馬月譯：《電影 2：時間——影像》，頁 6。

〔註 19〕〔法〕吉爾·德勒茲著，謝強、蔡若明、馬月譯：《電影 2：時間——影像》，頁 2。

〔註 20〕〔法〕梅洛龐蒂（Maurice Merleau-Ponty, 1908～1961）著，龔卓軍譯：《眼與心》（台北：典藏藝術家庭股份有限公司，2009 年 1 月），頁 80。

見者，身體既是他者的客體，也是自我的主體，事物成了身體的附件或延伸，「（事物）被鑲嵌進身體的肉當中，成爲其完整的一部份」〔註 21〕。既然如此，可說萬物可見性在我的身體中複本化。〔註 22〕

　　傅柯（Michel Foucault, 1926～1984）從身體出發，加以研究。《規訓與懲罰》一書，關注的是「馴服的身體」，認爲社會（如監獄、學校等單位）藉由知識與權力，支配、控制、塑造身體，規範人的手段具有多樣性，如「通過控制思想來征服肉體」〔註 23〕、或透過「全景敞視主義」來控制身體〔註 24〕，或透過各種規訓來馴服身體，或透過懲罰來約束身體。權力將身體作爲一個馴服的對象，來加以改造，傅柯《規訓與懲罰》說：

> 人身也直接涉及政治領域：權力關係直接控制著它、籠罩著它、給它烙上標記、規範著它、折磨著它、強迫它完成某些任務、遵守某些禮節以及發出某些符號。這種對人身的政治控制，按照一種複雜的交互關係，與對人身的經濟使用緊密相關。〔註 25〕

傅柯認爲知識和駕馭構成了可稱爲有關人身的政治技術學的東西，身體受權力直接控制著、規範著，是故，「權力與知識是直接相互指涉的」。〔註 26〕傅柯並不關心個人精神如何超拔，他關心的是權力對於身體的掌控，《規訓與懲罰》說：

> 個人被按照一種完整的關於力量與肉體的技術而小心地編織在社會秩序中。〔註 27〕

傅柯關心的是權力如何透過規訓與懲罰，對於身體進行控制，傅柯談論「馴服的身體」，較偏於「社會建構論」，認爲身體是由社會建構而成。本論文第七章「郭象身體修養論」，亦將吸收部份「社會建構論」，來進行論述。

　　要研究魏晉時期之身體修養論，首先必須解決一個問題，那就是「身體爲何須要修養」？依據梁漱溟《中國文化要義》的說法，人類文化最初從身體出

〔註 21〕　〔法〕梅洛龐蒂著，龔卓軍譯：《眼與心》，頁 82。
〔註 22〕　〔法〕梅洛龐蒂著，龔卓軍譯：《眼與心》，頁 83。
〔註 23〕　〔法〕傅柯（Michel Foucault, 1926～1984）著，劉北成等譯：《規訓與懲罰》（台北：桂冠圖書股份有限公司，2011 年 5 月），頁 99。
〔註 24〕　〔法〕傅柯著，劉北成等譯：《規訓與懲罰》第三章「全景敞視主義」，頁 195～227。
〔註 25〕　〔法〕傅柯著，劉北成等譯：《規訓與懲罰》，頁 24。
〔註 26〕　〔法〕傅柯著，劉北成等譯：《規訓與懲罰》，頁 26。
〔註 27〕　〔法〕傅柯著，劉北成等譯：《規訓與懲罰》，頁 216。

發〔註 28〕。此時，人們依身體本能生活，生活工具便寓於身體之中〔註 29〕。
渴則欲飲，饑則欲食，人類文化是從身體官能欲求出發，此可說是「身為主
而心為副。心機能完全附屬於軀體，只為軀體服務，能獲飽暖安逸則止。」
〔註 30〕而後才從身體發展出精神層面的需求，注重理性，心不再拘束於軀體
之內，亦即，這是「心隨身來，身先而心後」〔註 31〕。簡單地說，是從「欲
望本位」，發展至「理性本位」，或說是「精神本位」。

　　就精神本位來說，畢來德《莊子四講》云：「只有任隨身體──如此構想
下的身體──自由地運作，我們才能夠保障自身的自主性。」〔註 32〕魏晉思
想受莊學影響，強調「虛」、「任」、「隨」，藉由「虛」、「任」、「隨」之身體修
養，目的在於保障自己身體的自主性。畢來德《莊子四講》尚云：

> 知道如何返歸渾沌與虛空，是一件事關生命的事。我們的救贖，這
> 時便取決於我們退步的能力，看我們能不能去游於物之初，找回唯
> 道集虛的那個虛，只有能夠進入這種虛空，才可能完成必然的行
> 動。而無法實現虛空，我已經說過，只會產生重復、僵化，乃至瘋
> 狂。〔註 33〕

找回唯道集虛的虛，生命的靈動性才能獲得保全；不能找回虛空，只會讓生命
產生重複、僵化，而要找回虛空，便須有一套身體修養的工夫，據此可知，
身體修養是有關生命保全的重要工作。余英時便說：「我堅信中國文化重視個
人修養的傳統，會有獨特的貢獻。」〔註 34〕余英時的堅信，是有道理的。

　　人們的生命具有兩種相反之表現，一是隨順軀殼起念，一是超軀殼或反
軀殼〔註 35〕。若隨順軀殼起念，沉溺於官能欲望之中，交引日下，人們便如
同禽獸一樣，只呈顯出動物性來，人性的光明面便隱而不發，這當然是理性
本位的人們，所不能接受的事。既然不能接受隨順軀殼起念，便應走超越軀

〔註 28〕 梁漱溟：《中國文化要義》，頁 257。
〔註 29〕 梁漱溟：《中國文化要義》，頁 111。
〔註 30〕 錢賓四：〈再論靈魂與心〉，《靈魂與心》（台北：蘭臺出版社，2001 年 4 月），
　　　　 頁 123。
〔註 31〕 梁漱溟：《中國文化要義》，頁 232。
〔註 32〕 〔瑞士〕畢來德著，宋剛譯：《莊子四講》，頁 133。
〔註 33〕 〔瑞士〕畢來德著，宋剛譯：《莊子四講》，頁 129。
〔註 34〕 余英時：〈人文與自然科學應如何均衡發展〉，《人文與民主》（台北：時報文
　　　　 化出版企業股份有限公司，2010 年 1 月），頁 22。
〔註 35〕 梁漱溟：《中國文化要義》，頁 79。

殼的路數，重視精神層面，將人性由動物性中超拔而出，而超拔的方法，便是「身體修養論」。魏晉身體修養論，重視「微觀宇宙與宏觀宇宙的融合」，很重視精神的超拔。本論文第四章及第五章，談論「阮籍身體修養論」及「嵇康身體修養論」，便將著意討論此點，以見出玄學家在思辨之外，仍有其身體修養論，可得而談。

人禍之所起，為意必固我之我執與體氣之不平衡所致，前者為個人生命愚蔽偏執之情，後者為強暴沖動之氣〔註 36〕。前者須從「心」下身體修養之工夫，後者須從「氣」之調和著手。是故，身體修養之兩大重點為「心」與「氣」，簡而言之，身體修養須向內用力，從心與氣著手。心欲掙脫愚蔽偏執之情，以達致心靈的平靜澄澈；氣欲加以調和，求取恢復原始之和諧。日人栗山茂久《身體的語言》云：「將身體視為一種自給自足的實體，受自身的內在邏輯所管轄。」〔註 37〕心與氣便可視為管轄身體的內在要素，藉由心與氣的調和、修養，身體才可成為自給自足的實體。

人的問題，終須人們自行解決。要想解決人的問題，便須下身體修養的工夫，「自天子至于庶人，壹是皆以修身為本。」故梁漱溟《中國文化要義》云：「修己工夫乃重於一切」〔註 38〕。身體修養的目的，是透過心與氣的修養，以達致自身的和諧、人與人關係的和諧、人與宇宙的和諧，是以，魏晉時期之身體修養，最終目的常在於歸返於道境，以求取自我小宇宙與自然大宇宙之間的和諧。約翰・伯格《另類的出口》認為身體為人們「脫離黑暗的出口」〔註 39〕，據此出口，才能進入神之家。就魏晉思想來說，身體可視之為脫離黑暗的出口，以及歸返道境的入口。

站在「生命的學問」的立場，哲學家若能實踐其關於身體的觀點，將該觀點內化為具體的生活實踐，會是比較理想的，也較符合中國哲學為「生命的學問」這一特質〔註 40〕。更何況既然「身體」是屬於生命的整全體，當然

〔註 36〕 梁漱溟：《中國文化要義》，頁 100。

〔註 37〕 〔日〕栗山茂久著，陳信宏譯：《身體的語言——從中西文化看身體之謎》（台北：究竟出版社，2001 年 1 月），頁 286～287。

〔註 38〕 梁漱溟：《中國文化要義》，頁 208。

〔註 39〕 〔英〕約翰・伯格著，何佩樺譯：《另類的出口》（台北：城邦出版集團有限公司，2011 年 5 月），頁 104。

〔註 40〕 牟宗三《中國哲學的特質・第一講引論：中國有沒有哲學》云：「中國哲學以生命為中心。儒道兩家是中國所固有的，後來加上佛教，亦還是如此。……對於以生命為中心的學問沒有相應的心靈，當然亦不會了解中國哲學。」（台

就不會和實踐、工夫、體證無涉。身體固然是受到社會的影響建構而成，但是身體亦有「自我建構」之自我能動性，自我建構便須在實踐工夫中完成。身體既為脫離黑暗的出口，若空憑思辨，實難產生功效，要產生具體的功效，便須下身體修養的工夫。

但是，魏晉時期流行對於《易》、《老》、《莊》三玄之思辨，基本上，魏晉玄學是屬於三玄思辨之學，思辨義理，或口談清言，言天人之際，可說得玄之又玄，即使是較為形而下的論述，如談論人際關係互動的主張，實際生活也未必能做到，如長於「辨名析理」，極富思辨力之王弼，主張「以虛受人，物乃感應」〔註41〕、「情同而後乃聚，氣合而後乃群」〔註42〕，然而依據《三國志·魏書·王毋丘諸葛鄧鍾傳第二十八》裴松之注云：「弼在臺既淺，事功亦雅非所長，亦不留意焉。……頗以所長笑人，故時為士君子所疾。……然弼為人淺而不識物情，初與王黎、荀融善，黎奪其黃門郎，於是恨黎，與融亦不終。」〔註43〕《世說新語·文學篇》第六條梁、劉孝標注引〈弼別傳〉亦云：「弼事功雅非所長，益不留意，頗以所長笑人，故為時士所疾。又為人淺而不識物情。初與王黎、荀融善，黎奪其黃門郎，於是恨黎，與融亦不終好。」〔註44〕可知王弼雖主張「以虛受人」，實際上卻是「頗以所長笑人」；雖主張「物乃感應」、「氣合而後乃群」，實際生活上，卻是「為時士所疾」、「為人淺而不識物情」、「於是恨黎，與融亦不終好」，何來感應之有？何能氣合乃群？舉出此點，目的並非在批評王弼的不是，而是在於指出魏晉玄學其學問性格本屬思辨之學，加上中國哲學具有重視身體化認知的特徵〔註45〕，使得玄學是否有身體修養論，便成為一個有待釐清的問題。本論文便是試圖釐清此點，以解開魏晉思想不重視身體修養論的迷思。

玄學家雖長於思辨，仍有其修養論、工夫論可得論述，據此，身體才能

北：學生書局，1990 年 10 月），頁 10。

〔註41〕〔魏〕王弼著，樓宇烈校釋：《王弼集校釋》（北京：中華書局，1999 年 12月），下冊，頁 374。

〔註42〕〔魏〕王弼著，樓宇烈校釋：《王弼集校釋》，下冊，頁 445。

〔註43〕〔晉〕陳壽著，裴松之注：《三國志》（北京：中華書局，2006 年 10 月），第 3 冊，頁 795～796。

〔註44〕〔南朝〕劉義慶著，余嘉錫箋疏：《世說新語箋疏》（台北：華正書局，1993年 10 月），頁 196。

〔註45〕王志楣：〈從有身到無身——論《老子》的身體觀〉，彰化師大《國文學誌》第 15 期，2007 年 12 月，頁 43。

成為脫離黑暗的出口。亦即，玄學家對於身體之認知，與實踐、體證雖不一定能相互結合，但常能相互結合，如郭象玄學便將實踐與思辨結合。一般人想到魏晉玄學，常會以為是純思辨之學，沒有修養論或工夫論，本論文便想針對此點，加以研究，期望能推翻大家習以為常的認知。

另外，魏晉時期流行氣論，何為「氣」呢？依劉長林之詮釋，氣兼含有三層涵義：（一）氣為構成天地萬物的物質材料。（二）氣具有功能動力的內涵。（三）氣代表信息〔註 46〕。王志楣也說：「氣是生命形成的機轉，稟道而生的氣具有陰陽兩種屬性。」〔註 47〕據是得之，氣兼含有三義：一是萬物之質料因，二是萬物之動力因，為生命形成之機轉。三是萬物可相互感通之信息。本論文將從「氣論」的角度切入，來析論魏晉時期之思想家們，如何以「氣論」為始基，展開他們的身體修養論。

第二節　身體研究文獻探討

本節將整理現在學者專家及研究人員，對於身體的主要研究成果。

一、楊儒賓《儒家身體觀》

楊儒賓《儒家身體觀》，是臺灣地區研究身體觀方面，極為重要的著作。本書認為「意識與氣是身體的顯示向度與隱闇向度」、「身體是心氣交錯感應的有機體」〔註 48〕，且先秦儒家身體觀可分為「二源三派」：二源指得是以《周禮》為中心的威儀身體觀（或言攝威儀觀），以及以醫學為中心的血氣觀（或言治血氣觀）。

三派指的是：（一）踐形觀：孟子是典型的代表。他強調形──氣──心的結構，主張生命與道德的合一，人身乃精神化的身體。（二）自然氣化觀：這種身體觀強調自然與人身同是氣化產物，因此，自然與人在內在的本質上同樣是感應的。這種身體觀在秦、漢以後蔚為大宗，但在《管子》兩篇的精氣說以及《左傳》、《易傳》等文獻中已可見其梗概。（三）禮義觀：這是種社會化的身體，它強調人的本質、身體與社會的建構是分不開的，荀子是典型

〔註 46〕劉長林：〈說氣〉，收於楊儒賓主編：《氣論及身體觀》（台北：巨流圖書公司，1997 年 2 月），頁 119～120。

〔註 47〕王志楣：〈從有身到無身──論《老子》的身體觀〉，頁 37。

〔註 48〕楊儒賓：《儒家身體觀》，頁 5。

的代表。這三種觀點，簡而言之，是「以心氣爲中心的踐形觀」、「以自然之氣爲中心的氣化身體觀」、「以社會規範爲中心的禮義身體觀」〔註49〕。

除「二源三派」外，楊儒賓還提出「四體一體的身體觀」：「我們可以說傳統儒家理想的身體觀應該具備：意識的身體、形軀的身體、自然氣化的身體與社會的身體四義。這四體實際上當然不是可以畫分開的，而是同一機體的不同指謂。由於這四體相互參差，因此，每一體可以說都有心氣滲入，因此，我們可以說任一體皆有主體義。是故，我們可以說身體主體（body subject）一詞。此主體之名可含攝意識主體、代表形軀內外兩面的形氣主體、自然主體與代表社會規範體系的文化主體。」〔註50〕同一身體，含有意識主體、形氣主體、自然主體、文化主體，此四體皆爲同一身體之不同指謂，此名之日「四體一體的身體觀」。

二、張豔豔《先秦儒道身體觀與其美學意義考察》

這本書是張豔豔在其博士論文的基礎上，加以修改而成。作者有感於身心割裂，肉體欲望單向度的膨脹，許多人愈來愈陷溺於感官之欲，因此希望透過研究先秦儒道身體觀，可以供現代人一些省思。張豔豔認爲先秦儒道的身體理論的共同點在于，根本上他們從來都不割裂身／心、情／理、感性／知性的內在融通關係，生命是活生生的、生成著的、在具體的歷史文化境域中遭受塑造（正負兩個方面）的存在體，但是儒道都始終不放棄生命存在理想和諧狀態的訴求，這是身體自身性、情、欲的和諧相生、身心一如的一體存在，身體主體作爲生命的整一體，由此開出的是與他者、外物，甚而與天地宇宙融通的和諧關係。身體主體自身無隔斷之處，是整個生命存在的豐富性的飽滿與充盈，而這一豐富性的充份展開就是美的，因此也將開出和諧的審美關係〔註51〕。身體主體爲生命整全體，可與外物開出飽滿充盈、和諧的審美關係，甚至可與天地宇宙融通和諧。

三、劉成紀《形而下的不朽——漢代身體美學考論》

劉成紀爲鄭州大學美學教授，《形而下的不朽——漢代身體美學考論》便是劉成紀繼《審美流變論》、《美麗的美學》、《物象美學》等著作之後，最新

〔註49〕楊儒賓：《儒家身體觀》，頁8。
〔註50〕楊儒賓：《儒家身體觀》，頁9。
〔註51〕張豔豔：《先秦儒道身體觀與其美學意義考察》，頁199～200。

的美學論著。劉成紀認爲「從中國藝術與身體的關聯看，關于身體的話語即是關于藝術的話語。美學研究中對身體的發現，使藝術這個長期讓人輒喚奈何的對象在結構上變得清晰起來。……中國美學史上的美的規律，在許多情況下可以具體爲身體的存在規律，藝術對人的本質力量的顯現，也可具體化爲身體性的再現。……在美學史中，由于自然美往往建基于人對自然的身體想象，心靈的抽象性往往依托于肉體的堅實性，所以藝術中的自然和心靈問題，其實共同完成了向身體問題的聚集。」〔註52〕劉成紀從美學的角度加以研究，認爲身體的話語，即是關於藝術的話語；美的規律，就是身體的存在規律；自然美建基於自然的身體；心靈的抽象，依托於肉體的堅實。

四、王岫林《魏晉士人之身體觀》

　　王岫林《魏晉士人之身體觀》爲九十五年六月國立中山大學中國文學研究所博士論文，指導教授爲江建俊教授、蔡振念教授。此本論文爲目前唯一關於魏晉時期之身體觀專著，所以研究魏晉身體觀者，須視之爲重要參考資料，加以仔細閱讀。

　　此論文分爲七章，第一章爲緒論。第二章爲魏晉的重身思想，敘述魏晉重身思潮在三方面的表現：「留戀現世的身體」、「身體與容行」、「魏晉儀容觀」。第三章整全而流動之體，分敘「形、氣、神一體觀」、「形神兼養以全身之身體觀」、「文學藝術中的一體之身體觀」、「大體與小體的融貫」。第四章身體與社會，論述「身體的工具性」、「禮身關係」。第五章反社會的變型之體，敘述「性別位置的錯置」、「反社會的變體」。第六章魏晉的理想身體，敘述「魏晉聖人論述中的身體意象」、「理想身體與現實身體」、「理想的社交身體之呈現」。第七章爲結論。

　　王岫林之論文，大量參閱《三國志》及《晉書》、《世說新語》等資料，對魏晉時期之歷史文獻，用力頗深，討論涉及到的面相甚廣，間亦吸收西洋哲學，實屬不易。第三章第二節「形神兼養以全身之身體觀」，對於研究魏晉時期之身體修養論，亦頗有可資參考之處，此爲王岫林論文的優點。

　　然而全文較偏於敘述魏晉士人關於身體之社會風尚（無論是身體的工具性，或是反社會之風尚），屬於「歷史研究」之範疇，哲學義理方面之探討，

〔註52〕劉成紀：《形而下的不朽──漢代身體美學考論》（北京：人民出版社，2007年4月），頁470。

便顯得深度有所不足。尤其是關於「身體修養論」，在魏晉時期是相當受到關注的，劉邵、王弼、阮籍、嵇康、郭象、張湛、葛洪等人，皆有其身體修養論，然而王岫林僅以一小節來加以探討，便留下許多足資探討的空間，有待我們來開展。

王岫林雖已有《魏晉士人之身體觀》，但偏於士人行為社會風尚之歷史研究，思想探討方面，尚有開拓空間存在。分析言之，「身體為修養場域」方面，尚可繼續探勘挖掘；「身體為表演場域」方面，王岫林較為忽略，意涵亦未闡發；「身體為相須場域」方面，王岫林全無觸及，實為可惜〔註53〕；「身體為審美場域」方面，王岫林偏於討論《世說新語》，忽略劉邵《人物志》「平淡無味說」，對於人格美學的開拓。凡此種種，皆留給我們繼續開墾努力的空間。今後我們要研究相關議題，可吸收王岫林論文之優點，針點其有待繼續開墾處來著力。

五、劉錦賢《儒家保身觀與成德之教》

此書分為八章，第一章為緒論，第二章為衛生保健，第三章為知幾保命，第四章為定心靜氣，第五章為正德寡欲，第六章為仁民愛物，第七章為和情樂志，第八章為結論。由其綱目可知，此書雖以「儒家保身觀與成德之教」為題，實際上是以「身體修養論」為探討中心。作者強調儒學固以道德之實踐為根本，道德實踐比身體之健在為重要，然而保身實為成德之先決條件。蓋身體苟不強健，踐德時必感心餘力絀；生命苟不存在，即無成德可言。是故，儒家對「衛生保健」與「知幾保命」並不忽視，特表而出之。凡「定心靜氣」、「正德寡欲」、「仁民愛物」等成德之工夫，及其終極歸趨「和情樂志」，皆有助於身體之強健與生命之保存也。

六、周與沉《身體：思想與修行》

此書分為九章，第一章為緒論，第二章為中國身體觀研究述評，第三章為形軀之身：描述與評價，第四章為心：家族類似的視角，第五章為溝通身心的氣，第六章為修行：踐行與轉化，第七章為他者的眼光：天竺與泰西，第八章為回到中國，第九章為結語。此書研究身體與修行，已注意到形軀之身、心、氣，以及透過修行，轉化身體。

〔註53〕關於魏晉「相須哲學」之定義及相關義理的開展，請參閱本論文第六章有關於「嵇康相須論」的討論。

第三節　研究動機

魏晉時期之身體研究，可分從四大面相來探討：（一）身體與修養：身體是修養之場域。（二）身體與美學：身體爲審美之場域。（三）身體與表演：身體是表演的場域。（四）身體與相須：身體爲辨名析理之相須場域。從此亦可看出魏晉身體是一個開放的場域，同時兼含修養、審美、表演、辨名析理四大活動。本論文將側重於「身體與修養」來探討，另外，嵇康相須論與身體修養，亦有密切之關係，將一併探討。

魏晉時期，主要的思想家如劉卲、王弼、阮籍、嵇康、郭象、張湛、葛洪等人，皆關注身體修養論，皆有身體修養之論述，可資探討，表示這是一個在當時來說，十分重要的課題，然而，到目前爲止，尚少「魏晉身體修養論」之專著，不能不說是一項遺憾，當然也可說是留下一個可資開發的空間。

本章第一節，談到身體修養須從「心」與「氣」下工夫。是以，談到魏晉身體修養論，便不能不討論身體與氣之關係。身體源於氣，氣是身體的質料因，爲魏晉時期主要思想家的共識，劉卲、王弼、阮籍、嵇康、郭象、張湛、葛洪，皆如此主張，可知身體源於氣，並非是「戲論」，而是時代的主流思想。一般思想史，論述兩漢時強調「氣化論」，論述魏晉時強調「本體論」，導致在閱讀魏晉文獻時，當發現身體源於氣，便很容易以爲是戲論而已，常會加以忽略其重要性，然而如果整理整個時代的主要思想家文獻，便可發現思想史這樣截然二分的哲學研究方法，是不符合魏晉時代真實狀況的。

據此，本文企圖從「氣」的角度出發，重新整理魏晉文獻，身體既然源於氣，身體修養當然與「氣」的調養，有密切關聯。因此，以「氣」爲線索，重新理解、詮釋魏晉文獻，相信是很有意義的研究。

第四節　研究方法

要研究魏晉時之身體理論，就目前來說，有一明顯的困難，那就是對於玄學家們之身體理論，單篇之論文，數量還很少，東華大學博士生陳靜容於《東華人文學報》，刊登〈觀看自我之藝術——試論魏晉時人身體思維的釋放轉向〉論文，論述阮籍等人之身體表演，認爲魏晉名士以貼近自我的身體語言迎向道，消解語言的侷限，又能於嘯詠之際回視生命最底層的真我，亦

正因為嘯為一種身體語言，方使主體能穿透道與我間隱微而又高深的界限〔註 54〕，此文頗具學術創意；臺灣大學鄭毓瑜教授〈身體表演與魏晉人倫品鑒——一個自我體現的角度〉論文，從身體表演之角度，論述身體藉助音聲、眼光、貌色、儀形、舉止等體現的訊息，就可以成為意義傳遞與接收的所在，且身體就是論述，就是非口頭形式的語言，社會上流行的身體慣用語形塑了某一種特殊的身體表演範式與認同意義〔註 55〕；成功大學博士生周翊雯〈郭象注莊中身體思維探究〉論文，強調郭象身體思維斬斷工夫，且身心關係分離〔註 56〕，這是接受一般人的認知，因而以為魏晉時期是沒有修養論的，是「斬斷工夫」的；南華大學助理教授陳旻志〈聖人觀的原型與型變——魏晉儒道思想中文化人格的官能調和論〉，發表於國立臺灣師範大學主辦之「第三屆儒道國際學術研討會——魏晉南北朝」，陳旻志認為魏晉時期之玄學家主張官能調和論。到目前為止，關於魏晉時期玄學家身體觀之單篇論文，五彩紛呈，或論「身體表演」，或言「身體修養」，或述「感官調和」，或言「斬斷工夫」，雖有新意，但累積之數量太少，品質亦有差距，且部份論點亦有再須參酌之處。所以此期要研究魏晉玄學家之身體觀或身體修養論，就必須回到魏晉思想家之文本，採取「文本研究法」、「內緣研究法」，一個一個思想家加以研究，然後再予以綜合，才是較為可靠、紮實的作法。本論文第七章論述「郭象身體修養論」，便將討論「斬斷工夫」的觀點。

研究哲學之方法，當先「分述」，再行「綜述」，才不會膚談錯謬。牟宗三《中國哲學十九講》云：「無本而綜述，鮮能的當」〔註 57〕，這是牟先生累積多年研究哲學之心得。牟先生《才性與玄理》，於論述魏晉思想的部份，亦採思想家「文本分析」的方式，逐一分析劉邵《人物志》、王弼、向郭、阮籍、嵇康之思想。是故，本論文將謹遵牟先生的教誨，採「先分述再綜述之法」。先進行分述魏晉思想家之身體修養理論，再予以綜述，在現階段，這應當是較為可靠的研究方法。

〔註 54〕陳靜容：〈觀看自我的藝術——試論魏晉時人身體思維的釋放與轉向〉，《東華人文學報》第 9 期，2006 年 7 月，頁 30～31。

〔註 55〕鄭毓瑜：〈身體表演與魏晉人倫品鑑——一個自我體現的角度〉，《漢學研究》第 24 卷第 2 期，2006 年 12 月，頁 71～104。

〔註 56〕周翊雯：〈郭象注莊中身體思維探究〉，《鵝湖月刊》第 365 期，2005 年 11 月，頁 49～52。

〔註 57〕牟宗三：《中國哲學十九講》（台北：學生書局，1991 年 12 月），頁 1。

　　本文探討魏晉身體修養論，其中人物的選取部份，將選擇著作中，有較多身體書寫，或身體修養論述之「哲學性著作」爲主，故選取劉邵、王弼、阮籍、嵇康、郭象、張湛、葛洪等人，來加以探討。何晏雖亦爲知名之玄學家，且好服婦人之服，但因爲何晏身體修養論述資料較少，在本論文中將予以割愛，暫不予討論。

　　至於人物排列的順序，將依照魏晉玄學分期之先後：（一）玄學之萌芽及正始玄學：劉邵、王弼。（二）竹林玄學：阮籍、嵇康。（三）元康玄學：郭象。（四）東晉玄學及宗教：張湛〔註58〕、葛洪。

〔註58〕魏晉玄學的分期，學者有不同的意見，本文接受湯一介《郭象與魏晉玄學》的分期，將玄學分爲「正始玄學」、「竹林玄學」、「元康玄學」、「東晉玄學」。參閱湯一介《郭象與魏晉玄學》（中和市：谷風出版社，1987 年 3 月），頁34～79。

第二章　劉邵身體修養論

第一節　前　言

　　劉邵（182～245 年），字孔才，廣平邯鄲人，爲曹魏時期重要的思想家，代表作《人物志》，「直接就個體的生命人格，整全地、如其爲人地而品鑒之。」〔註1〕是故，《人物志》實爲魏晉「人物品鑑」之專門著作，據此可以開出美學境界與智悟境界〔註2〕，亦爲魏晉玄學之前奏〔註3〕。研究劉邵的相關論文甚多，但是目前尚少研究人員在學術期刊或學位論文上發表過劉邵的身體觀或身體修養論，實爲可惜。

　　本文探討劉邵的身體修養論，將分從身體起源論、身體思維、身體操作方法三方面，來加以研究。三者之間有邏輯之關聯性存在，就因爲劉邵認爲

〔註1〕 牟宗三：〈人物志之系統的解析〉，收於牟氏：《才性與玄理》（台北：學生書局，2002 年 8 月），頁 44。

〔註2〕 牟宗三〈人物志之系統的解析〉云：「《人物志》系統，順才性之品鑒，既可開出人格上的美學原理與藝術境界，復可開出心智領域與智悟之境界。」（頁64）賴麗蓉《魏晉人物品鑑研究──創造性審美活動的完成》云：「《人物志》則代表了正始以前的學風，著重實用性，惟邵爲政治人事之深察名實而論才性，卻使得兩漢以來的人物品鑑在本質上徹底改變且開美學境界，應是邵始料所不及的吧。」（國立臺灣師範大學國文研究所博士論文，1996 年 5 月），頁 49。

〔註3〕 李建中、高華平《玄學與魏晉社會》云：「《人物志》在討論選舉標準時所涉及到的名實、才性、有無、一多及聖人人格等問題，實開正始玄學之先。魏晉玄學以正始爲第一期，而出現在黃初年間的劉邵《人物志》則爲魏晉玄學之前奏。」（石家庄市：河北人民出版社，2003 年 1 月），頁 26。

身體起源於先天之氣,是故,身體之本質實乃先天決定,所以在探討身體思維方面,劉邵顯露出重視本質的傾向,而重視本質,又決定了「內外相符應說」及「人性及材能先天決定論」。而「人性及材能先天決定論」又決定了「以平淡爲貴論」。所以在探討劉邵身體思維時,依照邏輯先後關係,依序介紹「重視本質原理的探討」、「內外相符應說」、「人性及材能先天決定論」、「以平淡爲貴論」。「以平淡爲貴論」強調劉邵重視「政治身體」之意蘊,故於「以平淡爲貴論」之後,緊接著介紹「耳目殊管,各司其官」之政治哲學。第三節介紹完劉邵的身體思維後,爲了避免讀者以爲劉邵著重先天決定論,而忽略自我能動性,所以第四節必須介紹劉邵的身體修養論,綜合第三節及第四節的探討,架構起劉邵一套兼顧先天決定論及後天身體修養論的完整身體理論體系。

第二節　身體由氣形成

劉邵認爲萬物皆源於形上之「元一」,人之身體當然也源於「元一」,何謂「元一」呢?江建俊《漢末人倫鑒識之總理則——劉邵人物志研究》云:「此元一爲物所含以爲質之氣,爲尙無陰陽之分之中和之氣。」〔註4〕據是,則元一爲陰陽二分之前之中和之氣,特徵是「陰陽之氣清和均衡」〔註5〕。是故,牟宗三云:「此元一是氣是質,而非是理。」〔註6〕元一爲中和之氣,並非事理或物理,而是宇宙論中形成萬物萬形的總根源。

形上之「元一」可分化爲陰陽二氣及五行之氣,而陰陽二氣可形成人們不同的氣性、才性,此即劉昺注所說的「性資於陰陽」〔註7〕(卷上,頁7),人性源於陰陽二氣。至於五行之氣則構成人們的形體,《人物志‧九徵》云:

> 凡有血氣者,莫不含元一以爲質,稟陰陽以立性,體五行而著形;

〔註4〕江建俊:《漢末人倫鑒識之總理則——劉邵人物志研究》(台北:文史哲出版社,1983年3月),頁65。

〔註5〕閻世平:《劉邵人材思想研究》(廣州市:中山大學出版社,2005年9月),頁116。

〔註6〕牟宗三:〈人物志之系統的解析〉,頁49。

〔註7〕楊家駱主編,〔西涼〕劉昺注:《人物志注》(台北:世界書局,2000年4月),卷上,頁7。以下引用劉邵《人物志》,將以本書爲主要文獻,並將不再於注腳中注明資料出處。

苟有形質，猶可即而求之。（卷上，頁 7）

所以人們身體的來源，就內在之氣性、才性來說〔註8〕，源於陰陽二氣〔註9〕；就外在之形軀而言，「體五行而著形」，係源於五形之氣。合內外而言，身體係源於陰陽二氣與五行之氣，簡言之，身體係源於氣，氣可視爲「一種生命的旋律與功能」〔註10〕。劉昺〈八觀注〉便云：「氣通生物，人得之以利養。」（卷中，頁 34）氣爲生命的旋律與功能，氣通方能生物。劉邵的身體來源論，明顯有漢儒氣化宇宙論的色彩。當然，劉邵之氣化宇宙論，仍以形上之「元一」，作爲萬物最初的源頭。「含元一以爲質」，質乃「本質之質」〔註11〕，含元一以爲質，便指明萬物之本質，係源於形上之元一。

不僅內在之氣性、才性源於陰陽二氣，連其它內在之抽象本質，也源於陰陽二氣，〈九徵〉云：

> 聰明者，陰陽之精，陰陽清和，則中叡外明。聖人淳耀，能兼二美，知微知章，自非聖人，莫能兩遂。故明白之士，達動之機，而暗於玄慮；玄慮之人，識靜之原，而困於速捷。猶火日外照，不能內見；金水內映，不能外光。二者之義，蓋陰陽之別也。（卷上，頁 7～8）

人們內在之聰明，係陰陽結合的精華，是故，源於陰陽傾向的不同，聰明程度亦隨之而異，稟受陽氣較多者，成爲「明白之士」，可達動之機，但是暗於玄慮，不能識靜之原；稟受陰氣較多者，成爲「玄慮之人」，能識靜之原，但是困於速捷，不能達動之機。「明白之士」，長於「動」，而略於「靜」，如同「火日外照，不能內見」；「玄慮之人」，則長於「靜」，略於「動」，如同「金水內映，不能外光」。明白之士與玄慮之人，之所以會有如此的差異，是因爲身體之內的本質雖然都由陰陽二氣構成，但是構成之中，亦自有其差異。「陽

〔註8〕　高柏園〈人物志論性之哲學根據與論性傳統〉云：「氣質之性儘管在概念的外延意義上可以涵攝才性之義，然又不及在魏晉時代所開顯之豐富與廣大也。」（《鵝湖月刊》第 284 期，1999 年 2 月），頁 21。氣性雖然外延意義上可涵攝才性，但在魏晉時期，才性開顯之意義較爲豐富。

〔註9〕　就才源於氣來說，「才亦是屬於氣一面的」。參閱牟宗三：〈人物志之系統的解析〉，頁 47。

〔註10〕　袁濟喜：《中古美學與人生演講錄》（桂林：廣西師範大學出版社，2007 年 10 月），頁 58～59。

〔註11〕　江建俊〈先玄學——由劉邵徵質到王弼的崇本〉，《六朝學刊》第 1 期（台南：國立成功大學中文系，2004 年 12 月），2004 年 12 月，頁 180。

以外伸而自起爲性，陰以內屈而自伏爲性。」〔註12〕陰陽二氣影響不同，偏於陽氣者，以外伸自起爲性；偏於陰氣者，以內屈自伏爲性。有些人偏於陽氣，如明白之士；有些人偏於陰氣，如玄慮之人。「二者之義，蓋陰陽之別也。」明白之士與玄慮之人的差別所在，是因爲陰陽二氣組成之偏重不同。簡言之，劉邵認爲人們的本質，是由陰陽二氣決定。

相對於內在之本質由陰陽二氣決定，外在之形軀，則由五行之氣決定。〈九徵〉云：

> 若量其材質，稽諸五物，五物之微，亦各著於厥體矣。其在體也，
> 木骨、金筋、火氣、土肌、水血，五物之象也。（卷上，頁8）

形軀既由五行構成，是故，形軀中各自具有五行的一部份特徵。骨由五行中之木所形成，骨之在人身，要像木一樣堅挺而柔韌，「使人身直立撐開」〔註13〕，具有弘毅的特質，這就符合「仁」，故〈九徵〉云：「是故骨植而柔者，謂之弘毅，弘毅也者，仁之質也。」（卷上，頁8）筋由五行中之金所形成，可約束裁制自身的行爲，像金一樣強勁精健，具有勇敢的特質，這就符合「義」，故〈九徵〉云：「筋勁而精者，謂之勇敢，勇敢也者，義之決也。」（卷上，頁8）氣由五行中之火所形成，「使人明朗而簡暢」〔註14〕，像火一樣清醇明朗，具有文理的特質，這符合「禮」，故〈九徵〉云：「氣清而朗者，謂之文理，文理也者，禮之本也。」（卷上，頁8）肌充塞全身各部位，由五行中之土所形成，要像土一樣端正充實，具有貞固的特質，這就符合「信」，故〈九徵〉云：「體端而實者，謂之貞固，貞固也者，信之基也。」（卷上，頁8）血是由五行中之水所形成，要像水一樣平和通暢，具有通達隱微的特質，這符合「智」。故〈九徵〉云：「色平而暢者，謂之通微，通微也者，智之原也。」（卷上，頁8）

是故，五行之氣不但構成五形（骨、筋、氣、肌、血），尚且賦予人們五常（仁、義、禮、信、智）。所以五行之氣不但影響到形軀，尚影響到內在抽象之特質。這裏說的抽象特質，在〈九徵〉中稱爲「五質」（弘毅、文理、貞固、勇敢、通微）。

據是，身體之組成順序，是從「五行之氣」發展出「五形」（骨、筋、氣、

〔註12〕唐君毅：《中國哲學原論‧原性篇》（台北：學生書局，1991年6月），頁157。
〔註13〕唐君毅：《中國哲學原論‧原性篇》，頁158。
〔註14〕唐君毅：《中國哲學原論‧原性篇》，頁158。

肌、血）與「五常」（仁、義、禮、信、智）、「五質」（弘毅、文理、貞固、勇敢、通微）。其關係為「五行之氣」→「五形」、「五常」、「五質」。劉邵身體起源論可整理為「元一」→「陰陽二氣」→「五行之氣」→「五形」、「五常」、「五質」。

與「五行之氣」相對應的，在〈九徵〉中有「五形」、「五常」、「五質」、「五精」、「五物」、「五材」、「五暉」。劉邵喜歡使用「五」這個特定的符號（sign），應與他接受陰陽五行思想有關。劉昺〈九徵注〉云：「五物，天地之常氣；五德，人物之常行。」（卷上，頁 8）「人情萬化，不可勝極，尋常竟源，常在於五。」（卷上，頁 8）「五物為母，故氣色從之而具。」（卷上，頁 8）五行亦稱五物，為天地之常氣，萬物之本源，所以尋常究源，常在於五。

簡言之，內在特質源於陰陽之氣，外在形軀源於五行之氣。然而，前曾探析五行之氣不但影響到形軀，尚影響到內在之特質，是故，詳細探究，人們內在抽象之特質，來源應有二：一為陰陽之氣的直接影響，二是五行之氣的間接影響。而外在形軀與內在特質之間，有何關聯？〈九徵〉云：「雖體變無窮，猶依乎五質。」（卷上，頁 8）形軀依乎內在特質而成，而內在特質來源於陰陽之氣，是故，外在形軀來源亦有二：一為五行之氣的直接影響，二是受陰陽之氣間接影響而成。不但形軀依乎內在特質而成，形軀與內在特質二者，實皆受到形上之陰陽之氣、五行之氣二者之影響。是故，閻世平《劉邵人材思想研究》云：「（劉邵）以元氣生成論為基石來建造其人材形成理論。」〔註15〕此說十分正確。

第三節　劉邵身體思維

依照黃俊傑的詮釋，「身體思維」有兩種意義，一是透過身體來思考。二是身體本身就是思想〔註16〕。若取「透過身體來思考」之義涵，則劉邵之身體思維，可分為五點來加以論述：一為本性不變，貌色不變。二是閱讀形色之身體語言，當下感知內在，三是人性及材能皆先天決定。四是以平淡為貴。五是耳目殊管，各司其官。以下試分述之：

〔註15〕閻世平：《劉邵人材思想研究》，頁 9。
〔註16〕楊儒賓、何乏筆主編：《身體與社會》，頁 4。

一、本性不變，貌色不變

依江建俊之研究，漢魏時期之思想家，不以停留在現象實務爲滿足，而要「提高到本質原理的探討」〔註 17〕。劉邵之身體思維，極爲重視本質。解釋身體之形貌、差異，總喜歡從「本質」的角度來加以說明，劉邵〈九徵〉云：

> 雖體變無窮，猶依乎五質。故其剛柔明暢，貞固之徵，著乎形容，
> 見乎聲色，發乎情味，各如其象。（卷上，頁 8）

「質」與「形」相對〔註 18〕，形軀之形容、聲色、情味的各種不同的變化，都是憑依五質（弘毅、文理、貞固、勇敢、通微）而來，亦即，五質實爲形軀之所以會顯現差異的內在原因，形軀各自顯示五質之徵象，劉昺注亦云：「五性者，成形之具。」（卷上，頁 8）本質之五種性質，爲形成之具，既然如此，本質若相異，形貌亦必不同。這可解釋何以人之形貌各自不同，因爲人之本質本就相異。日人岡村繁〈劉邵人物志的人物論構想及其意圖〉亦云：「人人皆由命定本質之異而各持自己之不同性質與形貌」〔註 19〕，若「本質」異，隨「本質」而來之性質與形貌，也必然互異。

當然，五質的源頭來自於五行之氣，其關係爲「五行之氣」→「五質」→「體變」（包含形容、聲色、情味的不同）。劉邵〈九徵〉尚云：

> 五質內充，五精外章，是以目彩五暉之光也。（卷上，頁 9）

> 夫容之動作，發乎心氣，心氣之徵，則聲變是也。夫氣合成聲，聲
> 應律呂：有和平之聲，有清暢之聲，有回衍之聲。夫聲暢於氣，則
> 實存貌色：故誠仁，必有溫柔之色；誠勇，必有矜奮之色；誠智，
> 必有明達之色。（卷上，頁 8～9）

內在之「氣」，影響到「聲」，劉昺注云：「心氣不同，故聲發亦異也。」（卷上，頁 9）心氣不同，發出之聲，亦隨之而異，聲音的來源是「氣」。「聲」又顯發於貌色，劉昺注云：「非氣無以成聲，聲成則貌應。」（卷上，頁 9）「聲既殊管，故色亦異狀。」（卷上，頁 9）氣影響到聲，聲變了之後，貌色亦變，

〔註 17〕江建俊：〈先玄學——由劉邵徵質到王弼的崇本〉，頁 193。

〔註 18〕江建俊〈先玄學——由劉邵徵質到王弼的崇本〉云：「劉邵《人物志》中，共用了三十多個質字，質字成了《人物志》的關鍵字，歸納其質的意涵，以本質、質性、素質、實質之意爲多，爲與形略相對立的概念。」（頁 186）

〔註 19〕〔日〕岡村繁：《漢魏六朝的思想和文學》（上海：上海古籍出版社，2002 年 8 月），頁 248。

這是從內以解釋外，其發展理路是「氣」→「聲」→「貌色」。是故，在第一章「緒論」中，我曾指出氣為萬物之質料因。

五質本就源於氣，是故「五質內充，五精外章」，係從「內在本質」以解釋「目彩五暉之光」的原因，亦可就「氣」的角度，來解釋形軀外貌，劉昞注便說：「心氣於內，容見於外」（上卷，頁 8）此亦為「由內以釋外」。

劉邵主張本性是不變的，是恆常的。〈九徵〉云：「五質恆性，故謂之五常矣。」（卷上，頁 8）便認為五質之性質永恆不變，所以可稱為五常。〈體別〉云：「偏材之性，不可移轉矣。」（卷上，頁 13）偏材之人的本性，亦是不可加以移轉的。

五質之性既然恆常不變，隨五質之性而來之貌色自亦不變，故劉邵云：「故誠仁，必有溫柔之色；誠勇，必有矜奮之色；誠智，必有明達之色。」內在有五常中「仁」之本質，必外顯為溫柔之色；內在有五常中「勇」之本質，必外顯為矜奮之色；內在有五常中「智」之本質，必外顯為明達之色。此種義理特色，可簡稱為「本性不變，貌色不變」。

二、閱讀身體語言，當下感知內在

從劉邵身體思維中之重視本質原理之探討，自可推衍出另一理論，那就是身體內外相符應說，許建良《魏晉玄學倫理思想研究》稱之為「內外統一觀」〔註 20〕。正因為身體內外為一體，故可由本質解釋貌色形成的原因。而身體內外相符應，顯示在兩方面，一是由內以顯外，二是由外以知內，由顯以知隱。

先談論由內以顯外，劉邵《人物志・七謬》云：

　　夫清雅之美，著乎形質，察之寡失。失謬之由，恆在二尤。二尤之
　　生，與物異列。故尤妙之人，含精於內，外無飾姿；尤虛之人，碩
　　言瑰姿，內實乖反。（卷下，頁 43）

劉昞注：「形色外著，故可得而察也。」（卷下，頁 43）形色係由本質外著而成，是故，有清雅之本質，便會著乎形色，此為由內以顯外。劉邵〈九徵〉云：

　　故心質亮直，其儀勁固；心質休決，其儀進猛；心質平理，其儀安

〔註20〕許建良：《魏晉玄學倫理思想研究》（北京：人民出版社，2003 年 11 月），頁107。

閒。夫儀動成容，各有態度：直容之動，矯矯行行；休容之動，業
業蹌蹌；德容之動，顒顒卬卬。（卷上，頁8）

不同的心性本質，決定不同的儀容；不同的儀容，決定不同的行動態度。是
故，就一般人來說，心性本質的不同，便會外顯爲不一樣的行動態度，此亦
爲「由內以顯外」。〈九徵〉又云：

夫色見於貌，所謂徵神，徵神見貌，則情發於目。（卷上，頁9）

劉昞注：「貌色徐疾，爲神之徵驗。目爲心候，故應心而發。」（卷上，頁9）
精神氣色會外顯在容貌上，內在的情性會顯現在眼睛中，「人內心的感情總是
通過其容貌、聲色表現出來的」〔註21〕，此亦爲「由內以顯外」。牟宗三《才
性與玄理》云：

由五質五德之內著而形爲儀態、容止，與聲音、貌色。五質五德是
內心的姿態，儀容聲色是外形的姿態。一是皆是才性之發露，品鑒
之所及。故此姿態或形相即形成一人之格調，而此亦可說皆是才性
主體之花爛映發。〔註22〕

雖然每個人體性各別，但是才性主體之花爛映發，使得五質五德與儀容聲
色，相互映照，相互貫串。劉邵便是持「才性觀點」品賞人格世界，以開出
人格品鑑美學〔註23〕。

知曉劉邵「由內以顯外」後，續言「由外以觀內，由顯以知隱」。劉邵〈九
徵〉云：

物生有形，形有神精，能知精神，則窮理盡性。性之所盡，九質之
徵也。然則平陂之質在於神，明暗之實在於精，勇怯之勢在於筋，
彊弱之植在於骨，躁靜之決在於氣，慘懌之情在於色，衰正之形在
於儀，態度之動在於容，緩急之狀在於言。（卷上，頁9）

平陂的本質顯現在心神，明暗的本質顯現在元精，勇怯的本質顯現在筋肉，
彊弱的本質顯現在骨骼，煩躁或文靜的本質顯現在體氣，憂傷或喜悅的情性
顯現在臉色，衰頹或莊正的本質顯現在儀表，態度的變動顯現在容貌，緩急

〔註21〕許建良：《魏晉玄學倫理思想研究》，頁91。
〔註22〕牟宗三：〈人物志之系統的解析〉，頁53。
〔註23〕賴麗蓉《魏晉人物品鑑研究——創造性審美活動的完成》云：「劉邵是魏初的
人物，時代在魏晉之間，《人物志》的品鑑觀上承漢世末季的人倫識鑑，下開
魏晉新思潮，其中關鍵正是其持才性觀點以橫列的方式論述人格世界，爲走
向創造性的審美活動提供理論基礎。」（頁106）

的狀況顯現在言語。居於「由內以顯外」的原則，可由人材之外形，返溯其內質，亦即，「即形徵性」便是劉邵的品鑑方法，「即形徵性」是劉邵「徵質」的身體思維，劉昺〈八觀注〉云：「徵質相應，睹色知名。」（卷中，頁31）外徵與本質相應，是故，睹色便可知名，「徵質」顯示的正是「由外以觀內」。精神狀態、肉體樣子、言語動作，可成為窺探人們性質的重要突破口，既然如此，「由外以觀內」，便成為合理的觀人法。

　　身體包含可見與不可見，劉邵由可見的形體，窺探不可見的內在情形，是故，栗山茂久《身體的語言》云：「表皮卻是徵象的顯現之處。」〔註24〕身體本身為一個自給自足的實體，「色」與「質」構成一個相互呼應的完整體，是以，可以即形徵性，即色知質。「徵質相應，睹色知名」，即形色可以了解本質，這種「了解」，就身體哲學來說，有重要的意義，可解讀為「內在的看見」，是以，栗山茂久《身體的語言》便說；「了解即是一種內在的看見」〔註25〕，說得頗為深刻。李建民指出感知方式包含什麼為身體史研究的核心〔註26〕，劉邵的身體感知方式，為閱讀身體的形色語言，當下直擊看不見的內在。

　　當然，劉邵本質觀念中，是以「神」為內主，劉昺注云：「神者，質之主也。故神平則質平，神陂則質陂。」（卷上，頁9）神為本質之主，故神平則質自平。魏晉談論人物，重視才性，重視個性精神〔註27〕，劉邵以神為內主之說，便是在此種時代氛圍下，所做的論述。

　　既然「由內可顯外」，自可推論出「由外以觀內」。是故，可從神、精、筋、骨、氣、色、儀、容、言，徵知平陂、明暗、勇怯、躁靜、慘懌、衰正、態度、緩急，這九方面是平列的，並無上下高低之別，所以，賴麗蓉稱劉邵的人物品鑑方式為「橫列的美感品鑑」〔註28〕。此乃從形軀的九方面，徵知人們內在的本質、質性，這可稱為「由顯以知隱」，亦可稱之為「即形徵性」。「即形徵性」，用現代的哲學語言來詮釋，便可稱為「閱讀身體，當下感

〔註24〕〔日〕栗山茂久著，陳信宏譯：《身體的語言》，頁178。
〔註25〕〔日〕栗山茂久著，陳信宏譯：《身體的語言》，頁88。
〔註26〕李建民：〈身體感的歷史〉，收於〔日〕栗山茂久著，陳信宏譯：《身體的語言》，頁5。
〔註27〕孔繁《魏晉玄談》云：「唯有人才偏至，方能顯出不同的才性，而使個性精神受到重視，這就是魏晉論人物重才性的意義。」（台北：洪葉文化事業有限公司，1994年2月），頁21。
〔註28〕賴麗蓉：《魏晉人物品鑑研究──創造性審美活動的完成》，頁35。

知內在法」。

　　賴麗蓉說：「（劉卲）把形的存在意義，鮮明地突顯出來。雖說魏晉品鑑人物以神明為尚，然而筋、骨、血、氣、肌乃至聲色、形容正是神明所寄。」〔註29〕魏晉雖重神明，然而神明正寄寓於形體之中，須藉由觀形以知神，是故，我們應「重視形體義在魏晉受到關注的事實」〔註30〕，這是深刻的觀察。此即唐君毅《中國哲學原論・原性篇》所說的：「純從人之外在的身體上之表現，以觀其內具之情性之思路。」〔註31〕唐君毅所言，正指出劉卲「由外以觀內」之身體思維特色。

　　《人物志・八觀》亦云：

> 凡事不度，必有其故。憂患之色，乏而且荒；疾疢之色，亂而垢雜；喜色愉然以懌，慍色厲然以揚；妒惑之色，冒昧無常。及其動作，蓋並言辭。是故，其言甚懌而精色不從者，中有違也；其言有違而精色可信者，辭不敏也；言未發怒色先見者，意憤溢也；言將發而怒氣送之者，彊所不然也。凡此之類，徵見於外，不可奄違，雖欲違之，精色不從。（卷中，頁32～33）

從言語、動作、容貌的不同變化，可反推回去，徵知內在情性之喜怒哀樂，是無法遮掩的，故云：「徵見於外，不可奄違，雖欲違之，精色不從。」精色會自動顯現內在之情性，非人力所能掩違，顯現的是「內外相貫通」、「內外相符應」的身體思維，亦可說是「外在特徵與內在質性之間的相互映照關係」〔註32〕。劉昺注云：「心動貌從，情雖在內，感愕發外，千影萬貌，粗可知矣。觀人辭色，而知其心。物有常度，然後審矣。」（卷中，頁33）觀人辭色，之所以可知其心，便是因為視身體為一整合體，內外相通貫，故可由觀外而知其內。

　　劉卲「內外相貫通」、「內外相符應」，顯示「形神相隨」且「神為質之主」的思想。老子哲學著重「身心一體」〔註33〕，深受老學影響的劉卲，則主張

〔註29〕賴麗蓉：《魏晉人物品鑑研究——創造性審美活動的完成》，頁192。

〔註30〕賴麗蓉：《魏晉人物品鑑研究——創造性審美活動的完成》，頁192。

〔註31〕唐君毅：《中國哲學原論・原性篇》（台北：學生書局，1991年6月），頁144。

〔註32〕閻世平：《劉卲人材思想研究》，頁10。

〔註33〕林師安梧〈新道家時代的來臨：公民社會與自然無為〉云：「老子哲學著重的是身心一體，它基本上不是一個以心控身的系統。」收於林師安梧《新道家與治療學——老子的智慧》（台北：臺灣商務印書館，2006年8月），頁124。

「形神相隨」。劉昺於〈英雄第八〉注云:「內無主於中,外物何由入。」(卷中,頁 30)是故,須內外兼養方可,不可單就形體修養,也不可單就精神修養,當然就優先順序來說,修養心神的重要性,顯然超過養形。

三、人性及材能皆先天決定

「內外相符應」及「人性及材能皆先天決定」,皆為劉邵「重視本質原理探究」的必然理論推衍。順著本質原理的理論脈絡,必會主張本質不可移易改變,因為本質係由陰陽五行之氣所構成,而陰陽五行之氣乃先天本具,非人力所可自加移易,故可云本質不可移易改變。再順著「本質不可移易改變說」,便會推衍出「人性先天決定論」及「材能先天決定論」。

(一)人性先天決定論

劉邵順氣而言性,「性就是指材質之性、質性、質、氣質。」〔註34〕前舉〈九徵〉云:「稟陰陽以立性」,人性係由陰陽構造而成,亦即,性為「先天性的精神稟賦」〔註35〕。陰陽既非人力所能控制,則由陰陽構成之人性,自非後天人力所能加以改變,此乃「人性先天決定論」,亦可稱為「人性先驗論」。前引〈九徵〉云:「五質恆性,故謂之五常矣。」人性乃恆常不變者。是故,牟宗三云:「品鑒所及之才性或情性,雖多姿而多采,一是皆是生命上之天定者。」〔註36〕「才質之性皆是生命上之先天的,定然的。」〔註37〕人性無論是才性或情性,皆為天定,並非後天所能移易。

了解人性先天決定後,再進一步了解先天決定之人性本質有那些內涵,〈八觀〉云:

> 夫質有至有違,若至勝違【若違勝至】,則惡情奪正,若然而不然。
> 故仁出於慈,有慈而不仁者;仁必有恤,有仁而不恤者;厲必有剛,
> 有厲而不剛者。(卷中,頁 31)

人性之質有至有違,仁、慈屬於「至」,這是人性中的光明面,若從源頭來說,偏於陽氣;不仁、不恤屬於「違」,這是人性中的陰暗面,若從源頭來說,偏於陰氣。仁出於慈,一般而言,有慈必有仁,然而有時會出現慈而不仁的行

〔註34〕閻世平:《劉邵人材思想研究》,頁66。
〔註35〕張海明:《玄妙之境:魏晉玄學美學思潮》(長春:東北師範大學出版社,1997年5月),頁17。
〔註36〕牟宗三:〈人物志之系統的解析〉,頁50。
〔註37〕牟宗三:〈人物志之系統的解析〉,頁58。

爲。例如見到可憐無依者，心生哀憐，流涕落淚，此爲慈悲心，屬於至。但是要分予財物，給予可憐者，或許很多人又會心生吝嗇，不願施予，此爲不仁，屬於違。人間世的行爲是由先天而生之人性一至與一違交互作用形成，所以「慈而不仁」、「仁而不恤」，與人性先天決定論並無衝突，反可證成先天決定之人性，本就極爲複雜，雖然每個人之性，皆由陰陽二氣構成，但「五性不同，各有所稟，稟性多者，則偏性生也。」（卷上，〈九徵〉注，頁 8）有些人偏於陽氣，就會出現「慈必有仁」、「仁必有恤」；有些人偏於陰氣，就會出現「慈而不仁」、「仁而不恤」。

（二）材能先天決定論

從人性先天決定論，可推衍出「材、能先天決定論」。〈人物志‧材能〉云：

> 或曰：人材有能大而不能小，猶函牛之鼎不可以烹雞。愚以爲此非名也。夫能之爲言，已定之稱，豈有能大而不能小乎？凡所謂能大而不能小，其語出於性有寬急。性有寬急，故宜有大小。寬宏之人，宜爲郡國，使下得施其功，而總成其事；急小之人，宜理百里，使事辦於己。然則郡之與縣，異體之大小者也。（卷中，頁 21）

材、能之大小，出於本性的寬宏大量或急躁狹小，錢賓四〈略述劉邵人物志〉亦云：「人之才皆自其性來。」〔註 38〕既然「才」由「性」中來，「性決定才」〔註 39〕，是故，「性」與「才」之關係，可詮釋爲「質」與「用」之關係〔註 40〕，或說是「體」與「用」之關係。張海明《玄妙之境：魏晉玄學美學思潮》便說：「在劉邵的《人物志》中，性與才已經被理解爲體用關係。」〔註 41〕所言正確。姚維《才性之辨——人格主題與魏晉玄學》亦云：「偏至之質，必導致偏至之性，從而只能爲偏至之材。」〔註 42〕亦即，材、能之大小，實受先天本性的限制。本性既爲先天決定，是故，材、能之大小，自亦

〔註 38〕錢賓四：〈略述劉邵人物志〉，收於錢氏：《中國學術思想史論叢》第 3 冊（台北：蘭臺出版社，2000 年 11 月），頁 90。

〔註 39〕閻世平：《劉邵人材思想研究》，頁 68。

〔註 40〕閻世平《劉邵人材思想研究》云：「性與才的關係就是質與用的關係，二者既有統一的一面，又有對立的一面。」（頁 65）

〔註 41〕張海明：《玄妙之境：魏晉玄學美學思潮》，頁 17。

〔註 42〕姚維：《才性之辨——人格主題與魏晉玄學》（北京：人民出版社，2007 年 9 月），頁 63。

為先天所決定，故云「夫能之為言，已定之稱。」定者，先天決定之謂也。
所以從「人性先天決定論」，可推衍出「材能先天決定論」。

材、能之大小為先天決定，但是能治大範圍者，亦可治小範圍，「豈有能
大而不能小乎？」只是適不適合而已。先天本性寬宏者，宜治郡國；先天本
性急躁者，宜治百里之縣。這說的是「大小異宜」，而非「能大不能小」。整
個理論推衍脈絡為：陰陽五行之氣→本性先天決定→材、能先天決定→大小
異宜。從形上學，到人性論，到材能論，再到政治哲學，劉邵實乃由「氣」
貫串直下，構成完整的理論系統，是故，閻世平《劉邵人材思想研究》云：
「由氣質決定的人與人之間在素質、才能以及德行上的差異性，是劉邵人材
理論的基石。」〔註43〕先天而來之氣，確實是劉邵人材理論的基石。本論文
《魏晉身體修養論》第一章「緒論」，便說本文將以「氣」為始基，加以論述
展開。

劉邵將「材」與「能」作了分辨，〈材能〉云：

> 夫人材不同，能各有異，有自任之能，有立法使人從之之能，有消
> 息辨護之能，有德教師人之能，有行事使人譴讓之能，有司察糾摘
> 之能，有權奇之能〔註44〕，有威猛之能。夫能出於材，材不同量，
> 材能既殊，任政亦異。（卷中，頁21～22）

「材」為先天之才性，「能」則為顯發出來的治事能力。如建立法規，使人遵
循，為「能」；調停治理，解決紛爭，亦為「能」；布德施教，為人師表，也
是「能」〔註45〕。「夫人材不同，能各有異。」能出於材，材既為先天決定，
能自亦為先天決定。每個人先天之材不同，是故，先天而來之能亦異。「材能
既殊，任政亦異。」材、能既先天就不同，所宜於擔任的政治工作，也就不
同。所以政治上，誰適於擔任何種職務，是受到先天之材、能的影響，也受
到先天材、能的拘限。

〔註43〕閻世平：《劉邵人材思想研究》，頁59。

〔註44〕龔鵬程主編之《人物志》作「有權可奇之能」，參閱劉邵《人物志》（台北：
金楓出版社，1999年4月），頁70。世界書局劉昺注《人物志注》則作「有
權奇之能」，頁22。韓格平主編之《魏晉全書》第1冊亦作「有權奇之能」。（長
春：吉林文史出版社，2006年1月），頁433。本論文從《魏晉全書》。

〔註45〕依據《人物志‧材能第五》，劉邵將人的能力，分為八種：自任之能、立法之
能、計策之能、人事之能、行事之能、權奇之能、司察之能、威猛之能。關
於這八種能力之分析，可參看黃志盛：〈《人物志》的人才思想淵源探賾〉，頁
126。

日人岡村繁〈劉卲《人物志》的人物論構想及其意圖〉云：「各種人的不同之材本來就決定于他們各自的性和質，因此人物鑑識能力方面的差別也是由宿命所定。」〔註46〕又云：「人之性與質皆由命定，從而由性與質所外發而來的材，以及與材相適合的任，也理應是命定的。」〔註47〕此說先天決定論的色彩太濃，較爲忽略後天自我能動性。

四、以平淡爲貴

劉卲重視萬物之總根源「元一」，而「元一」爲清和均衡之氣，所以符合清和均衡之人格，才是劉卲所貴重者。由先天而來之平淡本性，便符合元一陰陽清和均衡之性質，故劉卲以平淡爲貴。是以，劉卲從「人性先天決定論」及「材能先天決定論」，可衍生出「以平淡爲貴論」。爲了論述的必要，須解釋劉卲身體思維中「以平淡爲貴論」的內涵。劉卲品評人物，是以「平淡」爲貴，〈九徵〉云：

> 中庸之質，異於此類。五常既備，包以澹味。

劉昺注：

> 既體鹹酸之量，而以無味爲御。（卷上，頁9）

〈九徵〉云：

> 凡人之質量，中和最貴矣。中和之質，必平淡無味，故能調成五材，變化應節。是故觀人察質，必先察其平淡，而後求其聰明。（卷上，頁7）

劉昺注：

> 質白受采，味甘受和。中和者，百行之根本，人情之良田也。惟淡也，故五味得和焉。若苦，則不能甘矣；若酸，則不能鹹矣。平淡無偏，群材必御，致用有宜，通變無滯。（卷上，頁7）

日人岡村繁〈《人物志》劉注校箋〉云：

> 按《禮記‧禮器》：「甘受和，白受采。忠信之人，可以學禮。」《正義》：「甘爲眾味之本，不偏主一味。故得受五味之和。白是五色之本，不偏主一色。故得受五色之采。以其質素，故能勻受眾味及眾采也。」〔註48〕

〔註46〕〔日〕岡村繁：《漢魏六朝的思想和文學》，頁252。

〔註47〕〔日〕岡村繁：《漢魏六朝的思想和文學》，頁251。

〔註48〕〔日〕岡村繁：〈《人物志》劉注校箋〉，收於岡村繁：《漢魏六朝的思想和文

〈九徵〉所說的「察質」之質，兼含有「性質」及「體質」之義〔註49〕，無論是性質或體質，皆屬於牟宗三所說的才質義。就因爲劉邵所說的「中和」，是就「氣」而來之才質爲說，是故，中和之質，平淡無味，爲陰陽清和均衡之氣，屬於「才性論」的範疇，且符合元一陰陽清和均衡之性質，所以可說「凡人之質量，中和最貴矣。」

　　劉昺〈九徵注〉云：「質白受采，味甘受和。」劉注係引用《禮記・禮器》「甘受和，白受采」之言。劉注並不完全貼合《人物志》原文，〈九徵〉云：

　　　　中和之質，必平淡無味，故能調成五材，變化應節。

若仔細比較字句，則劉邵平淡無味之說，應源於《老子》。《老子・三十五章》云：「執大象，天下往。往而不害，安平太。樂與餌，過客止。道之出口，淡乎其無味，視之不足見，聽之不足聞，用之不足既。」〔註50〕音樂與美食，吸引過客，大道則無味、無形、無聲，雖如此，大象之作用卻是永不止息。《老子》從無味、無形、無聲切入，來比擬道，道爲萬物形上之根源；劉邵「中和之質，必平淡無味。」亦從味覺平淡無味切入，來描述中和之質，中和亦與眾材形上之根源相聯結，兩相比對，愚意認爲劉邵平淡無味說，應源於《老子》，而非岡村繁注解所說的源於《禮記・禮器》。

　　對於劉邵的「平淡無味說」，我們除了要知道是源於《老子》外，還要知道「平淡無味說」，是站在「道」的位階，所做的論述。劉邵《人物志・材能》云：

　　　　凡偏材之人，皆一味之美，故長於辦一官，而短於爲一國。何者？
　　　　夫一官之任，以一味協五味；一國之政，以無味和五味。（卷中，頁
　　　　22）

《老子・第六十三章》云：「爲無爲，事無事，味無味。」王弼注云：「以無爲爲居，以不言爲教，以恬淡爲味，治之極也。」〔註51〕老子雖說味無味，

　　　　學》，頁272。

〔註49〕錢賓四〈略述劉邵人物志〉云：「此處察質之質字，其涵義不止是性質義，且兼有一體質義。」（頁91）

〔註50〕〔魏〕王弼注：《老子道德經注》，收於樓宇烈：《王弼集校釋》（台北：華正書局，1992年12月），頁88。王弼本作「道之出口，淡乎其無味」，朱謙之則作「道出言，淡無味」。參閱朱謙之：《老子校釋》（北京：中華書局，2006年2月），頁141。

〔註51〕樓宇烈：《王弼集校釋》（台北：華正書局，1992年12月），頁164。

但並未將恬淡、無味，視爲人們本質的最高等極。劉邵則進一步認爲：就人的本質來說，中和最貴。何謂中和？牟宗三云：「人之質性之諧和渾融的表現，不偏不倚，謂之中和。」〔註52〕「《人物志》是從才性來了解聖人。其言中和、中庸，亦是才質的。此非〈中庸〉言中庸、中和之本義。」〔註53〕劉邵所說的「中和」、「中庸」，爲聖人的特質，其特徵爲質性的諧和渾融。

〈九徵〉云：「中庸也者，聖人之目也。」劉昺注：「大仁不可親，大義不可報，無德而稱，寄名於聖人也。」（卷上，頁10）劉昺以「大仁」、「大義」、「無德而稱」，闡述劉邵之聖人意涵。〈體別〉云：「夫中庸之德，其質無名。」劉昺注：「汎然不繫一貌，人無得而稱焉。」據劉昺之〈九徵注〉及〈體別注〉，劉邵之「聖人」，具有「超越義」，亦即，將聖人置於道之位階，來加以談論，故能超乎眾仁、眾義，無德而稱。

人格之平淡，是由陰陽之性平衡所達致，姚維《才性之辨——人格主題與魏晉玄學》云：

> 平淡即是一種質性，即陰陽之性平衡；亦是一種境界，其與自然之道元一狀態相合，與道之理相合、一致。因此平淡之人與本體境界自然相通，道之理寓于人與自然之中。……至劉邵已用無名、自然、平淡來喻最高本體境界。人的中庸境界、中庸之德即是質性平衡之狀態，與自然本身的元一狀態，陰陽之性無分的本體境界一致。因此，由平淡之質性，則能通自然之道理。〔註54〕

平淡之境界與本體境界，是相通的。至於平淡性格有何價值呢？錢賓四〈略述劉邵人物志〉說：「平淡之性格可使人之潛在性能獲得更多之發現與成就。」〔註55〕惟有平淡，才能使人之潛在性獲得展現，至於平淡何以能使人之潛在性獲得展現，錢賓四則未加申述，我們可以從「平淡美學」的角度，針對錢賓四的說法，作出新的詮釋。

平淡美學專家余蓮便說：「平淡必須是我們性格中最主要的特徵，因爲只有它，才能使一個個體同時具備所有的能力，並且隨時隨刻證明他所擁有的能力。」〔註56〕「他們總是向所有的可能性敞開。」〔註57〕因爲平淡使個體

〔註52〕牟宗三：〈人物志之系統的解析〉，頁51。
〔註53〕牟宗三：〈人物志之系統的解析〉，頁60。
〔註54〕姚維：《才性之辨——人格主題與魏晉玄學》，頁48。
〔註55〕錢賓四：〈略述劉邵人物志〉，頁94。
〔註56〕余蓮著，卓立譯：《淡之頌——論中國的思想與美學》，頁40。

同時具備所有的能力，且隨時隨地可以證明，亦即，可向所有的可能性敞開，無怪乎錢賓四會認為平淡之性格，可使人之潛在性能，獲得更多之發現與成就，余蓮之說，可使得錢賓四之言，獲得適切的美學詮釋，其理便能渙然冰釋，而無疑義。

　　在第一章中，我對身體作的界定，是包含已知的官能、心靈及未知的潛在性質，身體的潛在性能，便須藉由平淡性格，才可得到伸展，可向所有的方向敞開。是故，談論劉邵的身體修養論時，介紹平淡無味說，並非是多此一舉，而是有其必要性的。且余蓮的說法，將身體具有動態地變化生成特性，展現出來，符合我在第一章緒論中，對於身體特性，所作的介紹。

　　劉邵的政治理論，認為應由能總達眾材之君王來領導，量能授官，變化應節，十二種不同材能的人物，方能各自得到應有的職位，故云：「主道得而臣道序」（卷上，〈流業〉，頁 15）「臣以自任為能，君以用人為能。」（卷中，〈材能〉，頁 23）隱含的意義在於：平淡的人格本質，既是先天決定，由是言之，何人宜為君王，何人宜為大臣，實乃在天生之人格特質，便已決定。平常一偏之材者，只宜於一官之任，先天就已決定不能賞識眾材，不能為君王，須由具有平淡特性的聖人為君王。因此，劉邵《人物志》的「平淡無味說」，係針對政治上之領導者立論，與傅柯《規訓與懲罰》不同，《規訓與懲罰》關注的是「被規訓者」、「被懲罰者」，而非領導者。

　　是故，從「人性先天決定論」及「材能先天決定論」此種重視本質的論點，可推衍出「以平淡為貴論」，由先天而來之平淡本性，方符合元一之陰陽之氣清和均衡，故以平淡為貴。復由「以平淡為貴論」，推導出「君王先天決定論」。其先後順序為：「人性先天決定論」、「材能先天決定論」→「以平淡為貴論」→「君王先天決定論」。當然，這裏所說的順序，並非指「歷史發生的順序」，而是指「理論邏輯上的先後順序」。

五、耳目殊管，各司其官

　　前面論述從「以平淡為貴論」，可推導出「君王先天決定論」，可知劉邵之身體哲學，關注政治上之用途，亦即，劉邵之身體哲學，除關心「人格品鑑美學」外，又關注於「政治身體」。劉邵「政治身體」的傾向，除了可在「以平淡為貴論」中見到之外，在「耳目關係」的論述中，表現得更加清楚。西

〔註57〕余蓮著，卓立譯：《淡之頌——論中國的思想與美學》，頁 42。

涼劉昺〈流業注〉云：

> 耳目殊管，其用同功。群材雖異，成務一致。（卷上，頁 15）

> 各抗其材，不能兼備，保守一官，故為人臣之任也。（卷上，頁 15）

> 目不求視，耳不參聽，各司其官，則眾材既達，則人主垂拱，無為而理。上無為，則下當任也。（卷上，頁 15）

> 太平之所以成，由官人之不易方。若使足操物，手求行，四體何由寧？理道何由平？（卷上，頁 15）

對於研究劉卲身體哲學來說，劉昺〈流業注〉，實在是寶貴的資料。從〈流業注〉中，可以清楚地了解劉卲心目中的「耳目關係」。

1. 耳與目性質不同，但是功用相同，都是為了讓身體能運作，如同政府中群材能力相異，但是完成政務的目標是相同的。

2. 目不求視而能視，耳不參聽而能聽，順其本性，各司其官。如同政治上，眾材各守其職，各當其任，則人主便能無為而治。除表述「無為而理」的思想外，尚主張「君無為而臣有事」（卷中，頁 23）、「若君以有為，代大匠斲，則眾能失巧，功不成矣。」（卷中，頁 23）亦即，重點在表達「君無為而臣有為」的政治哲學。

3. 各器官之間，各有其職，不可互代。若足代手而操物，或手代足以求行，形軀便不得正常運作，四體何由安寧？如同政治上，眾材各司其職，官人不易方，方能成太平。劉昺〈材能注〉云：「鹽人調鹽，醯人調醯，則五味成矣。譬梓里治材，土官治墻，則廈屋成。」（卷中，頁 22）手、足各有職司，四體方能安寧；如同鹽人調鹽，醯人調醯，五味方能成就；亦如同梓里治材，土官治墻，廈屋方能建成。

4. 據是言之，劉卲所論述之「耳目關係」或說各器官之間的關係，只是論述其政治哲學「上無為，下當任」、「官人不易方」、「群材雖異，成務一致」之隱喻而已，亦即，劉卲並非是純粹為了論述身體而來談論，他所重實在「政治身體」。

5. 劉昺〈效難注〉云：「是以人主常當運其聰智，廣其視聽，明揚側陋，旁求俊乂，舉能不避仇讎，拔賢不棄幽隱，然後國家可得而治，功業可得而濟也。」（卷下，頁 47）由是論之，君主運其聰智，廣其視聽，目的實在於政治上之實用性，企圖治理好國家，成就政治上之事功。

第四節　劉邵身體修養的操作方法

前一節探討的內容，從重視本質原理的探究，到人性先天決定論，復由材能先天決定論到君王先天決定論，充滿濃厚的先天命定色彩，似乎主體的自我能動性，較不突顯。為了挽救此種理論系統的缺失，劉邵的身體修養論，便成了必要的論述。從身體修養論中，正可得見自我能動性的重要。況且第三節中，介紹劉邵「內外相貫通」、「內外相符應」的身體思維時，也曾提到劉邵具有「形神相隨」、「形、神諧和」的思想，是故，不可單修養形體，也不可單修養精神，須形、神兼養方可，劉昺〈體別注〉亦云：「養形至甚，則虎食其外；高門懸薄，則病攻其內。」（卷上，頁11）據是，則劉邵應主張「內外兼養」。當然，依照劉邵「神者質之主」的觀點，修養心神，顯然是比養形，來得更為重要。再者，劉昺〈八觀注〉云：「圭王【玉】有質，瑩則成文。」（卷中，頁32）圭玉之美質，雖然不會因為雕飾而改變，但雕飾可以讓圭玉顯現美麗的花紋。劉邵雖主張本性不可移轉，但後天身體修養，可讓身體處於更和諧的境況。

更何況劉邵主張「平淡無味說」，就余蓮平淡美學來說：「平淡帶我們超越自己。甚至從此開始，平淡是修養的源頭。」〔註58〕元一為陰陽之氣清和均衡，此與平淡性格之內涵相符合，平淡以元一為形上之根據，亦要求陰陽之氣清和均衡。平淡性格正是劉邵身體修養的理想目標，故可說平淡是身體修養的源頭，至於眾人是否皆能做到，那是另一回事。儒、道兩家皆有其聖人論，但不代表著每一個人都實際能做到聖人之境界，即使有些語句讀起來像是每一個人都能做到聖人，如「塗之人可以為禹」、「人皆可為堯舜」，那只是勉勵人們從事後天身體修養，故以人人能做到聖人，為理想目標。理想目標，本來就與身體修養實際能達致之境界有別，不可混淆。因此，愚意以為「平淡是修養的源頭」，不僅為平淡美學的理論，亦符合劉邵個人的思維，所以引用平淡美學來詮釋劉邵思想，並非是一種理論的「嫁接」。既然平淡是修養的源頭，主張平淡的劉邵，自應有其身體修養論，或身體操作技術，可加以討論。

錢賓四〈略述劉邵人物志〉云：「劉邵只注意觀察人物，卻不注意在各人之修養方法上。」〔註59〕錢賓四主張劉邵不注意各人之修養方法，若果真如

〔註58〕余蓮著，卓立譯：《淡之頌——論中國的思想與美學》，頁88。
〔註59〕錢賓四：〈略述劉邵人物志〉，頁94。

此，劉卲之說，便將成爲只注意先天命定，而不注意各人後天努力的學說。有些學者則針對這點，提出不同的見解，可修正錢賓四的說法。林秀珍〈《人物志》觀的審美精神〉云：「不管人物的材質如何，不免需要透過力學的工夫。守業勤學、道德踐履，以明者、智者爲效法的對象。」〔註60〕林秀珍強調力學的重要，要守業勤學，踐履道德。許建良《魏晉玄學倫理思想研究》亦云：「劉卲承認學的重要性。」〔註61〕閻世平《劉卲人材思想研究》云：「後天的學習與培養對于人的成才，仍然有一定的意義。」〔註62〕學界對於劉卲是否有後天修養論，見解紛歧。

愚意以爲劉卲承認後天學習的重要性，認爲學可成才，並非不注意後天的修養方法。若無先天平淡本性者，即使經由學習，仍然不可能成爲聖人，然而，有先天平淡本性者，若不經由後天之學習，也無法成爲聖人。平淡本性，就像是種子，無此種樹木之種子，當然不可能長出此種樹木，然而，光有此種樹木之種子，若無後天條件之配合（如水、陽光、養分等），亦不能長成繁蔭巨樹，其理甚明。劉注「圭王【玉】有質，瑩則成文。」光有圭玉之質，不代表一定能成爲美玉，尚須經由後天之雕琢，方能使璞玉能爲美玉，劉注頗能掌握劉卲注重後天修養論的旨意。劉卲認爲經由後天身體修養，方能使先天而來之天賦本性呈顯，此說近於王船山「性日生日成」之說，但相異之處，在於人性之內涵不同，王船山之性，兼包道德本性與氣性；劉卲之性，則屬氣性之思路，未強調道德本性的重要。即使劉卲主張的「五常」，包含仁、義、禮、信、智，但莫忘「五常」係由「五行之氣」所構成，此乃「順氣而言性」，仍屬氣性之思路。

姚維《才性之辨——人格主題與魏晉玄學》云：「一般人以劉卲提出學不入道，恕不周物，就認爲劉卲的《人物志》持先驗論，並只具有政治薦舉人才的實用價值或分別人物類型的鑑賞價值，而無人性的修養價值。其實不然。」〔註63〕姚維也認爲劉卲之說，仍有其身體修養論存在，並非沒有後天身體修養論。亦即，劉卲是在強烈的先天決定論色彩中，仍主張治性修身〔註64〕，

〔註60〕林秀珍：〈《人物志》觀的審美精神〉，《中國文化月刊》第267期，2002年6月，頁36。
〔註61〕許建良：《魏晉玄學倫理思想研究》，頁103。
〔註62〕閻世平：《劉卲人材思想研究》，頁94。
〔註63〕姚維：《才性之辨——人格主題與魏晉玄學》，頁65。
〔註64〕〔北宋〕阮逸〈人物志·序〉云：「王者得之，爲知人之龜鑑；士君子得之，

仍從事身體修養，「在他我關係上，奉行推讓，在自我關係上，恪守自修。」〔註65〕以求得「先天決定」與「後天修養」兩者之間的諧和，讓他的身體理論，既不偏於「先天決定」，又不偏於「後天修養」，嘗試建構一套兼顧「先天決定」與「後天修養」的理論體系。

一、探究玄微的自然之理

《人物志・材理》指出理有四部：道理、事理、義理、情理。其中道理指的是：「若夫天地氣化，盈虛損益，道之理也。」（卷上，頁 16）道理所說的道為形上自然之道，理為形上氣化之理。承續理有四部，〈材理〉又續言明有四家：道理之家、事理之家、義理之家、情理之家。其中最值得注意的是道理之家：「質性平淡，思心玄微，能通自然，道理之家也。」（卷上，頁16）道理之家的本質是質性平淡的人，先天質性平淡，較適合探究玄微的形上自然之理，「具有平淡材質的人，先天就有通達自然之理的能力。」〔註66〕先天具有通達自然的能力，仍須後天探究玄微的自然之理，方能加以完成，使先天的能力顯發出來。若能做到「思心玄微，能通自然」、「道思玄遠」，便是道理之家。許建良《魏晉玄學倫理思想研究》便指出：「以平淡為特色的道的精髓當是通自然，即自然無為。」〔註67〕劉邵認為體道之士通達自然之道，以無為的方式處事。

據《三國志・魏書・王衛二劉傅傳第二十一》載：「策謀之士贊其（按：指劉邵）明思通微。」〔註68〕由是言之，劉邵本人能做到明思通微，且就劉邵而言，「通微」是將道家自然之道，用在政治策謀方面，並有良好效果，故為策謀之士所讚譽。故散騎侍郎夏侯惠便稱譽劉邵：「以為若此人也，宜輔翼機事，納謀帷幄，當與國道俱隆，非世俗所常有也。」〔註69〕據是，得知通達玄微的自然之道，是具有政治上的實用性的，可輔翼機事，納謀帷幄。

為治性修身之藥括。」參閱〔西涼〕劉昞注：《人物志注》，頁4。按：〈人物志・序〉注明阮逸為晉人，但序文中說：「由魏至宋數百載，其用尚晦。」據是，則阮逸當為北宋人。

〔註65〕 許建良：《魏晉玄學倫理思想研究》，頁98。

〔註66〕 閻世平：《劉邵人材思想研究》，頁91。

〔註67〕 許建良：《魏晉玄學倫理思想研究》，頁84。

〔註68〕 〔晉〕陳壽：《三國志》（北京：中華書局，2007年4月），第3冊，頁622。

〔註69〕 〔晉〕陳壽：《三國志》，第3冊，頁622。

是故，質性平淡的君王，如能潛心探究玄微的形上自然之理，就劉邵的觀點來說，便可稱爲「道理之家」。由是言之，良好的君主，除了質性平淡外，尚須通達玄微的自然之理。劉邵心目中的良好君王，是屬於玄理化的聖君〔註70〕，須具有平淡本質及通達道家玄微的形上自然之理，以獲得良好的政治實效〔註71〕，湯用彤《魏晉玄學論稿‧讀人物志》便說：「然則太平之治，固非聖王則莫能致也。」〔註72〕通達自然之理，除先天本質外，尚須後天潛修，方能達致，此乃兼顧「先天本質」與「後天修養」。

二、以小心培養大志

劉邵在後天修養方面，主要是談論心性修養，尤其是偏於道家的身體修養論。〈人物志‧七謬〉云：

> 夫精欲深微，質欲懿重，志欲宏大，心欲嗛小。精微，所以入神妙也；懿重，所以崇德宇也；志大，所以戡物任也；心小，所以慎咎悔也。故詩詠文王，小心翼翼，不大聲以色，小心也；王赫斯怒，以對于天下，志大也。由此論之：心小志大者，聖賢之倫也；心大志大者，豪傑之雋也；心大志小者，傲蕩之類也；心小志小者，拘懦之人也。眾人之察，或陋其心小，或壯其志大，是誤於小大者也。
>
> （卷下，頁40～41）

精神活動力求深微，須從探究玄微的自然之理下手，方能思心玄微，能通自然，進入神妙莫測的境界；本質力求懿重，須求質性平淡者，方能總達眾材、盡有諸流，也才可調成五材，變化應節，所以「以無味和五味」的質性平淡

〔註70〕劉榮傑〈從理想國君觀和形名學運用的角度探討劉邵到王弼的思想遞變〉云：「欲解決時代問題，怎麼樣才是理想國君遂成爲一個熱門的話題。劉邵的《都官考課》是講求如何考核官吏，《人物志》則進一步探索理想國君的問題。」（頁73）又云：「《人物志》是一部討論如何知人、用人，乃圍繞在如何使國君達到聖人境界的一套理論體系。」（頁74）閻世平《劉邵人材思想研究》亦云：「只有君主或具有君主那樣才智的人才有可能發展成爲才德合一的聖人。」（頁76）又云：「劉邵本人對於老子的思想十分推崇，因此他筆下的聖人還是一個平淡無味、獲安逸於任使的無爲者。」（頁81）

〔註71〕此點與錢賓四〈略述劉邵人物志〉之說相合，錢賓四〈略述劉邵人物志〉云：「劉邵寫〈人物志〉，並非站在私人立場著想，而是站在政府立場著想。」（頁88）又云：「劉邵所講，專注意在政治場合之實用上。」（頁94）

〔註72〕湯用彤：《魏晉玄學論稿‧讀人物志》（上海：上海古籍出版社，2001年6月），頁7。

者，既能兼包眾味，含有眾材，氣度恢宏崇高，方是本性懿重者；志向力求宏大，才能擔當重任。周武王一怒而定天下，這就是志大的功效；內心力求纖細審慎，只有小心細微，謹慎行事，才能避免過錯。劉昺注云：「麤則失神，躁則失身。」（卷下，頁 40）麤與躁爲修身之大忌，所以劉邵身體修養之操作技能，要求避去麤與躁，而取與麤、躁相對的「精微」、「懿重」。

麤與躁，皆爲處理政事之大忌，故須避去之，而取「精微」、「懿重」。由是言之，劉邵之身體修養，在於造就政治方面實用之領導人才，簡而言之，劉邵所重在於「政治身體」，與傅柯不同，傅柯重視的是以權力造就「馴服的身體」，且劉邵舉周文王「小心翼翼，不大聲以色」，及周武王「王赫斯怒，以對于天下」，可知劉邵所論的對象爲君王，與傅柯所論爲「被統治者」、「被馴服者」（無論是在監獄或學校）不同。綜合來說，傅柯重視「馴服的身體」，本非就君主立論；劉邵重視「政治的身體」、「聖人的身體」，有很大的目的在於爲君王立論。

劉邵將「志」與「心」作區分，志爲理想抱負，指向客觀的目標，爲努力的標竿，志欲遠大，以拓展心胸；心爲內心，即主觀性欲望 [註73]。內心謹小愼微，避免過錯，有助於客觀目標的完成。所以志欲大，心欲小，且心小有助於大志的完成，此爲「以小心培養大志」。能心大志大者，爲豪傑；能心小志大者，則更進一步，成爲聖賢。就心小志大、心大志大、心大志小、心小志小四等級而言，心小志大，才是最高一等級，若能如此，便是聖賢，消極而言，可避免過錯的產生；積極來說，這是以謹小愼微的心志修養，促使宏偉志向的完成，是故，劉邵所說的「聖賢」，不但有政治上的宏偉事功，尚有積極的心志修養，若說前者爲「外王」，則後者爲「內聖」，劉邵心目中的「聖賢」，兼含內聖工夫與外王事功，且內聖工夫爲促使外王事功具體實踐的身體修養操作方法，是故，劉邵心目中的「聖賢」，實乃合「內聖」與「外王」而爲一 [註74]，且「內聖」尚爲「外王」之本，劉昺〈英雄注〉云：「內

〔註73〕劉邵此處所說的「心」指的是「人之欲望」，「志」指的是「理想抱負」。參閱江建俊：《漢末人倫鑒識之總理則——劉邵人物志研究》，頁 125。

〔註74〕高柏園〈人物志論性之哲學根據與論性傳統〉云：「《人物志》基本上乃是一實用之目的，亦即是爲外王治國之要求而發。就此而言，則《人物志》固有其品鑑之美學內容，然仍不離德性外王之要求。」（頁 21）又云：「《人物志》之學問性格在劉邵之自覺意義下，乃是要繼承孔門論人之傳統，由是而支援其外王之開展，因此，基本上乃是一實用的要求與目的。」（頁 22）高柏園之說，甚爲精采，但尚可補充說明的是：《人物志》雖然基本上確是爲外王治國

無主於中，外物何由入。」（卷中，頁30）劉邵有「以內爲主」的觀念，且主張「神爲質之主」，重視其心神之修養。〈七謬〉云：「聖人者，眾尤之尤者也。」（卷下，頁44）聖人之所以能超出於眾人，而成爲眾尤之尤，不僅在於他「通達過於眾奇」（卷下，〈七謬注〉，頁44），爲「全才之人」〔註75〕，更重要的原因在於聖人能合內聖與外王而爲一。

三、內心寬恕，消解人我對抗

就人我關係來說，劉邵基本上是反對彼此對抗關係的存在，《人物志·釋爭》云：

> 夫以抗遇賢，必見遜下；以抗遇暴，必構敵難。敵難既構，則是非之理必溷而難明，溷而難明，則其與自毀何以異哉？且人之毀己，皆發怨憾而變生釁也，必依託於事，飾成端末。其餘聽者，雖不盡信，猶半以爲然也。己之校報，亦又如之。終其所歸，亦各有半信，著於遠近也。（卷下，頁49）

若自己與他人相處時，持對抗的態度，使人我之間構成敵難的關係，是非之理必定混亂而難以區分。對抗關係既成，他人依託於事，以攻擊我；我亦依託於事，以攻擊他人。雙方互相攻擊時，各有一半與攻擊者較親近的人，會相信攻擊時所持的事由。是故，自己攻擊他人，無異於借別人的口來攻擊自己，借別人的手來毆打自己，對己、對人兩皆不利。〈釋爭〉續云：

> 然則交氣疾爭者，爲易口而自毀也；並辭競說者，爲貸手以自毆。爲惑謬豈不甚哉？然原其所由，豈有躬自厚責，以致變訟者乎？皆由內恕不足，外望不已。（卷下，頁49）

雙方交往，一旦交氣疾爭，氣海翻騰，並辭競說，企圖傷人，實乃自毀、自毆的行爲。原因都出在缺乏「躬自厚責」的道德修養，以致於「內恕不足，外望不已」，心氣難以平靜下來。若能眞正深厚地自我反省，寬恕他人，就

需求而寫作，但內容兼含有內聖與外王，並非僅外王而已。姚維《才性之辨——人格主題與魏晉玄學》云：「劉邵所追求的理想人格必須五德俱兼、陰陽并至，情性達到平淡之境界，智性達到聰明之極至，從而能及道而周物。在這種理想人格模式中同時融入了兩個反映時代思潮的重要價值標準：一是精神達到最高的境界，與道合一，自然平淡；另一是入世而建事立義，有益於社會。」（頁65）

〔註75〕錢賓四〈略述劉邵人物志〉云：「劉邵心中的聖人，應是一全才之人，至少應是一多才之人。」（頁91）

不會怨望他人。所以關鍵實在自己的心，內心能寬厚待人，「滌除生命有意識的造作和執著，放下心中一切，則可照鑒生命的我。」〔註76〕苟能如是，則許多人我紛爭，便可自動消解。劉昺注云：「是故心爭，終無休已。」（卷下，頁 49）劉邵身體修養操作之技能，實以「心」爲軸心。劉邵解決人我紛爭的方法，不在於要求他人改變行爲或態度，而是自我反省，看看自我內心是否能做到寬厚待人。此種方法近於儒家「躬自厚而薄責於人」的道德修養論。

劉昺注云：「己能自責，人亦自責，兩不言競，訟何由生哉？」（卷下，頁 49）劉邵之身體操作技能，以收斂、縮小己之競心爲起點，躬自厚責，平穩自家的心氣，避免出現氣海翻騰，難以平靜的情形，他人受到影響，亦將躬自厚責，雙方都能自我反省、躬自厚責，爭訟也就不解而解了。日人栗山茂久《身體的語言》云：「要了解身體，就必須要感知血與氣。」〔註77〕若交氣疾爭，血氣翻騰，氣憤難當，身體必自受其害，必先自我反省，調理好自家血氣，才能處理人我爭端。栗山茂久之言，是正確的。

四、退讓、不爭、不伐

劉邵「躬自厚責」之修養論，近似於儒家「躬自厚而薄責於人」，但是劉邵「退讓、不爭、不伐」之說，明顯是源於道家老子的哲學〔註78〕，湯用彤〈讀人物志〉指出劉邵對於老子之說，深爲契賞〔註79〕，閻世平《劉邵人材思想研究》也認爲劉邵服膺老子〔註80〕，許建良《魏晉玄學倫理思想研究》亦指出劉邵思想中，「道居於最高的位置」〔註81〕。劉邵以老子「反者道之動」之說，爲理論根柢，主張含辱不辭，卑讓勝敵，〈釋爭〉云：

> 且兩賢未別，則能讓者爲雋矣。爭雋未別，則用力者爲憝矣！是故藺相如以迴車決勝於廉頗，寇恂以不鬥取賢於賈復。物勢之反，乃

〔註76〕林秀珍：〈《人物志》觀的審美精神〉，頁39。
〔註77〕〔日〕栗山茂久著，陳信宏譯：《身體的語言》，頁205。
〔註78〕姚維《才性之辨——人格主題與魏晉玄學》云：「（劉邵）不爭之德最終與《老子》的虛無之道相合。」（頁64）
〔註79〕湯用彤〈讀人物志〉云：「卑弱自持爲劉邵教人立身之要道。《人物志》本爲鑒人序材之書，……書末竟加有釋爭一篇，則其于《老子》之說深爲契賞，可以知也。」（頁19）
〔註80〕閻世平：《劉邵人材思想研究》，頁12。
〔註81〕許建良：《魏晉玄學倫理思想研究》，頁82。

> 君子所謂道也。是故君子知屈之可以爲伸，故含辱而不辭；知卑讓
> 之可以勝敵，故下之而不疑。及其終極，乃轉禍而爲福，屈讎而爲
> 友，使怨讎不延於後嗣，而美名宣於無窮。君子之道，豈不裕乎？
> （卷下，頁 49～50）

劉邵所說的「物勢之反，乃君子所謂道也。」道爲老學形上自然之道，形上
自然之道以向相反方向的物勢發展，爲其基本的動態變化原則，此說源於道
家老子「反者道之動」之說。〈釋爭〉云：「夫唯知道通變者，然後能處之。」
（卷下，頁 51）黃志盛〈人物志的人才思想淵源探賾〉云：「只有及道的境界，
凡事能迴轉反覆變通，才算得上聰明。」〔註 82〕道既向相反的物勢方向發展
爲原則，明瞭道的人，便能靈活變通，不堅持與人相爭。是故藺相如以迴車
退讓，取勝於廉頗；寇恂以退讓不鬥，優於賈復。用力爭勝者，終有衰頹之
日，不能長久領先他人，能讓者行爲符合老子自然之道，終可取勝，此方爲
雋者。明瞭自然之道，便知屈之可以爲伸，卑讓可以勝敵。

　　「屈」及「卑讓」皆爲身體修養的操作原則，「伸」與「勝敵」才是其結
果。「迴車」、「不鬥」看似柔弱，然而，這是以「柔弱勝剛強」的方式，「讓
自己和對方的生命因而相遇，在相遇的過程中，化掉了原來的對抗。」〔註 83〕
能忍一時之氣，以自然之道行事，才可轉禍爲福，屈讎爲友，這是自我生命
成長的大智慧。許建良便說：「自損雖爲損，但由於難以引起他人的怨恨和嫉
妒，所以在結果上是功一而美二，其益無窮；自益雖是益，但由於容易引起
他人的怨恨和嫉妒，所以在結果上是一伐而並失，其失無比。」〔註 84〕是故，
可說是「自損之爲益，自益之爲損。」屈及卑讓，表面看來是屬於「自損」、
「自抑」的作爲，實際上卻有「自益」的功效，據是言之，能眞正實踐「屈」
及「卑讓」者，生命方能獲得成長。也就是說，「自益」非指名利方面的收穫，
而是指能獲得自家生命的成長。

　　自然之道爲總體的根源，「能在天地、場域間有一生發與調節的功用，進
而由此而得治療、歸復與生長。」〔註 85〕「通過道的光照，而讓我們的生命

〔註 82〕黃志盛：〈《人物志》的人才思想淵源探賾〉，《國立高雄海院學報》第 16 期，
　　　　頁 122。
〔註 83〕林師安梧：〈新道家哲學：根源的回歸與存有的照亮〉，《新道家與治療學——
　　　　老子的智慧》（台北：臺灣商務印書館，2006 年 8 月），頁 46。
〔註 84〕許建良：《魏晉玄學倫理思想研究》，頁 95。
〔註 85〕林師安梧《新道家與治療學——老子的智慧·序言》，頁 4。

有一智慧之明。」〔註 86〕是故，若能遵循「物勢之反，乃君子所謂道也。」便能對自家生命有一治療、歸復與生長，亦即，自然之道能照亮自家生命，因而使生命能獲得成長。劉邵確實是重視自然之道，亦重視歸復於萬物形成根源之陰陽清和均衡狀態，故主張「以平淡爲貴論」。姚維亦云：「（劉邵）以重自然爲價值原則，以及道爲材性的最高目標，體現了道家的理想追求。」〔註87〕所言正確。

劉邵除重視自然之道外，〈釋爭〉尚云：

> 且君子能受纖微之小嫌，故無變鬥之大訟；小人不能忍小忿之故，
> 終有赫赫之敗辱。怨在微而下之，猶可以爲謙德也；變在萌而爭之，
> 則禍成而不救矣。（卷下，頁 50）

君子忍辱不爭，消弭禍災，此爲謙德；小人不能忍小忿，終遭敗辱，災禍臨身，禍成而不救。劉邵雖然沒有直接提及「愛身」、「重身」字句，但是字裏行間，是以老學忍辱、退、不爭〔註88〕，爲其處世之道，以達致「愛身」、「重身」的目的。劉昺〈釋爭〉注云：「知爭途不可由，故回車退避。」（卷下，頁 49）「若偏急好爭，則身危。」（卷下，頁 50）與人相爭，必導致身危；忍辱退讓，方可長保生命。轉禍爲福，屈讎爲友，正在於保全自身，且使怨讎不延於後嗣，美名宣於無窮，則忍辱、退讓、不爭，非但可保全自身，尚可保全後嗣。退讓不爭之功效，大矣哉！

《三國志·魏書·王衛二劉傅傳第二十一》載：「性實之士服其（按：指劉邵）平和良正，清靜之人慕其（按：指劉邵）玄虛退讓。」〔註89〕劉邵本人與人相處，平和良正，玄虛退讓，以玄理處世，這是源於老學的身體修養論。〈釋爭〉續云：

> 是故君子之求勝也，以推讓爲利器，以自修爲棚櫓，靜則閉默泯之
> 玄門，動則由恭順之通路。是以戰勝而爭不形，敵服而怨不構。若
> 然者，悔吝不存于聲色，夫何顯爭之有哉？（卷下，頁 50）

〔註86〕林師安梧：〈新道家哲學：根源的回歸與存有的照亮〉，頁 43。

〔註87〕姚維：《才性之辨──人格主題與魏晉玄學》，頁 56。

〔註88〕《老子·第八章》云：「夫唯不爭，故無尤。」《老子·第三十六章》云：「柔弱勝剛強。」《老子·第七十六章》云：「人之生也柔弱，其死也堅強。草木之生也柔脆，其死也枯槁。」《老子·第八十一章》云：「聖人之道，爲而不爭。」

〔註89〕〔晉〕陳壽：《三國志》，第 3 冊，頁 622。

劉劭既言「以自修爲棚櫓」，可知劉劭重視身體之自我修養，這正可證成前所云劉劭並非不重視後天的修養。劉昺注云：「推讓所往，前無堅敵；修己以敬，物無害者。」（卷下，頁50）君子自我修養，靜時寂然不語，動時履正而後進，以推讓而勝敵，雖戰勝但不顯有形的爭鬥。既達致勝敵之功效，又不會留下令人悔吝之怨恨，這才是眞正的重身、愛身。劉劭此種不爭而勝敵的思想，源於老子，《人物志‧釋爭》云：

> 老子曰：夫惟不爭，故天下莫能與之爭。是故君子以爭途之不可由也，是以越俗乘高，獨行於三等之上。何謂三等？大無功而自矜，一等；有功而伐之，二等；功大而不伐，三等。愚而好勝，一等；賢而尚人，二等；賢而能讓，三等。緩己急人，一等；急己急人，二等；急己寬人，三等。凡此數者，皆道之奇，物之變也。三變而後得之，故人莫能逮也。夫唯知道通變者，然後能處之。（卷下，頁50～51）

劉劭吸收老子不爭的思想，了解爭途不可由也。知悉須功大而不伐、賢而能讓、急己寬人。同時，不爭思想的背後，是以自然之道爲理論根基，要獨行於三等之上，便表示企圖透過三等三變而躋於自然之道，故云：「凡此數者，皆道之奇，物之變也。」「夫唯知道通變者，然後能處之。」劉劭通曉老學，知悉「反者道之動」的哲理，故不爭若由物勢言之，發展至爭勝的結果，實乃自然之理，此乃不爭之爭，故〈釋爭〉云：

> 是故孟之反以不伐獲聖人之譽，管叔以辭賞受嘉重之賜。夫豈詭遇以求之哉？乃純德自然之所合也。彼君子知自損之爲益，故功一而美二；小人不知自益之爲損，故一伐而並失。由此論之，則不伐者，伐之也；不爭者，爭之也；讓敵者，勝之也；下眾者，上之也。君子誠能睹爭途之名險，獨乘高於玄路，則光暉煥而日新，德聲倫於古人矣！（下卷，頁51）

劉劭以老學「反者道之動」此種「圓環性的思考」的方式〔註90〕，做爲自我

〔註90〕 林師安梧〈儒道佛文化對台灣公民社會養成的一些省思〉云：「道家強調去名以就實，它重在話語系統的解構，而強調歸根復命，回溯到自然生命之源，它強調的是否定性的思考、負面的思考、場域的思考，它以一種圓環性的思考化解了單線性思考的弊病，從矛盾的對立兩端，轉爲對比的兩端，進而回到一辯證的和合總體之中，依於場域的自發調節生長力，任其生長。」收於台灣哲學學會主辦之《文本與實踐——解釋學與社會行動國際學術研討會論

立身處世的理論根基。不伐獲譽，辭賞受賜，乃純德自然所合。「自然所合」
便表明這是符合自然之道反者道之動的玄理。基於此理，自損爲益，自益爲
損，不伐爲伐，不爭乃爭，讓敵勝之，下眾上之。通曉自然之道反者道之動
的玄理，便能以老學不爭的生活方式，獨乘高於玄路，過著玄理化的人生，
苟能如是，方能「知道通變」，是故，林師安梧指出「（道家）要回溯生命具
體實存的原初場域，讓這原初的場域喚起我人內在最眞摯的愛心之慈，以慈
愛的生長取代權力的爭競。」〔註91〕若能知道通變，便蘊含著各種自我生命
生長的可能性，劉邵承續老學，要以「自我生命生長的可能性」，取代「權力
的爭競」。因爲他知悉爭途之危險，所以要放棄與人相爭，從與人對抗、相爭
中跳出，過著玄理化的人生。可知劉邵所述，固有其政治上之實用價值，但
更值得注意的是：劉邵所重，仍與「生命的學問」有關。

　　劉昺〈材理注〉亦云：「曠然無懷，委之至當，是以世務自經，萬物自
理。」（卷上，頁20）若能以老學自然之道處世，便能無執無懷，一切委諸大
化，這才是對自我生命來說，最爲至當之舉，苟能如是，便能世務自經，萬
物自理，安頓好自家生命。自然天地本具有和諧性，回歸自然之道，便是企
圖藉由自然之道調節的力量，讓個人生命獲得安頓與成長〔註92〕。劉昺〈利
害注〉云：「初布威嚴，是以勞苦；終以道化，是以民治。」「法行寵貴，終
受其害。」「是以商君車裂，吳起支解。」（卷中，頁24）劉邵主張以自然之
道治身及治民，若純以法治，恐將勞苦自身，並終受車裂、支解之害；惟有
以道化治道，方可安頓自家生命，寶養天地給予的生長力量，又能治民。此
說一方面顯示對符應、參與自然之道的重視〔註93〕，一方面又顯示對於「愛

　　　　文集》（臺中：中臺科技大學，2006年5月20日），頁92。
〔註91〕林師安梧〈儒道佛文化對台灣公民社會養成的一些省思〉，頁92。
〔註92〕林師安梧〈新道家哲學：根源的回歸與存有的照亮〉云：「我們說道家的存有
　　　　的治療學，這存有就是道，就是存有之道，重點是在整個存在的場域，用以
　　　　前老話來講就是自然天地，道家把人放回自然天地，用這自然天地的和諧性，
　　　　調節的力量，讓個人生命因此如同安臥在母親的懷抱，因此而獲得照顧，使
　　　　人與萬物一切的糾葛能全然放下而得到成全。」（頁43）
〔註93〕林師安梧〈新道家哲學：無名以就實與尊道而貴德〉云：「修道是修如何參與
　　　　天地，使得天地有道，修德是修道，使得任何一個存在的事物因之如其本性
　　　　好好生長。好好含蓄天地所給予的生長力量。道家的著重點在這裡。」原發
　　　　表於韓國大邱啓明大學「第一屆道家哲學國際學術會議」，2004年10月，後
　　　　收於林師安梧《新道家與治療學——老子的智慧》（台北：臺灣商務印書館，
　　　　2006年8月），頁109。

身」的重視。

簡言之，劉邵修養論方面，除了主張「躬自厚責」的儒家學說外，尚主張道家的推讓、不爭、不伐、反者道之動，這些爲老學玄理，是故，劉邵的身體修養操作理論，兼容並蓄儒家及道家之說，但是大多爲老學玄理，企圖以老學玄理爲理論依據，指導生活，往「我，歸返於天地」邁進〔註94〕，過一種玄理化的人生。

第五節 結 語

劉邵身體觀的基本根源，在於「氣」，身體由陰陽二氣形成，氣影響到聲，聲又可顯發於貌色，是故，劉邵身體觀強調本性不變、貌色不變。

從「身體本質」可推衍出「內外相符應說」及「人性及材能皆先天決定說」。就「內外相符應說」來敘述，包含「由內以顯外」及「由顯以知隱」；就「人性及材能皆先天決定說」來敘述，人性既由一陰一陽構成，是故，人性乃一至一違，雖皆有至有違，但隨著天賦之陰陽二氣多寡之不同，便會出現不同之人性，偏於陽氣者，慈必有仁，仁必有恤；偏於陰氣者，慈而不仁，仁而不恤。是故，人性的表現如何，實乃先天賦受之陰陽二氣便已決定，此乃人性先天決定論。

人性既已先天決定，而材能之大小，出於本性之寬急，是故，材能之大小，亦係先天決定。由是言之，從陰陽五行之氣，可推衍出本性先天決定論，復由本性先天決定論，可推衍出材能先天決定論。而材能既爲先天決定，是故，政治上職位之高低，乃隨著先天材能大小而異，據是，則從材能先天決定，又可推衍出政治上之大小異宜。簡言之，劉邵從形上學，到人性論，再到材能論，復及於政治哲學，皆由「氣」貫串直下，這是屬於「氣性」的思路。

平淡以元一爲形上之根據，由先天而來之平淡本性，方符合元一之陰陽之氣清和均衡，故以平淡爲貴。而平淡性格，是由先天決定。所以由材能先天決定論，可推導出「以平淡爲貴論」之身體哲學，以追求「個人人格之均衡和諧」及「國家整體之均衡和諧」爲目標。

〔註94〕林師安梧〈儒道佛文化在公民社會養成的可能作用與進展〉云：「道家的『我，歸返天地』之存有治療，讓人的生命回到總體之根源。」收於林師安梧《新道家與治療學——老子的智慧》，頁 269。

復由平淡爲貴論，推導出君王先天決定論之政治哲學。認爲無味方爲人間之大味，才可兼包眾味。不偏顯一端材能者，方能總達眾材，駕御群臣，成爲良好的君王，所以良好的君王乃源於先天平淡之材性。劉邵平淡無味說，既可推展出人格品鑑美學，復可推衍出政治哲學。

劉邵的身體思維，乃在先天決定論中，仍積極從事身體修養，以求得先天決定與後天修養之間的諧和。他是以「探究玄微的自然之理」、「以小心培養大志」、「內心寬恕，消解人我對抗」、「退讓、不爭、不伐」，爲其身體修養之方法，吸收儒、道兩家之身體修養學說，以建構一套兼顧「先天決定」及「後天修養」之身體哲學。

劉邵重視的是「政治身體」，《人物志》主要是爲政治領導者服務，而非爲被規訓者、被懲罰者服務，然而，最後的目的在於歸返於自然之道，成爲玄理化的聖君，是以，劉邵「政治身體」的最高階段，是要蛻變爲以「自然之道」指導原理的「自然身體」。簡言之，劉邵身體理論係以「氣」爲始基，企圖爲領導者建構「政治身體」，並在經由身體修養後，以「自然身體」爲轉變目標，將政治身體與自然之道合而爲一。「氣」爲身體起點之質料，以「探究玄微的自然之理」、「以小心培養大志」、「內心寬恕，消解人我對抗」、「退讓、不爭、不伐」，爲身體操作的具體修養方法，來調理自家之「心」與「氣」，以歸返於「自然之道」的「自然身體」，爲最終目標。

社會建構論認爲「身體是社會結構運作的首要場域」〔註95〕，但是劉邵則主張將「政治身體」轉化爲「自然身體」，方爲身體修養的要義；社會建構論認爲身體是「集體規範施行的場域」〔註96〕，劉邵則認爲身體是將「政治身體」與「自然身體」合一的場域。

劉邵的身體哲學，在當今社會，給我們最大的啓示，在於身體中之形軀、本性、材能，乃至於政治上之職位，雖然都是先天決定的，但是，我們的自我能動性仍有其價值，仍應作身體修養之工夫，雖本性不變，仍應在「先天命定」中，從事積極的身體修養，以轉禍爲福，達致「重身」、「保身」、「愛身」的目的，而不要因爲形軀、本性、職位皆爲先天決定，就放棄自我之努力。在先天決定中，還是有不屬於先天決定的項目，「重身」、「保身」、「愛身」，

〔註95〕Chris Shilling 著，謝明珊、杜欣欣譯：《身體三面相：文化、科技與社會》，頁50。

〔註96〕Chris Shilling 著，謝明珊、杜欣欣譯：《身體三面相：文化、科技與社會》，頁116。

就並非先天決定，仍須後天努力，方能克其功。劉邵「聖人論」雖然是爲君王立論，但對今日我們每一個人來說，「自然身體」亦可爲努力的目標，玄理化的生活，應該是每個人都可保有的精神資源，並非政治領導者獨享。

第三章　王弼身體修養論

第一節　前　言

　　王弼（226～249），字輔嗣，山陽高平人，生於魏文帝黃初七年，卒於齊王芳正始十年，往生時年僅二十四歲，可謂英年早逝。王弼雖英年早逝，但在世時，幼而察慧，年十餘，便好老氏，通辯能言，有名於時。《三國志・魏書・王毋丘諸葛鄧鍾傳第二十八》云：「弼好論儒、道，辭才逸辯，注《易》及《老子》，爲尙書郎，年二十餘卒。」〔註1〕裴松之注：「弼注《老子》，爲之指略，致有理統。著〈道略論〉，注《易》，往往有高麗言。太原王濟好談，病《老》、《莊》，常云：見弼《易》注，所悟者多。」〔註2〕王弼愛好玄理，注《易》及《老子》，俱甚爲知名。喜言天人之際，爲正始年間，「貴無派」著名的玄學家，「以無爲本」爲王弼哲學強調的基本觀念，認爲「無」是「有」的本源，也是「有」的存在根據。萬有皆生於「無」，即萬有以「無」爲其形上的根據。「無」爲本，「有」爲末，視「無」爲「有」的根源。

　　其著作目前尙可得見《老子道德經注》、〈老子指略〉、《周易注》、〈周易略例〉、《論語釋疑》，王弼《易》、《老》二注，闡述其玄理，林麗眞《王弼》云：「付予本末以哲學義涵，把崇本息末當作基本原則標舉出來，以詮釋《易》、《老》，並試圖貫通玄理中的體用、有無等問題，進而解決學術上的儒

〔註1〕　〔晉〕陳壽著，裴松之注：《三國志》（北京：中華書局，2006年10月），第3冊，頁795。

〔註2〕　〔晉〕陳壽著，裴松之注：《三國志》，第3冊，頁796。

道之爭，王弼則是第一人。」〔註3〕漢魏之際，儒學式微，聃周當路，與尼父爭途，王弼以道爲本，以儒爲末，以老學「崇本息末」之旨，建構其學說，廣受學界推崇，影響魏晉玄學甚鉅。

王弼雖吸收老學，但王弼之道論，實與老子不同。老子之道，兼含無與有之雙重性，王弼之道，則偏取無之一面，是故，莊耀郎〈王弼道論的義涵〉云：「（王弼將）《老子》道之有無雙重性改變爲只偏取無之一面，明顯可見。」〔註4〕王弼之道論偏取無之一面，有遂等同於形下之萬物，莊耀郎〈王弼道論的義涵〉云：「王注將有和萬物視爲同層，下屬於物，而不屬於道。」〔註5〕因而構成「無（道）／有（萬物）」、「形上／形下」之理論體系。

王弼之玄學體系，通常都採兩層區分的分式，如道物、無有、一多、本末、母子。莊耀郎〈王弼儒道會通理論的省察〉云：「本和末，無和有，道和物，一和多，母和子在王弼玄學體系中分屬形上和形下層，不可踰越。」〔註6〕本、無、道、一、母，指的是形上層，末、有、物、多、子，指的是形下層。莊耀郎〈王弼之有無義析論〉認爲王弼思想中之有與無，包含「跡本關係」、「本末關係」、「母子關係」、「一多關係」，但是「蓋王弼之無固然是萬物之得以實現之根據，然此根據亦僅作爲實現原理，並非生成原理或創生原理，……由此說之，體用關係並不能切當地說明王弼之無與有之關聯甚明。」〔註7〕王弼之無非創生原理，是以，其有無義，並不適合用「體用關係」，來加以詮釋。劉錦賢《儒家保身觀與成德之教》亦指出王弼之無，「失天道之創生直貫義」〔註8〕，劉錦賢的看法，是深刻的。

牟宗三《中國哲學十九講》云：「現實的日常生活是跡，而無是本，這就是跡本論：這是魏晉時提出的一個新觀念。跡本的觀念首先發自王弼，提出來後支配了很長的時間，一直到南北朝時期。王弼就以此觀念來會通儒家與道家的衝突。」〔註9〕此言王弼有無義，具「跡本關係」，以有爲跡，以無爲

〔註3〕林麗真：《王弼》（台北：東大圖書公司，1988年7月），頁39。
〔註4〕莊耀郎：〈王弼道論的義涵〉抽印本，國立臺灣師範大學國文學系主辦「儒道國際學術研討會——魏晉南北朝」，2007年4月14～15日，頁3。
〔註5〕莊耀郎：〈王弼道論的義涵〉，頁4。
〔註6〕莊耀郎：〈王弼儒道會通理論的省察〉，《國文學報》第23期，1994年6月，頁58。
〔註7〕莊耀郎：〈王弼之有無義析論〉，《國文學報》第21期，1992年6月，頁166。
〔註8〕劉錦賢：《儒家保身觀與成德之教》（台北：樂學書局，2003年1月），頁96。
〔註9〕牟宗三：《中國哲學十九講》（台北：學生書局，1991年12月），頁233。

本。牟宗三《才性與玄理》云：「（王弼）以孔子之作爲用，以老莊之言爲體；以孔子之用爲跡，以老莊之體爲所以跡。……內聖之道在老莊，外王之業在孔子。以此會通儒道，則陽尊儒聖，而陰崇老莊。」〔註10〕王弼「以孔子之用爲跡，以老莊之體爲所以跡」，以「跡／所以跡（本）」對舉方式，建構其學說之「跡本關係」。

至於說王弼會通儒道，莊耀郎〈王弼儒道會通理論的省察〉，已指出王弼理解的道家之道與儒家義理歧異甚大：一、王弼理解之道家主張的無，爲觀照所顯沖虛之玄境；儒家主「仁且智」、「忠恕之道」、「踐形」，其飽滿圓實的內容，是生生不已的原創性的仁體。二者一沖虛，一圓實〔註11〕。二、王弼理解之道家，主「不生之生」，其道爲「作用層」上境界型態的道；儒家主張「創生之生」，其道爲存有層上萬物本性規律的實有之道〔註12〕。三、王弼理解之道家偏於作用層，儒家偏於實有層〔註13〕。四、王弼理解之道家，爲無目的性；儒家爲有目的性〔註14〕。五、王弼行仁義，儒家由仁義行〔註15〕。基於以上四點，莊耀郎認爲基於王弼玄學之義理特性，若欲會通儒道，有其理論上之困境。

本文將分別從王弼身體觀的理論基礎、王弼的身體思維、王弼的身體修養方法，這三方面來嘗試加以探討。

第二節　王弼身體理論之基礎

王弼身體觀之理論基礎，可分從三個角度，來加以探討：一、氣論與身體。二、自然論與身體。三、無爲論與身體。以下便依此順序，來加以介紹。

一、王弼之氣論與身體

王弼認爲陰陽二氣相交通，方能化生萬物。王弼《周易注・下經》云：

〔註10〕牟宗三：《才性與玄理》，頁121。
〔註11〕莊耀郎：〈王弼儒道會通理論的省察〉，《國文學報》第23期，1994年6月，頁49。
〔註12〕莊耀郎：〈王弼儒道會通理論的省察〉，頁50～51。
〔註13〕莊耀郎：〈王弼儒道會通理論的省察〉，頁55。
〔註14〕莊耀郎：〈王弼儒道會通理論的省察〉，頁56～57。
〔註15〕莊耀郎：〈王弼儒道會通理論的省察〉，頁58～61。

「二氣相與，乃化生也。」〔註16〕氣本身具有感應的作用，可使二者相交感。《周易·咸卦·象傳》云：「咸，感也。柔上而剛下，二氣感應以相與。」（《周易注》，下經，頁 373）透過氣的感應作用，剛與柔可相應，陽與陰亦可相應，不但可相應，尚可化生天地萬物，當然也包含化生人類，王弼云：「天地相應，乃得化醇；男女匹配，乃得化生。陰陽不對，生可得乎？」（《周易注》，下經，頁 422～423）萬物之化生，皆由陰陽二氣相匹配而來，是故，身體實由陰陽二氣化生而得致，與劉邵一樣認為氣為身體的「質料因」。就因為萬物皆由氣所形成，是故王弼云：「萬物之生，吾知其主，雖有萬形，沖氣一焉。」（《老子道德經注》，下篇，頁 117）萬物負陰而抱陽，沖氣以為和，萬物皆由陰陽二氣沖氣而形成，就王弼之宇宙論來說，身體係源於氣。

　　既然萬物皆由氣所形成，且「氣無所不入」（《老子道德經注》，下篇，頁 120），萬物當然都具有氣，兼以氣具有相感應的作用，理論上來說，人與萬物，透過氣為中介，應該具有相感通的作用，若不能相感通，應該是出於後天人為之不當舉止所導致，「甚愛，不與物通；多藏，不與物散。」（《老子道德經注》，下篇，頁 122）樓宇烈注：「甚愛，不與物通，意為私愛名過多，則不能與萬物溝通一氣。多藏，不與物散，意為私藏利過多，則不能與萬物分享所有。」〔註17〕因為後天人為過份地愛名愛利，導致人與物隔，不能透過氣的感通作用，相互感應，解決之道，當然是由愛名愛利下手方是。據是，可知氣除了是身體的「質料因」之外，因為它具有感通的特性，尚為身體的「動力因」，且此種「動力因」是天生具有的，若受後天私愛名過多的限隔，才會不能與萬物溝通一氣。

　　是故，王弼之氣論，讓我們知曉：（一）身體由氣形成。（二）透過氣的感通，人應能與萬物相通。（三）人若與萬物不能相通，是愛名愛利所致，身體修養之方法，就必須從去除愛名愛利之心著手。（四）王弼將聖人理解為「才之傑」、「才之善」，純是氣性的思路〔註18〕。既為氣性的思路，自與氣論有關。

〔註16〕樓宇烈：《王弼集校釋》（北京：中華書局，1999 年 12 月），頁 373。以下引用王弼之文獻，將以本書為依據，除必要之注釋（例如引用樓宇烈注解之意見）外，不再於注腳中注明，以省篇幅。

〔註17〕樓宇烈：《王弼集校釋》（北京：中華書局，1999 年 12 月），頁 122。

〔註18〕莊耀郎：〈王弼儒道會通理論的省察〉，頁 46。

二、王弼之自然論與身體

　　王弼之著作中，自然一詞反復出現，蔡忠道說：「（王弼）其說以天地爲自然，以至理爲自然，以物性爲自然。」〔註19〕自然一詞，涵義甚廣，「在王弼的觀念中，自然的主要內涵是無，超越具體萬有的無，無名無形的無。落實在具體的生命則是自我的收攝斂藏。」〔註20〕蔡忠道認爲王弼自然說主要內涵是無，其說是也。而王弼之「無」，可詮釋爲「無限的有」，或「無限的妙用」〔註21〕，或「精神性實體」〔註22〕，在具體的生命中，顯示爲自我的收攝斂藏。

　　寧新昌〈論魏晉玄學中的自然境界——以王弼、嵇康、郭象爲例〉則以爲王弼的自然說「傾向于無妄然」〔註23〕。無論說王弼之自然核心意義爲「無」，重點在自我生命之收斂含藏，或說傾向於無妄然，都各有其精采。然以牟宗三所論最爲精采，牟宗三《才性與玄理》云：

> 境界上之自然既不著於物而指物，則自亦無物上之他然，而卻眞正是自然。正是遮撥一切意計造作而顯之洒脫自在之自然，此即是沖虛而無所適、無所主之朗然自在。〔註24〕

王弼之自然，不著於物，「就於萬物之不執而顯示之」〔註25〕，純爲一片沖虛境界，洒脫自在，無所適，無所主。高齡芬〈王弼老子注研究〉亦云：

> 所謂法自然，非純粹肯定現象世界之自然而言，乃依沖虛境界所透顯之自然境界。〔註26〕

> 以無說道，猶不足以顯出老子「自然義」之內涵，必從主體之沖虛境界講，亦即從主體之「以無爲心」、「以虛爲主」、「減其私而無其

〔註19〕蔡忠道：《魏晉處世思想之研究》（台北：文津出版社，2007 年 2 月），頁143。

〔註20〕蔡忠道：《魏晉處世思想之研究》，頁 144。

〔註21〕林麗眞：《王弼》，頁 43。

〔註22〕林麗眞《王弼》云：「道或無，是當作在天地萬物之上、之外而可生出天地萬物的一個至高無上的精神性實體來看待的。」（頁 45）

〔註23〕寧新昌：〈論魏晉玄學中的自然境界——以王弼、嵇康、郭象爲例〉抽印本，發表於臺灣師範大學「第三屆儒道國際學術研討會——魏晉南北朝」，2007年 4 月 14～15 日，頁 1。

〔註24〕牟宗三：《才性與玄理》，頁 144。

〔註25〕牟宗三：《才性與玄理》，頁 154。

〔註26〕高齡芬：《王弼老學之研究》，頁 199。

身」來講，則「四海莫不贍，遠近莫不至」才有具體之意義，而不只是抽象的陳述而已。〔註27〕

王弼之自然義，非現象界之大自然，而是指沖虛境界所透顯之自然境界，亦即，王弼之自然義，實乃一境界型態，此境界型態，為玄冥之絕對，由心靈主體之修養而獲致，故能一虛明，一切虛明，亦即，「自然」是「一種沖虛的意境」〔註28〕。高齡芬以「沖虛境界所透顯之自然境界」來描述，頗為正確，此說係延續自牟宗三《才性與玄理》。王弼云：

> 道不違自然，乃得其性，〔法自然也〕。法自然者，在方而法方，在圓而法圓，於自然無所違也。自然者，無稱之言，窮極之辭也。用智不及無知，而形魄不及精象，精象不及無形，有儀不及無儀，故轉相法也。道（順）〔法〕自然，天故資焉。天法於道，地故則焉。地法於天，人故象焉。（《老子道德經注》，上篇，頁 65）

道須法自然，在方而法方，在圓而法圓，以保持物性之全，「即於物而無所主。如此，則沖虛之德顯矣。」〔註29〕自然之沖虛之德，是在即於物而不著於物上，來加以顯現。既然即於物，而不著於物，物性自可保全，是故，高齡芬云：「二十五章注所謂在方法方，在圓法圓，是就不違物性而言。」〔註30〕不以後天之人力去改變自然之物性，方為自然。自然本具，毋須學習，故云：「不學而能者，自然也。」（《老子道德經注》，下篇，頁 166）。此種沖虛之自然境界，天生本具，自然已足。就脛而言，鳧短鶴長，本為如是，不學而能，無須美惡價值判斷，亦無須人力改造。林麗真《王弼》亦認為王弼所說的「道」為「沖虛妙用形態」：

> 無形無名的道體縱然貴為生物、畜物、成物的根本，卻從未以造物主的權威與意志來生化宰制世界，它乃是以不生之生、不為之為、不主之主的沖虛妙用形態，自然而然地成為萬有的根本。這就是道的玄德。因此，吾人若要把握此本，當然也須通過此一沖虛妙用的觀念才可。〔註31〕

王弼主張「自然之道」，而此道係一沖虛的妙用形態，不生之生，不為之為，

〔註27〕高齡芬：《王弼老學之研究》，頁 211～212。
〔註28〕牟宗三：《才性與玄理》，頁 144。
〔註29〕牟宗三：《才性與玄理》，頁 154。
〔註30〕高齡芬：〈王弼老子注研究〉，頁 248。
〔註31〕林麗真：《王弼》，頁 48。

不主之主，方能自然而然地成爲萬有之根本。劉邵《人物志・八觀》亦云：
「老子以無爲德，以虛爲道。」〔註32〕老學確係以沖虛之妙用形態，爲其自
然之道的意涵。是故，林麗眞便將王弼之「自然」，詮釋爲：「把自然當作道
的虛妙玄德，當作不爲不倡的運作規律，當作自足自全的超越境界。」〔註33〕
「自然，則是此一表面現象的形上本體、形上律則，蓋指沖虛妙用的玄德。」
〔註34〕王弼之自然義，在林麗眞的詮解下，爲道的沖虛妙用玄德，爲不爲不
倡的規律，亦爲自足自全的超越境界。因爲王弼之道的義涵，偏取於無，道
只存一「作用義的無」〔註35〕，是故，《老子》文本中「生」、「爲」、「長」之
實有義，「王弼皆轉成物自生、物自濟、物自長足，道之作用只顯一虛靈不主
之玄德」〔註36〕。亦即，王弼將老子道論之實有義，皆轉化成作用義，故只
顯一虛靈不主之玄德。

　　沖虛自然之本性，天生已具。若人們先天本性未遭後天染污，無須後
天修養工夫。如受到後天名利之引誘，或意計造作之遮蔽，方須於心靈主
體下身體修養之工夫，以求遮撥名利與意計造作，以歸返於自然境界，使
心靈主體能浮於物之上，而不黏著於物，此爲沖虛而無所適、無所主之自
然境界。是故，可說王弼將「自然視與無或無爲同」〔註37〕，且「要之，
論老子之自然一義必須關聯於主體沖虛境界而言纔可顯其意義。」〔註38〕
王弼論老子之自然義，正爲關聯於主體之沖虛境界而言。林麗眞《王弼》
便說：

> 本體、工夫、境界，原本可融通一片；體無、崇本、不違自然，本
> 皆一義相通。故崇本之道，簡言之，即在妙體虛無，因任自然，不
> 違自然而已。而所謂因任自然，不違自然，便是「在方而法方，在
> 圓而法圓，於自然無所違。」完全依乎自然之規律，即於物而無所
> 主，以暢通萬物自生、自畜、自成之根源。〔註39〕

莊耀郎〈王弼儒道會通理論的省察〉亦云：

〔註32〕〔魏〕劉邵：《人物志》，頁34。
〔註33〕林麗眞：《王弼》，頁51。
〔註34〕林麗眞：《王弼》，頁69。
〔註35〕莊耀郎：〈王弼道論的義涵〉，頁8。
〔註36〕莊耀郎：〈王弼道論的義涵〉，頁9。
〔註37〕高齡芬：〈王弼老子注研究〉，頁247。
〔註38〕高齡芬：〈王弼老子注研究〉，頁250。
〔註39〕林麗眞：《王弼》，頁52。

> 守其母而後知其子，崇其本方能舉其末，母在無爲，本在自然，這
> 是王注的根本義理。〔註40〕

崇本即在於妙體虛無，因任自然，不違自然。「母在無爲，本在自然。」崇
本，即體無，即不違自然。是故，崇本、體無、不違自然，可說是一義相
通。行事須符合自然之規律，不生之生，不主之主，使萬物自生、自畜、
自成。

本於自然之原則，王弼主張用智不及無知，用智爲人力，無知爲自然，
不須用智去改變無知之自然狀態。且自然之原則，爲人們皆須效法的。在「道
不違自然，乃得其性，〔法自然也〕。」中，可以知曉自然之道，是不須以人
力去改變本具之天眞之性，苟能若是，方爲法自然，能法自然，方符合自然
之道。王弼以「自然論」，企圖保存身體中天然本具之性，即使常人認爲本具
之性不好，也不應「用智」去加以改變。故云：「自然已足，爲則敗也。智慧
自備，爲則僞也。」（《老子道德經》，上篇，頁6）「自然已足，益之則憂」（《老
子道德經》，上篇，頁47）自然之狀態，便是完足的最佳狀態，毋須人爲妄加
干預造作或改變，故王弼注《老子‧五十六章》「知者不言」云：「因自然也」
（《老子道德經》，上篇，頁148）因順自然，便是最佳的生存策略。若不順應
自然本性，反而會導致疾病或虛僞失眞的產生，那反而令人憂慮，故王弼云：
「夫御體失性，則疾病生；輔物失眞，則疵釁作。信不足焉，則有不信，此
自然之道也。」（《老子道德經》，上篇，頁41）是故，通曉自然之道者，便知
須順應自然之性而無違。

既然自然之道是要保存本具之性，是故人力愈改變，就愈偏離本性，王
弼云：

> 自然之道，亦猶樹也。轉多轉遠其根，轉少轉得其本。多則遠其眞，
> 故曰惑也。少則得其本，故曰得也。（《老子道德經注》，上篇，頁
> 56）

用智愈甚，轉遠其根，此爲「多則遠其眞」，故可云惑也；用智愈少，轉少轉
得其本，此爲「少則得其本」，故可云得也。王弼強烈表達「順自然而行，不
造不（始）〔施〕」（《老子道德經注》，上篇，頁71），「因物自然，不設不
施」（《老子道德經注》，上篇，頁71），「不造不施，因物之性」（《老子道德經
注》，上篇，頁71），要「輔萬物之自然而不爲始」（《老子道德經注》，上

〔註40〕莊耀郎：〈王弼儒道會通理論的省察〉，頁57。

篇，頁 71）僅爲輔助萬物保存其本具之自然狀態，但不要加以人爲施設，所以「不尙賢能」、「不貴難得之貨」、「不見可欲」，使人民「不爭」、「不爲盜」、「心不亂」，保持自然本具之素樸狀態即可，是故，自然可爲政治上治民之原則。通達自然之道之聖人，便能「因」、「順」萬物之性，不妄加施設變化，王弼云：

> 凡此諸或，言物事逆順反覆，不施爲執割也。聖人達自然之（至）〔性〕，暢萬物之情，故因而不爲，順而不施。除其所以迷，去其所以惑，故心不亂而物性自得之也。（《老子道德經注》，上篇，頁77）

眾人迷於美進，惑於榮利；聖人則通達自然之性，除去美進、榮利之心，本著「因而不爲，順而不施」的原則治民，其心不亂而物性自得。自然之道，只能加以順從，不能違反，否則必致凶災，王弼云：

> 我之〔教人〕，非強使〔人〕從之也，而用夫自然。舉其至理，順之必吉，違之必凶。故人相教，違之〔必〕自取其凶也。亦如我之教人，勿違之也。（《老子道德經注》，上篇，頁118）

自然之至理，順之必吉，違之必凶，無論是我之教人，或是人之相教，必須遵循此至理，方能趨吉避凶，可知「自然」爲人們修身之指導原則。

　　王弼之自然論與身體之關係，可條列如下：（一）保持天生本具之性即可，不必加以人力改變。（二）「自然」與「因」、「順」原則相通而無違。對於萬物之性，只能「因」、「順」，使得「物自長足，不吾宰成」（《老子道德經》，上篇，頁24），不能自居主宰者，妄想加以改變。（三）自然爲最高指導原則，人、地、天、道，皆須效法自然原則而運行。（四）「自然」不僅爲修身原則，尙可用之於治國，「人主躬於道」（《老子道德經注》，上篇，頁78），人主若能躬行自然之道，通達自然之性者，方爲聖人（聖君）。是故，自然之道不僅爲一種修身原則，亦爲治國之方。亦即，「自然」不僅與「內聖」相通，亦與「外王」相通。

　　劉邵《人物志》亦以自然之道，爲最高追求目標，但劉邵係就君王立論，但是王弼則適用對象較廣，兼包個人修身與君主治國，此爲二人之異也，故可說，王弼的適用對象較劉邵爲寬廣。且劉邵認爲天生具平淡人格者，經玄理化之身體修養，方得以爲聖人，一般人天生不具有平淡人格，即使經過身體修養，亦不得爲聖人，從此可以看出劉邵才性論有其侷限，王弼

則認爲任何人都可以追求自然之道，個人可以之修身，君王可以之治國，王弼之說，從魏晉身體修養發展史來說，可視之爲對劉邵學說的繼承與修正、拓寬。

三、王弼之無爲論與身體

無爲說爲老子哲學基本的內涵，其重要性乃可想而知。莊耀郎〈王弼之有無義析論〉云：「在其玄學體系中最高之形式意義的道，和終極之內容所指的自然，其義涵則必通過無來理解，始能深切其指而著明之。」〔註41〕王弼之自然論與無爲論關係密切，所以在探討過「自然論與身體」後，緊接著必須探討王弼「無爲論與身體」之關係。王弼云：

> 道，無形不繫，常不可名。以無名爲常，故曰「道常無名」也。樸之爲物，以無爲心也，亦無名。故將得道，莫若守樸。夫智者，可以能臣也；勇者，可以武使也；巧者，可以事役也；力者，可以重任也。樸之爲物，憒然不偏，近於無有，故曰「莫能臣」也。抱樸無爲，不以物累其眞，不以欲害其神，則物自賓而道自得也。（《老子道德經注》，上篇，頁81）

道常無名，而樸以無爲心，亦無名，是故，將得道，必須守樸。樓宇烈云：「智、勇、巧、力均若遺失之，故不偏於一事，而近於無有。」〔註42〕有所偏者，如有智、勇、巧、力者，均爲有所爲，所以皆可以設法使之臣服、役使；唯有樸之爲物，不偏於一物，而近於無有，所以莫能臣也。

抱樸無爲，物不能累其眞，欲不能害其神，自然得道。是故，要想得到自然之道，必須踐履抱樸無爲的生活方式，亦可說是維持不偏於一端的虛無心靈，故云「樸之爲物，以無爲心也。」「樸之爲物，憒然不偏，近於無有。」常人追尋智、勇、巧、力、物、欲，然而修道者卻放棄追尋，以免攪擾樸素的心靈狀態。王弼所追尋者，與常人不同，在王弼之注文之中，沿襲老子的方式，是以「我」與「眾人」來作對比，凸顯自己獨異於常人：「眾人無不有懷有志，盈溢胸心，故曰皆有餘也。我獨廓然無爲無欲，若遺失之也。」（《老子道德經注》，上篇，頁47）眾人皆有餘，我則若遺失也；眾人懷有志，我則無爲無欲。或者是以「爲治者」與「有道者」來作對比呈顯：「爲

〔註41〕莊耀郎：〈王弼之有無義析論〉，《國文學報》第21期，1992年6月，頁145。
〔註42〕樓宇烈校釋：《王弼集校釋》上冊，頁83。

〔始〕〔治〕者務欲立功生事，而有道者務欲還反無爲。」（《老子道德經注》，上篇，頁 78）爲治者心心念念在於立功生事，然而有道者卻想歸返無爲，因爲只有去掉有心有爲，代以無心無爲，方能符合王弼之自然論之「因」、「順」原則，亦即，王弼之無爲論須與自然論相吻合才可。王弼云：「有爲則有所失，故無爲乃無所不爲也。」（《老子道德經注》，下篇，頁 128）有爲違反自然論之「因」、「順」原則，必有所失；無爲者無所造作施爲，既無所施爲，自無所失，且因遵循自然論之「因」、「順」原則，自能無所不爲。莊耀郎〈王弼道論的義涵〉便說：

> 道其實就是實現生命純粹價值的通路，自然是如其自己而呈現，無爲則是一去執去累的工夫，凡言絕、去、損、棄、忘……都是同義的工夫語。〔註43〕

「無爲」要去執去累，必須遵循「如其自己而呈現」之自然論「因」、「順」原則，以趨向於實現生命純粹價值之通路。

　　眾人皆懷有志，欲有所施用，我獨無所欲爲，悶悶昏昏，無爲無欲，無所別析，若無所識，若遺失之也。之所以會有此差異，關鍵當然在於王弼著重於以「無爲」的心靈，來達致自然之道，王弼云：「孔，空也。惟以空爲德，然後乃能動作從道。」（《老子道德經注》，上篇，頁 52）空者，虛無、無爲也〔註44〕。以「無爲」爲德，才能於舉止動作之中，自然呈顯出道。王弼云：「從事於道者以無爲爲君，不言爲教，綿綿若存，而物得其眞。與道同體，故曰同於道。」（《老子道德經注》，上篇，頁 58）從事於道者，若爲統治者，必須實踐「無爲」、「不言」之治術，方能與道同體。

　　簡言之，「無」即「沖虛之玄德」〔註45〕。修道者是以「抱樸無爲」的心靈修養，嘗試在生活之中，「不求而自得」地呈顯出自然之道。「抱樸無爲」，成爲修道者必經之階梯或方法，在王弼身體哲學之思想體系中，其重要性乃可想而知。在本論文第一章「緒論」中，我曾引用瑞士學者畢來德之言：「看我們能不能去游於物之初，找回唯道集虛的那個虛。只有能夠進入這種虛空，才可能完成必然的行動。而無法實現虛空，我已經說過，只會產生重複、僵化，乃至瘋狂。」王弼無爲論，主張沖虛之玄德，方能無爲而無不爲，保持

〔註43〕莊耀郎：〈王弼道論的義涵〉，頁 14。
〔註44〕樓宇烈校釋：《王弼集校釋》上冊，頁 54。
〔註45〕牟宗三：《才性與玄理》，頁 134。

靈動的生命特性，此說與畢來德「進入虛空」才能「完成必然的行動」，實相吻合。無論是主張「沖虛之玄德」，或是主張心靈「進入虛空」，都是主張「自然的身體」，苟能如是，生命才能靈動無窮，永不僵化。

第三節　王弼之身體思維

依黃俊傑的詮釋，身體思維有兩種意義，一是「透過身體來思考」。二是「身體本身作爲思想」〔註46〕。若取「透過身體來思考」之義涵，則王弼之「身體思維」，可分三點來探討：一、進入虛空，突破黑暗。二、惟身是寶，貴身愛身。三、體分兩主，大器喪矣。以下便依此順序，來加以敘述。

一、進入虛空，突破黑暗

王弼認爲有身即有其累，無身方能瞻足，故云：

> 天地雖廣，以無爲心；聖王雖大，以虛爲主。故曰以復而視，則天地之心見；至日而思之，則先王之至睹也。故滅其私而無其身，則四海莫不瞻，遠近莫不至；殊其己而有其心，則一體不能自全，肌骨不能相容。（《老子道德經》，下篇，頁93）

王弼《道德經》注文中說的「以復而視，則天地之心見。」出於《周易·復卦·彖》：「復其見天地之心乎！」王弼注：「復者，反本之謂也。天地以本爲心者也。凡動息則靜，靜非對動者也；語息則默，默非對語者也。然則天地雖大，富有萬物，雷動風行，運化萬變，寂然至無是其本矣。故動息地中，乃天地之心見也。若其以有爲心，則異類未獲具存矣。」（《周易注》，上經，頁336～337）綜合王弼《老子道德經注》及《周易注》，可以知道「以復而視，則天地之心見。」強調的是：天地之心靜默寂然，萬物方得以俱存，若以有爲心，異類便未能生存，所以寂然至無才是天地之心、天地之本。復者，便是要返回寂然至無之形上根本。

王弼《道德經》注文中說的「至日而思之，則先王之至睹也。」出於《周易·復卦·象傳》：「雷在地中，復。先王以至日閉關，商旅不行，后不省方。」王弼注：「方，事也。冬至，陰之復也。故爲復，則至於寂然大靜。先王則天地而行者也，動復則靜，行復則止，事復則無事也。」（《周易注》，上經，頁

〔註46〕楊儒賓、何乏筆主編：《身體與社會》（台北：唐山出版社，2004年12月），頁4。

337）冬至爲陰之復，寂然大靜，先王則天地而行，亦應無事靜止。

　　王弼爲「貴無論」的著名學者，主張應效法天地之心，返回寂然至無，強調「無」的重要。天地以「無」爲心，方能成其廣；聖王以「虛」爲主，方能成其大。

　　天地以無爲心，人們行事應法天道，亦應以寂然至無爲其本，故可與身體哲學之「滅其私而無其身」義理相貫串，皆言「無」之重要，或說是王弼貴無論在身體上之落實運用。我們可以嘗試就現代的哲學話語，來加以詮釋王弼的學說，王弼說「以無爲心」、「以虛爲主」，就身體哲學來說，可以詮釋爲「精神是退身出去，讓身體來行動的。我們在別的情景下，也會求助于這種自身的虛空。」〔註47〕當自身紛紛擾擾，無力解決時，可精神暫時退身出去，求助于自身的虛空，讓身體來行動、面對，此時身體可自動生發力量，「必須要讓自己進入一種虛空，我們所有的力量才能聚集起來。」〔註48〕就身體修養來說，進入虛空是十分重要的，進入虛空，力量才能收攝聚集。在第一章緒論中，我曾說過身體經過修養，可以產生神聖能量，「進入虛空」便是重要的身體修養，苟能如是，才能聚集強大的能量，因應無窮的變局，這才是保全自身的方法，此法可稱之爲「滅其私以成其私」，或「虛其身以全其身」。

　　就身體哲學來說，「無身」十分重要。若能滅其私而無其身，不爲一己之利、欲，汲汲營求，「物無所尙，志無所營」（《老子道德經注》，下篇，頁95），則無論處於何處皆可，四海無有不贍足者，故云：「沖而用之，用乃不能窮。」（《老子道德經》，上篇，頁 11）「舍己任物，則無爲而泰。」（《老子道德經注》，下篇，頁95）無身，不追求一己之利、欲，才能無爲於萬物，其用乃不能窮。林麗眞云：「凡主張拋棄情物纏累的，可說是道家的基本論調。」〔註49〕王弼亦主張拋棄情物纏累，認爲舍己無身，自然任物，方能無爲而泰。

　　之所以能四海莫不贍足的原因，一在於「無身」，不以一己之利爲利，不以一己之害爲害，苟能若是，無物可以損傷其身。「無物以損其身，故能全長也。」（《老子道德經注》，下篇，頁145）二在於「無身」之後的「無爲」，故

〔註47〕〔瑞士〕畢來德著，宋剛譯：《莊子四講》，頁 87。
〔註48〕〔瑞士〕畢來德著，宋剛譯：《莊子四講》，頁 87。
〔註49〕林麗眞：《王弼》，頁 134。

云：「無爲於萬物而萬物各適其所用，則莫不贍矣。」（《老子道德經注》，上篇，頁 13）；若分別人我，而有其私心，追尋一己之利、欲，一體必不能自全，肌骨亦不能相容。無爲於萬物，棄己任物，不析不別，四海莫不贍足。故云：「天地之中，蕩然任自然，故不可得而窮。」（《老子道德經注》，上篇，頁 14）「棄己任物，則莫不理。」（《老子道德經注》，上篇，頁 14）棄去己私，達致「無身」，自然任物，才能「莫不理」、「不可得而窮」。蔡忠道便說：「棄智無我也是主政者的修養工夫。」〔註50〕「收斂自我，心無執見。」〔註51〕無爲確實重要，苟能如是，方可贍足。三在於順應天地自然之道，不造不施，王弼云：「治而不以二儀之道，則不能贍也。」（《老子道德經注》，上篇，頁 11）順應自然之道，方能贍足。

本諸「有身斯有累，無身方贍足」之義理，王弼一再強調「無爲於身」：

> 無私者，無爲於身也。身先身存，故曰能成其私也。（《老子道德經注》，上篇，頁 19）

> 取其生道，全生之極，十分有三耳；取死之道，全死之極，亦十分有三耳。而民生之厚，更之無生之地焉。善攝生者，無以生爲生，故無死地也。（《老子道德經注》，下篇，頁 135）

> 生不可益，益之則天也。（《老子道德經注》，下篇，頁 146）

若積極求生、益生，反而至於無生之地。王弼反對益生，認爲生不可益，善攝生者，便不以生爲生，能不以生爲生，方能不至無生之地。常人有爲於身，反而不能保全己身，須不以生爲生，無爲於一己之身，方能保全己身。若說「無爲於身」爲「無私」，則「保全己身」便是「成其私」之結果，王弼認爲，有爲於身，求取益生，或求取生生之厚，反而會導致身體陷入「無生之地」，並不能保全己身，蔡忠道便說：「老子深究生命的外馳，其根本在於對生命的執溺，即所謂的生生之厚。」〔註52〕所以王弼注《老子·十三章》「吾所以有大患者，爲吾有身」時說：「由其有身也」（《老子道德經注》，上篇，頁 29）有身便有大患之累，身體爲大患所繫累，南帆〈軀體的牢籠〉云：「軀體是一個快樂之源，也是一個桎梏。」〔註53〕軀體既然是一個牢籠、一

〔註50〕蔡忠道：《魏晉處世思想之研究》，頁 145。
〔註51〕蔡忠道：《魏晉處世思想之研究》，頁 147。
〔註52〕蔡忠道：《魏晉處世思想之研究》，頁 135。
〔註53〕南帆：〈軀體的牢籠〉，頁 148。

個桎梏，會使自家生命受到繫累，而不得自由，是故，「身體的突破」，便是必要之舉，身體成為突破黑暗的缺口。

　　牟宗三《中國哲學的特質》云：「所謂有身的大患，便是植根於自然生命的情欲。」〔註54〕有身時，身為自然生命的情欲所繫累，不得自由，須「無為於身」、「不以生為生」，方可「保全己身」、「不至無生之生」。亦即，「有身」為害己，為大患之累；「無身」方可保全自身，所以王弼一再指明「無為於身」的重要，之所以要無為於身，便是不要受到「軀體牢籠」的拘限，要追求「身體的突破」。

　　牟宗三《中國哲學十九講》便說：「忘其身而身存，忘是個什麼意思？就是無有作好、無有作惡那個無作，把造作去掉，這個忘就是要消化掉那些東西。」〔註55〕忘身而能身存，其中的關鍵，在於將意計造作、情識糾纏予以化除，方能回到身體的始源狀態，「無身」依照葛紅兵、宋耕的詮釋，便是回到身體的始源狀態〔註56〕。

　　南帆〈軀體的牢籠〉云：「軀體的範圍也就是自私觀念所庇蔭的起碼的範圍。這樣，軀體成了私有意識的物質起源。軀體產生的一切感覺……均以物質的形式闡明或者注釋了自我這個概念。」〔註57〕「自我並不僅僅是軀體，但自我首先是軀體。」〔註58〕軀體闡明自我之私有意識，依王弼的觀點來看，若執著自我之私有意識，便不能回到身體的始源狀態，故須先從去除自我之私有意識著手方是。

　　楊儒賓便說：「強調學者惟有將自我一詞蘊含的強烈主觀性轉化掉，人可以進入一種無分別、渾然同流的境界中。」〔註59〕意計造作、情識糾纏，皆具強烈主觀性，皆須加以化除，能加以化除，方可進入一種無分別、渾然同流的境界。而要化除意計造作、情識糾纏，便須藉由無其身、虛其身的修

〔註54〕　牟宗三：〈中國哲學的重點何以落在主體性與道德性〉，收於牟宗三：《中國哲學的特質》（台北：學生書局，1990年10月），第二講，頁15。
〔註55〕　牟宗三：《中國哲學十九講》，頁144。
〔註56〕　葛紅兵、宋耕《身體政治》云：「無身並不是說要我們不重視身體，視身體若無，而是要我們重視身體，努力保持身體的始源狀態，不要讓身體受到各種後天名利的污染，所謂無身就是指一種身體的始源狀態。這就是老子貴以身為天下的思想，馮友蘭認為它是以身貴為天下之義。」（頁4）
〔註57〕　南帆：〈軀體的牢籠〉，頁148。
〔註58〕　南帆：〈軀體的牢籠〉，頁148。
〔註59〕　楊儒賓主編：《氣論及身體觀》，頁22。

養，是故，王弼「無爲論」主張的身體特色，在於「進入虛空，突破自身意識的黑暗」。

二、惟身是寶，貴身愛身

（一）惟身是寶

前面論述王弼強調「無爲於身」的重要，不免會逼出下一個問題：既要「無爲於身」，那王弼到底是主張「賤身」，還是「貴身」呢？或則說「無身」與「貴身」，有無衝突呢？「無身」係無去「有身」之繫累，無去情欲的繫累，除去染污之身，方能貴身，貴重本眞之身。若無「無身」，則「染污之身」何足珍貴寶愛？亦即，「無身」與「貴身」非但不衝突，尚有相互銜接之義理關係存在，「無身」爲「貴身」之工夫，須先「無身」，方能「貴身」，若無「無身」，即無「貴身」的必要。亦即。須先「進入虛空，突破自身意識的黑暗」，歸返本眞之身，此時的身體，方值得加以貴重寶愛。所以，在論述完「無身」之後，尚須緊接著論述「貴身」，方爲適切。《老子·八十章》云：

> 小國寡民，使有什伯之器而不用，使民重死而不遠徙。雖有舟輿，無所乘之；雖有甲兵，無所陳之；使民復結繩而用之。甘其食，美其服，安其居，樂其俗。鄰國相望，雞犬之聲相聞，民至老死不相往來。

王弼注：

> 言使民雖有什伯之器，而無所用，何患不足也。使民不用，惟身是寶，不貪貨賂。故各安其居，重死而不遠徙也。無所欲求也。（《老子道德經注》，下篇，頁 190）

這段注文，之所以值得我們關注，是因爲這段注文，是在注釋《老子·八十章》，然而《老子·八十章》並未提及與「惟身是寶」有關的字句，其重點是在談論老子小國寡民之政治理想，本與身體哲學無涉。但是王弼卻突然插入「惟身是寶，不貪貨賂」此種身體哲學之意見，所以我們應該可以確定「惟身是寶，不貪貨賂」是王弼的思想，並非《老子·八十章》原文的意思。什伯之器非寶物，不用可也，即使不用，亦何患不足。貨賂亦非寶，也不值得追尋。身體才是人們最大的寶物，值得珍惜調護。保全自己本眞之身，才是最重要的工作。對於身外之物、欲、名、利，須無欲求，這是因爲王弼已經

清楚何者方爲人生最大的寶物，當然就不會再去追求身外之物、欲、名、利，身外之物不去追求，亦何患不足。王弼詮釋老子此章，似將老子政治哲學之論著，扭轉方向，詮釋成「惟身是寶」之身體哲學。常人迷戀名利，常因而殞身喪命，此爲生命的大迷惘，生命的大危機，王弼揭示「惟身是寶，不貪貨賂」，頗有喚醒世人迷執之用意在。生命外求此乃大迷惘，此爲捨本逐末，返歸諸身，不爲名利所迷，方爲生命正確的發展路向。高齡芬〈王弼老子注研究〉云：

> 此主張「唯身是寶」，是將價值定在自己，以自己爲價值，則不受外物牽引，而失生命之本眞。然而，若只是一味地執著於自己而「困守於內」，則又將受制於心知意念，而遠離自然，故老子又主張「無身」。老子說：「吾所以有大患，爲吾有身，及吾無身，無有何患」，王弼注「無身」爲「歸之自然」，最可反映出老子之自然境界哲學觀點。〔註60〕

王弼「唯身是寶」說，將價值安置於自己本眞之身，不願受外物之影響而流蕩失眞。又以「無身說」，使身體不會「困守於內」，而要歸諸自然。高齡芬之說，是正確的。

（二）貴身愛身

有一問題須簡別：王弼主張「無爲於身」，以「保全自身」，隱含有「貴身」之意，但是與老子所說的「大患若身」，以身爲大患，是否衝突？王弼於注釋《老子・十三章》時云：「大患，榮寵之屬也。生之厚必入死之地，故謂之大患也。人迷之於榮寵，返之於身，故曰大患若身也。」（《老子道德經注》，上篇，頁29）有身之所以爲大患，在於迷於榮寵，求生之厚，反而入死之地，災害返於己身，故曰大患若身。迷於榮寵時，有身即爲大患；當無身時，不以一己之利爲利，不以一己之害爲害，不追求榮寵、名利、物、欲〔註61〕，便不會陷入必死之地，此時，身即非大患。是故，王弼詮釋「無爲於身」，隱

〔註60〕高齡芬：《王弼老學之研究》，頁207。
〔註61〕何以外在的名利不值得追求呢？蔡忠道〈魏晉處世思想析論〉第一節「王弼處世思想析探」云：「外在名利的追逐與生命並無根本而直接的關聯，因此，將生命的重心置於此，則是對生命本質的疏離。……物質積藏愈多，離生命的眞樸也就愈遠，何況覬覦利益者眾，坐擁名利者，常成爲攻擊的對象。因此，唯有知足、知止，才能免於危殆。」收於蔡忠道：《魏晉處世思想之研究》第四章，頁135。

含之「貴身」思想，與有身迷於榮寵時之「大患若身」，便不起衝突，此可云「重身而不累於身」〔註62〕。此與老子認爲身體可堪貴愛之旨相合。《老子·四十四章》云：

> 名與身孰親？身與貨孰多？得與亡孰病？是故甚愛必大費，多藏必厚亡。知足不辱，知止不殆，可以長久。（《老子道德經注》，下篇，頁121～122）

蔡璧名便說：

> 無論《老子》主張貴身的理由爲何，經文明言對身體的貴愛與重視，恐爲不易之論。更何況「貴大患若身」並非《老子》貴愛、重視身體的單文孤證。《老子·四十四章》於「身」與「名」、「貨」的比對中，重「身」而輕「名」、「貨」，由茲凸顯「身體」於《老》學中的可堪貴愛。〔註63〕

高齡芬〈王弼老子注研究〉亦云：

> 《老子·四十四章》：「名與身孰親，身與貨孰多，得與亡孰病」乃在反省人們逐物不反，名利取向之價值。〔註64〕

《老子·四十四章》將名利與身體作一比較，看看何者爲親？何者爲多？在比較中，凸顯「重身而輕名利」之思想。老學中身體本爲可堪貴愛者，王弼注《老》，對於老學貴身、愛身之旨，頗能掌握。

「惟身是寶」隱含身爲可貴、身爲可寶之意涵，我們可進一步追問：王弼是否有直接提及「貴身」或「愛身」呢？答案應是肯定的，《老子·十三章》云：

> 吾所以有大患者，爲吾有身，及吾無身，吾有何患！故貴以身爲天下，若可寄天下；愛以身爲天下，若可託天下。

王弼注：

> 無〔物可〕以易其身，故曰貴也。如此乃可以託天下也。（《老子道德經注》，上篇，頁29）

因以身爲天下，故無物可以易其身、損其身。身爲天下最貴，無物可以易其

〔註62〕王岫林：《魏晉士人之身體觀》，頁111。

〔註63〕蔡璧名：〈守靜督與緣督以爲經：發現一條疏通老莊之學的身體感與身體技術〉抽印本，「2007中國簡帛學論壇」，國立臺灣大學中國文學系主辦，2007年11月10、11日，頁6。

〔註64〕高齡芬：《王弼老學之研究》，頁204。

身，此爲「貴身」之說。如此「貴身者」，方可將天下寄託給他。《老子‧十三章》云：「愛以身爲天下，若可託天下。」王弼注：

> 無物可以損其身，故曰愛也。如此乃可以寄天下也。不以寵辱榮患損易其身，然後乃可以天下付之也。（《老子道德經注》，上篇，頁29）

身爲天下最值得寶愛者，不可以寵辱榮患，損易其身，此爲「愛身」之說。如此「愛身者」，方可將天下託付給他。所以王弼主張「貴身」、「愛身」。

（三）身爲本，喪身爲失本

王弼既主張「貴身」、「愛身」，所以更進一步，將身視爲根本，喪身即爲失本，《老子‧二十六章》云：

> 奈何萬乘之主，而以身輕天下？輕則失本，躁則失君。

王弼注：

> 輕，不鎮重也。失本，爲喪身也。失君，爲失君位也。（《老子道德經注》，上篇，頁70）

《老子‧二十六章》云：「重爲輕根，靜爲躁君。」重爲本，靜爲君。故云輕則失本，躁則失君。王注則就《老子》經文的原意，作延伸性詮釋。老子以重爲本，王弼則以身爲本，以喪身爲失本，亦即，王弼是以身爲重、爲本；老子以靜爲君，王弼則以君位爲君，以失君位爲失君。王弼注文，針對《老子》經文，進行創造性詮釋，將老子以重爲本，扭轉爲「以身體爲重、爲本」此種身體哲學。此種詮釋方式，頗類似於《老子‧八十章》的王弼注文，無論是《老子‧二十六章》王注所詮釋的「以身體爲根本」，或《老子‧八十章》王注所說的「惟身是寶」，皆閃爍著重視身體的身體哲學思理，可惜長期未受到學界重視。愚意以爲王弼注文中，有一項最值得我們注意的特色，那就是常扭轉經文原意，而往重身、愛身之身體哲學方向去詮釋。

重必爲輕根，靜必爲躁君。重爲本，輕爲末。重既爲根本，方可鎮輕，而輕不可以鎮重。輕則失本，萬乘之主，以身輕天下，爲喪身之行爲，此爲失本。違反「貴身」、「愛身」之說，喪失掉身體此種根本。

三、體分兩主，大器喪矣

王弼《周易注》云：「施止體中，其體分焉，體分兩主，大器喪矣。」（下

經，頁481）「兩雄必爭，二主必危。」（上經，頁226）大器依照孔穎達疏，指的是國與身〔註65〕，體不可分兩主，否則國與身，皆會喪亡。《周易·艮卦·九三》云：「艮其限，列其夤，厲薰心。」列者裂也，夤者當中脊之肉也。列其夤，指的是分裂背部肉。厲者危也，薰者燒灼也，厲薰心指的是憂危薰心也。分裂背部肉，將憂危薰心，此言體不可分裂為兩主，必須合為一體。亦即，王弼主張一體觀，反對身體割裂為兩主，王岫林便說王弼「標舉神，亦主張形神相即不離」〔註66〕，其說是也。

（一）營魄為人常居之宅

身體雖由形與神共同組成，但其中只能有一主，王弼視精神為人常居之宅，亦即，視精神為身體之主。王弼云：

> 營魄，人之常居處也。一，人之真也。言人能處常居之宅，抱一清神，能常無離乎？則萬物自賓也。（《老子道德經注》，上篇，頁22）

營魄，樓宇烈詮釋為靈魂，或魂魄的意思〔註67〕。中國古籍中的「魂魄」，指的便是心知、心靈〔註68〕。愚意以為在這段王弼注文中，營魄指的便是精神，或說為心靈、心知的意思。抱一即抱樸，「清神」指的是保持虛靜，不使物欲累害其精神〔註69〕。欲望可能為爭尚、貪盜之原〔註70〕，因而累害其精神。修道者若能抱樸無為，保持虛靜，不以物欲累害其精神，此時，人清靜無為之精神狀態，即為人常居之宅，故云：「營魄，人之常居處也。」是以營魄應指精神，王弼認為精神主體為人常居之宅，此為王弼「以神統形，以心御有」之思想〔註71〕。

〔註65〕樓宇烈校釋：《王弼集校釋》下冊引孔疏，頁483。

〔註66〕王岫林：《魏晉士人之身體觀》，頁75。

〔註67〕樓宇烈《王弼集校釋》云：「營魄，《楚辭·遠遊》王逸注營魄為靈魂。河上公注：營魄，魂魄也。」（頁24）

〔註68〕錢賓四〈重申魂魄鬼神義〉云：「魂魄字，明指人生時之心知。」收於錢氏：《靈魂與心》，頁131。又說：「凡中國古籍言及魂魄，皆指其人生前之心知言。惟魄乃附隨其身之知，魂乃超越於身之知，此乃其主要之區別。」（頁136）據是，則魂魄兼指附隨其身之心知與超越其身之知。

〔註69〕樓宇烈：《王弼集校釋》上冊，頁24。

〔註70〕莊耀郎：〈王弼之有無義析論〉云：「王弼對於欲的看法並非立判為負面義，而是指出其可能為爭尚、貪盜之原。凡是爭賢、爭名、爭尚、爭榮、貪貨、貪利皆從欲所出。」（頁153）

〔註71〕王岫林：《魏晉士人之身體觀》，頁111。

類似於「營魄為人常居之宅」的，還有「清靜無為謂之居」，王弼云：

> 清（淨）【靜】無為謂之居，謙後不盈謂之生。離其清（淨）【靜】，
> 行其躁欲，棄其謙後，任其威權，則物擾而民僻，威不能復制民。
> 民不能堪其威，則上下大潰矣，天誅將至。故曰「民不畏威，則大
> 威至。」無狎其所居，無厭其所生，言威力不可任也。（《老子道德
> 經注》，下篇，頁 179）

高齡芬便說：

> 王弼之注，謂在上者不能守其清靜無為之常居，與謙後不盈之生計，
> 行其躁欲，任其威權，則物擾而民僻，總有一天威權將不能再制民
> 了，則天誅將至。觀王弼之注，完全在於君主個人的修養上說，亦
> 甚妥切。〔註72〕

王弼有其身體修養論，主張君王應持守清靜無為之自然狀態。其實清靜無為
之狀態，不僅君王應持守，萬物亦應持守。另外王弼於《周易‧剝‧象傳》
注：

> 厚下者，床不見剝也。安宅者，物不失處也。厚下安宅，治剝之道
> 也。（《周易注》，上經，頁 332）

王弼於《老子‧四十九章》注：

> 若乃多其法網，煩其刑罰，塞其徑路，攻其幽宅，則萬物失其自然，
> 百姓喪其手足，鳥亂於上，魚亂於下。（《老子道德經注》，下經，頁
> 130）

清靜無為謂之居，從中可知，清靜無為之精神狀態，才是人們常居之宅；若
心神不能保其清靜無為之狀態，如行其躁欲，棄其謙後，任其威權，或多其
法網，煩其刑罰，攻人隱微〔註73〕，因而攪擾清靜之心靈狀態，便將使萬物
「失其自然」。可知萬物亦應持守清靜無為之自然狀態，君王不應以人為的方
式，加以攪擾。《周易‧剝卦‧象傳》王弼注：「強亢激拂，觸忤以隕身，身
既傾焉，功又不就，非君子之所尚也。」（《周易注》，上經，頁 332）強亢激
拂，觸忤以隕身，便離開清靜狀態甚遠，非君子所尚，可知非但君王應持守
清靜無為之狀態，君子亦應持守清靜無為，並非高齡芬所說僅為君王個人之

〔註72〕高齡芬：〈王弼老子注研究〉，頁 221。
〔註73〕樓宇烈詮釋「幽宅」為：「人之隱微之處。」參閱樓宇烈：《王弼集校釋》上
　　　冊，頁 133。

身體修養論而已。

值得注意的是：王弼以精神（營魄）爲人常居之宅，張湛則「知世人以形骸爲眞宅之愚昧」〔註74〕，而以太虛之本體境界爲眞宅。王弼云：「厚下安宅」，「物不失處也」，主張「要穩固人的安身處，才能達到物不失處的安宅。」〔註75〕王弼之宅，乃形而下之魂魄；張湛之宅，乃形而上之本體〔註76〕，兩人都談「安宅」、「幽宅」或「眞宅」，但是將安居之「宅」，安置於不同的位階。

就因爲王弼重視「清靜無爲」，是故，曾云：

> 躁罷然後勝寒，靜無爲以勝熱。以此推之，則清靜爲天下正也。靜則全物之眞，躁則犯物之性，故惟清靜，乃得如上諸大也。（《老子道德經注》，下篇，頁123）

只有清靜無爲，才能全物之眞，才能勝熱，故可云清靜爲天下正也。

（二）耳、目、口、心，皆順其性

就形與神之關係來說，神與形雖合爲一體，但一體之中，亦自有「一主」的存在，這一主，便是「神」。王弼是主張神爲主，形爲從。當然，神是指經由身體修養後，達致之清靜無爲之狀態。神須修養，試問：形是否也須修養呢？答案應是肯定的。《老子·十二章》云：

> 五色令人目盲，五音令人耳聾，五味令人口爽，馳騁田獵令人心發狂，難得之貨令人行妨。是以聖人爲腹不爲目，故去彼取此。

王弼云：

> 爽，差失也。失口之用，故謂之爽。夫耳、目、口、心，皆順其性也。不以順性命，反以傷自然，故曰盲、聾、爽、狂也。（《老子道德經注》，上篇，頁28）

高齡芬〈王弼老子注研究〉云：

> 王弼之意爲耳、目、口、心皆無非自然，但若受外物之牽引而爭逐於五色、五音、五味、冶遊之刺激下，必使其作用減低，乃至於目盲、耳聾、口爽、心發狂之境地。〔註77〕

〔註74〕王岫林：《魏晉士人之身體觀》，頁121。
〔註75〕蔡忠道：《魏晉處世思想之研究》，頁200。
〔註76〕關於張湛以形上之太虛本體爲眞宅之論述，請參閱第八章第二節。
〔註77〕高齡芬：《王弼老學之研究》，頁206。

王弼之自然論以「因」、「順」為原則，要因順萬物之性，已如前述。不但要因順萬物之性，連耳、目、口、心亦要因順其性，不可逆反。若違反天生本具之性命，或說違反因順原則，便是違反王弼之自然義，是以王弼云：「不以順性命，反以傷自然。」此謂之盲、聾、爽、狂。

我們須注意的是：違反自然之因順原則，所導致之盲、聾、爽、狂，皆為差失。盲為目之盲，聾為耳之聾，爽為口之爽（差失），狂為心之狂，感官性之目、耳、口，與精神性之心，皆須身體修養，若違反自然之因順原則，便會產生種種差失。只有感官與精神皆經身體修養，順應天生本具之清靜本性，「在誠篤的踐履中，擺落外在的爭逐，剝落必要的裝飾，才能任其真樸之性而行。」〔註78〕此時，才能達致形神合一，神主形從。清靜無為之神，也才能成為形之主導。天無二日，國無二主，人體亦不可有二主，否則必致喪亡，身體會產生神不能主導形的情形，使得形體往官能享受的方向去發展，因而造成盲、聾、爽、狂種種生命迷失的狀況。

王弼云：「為腹者以物養己，為目者以物役己，故聖人不為目也。」（《老子道德經注》，上篇，頁28）只有以清靜無為之神為主導，不沉迷於感官及精神性之享受，才能「以物養己」，而不「以物役己」。若「以物役己」，自己喪失對己身之主導，反而被物所役使，當然這是一種差失，此時，精神當然就不能成為感官之主導，所以聖人要「為腹不為目」。「為腹不為目」，代表著對「以物役己」的拒絕，也可說是對於官能性享樂的排拒。蔡璧名云：

> 聖人但著意腹之飽足，於外在聲色世界的追逐不感興味；如此，則既不受感官世界的誘惑，也不為所見所聞而攪擾，此等重視肚子的飽足而漠然於耳目視聽的作法，自較易持己於不為好惡所傷、且不營謀智巧的境界。〔註79〕

沉迷官能享樂者，必為物所役使，**轉遠轉離**其本，離開清靜本性，便會愈來愈遠，是故，須為腹不為目，漠然於耳目視聽，於外在聲色世界的追逐不感興味，「為腹不為目」，顯示的正是「輕物重生之意」〔註80〕。生命既然高於官能享樂，當然不會為了官能享樂，而犧牲或傷害自己寶貴的生命。

蔡璧名便說：「人之視、聽、味諸感倘向外追逐，將對修持《老》學產生

〔註78〕蔡忠道：《魏晉處世思想之研究》，頁204。
〔註79〕蔡璧名：〈守靜督與緣督以為經：發現一條疏通老莊之學的身體感與身體技術〉，頁11。
〔註80〕高齡芬：〈王弼老子注研究〉，《王弼老學之研究》，頁206。

極端負面的影響。」〔註81〕只有對官能性享樂的自我節制及排拒，目、耳、口、心，才不會因爲過份縱恣欲望，而掙脫清靜無爲之神的主導。這就是何以王弼會在「無爲論」中，強調修道者對於智、勇、巧、力、物、欲加以排拒的必要性，因爲智、勇、巧、力、物、欲，正是對清靜心靈干擾之物。也可以理解，何以本文在探討王弼身體修養論之前，須先了解王弼將身體視之爲「進入虛空，突破黑暗」的場域。

第四節　王弼如何修養身體

　　高齡芬〈王弼老子注研究〉云：「（王弼）無爲即透過沖虛境界所透顯之自然境界，是屬於修養工夫之範圍。」〔註82〕既然王弼之「無爲說」，係屬於身體修養之工夫範圍，且前亦云王弼要藉修養工夫以掃去名利之引誘，及意計造作之執著，以歸返原本不須學習即具備之自然境界，是故，王弼自有身體修養論，可得而言。王弼云：「無求於外，各修其內而已。」（《老子道德經注》，下篇，頁 125）王弼不走向外求取的路數，著重各自修養其內，亦即，「較重自我主體之內在問題」〔註83〕。王弼「各修其內」之具體修養方法爲何呢？可分述爲幾下數點：（一）身體之調養，須合自然之性與自然之氣。（二）以虛受人，處卑守靜。（三）無所爭競，無欲自樸。（四）滌除邪飾，不累其身。（五）以性約束情，去邪存正。以下便就此順序，一一加以介紹。

一、身之調養，須合自然

（一）調養身體，須合自然之性

　　前曾論述王弼之自然義，重視自然之性，只能因、順，而不能加以改變。林麗眞《王弼》亦云：

　　　　捨本逐末，不僅失本，甚且還要失末，終究疾病、疵釁、姦僞、昏
　　　　亂……等也將跟著發生。〔註84〕

〔註81〕蔡壁名：〈守靜督與緣督以爲經：發現一條疏通老莊之學的身體感與身體技
　　　　術〉，頁 8。
〔註82〕高齡芬：《王弼老學之研究》，頁 201。
〔註83〕高齡芬：〈王弼老子注研究〉，頁 216。
〔註84〕林麗眞：《王弼》，頁 59。

本在自然，本在無爲，若捨本以逐末，必致失本，且疾病、疵釁、姦僞、昏亂，都將跟著產生，是以站在「崇本以舉末」、「守母以存子」的立場，自須行事符合自然方可。

通達自然之性的聖人，對萬物之情性，因而不爲，順而不施，以保全萬物之性。故林麗眞云：「要挽回眞象，便不可依靠人爲的工夫，而須溯本求源，妙體虛無，不施不爲，因任自然。」〔註85〕不施不爲，因任自然，方符合自然義。若要因任自然，便須尊重萬物之本性，而不以人爲之標準，去強加限定或改變，王弼云：

> 大夷之道，因物之性，不執平以割物。(《老子道德經注》，下篇，頁112)

不執著一定之標準，宰割萬物，強求其遵守，以免違反萬物之自然本性。王弼《老子指略》亦云：

> 言之者則失其常，名之者離其眞，爲之者則敗其性，執之者則失其原矣。是以聖人不以言爲主，則不違其常；不以名爲主，則不離其眞；不以爲爲事，則不敗其性；不以執爲制，則不失其原矣。(《王弼集校釋》，上冊，頁196)

言之、名之、爲之、執之，皆爲有爲。有爲造作，必敗其性；因順萬物萬事，不以爲爲事，方能不敗其性。此爲「在不強作妄爲的無爲的前提下，勤行自知、自勝與自足的人生智慧。」〔註86〕王弼身體之修養方法，強調順應本性，不敗其性，便是落實不強作妄爲之無爲原則。王弼云：

> 明物之性，因之而已，故雖不爲，而使之成矣。(《老子道德經注》，下篇，頁126)

因物之性，可有成物之功。可見順應萬物之本性，仍可有具體之功效。王弼又云：

> 利器，利國之器也。唯因物之性，不假刑以理物。器不可睹，而物各得其所，則國之利器也。(《老子道德經注》，下篇，頁89)

既然主張因物之性，當然也就反對假刑以理物，因爲強以外在之刑罰來鉗制人，處罰人，本就違反人性，也違反自然之道。多其法網，煩其刑罰，戕害人性，萬物將失其自然，百姓也將喪其手足。是故，王弼云：「刑人之道，道

〔註85〕林麗眞：《王弼》，頁60。
〔註86〕蔡忠道：《魏晉處世思想之研究》，頁160。

所惡也。」(《周易注》,上經,頁 241)莊耀郎便說:

> 由是可知因順萬物,任物自然,庶幾乎無棄人,無棄物,而能殊異
> 俱存、萬物備載。[註87]

若違反因順原則,萬物將失其自然,百姓也將喪其手足,難以生存。必須符合因順原則,才能無棄人、無棄物,殊異俱存,萬物備載。

王弼主張「因物之性」,「常就任物性之自己而言」[註88],因而反對「假刑以理物」,並且主張「不塞其原」、「不禁其性」,王弼云:

> 不塞其原,則物自生,何功之有?不禁其性,則物自濟,何爲之恃?
> 物自長足,不吾宰成,有德無主,非玄而何?凡言玄德,皆有德而
> 不知其主,出乎幽冥。(《老子道德經注》,上篇,頁 24)

高齡芬〈王弼老子注研究〉云:

> 王弼從「由」說「道」,從「不塞」、「不禁」說道之生、畜義,是將
> 「道」之生、畜義往境界型態詮解,足以說明老子哲學之特色。
> [註89]

此爲王弼對於老子之道,極具創意的詮解。王弼詮解之道,係一境界型態,繫於主體境界,若言修養論,自然也須在心靈主體上下工夫,虛而又虛,損而又損。在虛靜心之觀照下,萬物不塞、不禁,而能自生、自濟。莊耀郎〈王弼有無義析論〉云:

> 由主觀之實踐,透過工夫修證而呈現沖虛玄冥之境界,由此而透出
> 一境界形態之本體,方能對萬有之存在作一說明,而其存物、生物
> 之方式是以不執、不宰、不恃、不有之方式存,以不禁其性、不塞
> 其源之方式生,是名爲作用之成全。[註90]

沖虛玄冥之境界,係透過工夫修證,方能呈現,是以得知,有一身體修養論存於其間。王弼主張之不塞、不禁,「無方向性」[註91],無須強力主導發展方向,萬物自然會尋找到其最適合之發展方向,亦即,王弼之身體,具有「物質自主之眞實性」,自會尋找到適合它發展的方向,無須人爲加以引導,只須不塞、不禁便可。是故,王弼之「不塞」、「不禁」,實爲「無特定方向之方向」,

---

[註87] 莊耀郎:〈王弼道論的義涵〉,頁 13。
[註88] 莊耀郎:〈王弼道論的義涵〉,頁 11。
[註89] 高齡芬:《王弼老學之研究》,頁 190。
[註90] 莊耀郎:〈王弼之有無義析論〉,頁 151。
[註91] 高齡芬:〈王弼老子注研究〉,《王弼老學之研究》,頁 195。

此為其「無目的性」〔註92〕。

　　放開方是成全，只要不塞其原，不禁其性，則物自生、自濟，自能長足，不吾宰成。生命會自行成長，只要順應其本性，便能自生、自濟，此種生，就等於「道生之」〔註93〕，是故，王弼之身體敘述，除了具有「物質自主之真實性」外，尚具有「自然變化生成義」，可自生、自濟，自行尋找發展方向。這樣的身體敘述，並非是靜態的介紹，而是採動態的描述，可自行變化生成。王弼便說：「任其自然，而物自生；不假修營，而功自成。」（《周易注》，上經，頁227）任其自然，萬物自能生長。放開方是成全，其背後實以心靈主體沖虛之身體修養為根基，莊耀郎〈王弼道論的義涵〉云：

> 「道常無為而無不為」，宜解為主體生命具沖虛之修養後，於事上輒能所為皆當，能充分地完成之、實現之；惟能沖虛，故所為亦能符於自然，其所成物皆若物之自然，而非放開只任物之自然。〔註94〕

惟於心靈主體先下沖虛之修養，方能所為皆當，合於自然，方可云放開任物之自然。若無心靈主體沖虛之修養，放開只任物，未必能所為皆當。是以，自然是經心靈主體修養後，方能證會之境界。莊耀郎〈王弼儒道會通理論的省察〉云：

> 王弼的表述無雖從超越意義，至高之宗主立言，乃是從獨立、永恆、絕對之存有的客觀面說它的形式意義，其實此一玄理之智慧乃主體所發，即不離主體所造之主觀心靈境界，一切玄理內容之體會均不離主觀性本身，或由此主觀心靈之映發。……一旦修養達至沖虛觀照的心境，由此心生發之玄智而洞見之理境則是所謂之玄理，這就是王弼所說的無的內容意義。〔註95〕

〔註92〕 莊耀郎〈王弼儒道會通理論的省察〉云：「芻狗之生乃自生，不為他生，是說明以自己之生存作為最終之目的，不作為他物生存的附屬性條件，是無條件之生，這是自然之本義，所以萬物乃能自遂其所生，……此其中並無既定之機械因果，亦無必然之因果安排，亦非盲目之運動生滅，亦非趨向一宇宙之目的。此自然之義即以萬物之自生其生，自在自如為最高最終之目的，除此之外，沒有其他任何高於此目的。通過王弼之注解得以知道家類似無目的論者。」（頁57）

〔註93〕 牟宗三《中國哲學十九講》云：「通過忘這種智慧，就是說讓開一步，不塞其源，不禁其性，萬物自己自然會生，會成長，會成就，這就等於道生之。」（頁145）

〔註94〕 莊耀郎：〈王弼道論的義涵〉，頁10。

〔註95〕 莊耀郎：〈王弼儒道會通理論的省察〉，頁49。

王弼主張的「無」，須經心靈修養，進入虛空，突破意識的黑暗，方能達致。莊耀郎〈王弼有無義析論〉云：「王弼也確切地掌握到《老子》文本中的無是通過在工夫上顯的義涵。」〔註96〕一旦修養至沖虛觀照的心境，方能顯現其沖虛玄境。故云此一玄理之智慧，乃主體所發，不離主體所造之主觀心靈境界。

王弼主張的自然之道，爲沖虛之境界型態，牟宗三《才性與玄理》云：「故道之實現性只是境界形態之實現性，其爲實現原理亦只是境界型態之實現原理。」〔註97〕莊耀郎〈王弼儒道會通理論的省察〉亦云：「王弼玄學意義下所謂的道，乃是一作用層上境界型態的道。」〔註98〕「王弼玄學心靈所關注的道，並非此存有層上使萬物自成自濟之功能本性規律的實有之道，而是以沖虛無爲之方式，不禁物性之不禁的方式以成物濟物的作用之道。」〔註99〕就因爲王弼之自然之道，屬於境界型態，故主張不塞不禁。「不塞其原」，「不禁其性」，具沖虛玄德之妙用，「沖虛者，無適無莫，無爲無造，自然之妙用也。」〔註100〕不塞不禁，本身便是「任其自然」、「不假修營」的具體修養方法。

（二）順任自然之氣，保持身體自主性

王弼認爲身體源於氣，係由陰陽二氣相與化生，身體具有先天本具之和諧之氣。若非後天人爲施設之影響，身體應具有和諧之氣。是故，王弼云：

> 專，任也。致，極也。言任自然之氣，致至柔之和，能若嬰兒之無所欲乎？則物全而性得矣。（《老子道德經注》，上篇，頁23）

身體既然具有先天本具之自然之氣，只要順任自然之氣，便可達致至柔之和。「至柔之和」，是一純靜無雜的和諧狀態，如同嬰兒無所欲求一般。能任自然之氣，方可物全而性得。嬰兒，在王弼的注文中，爲和諧無所欲求的象徵，故云：「皆使和而無欲，如嬰兒也。」（《老子道德經注》，下篇，頁129）嬰兒成爲「至柔之和」的象徵。而「至柔之和」，須任自然之氣，方可達致。

〔註96〕莊耀郎：〈王弼有無義析論〉，頁151。
〔註97〕牟宗三：《才性與玄理》，頁162。
〔註98〕莊耀郎：〈王弼儒道會通理論的省察〉，頁51。
〔註99〕莊耀郎：〈王弼儒道會通理論的省察〉，頁50～51。
〔註100〕牟宗三：《才性與玄理》，頁140。

　　此段注文就了解王弼身體哲學來說，極為重要，它可讓我們看出王弼重視身體自身的自主性，這樣的義理，不易為人掌握，極為可惜。對於身體，有兩種不同的思路，一種是使用意識來加以掌握，第二種剛好相反，是放掉意識對身體的掌控，讓身體自行發展，王弼便是屬於第二種思路。

　　「能若嬰兒之無知無欲」，言放掉意識的主宰性，因而無所欲求，「任自然之氣，致至柔之和」，任隨身體，讓平靜下來的身體帶動自身，達致身體至柔的和諧狀態，「則物全而性得矣」，言任隨身體，身體自身物質自主性，方獲保全。簡言之，不由意識宰制，純任自然之氣的運行，身體物質自主性，才能保全，這才是至柔之和。因此身體的和諧性，不來自意識主宰，而來自於自然之氣。是故，畢來德《莊子四講》云：「讓我們領會到只有任隨身體——如此構想下的身體——自由地運作，我們才能夠保障自身的自主性。」〔註101〕王弼思想中，萬物本會自生、自濟、自行尋找發展方向，身體本具自身自主性，只要不使用意識宰制身體，身體便能自生、自濟、自行發展。順任自然之氣，身體自主性才能保全。

　　氣之存在，以柔和為佳。「至柔之和」，為最佳之狀態。若後天人為之力介入，氣便不得柔和，是故，王弼云：「心宜無有，使氣則強。」（《老子道德經注》，下篇，頁 146）無心便無為，有心則會鼓動氣，使氣趨於強旺，離柔和就愈來愈遠。無心無為，心處於虛靜之狀態，不會鼓動氣，氣才能處於「至柔之和」。

　　簡言之，王弼所述之身體要合自然之氣，須注意二事：一、「任」自然之氣，無欲無求，以保障身體自身的自主性。二、心宜無有，處於虛靜狀態。劉邵重視形色之表層，以即形徵性，又言「交氣疾爭」，若氣海翻騰，於身有損，但是對於如何調和「氣」，使之和諧，較無具體論述，王弼較不重視形色之身體表層如何即形徵性，他強調的是如何保全身體自身的自主性。

　　王弼雖持「身體一體觀」，主張「形神一體」，但是認為神主形從，形神二者輕重有別。王弼重視精神，但對於形氣之害，亦深知之，是以，王弼一方面言「使氣則強」，又能進一步主張要「心宜無有」，進入虛空，以突破意識、形氣的黑暗，來使問題化解。劉邵發現問題，但未能充份解決問題，王弼則發現問題，亦嘗試提出化解的方法。王弼化解的方法，是放掉意識對身體的掌控，順任自然之氣，以保全身體的自主性。

〔註101〕〔瑞士〕畢來德著，宋剛譯：《莊子四講》，頁 133。

（三）氣合而後乃群

王弼云：「方以類聚，物以群分；情同而後乃聚，氣合而後乃群。」（《周易注》，下經，頁 445）前言須合自然之性與自然之氣，是就個體而論；若個體之氣已調整好，由己及人，個體與個體之間，可藉由「氣」相通感，促進群體關係，故云「氣合而後乃群」。試問：個體與個體之間，體質是否須求齊同呢？答案是否定的，王弼云：

> 近不必比，遠不必乖。同聲相應，高下不必均也；同氣相求，體質不必齊也。（〈周易略例〉，頁 597）

個體與個體之間，是透過氣相交通，增進群體關係。是以，同聲相應，同氣相求時，高下不必均，體質不必齊。亦即，透過「氣的交通」，結聚成的群體關係，實由「異質的個體」所組成，容許其中高下的不同、體質的相異，不必強求由「同質的個體」，組成群體。

二、以虛受人，處卑守靜

王弼在存有論方面，強調「務欲反虛無也」（《老子道德經注》，下篇，頁 128）這是他著名的貴無思想；在身體修養方法方面，亦強調清靜虛無：

> 言（唯）〔誰〕能處盈而全虛，損有以補無，和光同塵，蕩而均者？唯（其）〔有〕道〔者〕也。是以聖人不欲示其賢，以均天下。（《老子道德經注》，下篇，頁 187）

> 窮極虛無，得道之常，則乃至於不窮極也。（《老子道德經注》，上篇，頁 37）

> 言致虛，物之極篤；守靜，物之眞正也。（《老子道德經注》，上篇，頁 35）

> 以虛受人，物乃感應。（《周易注》，下經，頁 374）

只有保持心境之虛無柔軟狀態，個體與個體之間，才能相互以「氣」爲中介，加以感應。苟能如是，才能處盈而全虛，損有以補無。蔡忠道說：「王弼將〈象傳〉『君子以虛受人』的謙虛待人與物我感通會同解釋，主張以虛受人，物乃感應，別具新意。」〔註102〕王弼將心境之虛無柔軟之虛空狀態，與物我感通，會同一起解釋，確實頗具新意。高齡芬〈王弼老子注研究〉云：

〔註102〕蔡忠道：《魏晉處世思想之研究》，頁 170。

老子之反省觀點一言以蔽之，乃是對於一切的有爲之反省。所謂有
爲是指一切的有心造作、虛僞不自然之事而言，故老子提出無爲以
對治之。而所謂的無爲並非無所作爲之意，乃是透過主體修養工
夫，致虛守靜，使生命之動作云爲，皆歸於自然眞實而言。具體的
說，個人生命能無爲則不失常妄作而得保全生命的本質，政治上能
無爲則不苛政擾民，使百姓皆自在自得，此即所謂無爲而無不爲之
旨。〔註103〕

須在心靈下致虛守靜之身體修養工夫，個體生命之行住坐臥、一舉一動，方
能皆合於自然眞實，而無意計妄作。是故，「以虛受人」之背後，實有「致虛
守靜」之身體修養工夫爲根柢，方能發而皆能眞實無妄，且虛無柔軟待人。
苟能若是，透過致虛守靜，滌除名利之引誘，及意計造作之執著，方能物我
感通，無爲而無不爲，「以虛受人，物乃感應」也才能出現。林麗眞《王弼》
亦云：

虛靜之於觀照，無爲之於至明，滌除邪飾之於極覽玄同，不僅一一
指工夫，也都一一指心境。〔註104〕

王弼是深深反對具有形跡的人爲修煉的。他所謂的崇本，往往與致
虛、守靜、知常、體無、抱一、守眞等義互通。〔註105〕

虛靜無爲，滌除邪飾，不僅爲一種工夫，亦爲一種心境。是故，此種工夫下
手處，實在心靈主體，而不在人爲之形跡之上，須滌除名利引誘、意計造作
之執著，莊耀郎〈王弼道論之義涵〉便說：「只待沖虛之心靈修養之實踐以保
存此萬物之存在價值，放開成全令萬物自我實現。」〔註106〕莊耀郎〈王弼之
有無義析論〉云：「無只是一總持的概念，它必帶著生命上的私念、欲望、迷
惑、造作、執著、愛矜、競尚等種種而說，如此，則無的工夫義即非常顯豁，
就是要將上述種種去除、消解、淨化、放下之義。……要之在心上做工夫則
不誣，也就是無論是一己之貪念、爭心、偏見、執著、競尚，或外在之立形
名，制法度，皆涵攝於一虛靜無爲之心以袪除無謂之負累，此袪除負累即是
工夫義。」〔註107〕王弼之身體修養方法其特徵，便是在心靈主體下致虛守靜

〔註103〕高齡芬：《王弼老學之研究》，頁203。
〔註104〕林麗眞：《王弼》，頁50。
〔註105〕林麗眞：《王弼》，頁50。
〔註106〕莊耀郎：〈王弼道論之義涵〉，頁21。
〔註107〕莊耀郎：〈王弼之有無義析論〉，頁152。

之工夫，要將種種負累去除、消解、淨化，而深深反對人為形跡的修煉。林麗眞《王弼》云：

> 照王弼的意思，只要「無心於為，無心於欲」，能夠「謀之於未兆，為之於未始」（崇本），也就可以了。可見「息末」的工夫，原是建立在「崇本」的心境上。息末之於崇本，可以說是二而一，一而二的。若說崇本之道，在妙體虛無、無心作為、因任自然；則息末之道，亦復在此。〔註108〕

> 經由損的工夫，才可以觀照到道的大本，把握到道的大用，達到「本統末」、「末歸本」的體用合一之境。〔註109〕

「息末」的工夫，建立在「崇本」的心境上。是故，王弼之身體工夫論，重點仍在於妙體虛無、無心於為、因任自然，簡言之，須於心靈主體下「虛靜」的修養工夫，或說是下「損的工夫」。「損的工夫」，在於減損邪飾，是以，莊耀郎云：

> 王弼玄學即著重在知病治病，作用成全之義，而不具創生義。
> 〔註110〕

既要「以虛受人」、「知病去病，作用成全」，也要「處卑守靜」之身體修養，王弼云：

> 言唯修卑下，然後乃各得其所〔欲〕。（《老子道德經注》，下篇，頁160）

> 處下則物自歸。（《老子道德經注》，下篇，頁182）

就政治來說，大國以下小國，小國則附之，此即「物自歸」；小國以下大國，大國則納之，故王弼云「唯修卑下，然後乃各得其所欲。」政治人物修持卑下之德，才能得其所欲。卑下或處卑，在王弼的注文之中，有時又指形上境界之描述語：

> 谷神，谷中央無（谷）〔者〕也。無形無影，無逆無違，處卑不動，守靜不衰，（谷）〔物〕以之成而不見其形，此至物也。處卑（而）〔守靜〕不可得〔而〕名，故謂〔之玄牝〕。（《老子道德經注》，上篇，頁17）

〔註108〕林麗眞：《王弼》，頁61。
〔註109〕林麗眞：《王弼》，頁64。
〔註110〕莊耀郎：〈王弼道論的義涵〉，頁21。

此段注文之中，「處卑」是對於形上之道體「玄牝」的描述語。除處卑之外，守靜也是王弼一再強調的身體修養方法：

> 靜而不求，物自歸之也。以其靜，故能為下也。牝，雌也。雄躁動貪欲，雌常以靜，故能勝雄也。以其靜復能為下，故物歸之也。（《老子道德經注》，下篇，頁 160）

> 躁則多害，靜則全眞。故其國彌大，而其主彌靜，然後乃能廣得眾心矣。（《老子道德經注》，下篇，頁 158）

> 處不可妄之極，唯宜靜保其身而已，故不可以行也。（《周易注》，上經，頁 345）

> 夫靜為躁君，安為動主。故安者，上之所處也；靜者，可久之道也。（《周易注》，下經，頁 380）

靜為動本，靜與動係體用關係，而非對立關係，依照「崇本以舉末」的道理，守靜方能制動，是故，可云「靜為躁君，安為動主」，此乃推崇「守靜」、「守安」，此為「凸顯生命以靜為主的思想」〔註111〕、「雌道的虛靜謙下勝過雄道的貪得躁動」〔註112〕。心能守靜，全眞無害，可靜保其身，此乃廣得眾心的可久之道。牟宗三《才性與玄理·王弼玄理之易學》云：

> 以貞夫一制動，即貞夫一即定乎一而為至靜也。一之為本至寂至靜。靜者無分歧相，無動蕩相。落於分歧動蕩即多也，非一矣。故客觀地說，一治多，靜治動。主觀地說，能至寡而相應乎一者治多，能至靜而貞夫一者治動。……此一是本是靜，是宗是元。一能治多，亦能成多。……由一成動成多，是即由體以成用也。〔註113〕

一治多，靜治動，此乃由體以成用，「一即母也，失其母即失其本。」〔註114〕王弼以一御多，以簡御繁，是故，主張靜可制動，這與王弼「由體以成用」之義理有關〔註115〕。

〔註111〕蔡忠道：《魏晉處世思想之研究》，頁 151。
〔註112〕蔡忠道：《魏晉處世思想之研究》，頁 152。
〔註113〕牟宗三《才性與玄理》，頁 102。
〔註114〕牟宗三：《才性與玄理》，頁 158。
〔註115〕若依莊耀郎之詮釋，王弼之體、用，皆在「無」的形上層次說，而非將體、用分為形上、形下兩層，此不可不察。是以，在王弼處，可以說「因有以明無」，而不能說「即用以顯體」；可以說「即體全用」，而不宜說「即體開用」。參閱莊耀郎：〈王弼道論的義涵〉，頁 16。是故，王弼「由體以成用」，所述皆為形而上之「無」這一層次的問題，而非形上開出形下。

三、無所爭競，無欲自樸

王弼著作中，常出現「不爭」的思想，應是受到《老子》的影響。《老子·七十三章》云：「天之道，不爭而善勝。」王弼注：「（天）〔夫〕唯不爭，故天下莫能與之爭。」（《老子道德經注》，下篇，頁 182）這是王弼直接以《老子·二十二章》來詮釋〈七十三章〉，這是「以經釋經」的詮釋方式。

有德者責己而不責於人，無德者責人而不責己。無德者責人，人必反責之，天下便將與之爭，惟有德者，踐履不爭之德，不與人爭，人亦不與之爭，故天下莫能與之爭。天道本就不爭，而人須法天道，是故，人亦應效法天道不爭。王弼云：

> 無訟在於謀始，謀始在於作制。契之不明，訟之所以生也。物有其分，（起契之過），職不相（監）〔濫〕，爭何由興？訟之所以起，契之所以過也。故有德司契而不責於人。（《周易注》，上經，頁 249）

老子哲學本爲一反省性極強之哲學，「重點在於修己而非治人」〔註116〕，既強調修己，是故，無責於人，必求諸己。王弼詮釋時，能掌握老學「修己而不責於人」的精神，認爲契之不明，訟之所以生也。爭訟之產生，起於契之過，故有德者須司契而不責於人，才能免於爭端之產生。免除紛爭，除了責己不責人之外，尚須做到無欲無爲，王弼云：

> 閑邪在乎存誠，不在善察；息淫在乎去華，不在滋章；絕盜在乎去欲，不在嚴刑；止訟存乎不尚，不在善聽。故不攻其爲也，使其無心於爲也；不害其欲也，使其無心於欲也。謀之於未兆，爲之於未始，如斯而已矣。故竭聖智以治巧僞，未若見質素以靜民欲；興仁義以敦薄俗，未若抱樸以全篤實；多巧利以興事用，未若寡私欲以息華競。故絕司察，潛聰明，去勸進，翦華譽，棄巧用，賤寶貨。唯在使民愛欲不生，不在攻其爲邪也。故見素樸以絕聖智，寡私欲以棄巧利，皆崇本以息末之謂也。（《老子指略》，頁 198）

責己而不責人，並非崇本以息末之道，若欲崇本以息末，必須「無心於爲」、「無心於欲」，「抱樸以全篤實，寡私欲以息華競」。這才是「爲之於未有，治之於未亂」（《老子·六十四章》）的預防方法。莊耀郎便說：

> （王弼）他所反省的是，如果在實踐時一旦執著造作，弊病必然隨

〔註116〕高齡芬：〈王弼老子注研究〉，《王弼老學之研究》，頁 189。

而衍生，就是缺乏無爲的修養所導致的結果。〔註117〕

若缺乏無爲的修養，因而執著造作，弊病必然隨而衍生。見素樸，寡私欲，無爲無欲，才是王弼崇本以息末之道。故王弼云：「我之所欲唯無欲，而民亦無欲而自樸也。」（《老子道德經注》，下篇，頁 150）聖王無爲無欲，人民受到感應，才能無欲而自樸。是故，高齡芬云：「從本質上看，淫邪之興起乃由於人失落了素樸的本性，理由不在淫邪本身，而竭盡聰明聖智去制止淫邪並不足以使淫邪絕跡，不若見素抱樸，少私寡欲，使民無心於爲，無心於欲，才是根本之道。」〔註118〕「治世之本，就在於素樸之保全，而保全素樸之道，則在於回歸於無形無名。」〔註119〕若要踐履王弼崇本之道，就必須從見素抱樸，少私寡欲，無爲無欲做起。牟宗三《才性與玄理・王弼之老學》云：「自己常在無欲之心境中，即可以通道之爲無，以及無之爲妙也。」〔註120〕常無欲，才可與道相通。王志楣〈從有身到無身——論《老子》的身體觀〉云：

> 老子提醒世人要「爲腹不爲目」，即因以五色、五音、五味感官作主的追求，使人經常落入爲外界事物所驅使，因不屬於自我本身，故易導致人們喪失自然純樸本性，最後落得目盲、耳聾、口爽，甚至對心靈產生破壞傷害，破壞了原本整體和諧，故宜「見素抱樸，少私寡欲」，如「嬰兒之未孩」，以赤子、嬰兒比喻，意在強調處於一種與宇宙渾然一體的天然狀態。〔註121〕

若落入感官作主的追求，純樸本性將受破壞，對心靈產生傷害，破壞了整體和諧。故宜見素抱樸，少私寡欲，回歸與宇宙渾然一體的天然狀態。

四、滌除邪飾，不累其身

　　每個人天生即具有眞樸之本性，王弼主張要保持天生本具之眞性，要「含守質也」（《老子道德經注》，下篇，頁 148）本具之質素，要能含守得住。既然眞性係與生具有，且應予以含守，試問邪僞從何而生？當然是由後天人爲

〔註117〕莊耀郎：〈王弼道論的義涵〉，頁 17。
〔註118〕高齡芬：〈王弼老子注研究〉，頁 253。
〔註119〕高齡芬：〈王弼老子注研究〉，頁 253。
〔註120〕牟宗三：《才性與玄理》，頁 133。
〔註121〕王志楣：〈從有身到無身——論《老子》的身體觀〉，彰化師大《國文學誌》
　　　　第 15 期，2007 年 12 月，頁 37～38。

所造成：

> 民多智慧，則巧僞生；巧僞生，則邪事起。(《老子道德經注》，下篇，
> 頁 150)

> 大道蕩然正平，而民猶尚舍之而不由，好從邪徑，況復施爲以塞大
> 道之中乎？(《老子道德經注》，下篇，頁 141)

> 凡物，不以其道得之，則皆邪也。(《老子道德經注》，下篇，頁
> 142)

民多智慧，巧僞邪事因此產生，便違反了王弼見素樸、寡私欲、無爲無欲的
崇本息末之道，凡是違反崇本之道者，皆爲邪飾，不但不能增長生命，反而
有所傷害。解決之道，在於將產生巧僞邪事的「多智慧」予以降低，歸返見
素抱樸的崇本之道，顯現自然之道，方能去除人民的迷惘，故王弼云：「顯道
以去民迷」(《老子道德經注》，下篇，頁 140)。

後天之邪僞，除了「多智慧」外，尚包含「名利的引誘」：

> 眾人迷於美進，惑於榮利，欲進心競，故熙熙如享太牢，如春登臺
> 也。(《老子道德經注》，上篇，頁 47)

> 好欲雖微，爭尚爲之興；難得之貨雖細，貪盜爲之起也。(《老子道
> 德經注》，下篇，頁 166)

名利使得眾人受到迷惑，產生爭尚之心、貪盜之念，競相爭逐，奮勇爭先，
不知見素抱樸、無爲無欲，才是崇本之道，不知精神的諧和，才是我們安
居之宅。修道之人則知曉須「各修其內」，「不務其外」，才能安居精神之宅
居。

眾人不達於自然之道，欲進心競，各務其外，不修其內，正與修道之途
背反，不知名利之加身，榮譽之增添，有如刑罰加身，故王弼云：「畏譽而
進，何異畏刑？」(《老子道德經注》，上篇，頁 47)「人迷之於榮寵，返之於
身，故曰大患若身也。」(《老子道德經注》，上篇，頁 29)須解除對名利的競
逐之心，「反其眞」(《老子道德經注》，下篇，頁 168)，「不以欲累其身」(《老
子道德經注》，下篇，頁 135)，無欲無爲，方能「各修其內」，如此對自身生
命的增長，才有所助益。否則，爭逐名利，災害將返之於身，此爲大患若
身，只會對身體造成傷害：

> 尚名好高，其身必疏。貪貨無厭，其身必少。得多利而亡其身，何
> 者爲病也。(《老子道德經注》，下篇，頁 121～122)

王弼主張貴身愛身，所愛之身，爲見素抱樸，少私寡欲之後，形神諧和之身體，並不主張追求名利，否則，「其身必疏」、「其身必少」、「亡其身」，身既爲世上最貴之物，爲名利而喪亡其身，或者爲了欲念而累其身，這才是眞正必須對治的「病」。王弼崇本之道，「本」在眞樸無爲，智巧則適與眞樸無爲之本相背反：

> 明，謂多（見）〔智〕巧詐，蔽其樸也。愚，謂無知守眞，順自然也。（《老子道德經注》，下篇，頁168）

> 當務塞兌閉門，令無知無欲。而以智術動民，邪心既動，復以巧術防民之僞，民知其術，（防隨）〔隨防〕而避之。思惟密巧，奸僞益滋，故曰以智治國，國之賊也。（《老子道德經注》，下篇，頁168）

善爲道者，並非鼓動人民多智巧詐，而是要讓人民無知守眞，順從自然。因爲多智巧詐，正與崇本之道背反，只有無知守眞，順從自然，才符合崇本之道。

王弼滌除邪飾的目的，在於保持抱樸守眞的心靈狀態，以歸返玄同道境：

> 玄，物之極也。言能滌除邪飾，至於極覽，能不以物介其明，疵（之）其神乎？則終與玄同也。（《老子道德經注》，下篇，頁168）

滌除邪飾，可至於極覽。極覽是「一種排除一切物欲障礙之神秘的精神境界」[註122]，可知「滌除邪飾」是一種身體修養的方法，「極覽」則是身體修養後之精神境界。此種境界極高，外物不能影響其光明，疵病不能影響其境界，且終與玄同道境相通。是故，王弼主張經由「滌除邪飾」之身體修養，上通道境，顯發道的光明。

五、以性約束情，去邪存正

王弼性情論中，最值得注意的是「性其情」的主張。《周易·乾象》曰：

> 乾元者，始而亨者也；利貞者，性情也。

王弼注：

> 不爲乾元，何能通物之始？不性其情，何能久行其正？是故始而亨者，必乾元也；利而正者，必性情也。（《周易注》，上經，頁217）

性爲天生本具之清淨素質，情則受後天習染之影響，易於流蕩偏失，是故，

須以性導情，避免情流蕩失眞，此爲王弼「性其情」之意也。劉錦賢《儒家保身觀與成德之教》云：「由性以導情，因情以顯性，故性之與情，雖相反而實可相成也。」〔註123〕劉錦賢之說，很清楚表述性與情之關係。

性其情之說，不僅在《周易注》中出現，在《論語釋疑》中亦出現。《論語・陽貨》云：「性相近也，習相遠也。」王弼注：

> 不性其情，焉能久行其正，此是情之正者也。若心好流蕩失眞，此是情之邪也。若以情近性，故云性其情。情近性者，何妨是有欲。若逐欲遷，故云遠也；若欲而不遷，故曰近。但近性者正，而即性非正；雖即性非正，而能使之正。譬如近火者熱，而即火非熱；雖即火非熱，而能使之熱。能使之熱者何？氣也、熱也。能使之正者何？儀也、靜也。又知其有濃薄者。孔子曰：性相近也。若全同也，相近之辭不生；若全異也，相近之辭亦不得立。今云近者，有同有異，取其共是。無善無惡則同也，有濃有薄則異也；雖異而未相遠，故曰近也。（《論語釋疑》，頁631～632）

情有正邪之別，性其情，爲情之正；流蕩失眞，則爲情之邪。情近性，有欲而無妨，只要不隨欲遷即可，情若隨欲遷，便爲習相遠。若性其情，有欲而不隨欲遷，便爲性相近。可知性其情，爲正；情遠性而隨欲遷，爲後天習染所成之邪。正者，須保持；邪者，則須加以對治。性能約束情，是靠禮（儀）及靜。禮，節制外在行爲；至於靜，則爲躁君，亦即，爲躁之本，本可制末，是故，靜可制動。故王弼以禮及靜，爲以「性」節制「情」流蕩失眞的兩個法寶。

王弼之說，是在注解《論語・陽貨》「性相近也，習相遠也」，王注是否與經文原意相符呢？我們可以做一個比較。《十三經注疏・論語注疏》邢昺疏：

> 《正義》曰：此章言君子當愼其所習也。性謂人所稟受以生而靜者也。未爲外物所感，則人皆相似，是近也；既爲外物所感，則習以性成。若習於善，則爲君子，若習於惡，則爲小人，是相遠也。故君子愼所習，然此乃中人耳。其性可上可下，故遇善則升，逢惡則墜也。〔註124〕

〔註123〕劉錦賢：《儒家保身觀與成德之教》，頁316。
〔註124〕〔清〕阮元重刊宋本：《十三經注疏・論語注疏》（台北：藝文印書館，1997

依照邢昺疏，《論語》「性相近也」，是就天所稟受以生之道德本性而言，道德本性本為相似，故曰近。受到後天外物影響，習以性成，先天而生之本性受後天之影響，日生日成，便會完成不同的人性類型，習於善為君子，習於惡為小人。本性雖相似，但「習以性成」，受到後天習染之影響，中人之性「其性可上可下」，或習於善，因而上為君子；或習於惡，因而下為小人，是相遠也。上智與下愚不移，中人之性，則可上可下，端視受到後天習染之不同，而出現不同的人性類型。「近」指的是「先天而生之道德本性」，「遠」指的是受後天習染因而「可上可下」之中人後天之性。是以，討論人性，既言近，又言遠，指涉的對象不同，因此並無衝突。

依照邢昺疏，《論語》「性相近也」，本指天生之道德本性，眾人皆相近。王弼則解為「情近性，故曰性其情」其實在《論語‧陽貨》「性相近也，習相遠也」本不涉及到情，也與「情近性」或「性其情」無關。但是王弼也說：「今云近者，有同有異，取其共是。無善無惡則同也，有濃有薄則異也；雖異而未相遠，故曰近也。」性相近，是取人性所共同相似的部份來說的，如無善無惡，超越相對善惡之絕對善的道德本性，便是人性相似之處，可知王弼並非不知「性相近」是指道德本性而言，只是王弼又將「情近性」、「性其情」捲入，藉「性相近」，來探討「性、情關係」，因而將問題複雜化。

且王弼所論人性，既言「無善無惡則同也」，又言「有濃有薄則異也」，前者指的是具有普遍性之道德本性，故云無善無惡則同也，道德本性乃絕對的善，超越相對之善惡而言；後者指的是具有特殊性之氣性，故云有濃有薄則異也。亦即，王弼之人性論，兼含普遍性之道德性與特殊性之氣性。「性相近」，則取其所共是，亦即，「性相近」之「性」，取的是人人共是之道德性來說。魏晉時期，玄學家所說的人性，常指「氣性」而言，除了王弼之外，阮籍亦然，阮籍〈達莊論〉云：「身者，陰陽之精氣也。性者，五行之正性也。」〔註125〕身由陰陽之氣所形成，性由五行之氣所形成。據是得知，阮籍主張之人性，亦為「氣性」之思路。

邢昺疏所說之性，但就道德本性而立論；王弼之人性，則兼含道德性與氣性，二家思路不同，所以對於同一經文，作出截然相異的詮釋。二家相異之詮釋，實出自於對「人性內涵」不同的理解而來。邢昺疏「性相近」之「性」，

年8月），頁154。
〔註125〕〔魏〕阮籍：《阮嗣宗集》（台北：華正書局，1979年3月），頁32。

立基於稟受以生、未爲外物所感之道德本性；王弼理解的人性，則立基於普遍性之道德性及特殊性之氣性。平心而論，王弼之人性論，較爲周延，能同時說明人人相近之普遍性，又因爲人性兼包氣性，氣性會受後天影響，因而會出現相異，濃薄便有不同，道德性是不會有濃薄的不同的。氣性之不同，一方面係天生而成，一方面係受後天環境習染而成。王弼之人性論，較能說明何以人性「有同有異」，同者道德性是也，異者氣性是也。邢昺疏認爲人性爲先天而生之道德性，然而道德性人人相同，何以會受到後天習染影響，因而可上可下，表現出不同的人格類型，或爲君子，或爲小人，邢昺疏實難有周延之解釋，即使用「習以性成」作爲詮釋之理論基礎，亦難以周延解釋先天而生之道德性，何以受到習染，便可轉爲不道德，因而爲小人。

依邢昺疏，「習相遠也」，本指受到後天習染不同，或爲君子，或爲小人，故曰相遠。王弼則解爲性本相近，情逐欲遷，故云遠也。邢昺疏「習相遠也」將「相遠」，解爲或爲君子，或爲小人，人格類型相距甚遠，故云遠也。王弼則主張性其情，方爲情之正，若不性其情，情逐欲遷，便爲情之邪也，便離道德本性相距甚遠，故曰遠也。邢昺疏所說的「遠」，是指後天人格類型相距之遠，王弼則將「遠」解爲情逐欲遷，離道德本性相距甚遠。

邢昺疏將「習相遠也」，解爲後天習染不同，造成人格類型差距甚遠，此將「遠」解爲「人與人之間人格類型之異」；王弼則將「習相遠也」，解爲情若逐欲遷，將離本性甚遠，此將「遠」解爲「個人後天之習染之性與先天道德本性相異」，二人解釋明顯不同。

不同的詮釋，代表著不同的理解，除非經文有直接說出意思，如前云《老子‧二十六章》「重爲輕根，靜爲躁君」可知重爲本，靜爲君，才可說王弼注解不合於經文原意。否則，若依詮釋學，並無「原意」可說，所有人的詮釋，都代表著後人不同的理解。既無原意可說，當然也就沒有「是否與經文原意相符」的問題存在。雖無與經文原意是否相符的問題存在，但是有是否較爲周延的問題，可以加以探討，愚意以爲王弼之人性論，兼含道德性與氣性，較爲周延。

第五節　結　語

王弼主張之身體，包含形與神，二者合而爲一，且以神爲主，以形爲從。基本上，王弼抱持著貴身、愛身的主張，認爲身爲可貴，值得珍愛。但是他

認爲值得珍愛寶貴的，並非大患之身，而是滌除邪飾後之身體，身體去除邪飾後，還歸清靜本性與自然之氣，此時，身體之中，只有純淨諧和之氣，當然值得珍視寶貴。至於困於榮寵、名利、物欲之中的大患之身，何值得珍視寶貴呢？王弼主張「有身斯有累，無身方贍足」，便是要跳出有身之累，認爲無身方可莫不贍足。既然具有自然之性與自然之氣的身體，純淨和諧，是故，身體修養時，各修其內，不務其外，便須順應自然之性與自然之氣。各修其內，調養心靈，因爲神主形從，清靜無爲謂之居，營魄爲人常居之宅，王弼以營魄爲人常居之宅，異於張湛以太虛本體境界爲宅之說。除了順應自然之性與自然之氣外，各修其內之方，尚包含以虛受人，處卑守靜；無所爭競，無欲自樸；滌除邪飾，不累其身；以性節情，去邪存正。大致來說，王弼持守的是向內的身體修養策略，而不走向外求取之路，基本路數的確立，使得身體修養方法，偏於「各修其內」，當然，這與「神主形從」的身體思維也有關聯。既然精神才是身體所居之宅，偏於精神層面，略於肉體修煉的身體修養方法，便是可以理解之事。

重視氣論的王弼，非但視身體由氣形成，且身體修養要由順應自然之性，及調養自然之氣著手，其人性論，亦兼包道德性及氣性，故可云人性有同有異，同者道德性是也，異者氣性是也。亦即，王弼之宇宙論、人性論、修養論，皆與「氣」有關，「氣」不但在兩漢受到重視，在魏晉時期之玄學家王弼，其身體理論，亦與「氣」有密切的關係，此點較易爲人所忽略，是以特別標舉出來。

王弼身體哲學極爲可貴，他希望放掉意識對身體的掌控，純任自然之氣的運行，來保全身體自身的自主性，其言虛靜、無爲、自然之身體修養，目的皆在於成全身體的自主性，在魏晉時期，頗爲珍貴。劉邵身體修養，著重在於將「政治身體」，轉化成爲「自然身體」，只能視爲從「政治人物才性論」，往玄理化人生修養論之發展中，過渡的橋樑；到了王弼身體修養論，才眞正爲玄理化修養的開始，從此奠定玄理化修養的基礎。到了王弼，「自然身體」的重要性，明顯超越「政治身體」。王弼著重在於透過身體修養，放掉造作執著，順任自然之氣，保全身體自身之自主性，讓身體自生、自濟、自行尋找發展方向，這樣的身體，雖亦屬於「自然身體」，但是其身體義理之深刻性，實遠超過劉邵。對於身體黑暗意識的各種執迷，亦了解得頗爲深刻而透辟，王弼「進入虛空，突破黑暗意識」，論述得極爲精微玄妙，此亦非劉邵身體修

養論所能企及。劉邵只能指明身體修養努力的方向，為老學自然之道，王弼則將具體身體轉化原理，明白表述，掌握到順任自然之氣，以保有身體自主性，此為劉邵所不及，這也就是為何玄理化身體修養論，是以王弼開其端，而劉邵身體修養論，只能視之為才性論往玄理修養論發展的橋樑。

第四章　阮籍身體修養論

第一節　前　言

　　阮籍（210～263）爲魏晉時期重要的玄學家，也是重要的身體哲學家。身體哲學所談的「身體」，並非僅止於「軀體」，而是「身心合一之整全體」，包含形軀與心靈。

　　阮籍的身體哲學，可從不同角度來加以詮釋，王岫林博士論文《魏晉士人之身體觀》，論述「失序之身體意象」時，言及「嵇、阮以社交身體的毀壞，抵制其虛僞之行，其醜怪身體之運用，目的是欲使人的身體能夠符合眞正的禮教精神，使禮身合一，其以身體作爲一種策略、一座橋樑。」〔註 1〕主要是論述阮籍以失序身體，傳達反虛僞禮教之行，希望禮身合一。王岫林是以「反禮教」爲主軸，來論述阮籍之身體表演。陳靜容刊登於《東華人文學報》之大作〈觀看自我的藝術——試論魏晉時人身體思維的釋放轉向〉，主要從美學「觀看自我」的角度，析論魏晉文人之身體展演，其中兼含阮籍之身體展演。對於王岫林、陳靜容析論精詳的部份，本文將不再詳細複述。本文將選取與王岫林、陳靜容不同的切入視角，來加以論述阮籍之身體修養哲學。

　　本文將以「氣論」爲主軸，來論述阮籍之身體修養哲學。論述阮籍視身體爲一可自行調節的能動力量，經由自身之身體修養，可以改變整個宇宙，

〔註 1〕 王岫林：《魏晉士人之身體觀》，國立中山大學中國文學研究所博士論文，2006年 6 月，頁 214～215。

使宇宙由失序、無序，向有序復歸。身體修養主要便是調養身體之氣，藉由身體之氣的調養，順隨六氣之虛盈，並由氣以歸道。藉由歸返於「存有的根源」，以養護自家生命，「歸根以更生」，歸返本源，讓生命獲得更生。既促使自己身體歸於諧和，也使宇宙歸於諧和。

第二節 阮籍的自然論與身體

阮籍為竹林時期自然論代表者，他是重視自然之道的，阮籍〈大人先生傳〉便說：「不通於自然者不足以言道。」〔註2〕〈達莊論〉云：「人生天地之中，體自然之形。」（卷上，頁32）他所說的「自然」，是什麼意思呢？

高晨陽《阮籍評傳》認為「自然」是「外在于人的個體的自然界的特定結構或特定秩序」〔註3〕，辛旗《阮籍》認為阮籍所說的「自然」，是「指支配自然界的那種和諧的規律、法則。它是必然的，人類必須順應的。」〔註4〕許抗生《魏晉思想史》說：「自然就是指天地的自然而然的存在。」〔註5〕天地萬物是自然而然的存在，在此自然而然的狀態中，本有和諧之支配規律，此即為「自然」。萬物之間並非互不相關，「而是個和諧的整體」〔註6〕，人們必須順應自然行事。蘇慧萍便說：「阮籍對於人與自然之關係，應是和諧共榮的真正關係。」〔註7〕阮籍視「自然」為自然界萬物整體之支配規律。

阮籍〈達莊論〉云：「天地生於自然，萬物生於天地。自然者無外，故天地名焉。」（卷上，頁32）萬物生於天地，天地生於自然，是以，自然可說是萬物及天地的形成根源。〈達莊論〉云：「天地合其德，日月順其光。自然一體，則萬物經其常。入謂之幽，出謂之章。一氣盛衰，變化而不傷。」（卷上，頁32）一氣盛衰，萬物一體。天地、日月皆由氣形成，是以，透過「氣」之質料因，萬物可自然合為一體，故云「自然一體」。據是言之，阮籍之「自然

〔註2〕〔魏〕阮籍：《阮嗣宗集》（台北：華正書局，1979年3月），頁67。以下若引用本書之資料，除非是必要的補充說明，否則將不再於注腳中注明資料出處，以省篇幅。
〔註3〕高晨陽：《阮籍評傳》（南京：南京大學出版社，1997年3月），頁285。
〔註4〕辛旗：〈阮籍的政治思想〉，《阮籍》（台北：東大圖書公司，1996年6月），頁86。
〔註5〕許抗生：《魏晉思想史》（台北：桂冠圖書公司，1995年1月），頁99。
〔註6〕陳戰國：〈竹林玄學〉，收於許抗生等著：《魏晉玄學史》（西安：陝西師範大學出版社，1989年7月），頁237。
〔註7〕蘇慧萍：〈阮籍生死觀研究〉，《玄奘人文學報》第6期，2006年2月，頁8。

義」，乃順著「氣」之質料因，而衍伸出來。

辛旗〈阮籍的自然本體論思想〉便認為阮籍的自然觀有三重點：（一）自然是充滿了「氣」的無邊宇宙，它衍生了天地萬物。（二）宇宙間萬物千差萬別，變化不已，一氣盛衰，都統一於氣。（三）自然界的存在與變化是有規律可循的，「自然一體，則萬物經其常」〔註 8〕。我們經由辛旗的詮釋，可以很清楚地發現，阮籍的自然觀，與衍生天地萬物的「氣」，有密切關係。氣衍生天地萬物，萬物皆統一於氣，氣聚則生，氣散則死，自然萬物之存在變化，實與「氣」不可分割。原來「自然界是獨立於人的意識之外以氣的方式存在、運動」〔註 9〕，所以經由自然觀切入來談論阮籍的身體修養論，亦可說是經由「氣」的角度，來加以探討。

牟宗三〈阮籍之莊學與樂論〉云：「阮籍論樂，重元氣也；嵇康論樂，主純美也。」〔註 10〕「阮以氣勝，嵇以理勝。」〔註 11〕「阮氏之論為形上學的，嵇康之論為純藝術的。阮籍浩瀚元氣，嵇康精美恬淡。阮籍能嘯，而在蘇門山與孫登相應和。此長嘯於山谷，暢通其生命，而聲音與天地通和也。故其論樂之和為天地之和。」〔註 12〕阮籍既然重元氣、以氣勝，想以浩瀚元氣，追慕原始之諧和，藉由聲音與天地相通。那麼，我們探討阮籍之思想時，若從「氣」的角度，探討他如何復歸「自然」，實乃切合阮籍自家之思想理路。

既然「氣」為天地萬物衍生之根本，那麼「身體」亦當由「氣」構成，阮籍〈達莊論〉便說：「身者，陰陽之積氣也。」〔註 13〕身體由陰陽二氣積氣所成，不但如此，身體之諧和或衰敗，亦與氣之聚散有關，劉錦賢便說：「六氣適中，則體氣平和；六氣過當，則體氣失調，因而致疾。」〔註 14〕身體平和或致疾，其間的關鍵，實在於氣。是故，說「自然」為身體之存在變化之規律，實無異於說「氣」為身體支配之規律，「身」之和諧與否，關鍵在於「氣」，既然如此，那麼我們要探討阮籍之身體修養論，自須由「自然」或

〔註 8〕 辛旗：〈阮籍的自然本體論思想〉《阮籍》，頁 69。
〔註 9〕 辛旗：〈阮籍的自然本體論思想〉《阮籍》，頁 74。
〔註 10〕 牟宗三：〈阮籍之莊學與樂論〉，《才性與玄理》（桂林：廣西師範大學出版社，2006 年 8 月），頁 254。
〔註 11〕 牟宗三：〈阮籍之莊學與樂論〉，《才性與玄理》，頁 255。
〔註 12〕 牟宗三：〈阮籍之莊學與樂論〉，《才性與玄理》，頁 255。
〔註 13〕 陳伯君校注：《阮籍集校注》（北京：中華書局，2006 年 3 月），頁 140。
〔註 14〕 劉錦賢：《儒家保身觀與成德之教》，頁 177。

「氣」的角度，來加以析論。且「任何一種現象、領域都反映著自然本體的統一性。」〔註15〕既然如此，探討阮籍身體哲學問題，由「自然」角度切入，亦甚相宜。

　　既然支配自然界構成及演變之和諧規律，稱為「自然」，那麼「自然之道」，指的便是「自然界的規律及其和諧統一的狀況」〔註16〕。此種和諧統一的「自然」狀況，高晨陽詮釋為：「萬物並生、混一不分、同為一體的混沌整體。」〔註17〕「（阮籍）他對自然的理解也包含著對宇宙總體的理解。」〔註18〕「宇宙萬物的總合即是天地或天，也即是自然。」〔註19〕既然如此，則向自然的回歸，其實便是向此種和諧統一的混沌整體的回歸，可詮釋為「人事」向「自然」和諧規律「復歸」的努力〔註20〕，代表的是以「自然」為典範，追求諧和之人生，阮籍〈通易論〉便說：「順自然，惠生類。」（卷上，頁 22）順應自然，對於人們諧和之人生有助益。高晨陽《阮籍評傳》便說：「社會有序性的復歸過程也就是自然有序性的復歸過程，同時也是包括天、人兩界在內的宇宙整體系統由無序和失調向有序與和諧轉化的過程。」〔註21〕阮籍通過自然觀，貫通社會人事與自然、貫通天人兩界，使宇宙整體由無序失調，向有序和諧轉化。據此，可知本文由阮籍自然觀切入，探討阮籍身體思維由無序失調，如何向有序和諧轉化，為切合阮籍自己的思想路數。

　　阮籍自然觀以趨向貫通天人兩界之宇宙整體的諧和為目標，此點自應為身體所遵循。是故，從身體的角度來說，身體追求諧和之道（或說是自然之道），其實就是身體透過人為修養，調養體中之氣，以追求天地與身體的相互諧和，這是一種「復歸」的過程，復歸於貫通天人兩界之宇宙整體諧和之目標。「身」原與天地之氣相通，此為氣的諧和狀態，並不須調養，但經由後天之攪擾，「與天地之氣諧和」轉而為「與天地之氣不諧和」，身必為不安寧，

〔註15〕辛旗：〈阮籍的美學思想〉《阮籍》，頁 111。
〔註16〕辛旗：〈阮籍的自然本體論思想〉《阮籍》，頁 71。
〔註17〕高晨陽：《阮籍評傳》，頁 139。
〔註18〕高晨陽：《阮籍評傳》，頁 259。
〔註19〕高晨陽：《阮籍評傳》，頁 143。
〔註20〕高晨陽《阮籍評傳》云：「阮籍主張聖人、大人、君子之類的人，應該效法和順應天或自然界的原則，恢復、重建、實現人類社會所應有的和諧性。」（頁 118）
〔註21〕高晨陽：《阮籍評傳》，頁 113。

故須調養體氣，使體氣得以復歸諧和，簡而言之，阮籍之身體修養論，實藉調養體氣以復歸和諧，以實踐自然界本具之和諧統一狀況〔註22〕。高晨陽說：「萬物一體是阮籍的最基本命題」〔註23〕，阮籍身體修養論，經由調養體氣，以復歸身體與萬物的諧和狀態，便是阮籍最基本命題的具體實踐。亦即，談論阮籍之身體理論，須掌握「調養身體與復歸諧和」之義理特色。

第三節　身與天地之氣相通：氣的諧和狀態

　　魏晉時期，流行氣論，不僅劉劭、王弼、嵇康、郭象如此，阮籍亦然。阮籍認爲萬物皆由氣所化生，「把元氣看做是天地萬物產生的根源」〔註24〕，人之身體爲萬物之一，當然也是由陰陽氣聚而生，且萬物既然皆由陰陽氣聚而生，是故，當氣處於諧和狀態時，身體之氣與萬物之氣自可相互會通，故可云身通天地之氣。

一、萬物一體，皆由氣所生，人身亦然

　　阮籍〈東平賦〉云：「四時儀其象，陰陽暢其氣，傍通迴盪，有形有德。」（卷上，頁 3）天地之間由陰陽兩氣充塞，兩氣流暢交感，充溢宇宙，無所不在，高晨陽《阮籍評傳》便說：「天地以陰陽二氣相感召，萬物得以化生，這是自然界的和諧。」〔註25〕就阮籍自然觀來說，是認爲自然界之間，本具和諧狀態，可交感互通，阮籍〈達莊論〉云：「男女同位，山澤通氣。」（卷上，頁 32）此言山澤之間，相互感應，以氣相通；阮籍〈通易論〉云：「男下女上，通其氣也。」（卷上，頁 22）此言男女卦位之間，相互感應，以氣相通〔註26〕；〈通易論〉云：「小亨正象，陰皆乘陽，陽剛凌替，君臣易位，亂而不已，非中之謂。」（卷上，頁 23）此以陰乘陽，以言君臣易位。是故，陰陽二氣，實無所不在，無論是大自然山澤之間，或是人文界男女卦位之間、君臣之間，皆有陰陽二氣充塞，皆可由陰陽二氣之關係，來加以說明。且陰陽

〔註22〕高晨陽《阮籍評傳》便指出阮籍心目中之自然界，爲「動態的、和諧的整體系統」，頁 118。

〔註23〕高晨陽：《阮籍評傳》，頁 142。

〔註24〕辛旗：〈阮籍的自然本體論思想〉，頁 68。

〔註25〕高晨陽：《阮籍評傳》，頁 117。

〔註26〕高晨陽《阮籍評傳》云：「咸卦之象是陰氣在上，陽氣在下，陽氣濁重而陰氣輕清，因此，陰陽二氣才有可能相互感應而發生交流的效應。」（頁 117）

二氣，具有感應互通的特性，是以得知，氣不只是身體的質料因，尚為身體的動力因。

氣可形成具體的「形」，與抽象的「德」。具體形象之萬物，此為「形」，此由陰陽兩氣所生，人之身體為萬物之一，亦由陰陽兩氣結聚而成，故可云「聚以處身」（卷上，〈通易論〉，頁22）阮籍〈達莊論〉云：「人生天地之中，體自然之形。身者，陰陽之精氣也。」（卷上，頁32）身既為陰陽之精氣結合而成，則可說身由氣所化生。錢賓四《晚學盲言》便說：「陰陽亦只是一氣之化，不可謂由陰變陽，由陽變陰。陰陽非是兩物更迭為變，只是一物內體自化。」〔註27〕萬物皆為一氣所化生，是故，身體與萬物，就其根源義來說，實為一體。〈達莊論〉云：

> 天地合其德，日月順其光。自然一體，則萬物經其常。入謂之幽，出謂之章。一氣盛衰，變化而不傷。是以重陰雷電，非異出也；天地日月，非殊物也。故曰：自其異者視之，則肝膽楚、越也；自其同者視之，則萬物一體也。（卷上，頁32）

阮籍接受道家一體觀，認為萬物一體，皆為氣所化生，既然萬物一體，人身自當與萬物為一。氣為萬物之根源，則無論是人身，或是其它萬物，皆由氣所化生，亦可說萬物之本質，「是沒有差別的氣」〔註28〕，是故，從「氣」的角度來說，萬物為一。簡言之，此乃從萬物之「根源義」（氣），以論說「一體觀」。亦即，「萬物皆有同一根源——氣，因此萬物可由氣來加以會通。就萬物之形質而言，乃千差萬別，但就萬物之本源來說，其實為一，因而以氣可會通千差萬別的物。此乃以本源義來加以會通。因而氣既具化生之本源義，便自然具有會通萬物之會通義。」〔註29〕因為氣具有「本源義」，因而具有化生萬物之「會通義」，萬物既可會通為一，便可說「萬物一體」。劉原池〈阮籍〈達莊論〉中的莊學思想〉云：

> 如就宇宙的本質而言，天地萬物都是同一元氣之不同形態的存在，其變化也都是同一元氣自身的變化，其具體形態和變化規律或有所不同，但千差萬別的事物並非各行其是，互不相關，而是個和諧的

〔註27〕錢賓四：《晚學盲言》上冊（台北：蘭臺出版社，2001年4月），頁98。
〔註28〕王曉毅：〈從達莊論到大人先生傳〉《儒釋道與魏晉玄學形成》（北京：中華書局，2003年9月），頁199。
〔註29〕請參閱拙著：〈錢賓四先生儒學和合論研究〉，國立彰化師範大學國文學系《國文學誌》第11期，2005年12月，頁14。

整體。〔註 30〕

天地萬物皆爲氣不同形態的存在，萬物皆千差萬別，但因爲「氣」具有會通義，故可會通成一個和諧的整體。

二、身通天地之氣

若居宅未選擇地氣良好者，對人身自有影響，阮籍〈元父賦〉云：

> 地下沉陰分，受氣匪和。大陽不周分，殖物靡嘉。故其人民頑囂檮杌，下愚難化。（卷上，頁 18）

阮籍將東平地區人民頑囂檮杌，歸諸於地下沉陰，使人民「受氣匪和」。從中可知，地氣影響到人之體氣，人之體氣又影響到人之行爲表現。

阮籍〈樂論〉云：「心（必）通天地之氣」（卷上，頁 43），人不僅與地氣相通，尚與天氣相通。既然萬物皆由氣所化生，故體氣須配合天地之氣，以調整自身，阮籍〈大人先生傳〉云：「陰藏其氣，陽發其精。」（卷上，頁 66）「與陰守雌，據陽爲雄。」（卷上，頁 66）陰氣盛時，藏伏自身之體氣，卑微柔和，以相符應；陽氣盛時，便舒展元氣，以配合天地之氣。是故，人身之體氣，潛伏或發揚，並非單由自身所決定，須符應天地之氣。

其中，身體自具有動態的變化在，身體不斷地配合陰氣與陽氣，而或潛伏或舒展。亦即，阮籍談論的身體，屬於「流動的身體」，須配合不斷變化的陰陽二氣，而隨之遷變無已，並無「固定的身體」或「不變的形貌」，可得而言。劉邵主張「本質不變」、「形貌不變」，這是屬於「不變的身體」，而阮籍主張「流動遷變的身體」，差異十分明顯。

在與天地之氣相配合時，尚須注意節氣與人身之交感作用，阮籍〈詠懷詩·第十三首〉云：

> 湛湛長江水，上有楓樹林，皋蘭被徑路，青驪逝駸駸。遠望令人悲，春氣感我心。（卷下，頁 89）

靈心善感之詩人，面對外在環境景物之變化，不能無所感，故云：「遠望令人悲，春氣感我心」，此言春氣發動，人心不能無感。阮籍持一體觀，故主張人體之耳、目、心應爲一體，可相互會通〔註 31〕，這裏〈詠懷詩·第十三首〉又

〔註 30〕劉原池：〈阮籍〈達莊論〉中的莊學思想〉，國立新竹師範學院《新竹師院學報》第 17 期，2003 年 12 月，頁 380。

〔註 31〕陳戰國〈竹林玄學〉云：「人的機體和社會一樣是個自然和諧的統一整體，各個部位相互配合，相互照應才能正常的生存。可是名教妄加分別，使各種器

告訴我們春氣可與心相互感通，是故，不但人體中之小宇宙內，應會通爲一體，且人體之小宇宙，尚與天（春氣）地（地氣）之大宇宙相會通。既然人體之小宇宙與天地之氣相通，可知，世界是一以氣爲中介的渾然統一體，宇宙是一「全息的系統」〔註32〕。王弼只告訴我們身體須順任自然之氣，以保有身體的自主性，阮籍則更進一步告訴我們，身體須順應「春氣」與「地氣」，雖亦爲重視「自然身體」，但是已將「自然之氣」，細分爲陰氣與陽氣、春氣與地氣，所述較王弼爲細膩，可說阮籍所述，是承續王弼所論，加以細膩化。

第四節　由「氣之不和」到「生命之復歸諧和」

身體原與天地之氣相通，此爲原初的和諧狀態，此時之和諧狀態，是建立在「氣的和諧狀態」之上。若身中之氣，不再和諧，對於生命會有何影響呢？基本上，阮籍是認爲氣之不和，將使身體產生疾病，甚至死亡，簡言之，可說是「氣之不和，身疾死滅」。既然氣之不和，對身體影響重大，而阮籍又是持「貴身論」者，是故，使「氣之不和」，歸返於「氣之和諧」，便成爲尋求生命諧和之道必要之舉，亦即，使「氣之不和」，歸返於「氣之和諧」，生命才能復歸諧和。本節將從兩端來加以論述，一是「氣之不和，身疾死滅」，二是「生命復歸諧和之道」。

一、氣之不和，身疾死滅

人體之氣，本爲諧和，何以會趨於不諧和呢？可能原因有三，以下試分述之：一是人爲的矯意妄作。黃偉倫〈工夫、境界與自然之道——阮籍〈達莊論〉的理論思維〉云：「在這樣一個價值失序的社會裏，由於人爲的矯意妄作，便破壞了原本自然的和諧，作智造巧、明著是非本是一種人爲目的性的干涉。」〔註33〕人爲的矯意妄作，作智造巧，會破壞自然的和諧。蘇慧萍〈阮籍生死觀研究〉亦云：「世俗之人不斷的追求智巧是非，爭名求得，在追逐外

官只顧自己的需要，不願意維護整體，目不顧耳，耳不顧心，心不顧性，整個機體四分五裂，相互賊割，使人無法正常的生活。」

〔註32〕劉長林〈說氣〉云：「所謂全息系統是指，系統的每一局部都包含著有關整個系統的全部信息，就是說，任何一個部分都能反映整體的全部屬性的系統，就爲全息系統。」收於楊儒賓主編：《氣論及身體觀》，頁130。

〔註33〕黃偉倫：〈工夫、境界與自然之道——阮籍〈達莊論〉的理論思維〉，《政大中文學報》第1期，2004年6月，頁64。

在的權勢上，角逐爭鬥而逐漸陷溺，因此不但傷害了外物，並危害了自身，如此修飾自我以彰顯自我的重要，這樣爲他人生存的心態，即是惑於生命的本質。」〔註 34〕作智造巧，爭名求得，害己害物，與萬物一體、自然一體之萬物相互諧和精神，大相違背，溺此不返，即爲惑於生命本質的表現。

　　試問矯意妄作，何以會對自然和諧之氣有所損傷呢？戴璉璋〈阮籍的自然觀〉云：

> 人不可妄作文飾，因順體性行事才能說是道自然。從這裏可以看出阮氏的自然又具有不妄作文飾即不致飾的意思。不致飾是維護自然的必要手段；不致飾才能歸於體性本眞。〔註35〕

> 合其體，得其性，就是自然；離其體，失其性，就是不自然。〔註36〕

許抗生《魏晉思想史》亦云：

> 至德之世本是清靜寂寞，善惡莫分，是非無爭，只是後來儒、墨出現之後，才有爭名辯說，互相紛爭的。人們互相之間競逐縱橫，結果弄得家殘國亡，人人不得終其天年，而繫於世俗之累。〔註37〕

因順體性行事，才是道自然；「作智造巧」、「明著是非」、「修飾以顯潔」、「畏死而榮生」、「爭名辯說，互相紛爭」，皆爲矯意妄作，破壞體性本眞，違反自然之道，將使本具之自然和諧之氣受到損傷，是故，主張「道自然」之阮籍，不能接受矯意妄作，以免本具之自然和諧之氣受到破壞。〈詠懷詩〉第五十首云：「多慮令志散，寂寞使心憂。」（卷下，頁 113）多慮會使心志渙散，仍屬智巧之患，不如返樸歸眞，歸返自然。

　　〈達莊論〉云：「天地不泰而日月爭隨，朝夕失期而晝夜無分。」（卷上，頁 34）〈大人先生傳〉云：「陰陽失位日月隕，地坼石裂林木摧，大冷陽凝寒傷懷。」（卷上，頁 73）自然和諧之氣，一旦受破壞，將使天地交泰之諧和狀況，演變爲陰陽失位、天地不泰、天崩地坼之不諧和狀況，產生日月爭隨、晝夜無分之混亂場面，「不但導致人間災禍，不再能有和諧的群體，而且也使天地失序，萬物不能保其自然本眞。」〔註38〕可見矯意造作，對於自然和諧

〔註34〕蘇慧萍：〈阮籍生死觀研究〉，頁 10。

〔註35〕戴璉璋：〈阮籍的自然觀〉，《玄理、玄智與文化發展》（台北：中央研究院中國文哲研究所，2002 年 3 月），頁 87。

〔註36〕戴璉璋：〈阮籍的自然觀〉，頁 87。

〔註37〕許抗生：《魏晉思想史》（台北：桂冠圖書公司，1995 年 1 月），頁 91。

〔註38〕戴璉璋：〈阮籍的自然觀〉，頁 92。

之氣的破壞，會使人間世及自然界，都受到傷害。

二是情緒的不平衡。阮籍視「情感」爲「精氣」變化而成，〈達莊論〉云：「情者遊魂之變欲也。」戴璉璋解釋爲：「隨順精氣遊散的變化而著情」〔註39〕，是故，「情」由「精氣」而生，然而原始之情感，若在自然情形之下，應爲和諧之狀態，此爲「和」。阮籍〈詠懷〉云：「天地氤氳，元精代序，清陽曜靈，和氣容與。」（卷下，頁134）天地氤氳之氣，本爲和氣容與，此爲諧和之氣。

「和氣」爲何會受破壞呢？阮籍〈樂論〉云：「今者流涕感動，噓唏傷氣，寒暑不適，庶物不遂，雖出絲竹，宜謂之哀。」（卷上，頁45）人受後天環境影響，常會有喜怒情緒出現，背離「和」之和諧狀態，如過度歡喜，以致於「流涕感動」；或過於感傷，以致於噓唏不已，二者皆非「中和」狀態，都會使「氣」受到傷害，使「原始之諧和」受到破壞，〈清思賦〉便說：「情散越而靡治」〔註40〕。是故，需要後天之身體修養，方能使已遭破壞之狀態，能復歸於諧和。劉姿君〈阮籍聖人觀探析〉亦云：

> 陰陽由性所生，性中有剛柔；剛柔由情所生，情中有愛惡，性與情一也，陰陽、剛柔、愛惡亦一也，皆就氣言。若順此愛惡之情，不加節制，則就會生出得失、悔吝、吉凶。〔註41〕

陰陽、剛柔、愛惡皆由「氣」所構成，本爲諧和之狀態，但若順此愛惡之情，不加節制，將使「氣」受到傷害，諧和之狀態一旦受到破壞，得失、悔吝、吉凶，便會產生。

三是後天環境的不良。除了「人爲的矯意妄作」、「情緒的不平衡」外，「後天環境的不良」，對於「氣」之趨於不諧和，亦有影響。阮籍〈元父賦〉云：「地下沉陰兮，受氣匪和。大陽不周兮，殖物靡佳。故其人民頑嚚樗杌，下愚難化。」（卷上，頁18）有些地理環境，較少日照，趨於沉陰，使人們陰陽之氣難以平衡，便會產生「受氣匪和」之現象，性情也受影響，以致於性情頑劣，難以教化，或者「禽性獸情」（卷上，〈元父賦〉，頁18），或者「狼風（豺）氣」（卷上，〈元父賦〉，頁18）。

「地氣」與「性情」之關係，爲劉邵及王弼，所未曾討論，實由阮籍首

〔註39〕戴璉璋：〈阮籍的自然觀〉，《玄理、玄智與文化發展》（台北：中央研究院中國文哲研究所，2002年3月），頁90。

〔註40〕陳伯君校注：《阮籍集校注》，頁33。

〔註41〕劉姿君：〈阮籍聖人觀探析〉，《鵝湖月刊》第336期，2003年6月，頁50。

開其端，且王弼但言要順任自然之氣，亦未曾論述地氣會對人的性情產生負面影響，使人趨於「頑嚚檮杌，下愚難化。」王弼注意到黑暗意識須予以去除，卻未注意到「地氣」對「性情」可能產生的負面影響。阮籍所述，較王弼所言爲細膩。

若不採取動作，讓身體復歸於諧和，對身體會有何影響呢？阮籍〈達莊論〉云：「夫別言者，懷【壞】道之談也；折辯者，毀德之端也；氣分者，一身之疾也；二心者，萬物之患也。」（卷上，頁 35）值得注意的是「氣分者，一身之疾也。」阮籍認爲體中精氣的分散，產生種種區別，將造成一個人的疾病。阮籍〈大人先生傳〉又云：

> 往者天嘗在下，地嘗在上，反覆顛倒，未之安固，焉得不失度式而常之？天因地動，山陷川起，雲散震壞，六合失理，汝又焉得擇地而行，趨步商羽？往者群氣爭存，萬物死慮【當作：慮死】，支體不從，身爲泥土，根拔枝殊，咸失其所，汝又焉得束身修行，磬折抱鼓？（卷上，頁 65）

當群氣爭存，不能和諧共存時，天地萬物都會憂慮死亡，肢體不由自己掌控，身軀化爲泥土。既然如此，儒家主張的束身修行，彎曲恭立，莊重拱手行禮，也成爲對生命沒有幫助的舉動。若要對生命有實質的幫助，這責任還是落在人身上，須從事身體修養，歸返自然，使一身之氣與群氣諧和共存，這才是復歸生命諧和之道。

二、生命復歸諧和之道

孫良水《阮籍審美思想研究》云：「〈通易論〉則是將宇宙整體理解爲萬物莫不一，這個整體並不是靜態的，而是一個變易不息的動態的過程。宇宙還可以通過自身的調節，由失序復歸於有序，這是一種自發性的和諧。天人同和是阮籍〈通易論〉所追求的目標。」〔註42〕既然阮籍認爲經由自身之調節作用，宇宙可以由無序到有序，那麼我們應進一步追問：由無序到有序的自身調節之道爲何？

〈詠懷詩〉第十二首云：「焉見王子喬，乘雲翔鄧林？獨有延年術，可用慰我心。」（卷下，頁 89）阮籍相信有「延年術」，可以延長壽命。王子喬之延年術，現已不可得知，但阮籍生命復歸之道，卻是有清楚的記載。阮籍對

〔註42〕孫良水：《阮籍審美思想研究》（台北：文津出版社，1999 年 7 月），頁23。

於生命復歸之道，可分從四端加以說明，一為專氣一志，秉一內脩。二是服食以養身。三為心靈修養，以順隨六氣之盈虛。四為藉由音樂以歸返於道。以下便分述之：

（一）專氣一志，秉一內脩

阮籍〈大人先生傳〉云：

> 泰【太】初貞【眞】人，惟大之根，專氣一志，萬物以存。（卷上，頁68）

既然泰初時期，眞人以大道爲自己的根本，所以專氣一志，讓己身之氣與天地之氣相諧和，陳鼓應、白奚《老子評傳》云：「專氣即集氣，一個人通過專氣的修煉工夫，可以達到第五十五章所說的骨弱筋柔、精之至、和之至的體能狀態，生命力量的培蓄是專氣的重要工夫。」〔註43〕專氣爲身體修煉的重要工夫，泯除形、神之別，人、我之分，化除形與神、人與我之間的差別性〔註44〕，有助於生命力量的培蓄。是故，要避免氣不和時，身疾死滅的缺失，專氣一志便成爲必要之舉。阮籍〈清思賦〉亦云：

> 志不覬而神正，心不蕩而自誠。固秉一而內脩，堪奧止之匪傾。（卷上，頁13）

陳鼓應、白奚《老子評傳》云：「抱一的一，就是指的身。」〔註45〕「載營魄抱一即不使形神相離之意。」〔註46〕既然「一」可指「身」而言，因此，阮籍所說的「秉一而內脩」，便可詮釋爲秉持身之完整性而修養，避免形神分離。且形神皆由氣所形成，夫如是，則避免形神分離，維持自身之完整性，自當以「專氣」之工夫，爲下手處方是。阮籍〈大人先生傳〉便說：「精神專一用意平，寒暑勿傷莫不驚，憂患靡由素氣甯。」〔註47〕要維持精神的專一。

　　阮籍主張心、志不蕩漾，維持精神的專一狀態，才能「專氣」。專氣，即集氣，若說氣爲內在的潛在力量、潛在能量，則專氣便是集聚內在的能量，以培蓄最佳的身體狀況。王弼但言順任自然之氣，阮籍不但將自然之氣細分爲春氣與地氣，又言要集聚內在之氣，以培蓄內在生命力量，阮籍所論，大

〔註43〕陳鼓應、白奚：《老子評傳》（台北：文史哲出版社，2002年7月），頁330。
〔註44〕劉姿君〈阮籍聖人觀探析〉云：「以阮籍的修養工夫而言乃是應變順和、專氣一志，最後達到的是化解一切差別後的精神境界。」（頁55）
〔註45〕陳鼓應、白奚：《老子評傳》，頁238。
〔註46〕陳鼓應、白奚：《老子評傳》，頁239。
〔註47〕陳伯君校注：《阮籍集校注》，頁190。

致來說，是順著王弼「自然身體」的思路，加以拓寬細分，但是精微玄妙不及王弼，王弼之「自然身體」，要保持身體自身之「物質自主性」，常人頗難思考到此點，故極爲珍貴；阮籍「自然身體」，分述「流動的身體」、「地氣影響性情」、「集聚內在之氣」，涉及面相較廣。就細膩來說，阮籍勝過王弼；但若就精微玄妙來說，王弼則遠勝於阮籍。

（二）服食以養身

劉錦賢指出「飲食以養身」〔註48〕，飲食有養身之效。阮籍亦主張藉由服食，以調理體氣。〈大人先生傳〉云：

> 大人先生被髮飛鬢，衣方離之衣，繞紱陽之帶。含奇芝，嚼甘華，吸浮霧，飧朝霞，興朝雲，颺春風。奮乎大極之東，遊乎崑崙之西。（卷上，頁71）

〈東平賦〉亦云：

> 請王子以俱遊，漱玉液之滋怡兮，飲白水之清流。（卷上，頁5）

〈詠懷詩〉第三十三首云：

> 寢息一純和，呼吸成霜露。沐浴丹淵中，炤耀日月光。（卷下，頁103）

〈詠懷詩〉第七十七首云：

> 乘雲御飛龍，噓吸嘰瓊華。（卷下，頁130）

〈詠懷詩〉第八十首云：

> 吸習九陽間，升遐嘰雲霄。人生樂長久，百年自言遼。（卷下，頁132）

「含奇芝，嚼甘華」，「漱玉液之滋怡」這是魏晉時期流行「服食」風氣的反映，藉由服食奇芝、甘華、玉液、白水、瓊華等物，以收養形之效；藉由吸取浮霧、雲霄之氣、朝霞之氣，以養神補氣。「炤耀日月光」，應該也是要吸收日月精氣，以調養體氣。身體調理好，才可奮乎太極，遊乎崑崙。養身之效，大矣哉！阮籍此種「服食以養生」之思路，亦爲劉邵、王弼所未曾討論，可知阮籍身體修養，涉及的方法，比劉邵、王弼爲多。

（三）心靈修養，以順隨六氣之虛盈

經由專氣、服食之後，身體已調理好，才可順隨六氣之虛盈，〈答伏義

〔註48〕劉錦賢：《儒家保身觀與成德之教》，頁20。

書〉云：

> 齊萬物之去留，隨六氣之虛盈。摠【總】玄綱於太極，撫天一於寥
> 廓。飄埃不能揚其波，飛塵不能垢其潔，徒寄形軀於斯域，何精神
> 之可察？（卷上，頁 56）

「專氣」僅使一身諧和，尚須「隨六氣之虛盈」，融入大化之中，進入太極境
界，在此境界之中，人間之飄埃飛塵，皆不能對自己的身體有任何影響，故
云：「飄埃不能揚其波，飛塵不能垢其潔。」當然，「專氣」為「隨六氣之虛
盈」之基礎，若未經由「專氣」以致一身之諧和，又何能「隨六氣之虛盈」？
又阮籍〈大人先生傳〉云：

> 遂去而遐浮，肆雲舉，興氣蓋，徜徉回翔兮滷漾之外，……端余節
> 而飛游兮，縱心慮乎荒裔，擇【釋】前者而弗修兮，馳蒙間而遠
> 迨。棄世務之眾為兮，何細事之足賴？虛形體而輕舉兮，精微妙而
> 神豐。（卷上，頁 70）

要回翔於天地之間，須「縱心慮」、「虛形體」，形與神兩皆解放，才能達致，
此時，方可「浮雲氣而遂行」（卷上，〈大人先生傳〉，頁 70），亦即，經由心
靈主體之修養與提昇，才可使「身」與「天地」相諧和，「浮雲氣而遂行」便
是在指陳此種人體小宇宙與天地大宇宙相諧和的狀況。〈大人先生傳〉所說的
「縱心慮」、「虛形體」與〈東平賦〉所說的「遂虛心而後已兮，又何懷乎患
憂。」（卷上，頁 5）及〈詠懷詩〉所說的「豈安通靈臺，遊漾去高翔。」（卷
下，頁 103）相通，須在心靈主體下「虛心」之工夫，以澄定、清靜心靈，方
能提昇心靈境界，遊漾高翔。

　　羅宗強詮釋阮籍主張「唯有淡泊可以永年」〔註 49〕，淡泊正與心靈修養
有關。戴璉璋認為阮籍「未重視心上的工夫」〔註 50〕，愚意則認為阮籍實則
極為重視心上之工夫，並非不重視心上之工夫，只是論述時，較為分散，須
細心整理，方能加以貫串會通。〈詠懷詩〉第七十首云：「養志在沖虛。」（卷
下，頁 126）修養心志，重點在沖虛之道。沖靜方能得自然，心虛靜方能使心
靈澄定，阮籍心靈主體之修養工夫，可以「沖虛之道」加以含括。〈詠懷詩〉
第七十三首云：「咄嗟榮辱事，去來味道真。道真信可娛，清潔存精神。」（卷

〔註49〕 羅宗強：《玄學與魏晉士人心態》（台北：文史哲出版社，1992 年 11 月），頁
　　　　146。
〔註50〕 戴璉璋：〈阮籍的自然觀〉，頁 112。

下，頁 128）阮籍主張以道來保養精神主體，涵養的對象，仍在於心靈。是故，江建俊主張阮籍有「心靈耕耘工夫」〔註51〕，江氏的判斷，是正確的。

我們可嘗試以阮籍自己的義理，來作出詮釋。〈老子贊〉云：「陰陽不測，變化無倫。飄颻太素，歸虛反眞。」（卷上，頁 81）先歸虛，方能返眞。第一層爲「歸虛」，須先「歸虛」、「虛己」，清靜內在心靈。阮籍云：「清虛以守神」（卷上，〈首陽山賦〉，頁 8）「夫清虛寥廓，則神物來集。」（卷上，〈清思賦〉，頁 13）藉由清虛、虛己，以滌除雜覽，保養精神，「焉長靈以逐寂兮」（卷上，〈清思賦〉，頁 13）讓綿綿的心緒，進入寂靜的境界，此即〈達莊論〉所說的：「清靜寂寞，空豁以俟。」（卷上，頁 35）是故，「清虛」、「虛己」爲阮籍心靈修養的重要方法。夫如是，方能進入第二層：「反眞」，歸返於生命之本眞，「反眞」之後，方能「飄颻太素」、「浴太始之和風」，自我與大化相諧和。羅宗強《玄學與魏晉士人心態》云：「心任自然而無爲，清虛寥廓，與道冥合。阮籍追求的，正是這樣的心境，這樣的理想人格，這樣的人生境界。」〔註52〕清虛寥廓，方能與道冥合。

阮籍心靈修養中，除「縱心慮」、「虛形體」、「虛心」、「安通靈臺」、「養志在沖虛」、「清潔存精神」外，最值得注意的，是「因任自然」，「泯除差別性」。〈大人先生傳〉云：

> 至人者，不知乃貴，不見乃神，神貴之道存乎內，而萬物運於外矣。
>
> （卷上，頁 67）

神貴之道即「不知」、「不見」之「自然之道」的神妙作用。「知」與「見」源於心，心知會起執著、了別之作用，當我們說「知」或「見」某物之爲何特定之對象時，它即不是另一者，亦即，此乃認知心分判萬物爲何者，而非另一者之了別作用。「知」、「見」源於心知的作用，認知之分判心產生萬物之差別性，然而道境卻是超離於心知之差別性，王邦雄〈莊子心齋氣觀念的詮釋問題〉云：「氣在心知退出中還歸它自己的本眞柔和。」〔註53〕阮籍由「不知」、

〔註51〕 江建俊：〈來自禮法之敵的發其高致——由伏義〈與阮籍書〉探討阮籍超拔之思成立的反向動力〉，發表於國立臺灣師範大學國文學系舉辦之「第三屆儒道國際學術研討會——魏晉南北朝」，2007 年 4 月 14 日，頁 22。

〔註52〕 羅宗強：《玄學與魏晉士人心態》（台北：文史哲出版社，1992 年 11 月），頁 145。

〔註53〕 王邦雄：〈《莊子》心齋氣觀念的詮釋問題〉，收於國立彰化師範大學國文系林明德策畫：《中國文學新詮釋》（新店：立緒文化事業有限公司，2006 年 8 月），頁 124。

「不見」，此種對於分判心「知」、「見」現象之否定、遮撥，此乃莊學「無聽之以心」的義理，既使己身之氣還歸柔和，又翻上一層，以呈顯形而上之自然道境。能依此種自然道境生活者，即爲至人。劉原池便指出：「阮籍認爲，眞正理想人格是凡事因任自然，不加任何的人爲造作，不爲世俗的人事所繫累人的自然本性。」〔註54〕阮籍理想人格在實際生活中，須凡事因任自然，不加人爲之造作，此乃偏於道家類型之人格典型。當然，因任自然，可消解人爲的桎梏，可對治人爲的矯意妄作〔註55〕。

又前曾云自然之道，乃支配萬物之規律，是故，依照自然之道生活之至人，便能「神貴之道存乎內，而萬物運於外矣。」當然，此種超越差別性的作法，亦可以莊學「齊物」稱之，劉原池〈阮籍大人先生傳中理想人格的修養方法〉云：「阮籍逍遙之境的追求是以其齊物思想爲邏輯前提。換言之，齊物是阮籍追求精神絕對自由的方法。」〔註56〕莊學「齊物」此種超越人間種種差別性的作法，確爲阮籍追求身體修養境界的重要方法。劉原池〈阮籍〈達莊論〉中的莊學思想〉亦云：

> 萬物一體作爲齊物的理論基礎，乃是一種宇宙觀；作爲齊物的途徑，乃是一種方法；作爲主體意識所追求的終極目標，乃是一種主觀精神狀態或精神境界。審視阮籍的邏輯思路，主要是通過齊物的方法抹除萬物之間的差別和對立，達到精神上的超脫。〔註57〕

阮籍通過「齊物」之方法，消除萬物之間的差別性〔註58〕，「否定了事物的質

〔註54〕劉原池：〈阮籍大人先生傳中理想人格的修養方法〉，《哲學與文化》第31卷第7期，2004年7月，頁155。

〔註55〕黃偉倫〈工夫、境界與自然之道——阮籍〈達莊論〉的理論思維〉云：「阮籍舉了《莊子》〈秋水〉及〈在宥〉兩篇中的寓言，以馮夷、雲將爲守其有的代表，而以海若、鴻蒙爲持其無的化身，用此來對人爲的矯意妄作加以批判，並肯定了因任自然使萬物自生自化的觀點，以消解人爲的桎梏與危殆。」（《政大中文學報》第1期，2004年6月），頁68。

〔註56〕劉原池：〈阮籍大人先生傳中理想人格的修養方法〉，頁150。劉原池對於〈大人先生傳〉中「通自然」、「泯是非」、「一死生」言之詳矣，可參看。

〔註57〕劉原池：〈阮籍〈達莊論〉中的莊學思想〉，頁376。

〔註58〕〈達莊論〉云：「夫別言者，懷（壞）道之談也；折辯者，毀德之端也。」別析之言，破壞大道；言語雄辯，毀壞德之完整。是故陳戰國〈竹林玄學〉云：「取諦亂加分別的各種爭端，才能使社會恢復安寧。」（頁245）分別性爲阮籍要對治、消除的歧出。阮籍主張的是〈達莊論〉主張的：「至道之極，混一不分，同爲一體，乃失無聞。」（頁34）

的差別」〔註59〕，企圖達致精神上之超越。〈詠懷詩〉第二十八首云：「死生自然理，消散何繽紛！」（卷下，頁 100）〈詠懷詩〉第三十四首云：「自然有成理，生死道無常。」（卷下，頁 103）〈詠懷詩〉第四十一首云：「性命有自然。」（卷下，頁 107）站在「齊物」的觀點來說，死與生皆為自然之理，不必執生惡死，體悟至此，便可明瞭不僅活的時候，生命可多彩多姿，生命之消散亦何其繽紛，此乃泯除生、死之別，故〈大人先生傳〉云：「無窮之死，猶一朝之生。」（卷上，頁 69）能體會齊物之理，化除生死之別，方能恬於生而靜於死。若分別，則必有紛爭、痛苦，蘇慧萍〈阮籍生死觀研究〉云：「若對生死的妄作強為，即失其貞定，生命必遭痛苦，此痛苦之根源，即源自我執與分別。」〔註60〕既然痛苦之根源在於心知之我執與分別，則自須由心下工夫，方能化除我執與分別。「齊物」之心靈修養方法，正在於對治我執與分別。蘇慧萍便認為阮籍是藉由莊學之齊一精神，來「打破外象不一，有分別即有紛爭所造成的傷害。」〔註61〕所言極為正確。

　　阮籍打破外象之不一，並非僅只生死一項，羅宗強《玄學與魏晉士人心態》云：「（阮籍）泯滅物我，泯滅是非。」〔註62〕物我之別、是非之異，亦皆泯除。〈詠懷詩〉第三十二首云：「千歲猶崇朝，一餐聊自己。是非得失間，焉足相譏理？」（卷下，頁 102）〈詠懷詩〉第五十六首云：「窮達自有常，得失又何求？」（卷下，頁 117）〈大人先生傳〉云：「無是非之別，無善惡之異。」（卷上，頁 68）千歲猶崇朝，時間之久、暫，可視為齊一；是非得失，焉得相譏？是非之別、得失之分、善惡之異，皆得化除。明瞭窮達自然有常理，就不必強求得失。〈詠懷詩〉第四十首云：「離麾玉山下，遺棄毀與譽。」（卷下，頁 107）〈詠懷詩〉第五十九首云：「背棄夸與名。」（卷下，頁 119）阮籍「齊物」之內容，包含化除生死之別、久暫之分、是非之差、善惡之異、得失之分，連人間之毀、譽，亦得兩相拋棄。〈詠懷詩〉第四十八首云：「視彼莊周子，榮枯何足賴？捐身棄中野，烏鳶作患害。」（卷下，頁 112）不但人間毀譽，兩相拋棄，榮枯亦不足依賴。

　　我們可進一步追問：阮籍「齊物」之推行步驟為何？王邦雄〈莊子心齋氣觀念的詮釋問題〉云：

〔註59〕許抗生：《魏晉思想史》，頁 100。
〔註60〕蘇慧萍：〈阮籍生死觀研究〉，頁 12。
〔註61〕蘇慧萍：〈阮籍生死觀研究〉，頁 14。
〔註62〕羅宗強：《玄學與魏晉士人心態》，頁 149。

> 就修養工夫所開顯的境界而言，無聽之以心，心知不起執著，不去
> 宰制氣，而給出自在的天空，聽之以氣，即是心知釋放出來的氣，
> 在主觀修養的靜觀之下，萬物皆自得的氣，是「遊乎天地之一氣」
> 的氣，氣已融入萬物，而與萬物無隔。〔註63〕

若說老子以「損」爲工夫，莊子以「外」、「忘」爲工夫，那麼我們可說阮籍以「不」爲其工夫，「不」即爲道家「無」（或說無爲）的否定、遮撥作用，至人以「不知」、「不見」，才能達致自然之神妙作用，故云「不知乃貴，不見乃神。」蘇慧萍〈阮籍生死觀研究〉云：

> 無貴、無澤、不作奇聲、不顯淫色，以無爲修養心靈，精神上則能
> 「無以亂其神」，能無亂其神，誠爲修養自身的重要效驗。……阮籍
> 以老子「無爲」成其處世修身之依則，不違「無爲」之紀，而保身
> 修性，因唯有如此，當能長久不殆，生命當能無禍長安。〔註64〕

阮籍接受老子「無爲」之說，以「無爲」作爲阮籍心靈修養的重要方法。是故，阮籍心靈修養方法，除「齊物」之外，最讓我們注意的，就是「無爲」。

　　阮籍先藉由「不知」、「不見」，否定、遮撥心知之作用，無聽之以心，將氣由心知之執著、了別中釋放，方能使己身中之氣與大化中之氣相諧和，此乃阮籍所主張的「順隨六氣之盈虛」。仔細推敲，這裏有兩層義理，第一層是遮撥心知之執，縱心慮、虛形體，使氣得以釋放。第二層是使己身之氣與六氣之盈虛相諧和。若以莊學義理來說，第一層爲「無聽之以心」，從心上下工夫，超拔而出。第二層爲「聽之以氣」，與大化之氣相諧合。「聽之以氣」，在層次上，高於「無聽之以心」，須解脫心知之執著，方能與大化之氣相融合。當然，「聽之以氣」，仍須在心靈修養上下工夫，方可達致順隨六氣盈虛之大通道境。是故，王邦雄云：「聽之以氣當該是與最高存在合爲一體的生命境界。」〔註65〕「直觀體悟萬物根源的道，則是聽之以氣的境界了。」〔註66〕須先遮撥心知，方能與大化諧和。

　　這兩層分析，第一層要去除心知之執著，近似於王弼所論，要放掉意識執著，第二層要順隨六氣之盈虛，亦近似於王弼順任自然之氣，但王弼能更

〔註63〕王邦雄：〈《莊子》心齋氣觀念的詮釋問題〉，頁126。

〔註64〕蘇慧萍：〈阮籍生死觀研究〉，頁16。

〔註65〕王邦雄：〈《莊子》心齋氣觀念的詮釋問題〉，頁120。

〔註66〕王邦雄：〈《莊子》心齋氣觀念的詮釋問題〉，頁123。

進一步，推出保持身體自身之物質自主性，阮籍卻只能停於此，未能順此理路推出身體之「物質自主性」，這便是阮籍所言不及王弼精微玄妙之處。

〈詠懷詩〉第二十五首云：「存亡從變化。」（卷下，頁 98）阮籍的修養論，顯有層次高低之別的。第一層僅爲從心靈主體下「虛己」工夫，第二層則以心靈「虛己」工夫爲根基，透過「氣」爲階梯，順隨六氣之變化，縱浪大化，主、客合一，無二無別，故此兩層，可以莊學「虛己以遊世」、「合氣於漠」加以涵括〔註67〕。當進入「合氣於漠」的層次時，便是進入自然之神妙作用，「不知乃貴」、「不見乃神」，「神者，自然之根。」（〈大人先生傳〉，卷上，頁 71）神爲宇宙自然的本根，是「天地之所以能覆載而萬物得以育焉的眞正樞紐」〔註68〕，經由與大自然「合氣」，「融入整體連續性的氣化流行之中」〔註69〕，才能進入宇宙自然的本根，融入天地覆載、萬物化育的樞紐。據是得知，由「氣」乃得以歸返於「神」、歸返於「道」。

（四）藉由音樂、音響以歸返於道

前云阮籍要先由「心」上下工夫，復由「氣」的路徑，以與大化諧和，歸返道境。試問，阮籍在現實生活中，是以何者爲助緣，方能經由「氣」的徑路，以歸返道境呢？答案與音樂有關，一是聆聽正樂。二是藉由「嘯」之身體展演。以下先探討第一者聆聽正樂的部份，阮籍〈樂論〉云：

> 夫煩手淫身，汩湮心耳，乃忘平和，君子弗聽；言正樂通，平正易簡，心澄氣清，以聞音律，出納五言也。（卷上，頁 44）

淫樂使人們忘卻平和，君子弗聽；好的音樂，則可使人們心澄氣清。是故，音樂對於心神的澄定及體氣的調養，皆有其效。〈樂論〉又云：

> 天下治平，萬物得所，音聲不譁，漠然未兆，故眾官皆和也。故孔子在齊聞韶，三月不知肉味。言至樂使人無欲，心平氣定，不以肉爲滋味也。以此觀之，知聖人之樂和而已矣。（卷上，頁 44）

音聲不譁，眾官皆和；至樂可使人無欲，心平氣定，可知音樂對於養生有其實效。〈樂論〉又云：

〔註67〕所謂「合氣於漠」，便是要讓精神主體能參契於一氣的大化流行之中。參閱黃偉倫：〈工夫、境界與自然之道──阮籍〈達莊論〉的理論思維〉，頁 56。

〔註68〕蘇慧萍：〈阮籍生死觀研究〉，頁 7。

〔註69〕周大興：〈阮籍的名教空間與大人先生的神貴空間〉，收於李豐楙、劉苑如主編：《空間、地域與文化──中國文化空間的書寫與闡釋》（台北：中央研究院中國文哲研究所，2002 年 12 月），頁 322。

> 樂者，使人精神平和，衰氣不入，天地交泰，遠物來集，故謂之樂
> 也。（卷上，頁 45）

> 昔先王制樂，非以縱耳目之觀，崇曲房之嬿也。心（必）通天地之
> 氣，靜萬物之神也；固上下之位，定性命之眞也。（卷上，頁 42～
> 43）

先王制樂時，音樂是與天地之氣相通，是故，若要復反天地諧和之道，音樂的使用是非常重要的方法。音樂之功效甚大，不但可收「心平氣定」之效〔註70〕，尚可定性命之眞，且通達天地之氣，身若能藉由音樂而通達天地之氣，便可達致「天地交泰」，此時，人身中已調養好之神氣，與天地之氣相互諧和，因此，「天地交泰」實乃天地人三才諧和的意思。牟宗三〈阮籍之莊學與樂論〉便云：「（阮籍）其論樂之和，爲天地之和，爲平和人心之和。」〔註71〕高晨陽《阮籍評傳》也說：「阮籍所理解的和乃是一種精神平和，衰氣不入，天地交泰的理想狀態。」〔註72〕藉由音樂，不但可超克衰氣，尚可達至天人交泰之境。亦即，要達到此種天地之和、平和人心之和、甚至於天地人三才諧和之理想狀態，必須藉助音樂。阮籍〈樂論〉云：

> 夫樂者，天地之體、萬物之性也。合其體，得其性，則和；離其
> 體，失其性，則乖。昔者聖人之作樂也，將以順天地之體，成萬物
> 之性也。故定天地八方之音，以迎陰陽八風之聲，均黃鐘中和之
> 律，開群生萬物之情氣。故律呂協則陰陽和，音聲適而萬物類。（卷
> 上，頁 40）

聖人作樂，將成就萬物之本性，藉音樂中和之聲律，來開啓萬物的情氣，調和陰陽之氣，讓萬物各歸其類。音樂之爲用，大矣哉！

　　先王所制作之正樂，可以「通天地之氣」，正樂可使已阻塞不通之氣，重新恢復通達，促使生命趨於和諧，與天地交泰，此乃牟宗三〈阮籍之莊學與樂論〉所說的：「以樂上推道體」〔註73〕王葆玹《玄學通論》也說：「阮籍在玄學史上的貢獻主要是以文學和音樂的形式來烘托一種形上的精神境界。」

〔註70〕阮籍〈樂論〉云：「正樂通平易簡，心澄氣清。」（陳伯君校注《阮籍集校注》，
　　　　頁95）由是得知，正樂有使人心澄氣清之功效。
〔註71〕牟宗三：〈阮籍之莊學與論樂〉，《才性與玄理》（桂林：廣西師範大學出版社，
　　　　2006年8月），頁274。
〔註72〕高晨陽：《阮籍評傳》，頁102。
〔註73〕牟宗三：〈阮籍之莊學與樂論〉，頁255。

〔註74〕阮籍認爲藉助於音樂，可上推道體，亦即，「借音樂以通向原始之諧和，以爲其暫時棲息之所。」〔註75〕而道體爲原始和諧之象徵，是故，要調整體氣，使生命復歸諧和，必須要藉助於先王制作之正樂、和樂。若使用淫樂，則將使九州之氣，莫能相通，音氣各別。高晨陽《阮籍評傳》便說：

> 自然界的本質是一大和，或者說，天地陰陽、群生萬物的本然狀態
> 是和諧的，因而，樂作爲自然界本質的體現，它不僅應該而且必然
> 也是和諧的。樂與自然界秩序性的統一，則意味著和諧，相反，它
> 離其體，失其性，背離了自然界的本質，則意味著失調或失和。
> 〔註76〕

正樂與自然界的秩序是統一的，意味著諧和。「樂作爲一個整體而所具有的和諧性恰恰映現著宇宙整體的和諧性。」〔註77〕而且音樂不僅可「映現」著宇宙整體的和諧性，尚有「調整」宇宙整體秩序的功能，高晨陽《阮籍評傳》云：

> 和樂不僅可以調節人的精神世界，而且簡直具有調整宇宙整體的秩
> 序，使之達到或趨向和諧化的功能。……既然樂之本質來源于宇宙
> 的本質，天人相通而爲一體，那麼以理推之，樂當然反過來能影響
> 天地萬物存在變化的秩序。〔註78〕

辛旗〈阮籍的美學思想〉亦云：

> 阮籍重視的不僅限於樂具有的政治倫理道德的社會教化功能，而且
> 更強調樂所令人達成的精神境界，即和諧、統一、相互包容的境界，
> 自然一體，萬物一體的境界。這就是阮籍所說的和的境界。〔註79〕

阮籍將音樂功效提到本體的境界來探討〔註80〕，和樂可以調整宇宙存在的秩

〔註74〕王葆玹：《玄學通論》（台北：五南圖書出版公司，1996年4月），頁367。
〔註75〕牟宗三：〈阮籍之莊學與樂論〉，頁254。
〔註76〕高晨陽：《阮籍評傳》，頁89。
〔註77〕高晨陽：《阮籍評傳》，頁91。
〔註78〕高晨陽：《阮籍評傳》，頁97～98。
〔註79〕辛旗：〈阮籍的美學思想〉，頁112。
〔註80〕孫良水《阮籍審美思想研究》云：「他把音樂提高到和的境界，也就是順天地之體，成萬物之性的本體境界。……音樂是被阮籍視爲一獨立自主的本體的理想，既包含又超越儒家倫理境界與綱常秩序，從而走進了玄學、美學的境界。……在阮籍的〈樂論〉中，音樂既富有恢復儒家傳統價值觀的作用，並已提昇到自由自主的本體地位。」（台北：文津出版社，1999年7月），頁94。

序，將無序失和調整為有序諧和，使宇宙趨於和諧、統一、包容的境界，趨於自然一體、萬物一體境界，亦即，和樂有促使宇宙趨向整體化、和諧化的功能。

　　阮籍生命復歸之道，經由「專氣」以調氣；經由「服食」以養神補氣；經由心靈「虛靜」之修養，以與天地間六氣相諧和；經由正樂，以收「心平氣定」、「與天地通和」之效〔註81〕，並進一步達致天地人三才相互諧和的境界，音樂實有促使宇宙整體趨於和諧化，以達致「原始之諧和」的功能〔註82〕。阮籍〈大人先生傳〉云：「養性延壽，與自然齊光。」（卷上，頁63）經由身體修養，若真能與天地之氣相諧和，相信對於壽命的延長，必有其效益，阮籍是期盼經由身體修養，能「與自然齊光」，獲致生命的不朽。

　　探討完聆聽正樂之效後，復須探討阮籍「嘯」的作用。《世說新語‧棲逸》第一則記載：

　　　　阮步兵嘯，聞數百里。蘇門山中，忽有真人，樵伐者咸共傳說。阮
　　　　籍往觀，見其人擁膝巖側。籍登嶺就之，箕踞相對。籍商略終古，
　　　　上陳黃、農玄寂之道，下考三代盛德之美，以問之，仡然不應。復
　　　　敘有為之教，棲神導氣之術以觀之，彼猶如前，凝矚不轉。籍因對
　　　　之長嘯。良久，乃笑曰：「可更作。」籍復嘯。意盡，退，聞上猶然
　　　　有聲，如數部鼓吹，林谷傳響。顧看，迺向人嘯也。〔註83〕

阮籍懂得棲神導氣之術，也擅嘯，嘯應該也是阮籍棲神導氣的一種具體的方法。嘯在方外之士來說，似也是一種情意傳達或溝通的方法，蘇門山中真人，便是以「如數部鼓吹，林谷傳響」之嘯聲，來回應阮籍之嘯聲。劉孝標注引《竹林七賢論》曰：

　　　　籍歸，遂著〈大人先生傳〉，所言皆胸懷間本趣，大意謂先生與己不
　　　　異也。觀其長嘯相和，亦近乎目擊道存矣。〔註84〕

嘯係以音響（或說是氣）為傳導媒介，來表達「道」，故云「長嘯相和」、「目擊道存」。莊萬壽云：「嘯是一種以丹田發音的氣功養生術，亦為不用語言來

〔註81〕牟宗三：〈阮籍之莊學與樂論〉，頁255。
〔註82〕牟宗三〈阮籍之莊學與樂論〉云：「阮籍論樂之和直下指向天地之和而言之，此即為企慕原始之諧和也。」（頁268）
〔註83〕余嘉錫：《世說新語箋疏》（台北：華正書局，1993年10月），頁648。
〔註84〕余嘉錫：《世說新語箋疏》，頁648。

表達思想情感的音響。」〔註85〕嘯是一種氣功養生術，不用語言卻可傳達思想情感，這是身體展演的方式，藉由無言之嘯，以傳達道境，因此，嘯實爲「身體語言」，可體現玄學「言不盡意」〔註86〕，孫良水也認爲藉由「嘯」，阮籍可「在玄學的境地裡自在悠遊。於混茫的時空中，享受那超現實的、無盡的、模糊的美。」〔註87〕阮籍是藉由嘯之身體語言，體會超現實的玄學境界。劉志偉便說：「（阮籍）寧願用身體和行爲語言表達其情感態度與價值判斷。」〔註88〕阮籍確實擅於使用身體語言，藉由身體之展演，可體會形上之玄學境界。陳靜容亦云：

> 魏晉名士以貼近自我的身體語言迎向道，此既能消解語言的侷限，
> 又能於嘯詠之際回視生命最底層的眞我，亦正是因爲嘯之爲一種身
> 體語言，方使主體能穿透道與我間隱微又高深的界限。〔註89〕

嘯爲無言之言之「身體語言」，魏晉時高士孫登、阮籍皆喜用此種方式，傳達生命底層之眞我，並使主體穿透「道」與「我」之間的界限。陳靜容之言非常精闢，但尚待補充的是：究其實，阮籍是藉由「嘯」時所發出之「氣」，以歸返於「道」。此乃「由氣以歸道」，「氣」爲「自我」通達於「道」之中介。

　　簡言之，阮籍之身體修養論，實乃在「心」上下工夫，而以「氣」爲路徑。在「心」上下工夫，是故須「縱心慮」、「虛形體」、「不知」、「不見」；要以「氣」爲徑路，以通達於「道」，是故，「氣」須修煉，所以主張「專氣一志，稟一內脩」、「服食以養神補氣」、「隨順六氣之盈虛」、「藉音樂、音響以調氣」。當然，無論是在「心」或在「氣」上下工夫，終極目標在於通達於心靈主體之「道境」，是故，阮籍身體修養工夫，最後還是在心靈主體得收穫。

　　阮籍對於體氣之調養，主張的「服食以養神補氣」、「藉音聲以調氣」，皆

〔註85〕莊萬壽：〈阮籍與嵇康〉，頁260。

〔註86〕辛旗〈阮籍所處時代的特徵〉云：「魏晉名士將嘯賦予了新的時代意義，一方面滿懷憂憤，浩然宣洩；另一方面又體現玄學言不盡意，以一種彼此理解的主觀色彩極強的嘯音，表達思想情境。」收於辛旗《阮籍》，頁41。

〔註87〕孫良水：《阮籍審美思想研究》，頁171。

〔註88〕劉志偉：〈阮籍人格之謎〉，《英雄文化與魏晉文學》（蘭州：蘭州大學出版社，2004年1月），頁186。

〔註89〕陳靜容：〈觀看自我的藝術——試論魏晉時人身體思維的釋放與轉向〉，《東華人文學報》第9期，2006年7月，頁30～31。

爲劉邵、王弼所未曾言，阮籍比劉邵、王弼，更爲重視形體中體氣的調養
維護。

第五節　阮籍身體修養之境界

　　阮籍主張經由身體修養，可使身體與天地相諧和，通達天地之氣。非但
如此，當人與天地相通達時，其實人之心靈已藉由修養而進入形上之道境，
這種道境，便是「太清」。阮籍〈詠懷詩‧第二十二首〉云：

> 幽蘭不可佩，朱草爲誰榮？脩竹隱山陰，射干臨層城，……樂極消
> 性靈，哀深傷人情。竟知憂無益，豈若歸太清。（卷下，頁 95）

人間之憂或樂，對於人之性情皆有損傷，只有歸返太清，才能不受人間憂或
樂之影響。據是可知，太清實爲形上之道境，超出於塵俗之上，故一旦經由
身體修養，而至歸返太清時，便能不受人間憂、喜所影響。辛旗《阮籍》亦
指出「太清」爲玄學理想之道境：

> 鄧林、崑嶽、太清都是道教的仙境，但阮籍詩中與道教的仙境有本
> 質的區別，他是指玄學理想的精神境界——萬物與我合一的道的境
> 界。〔註90〕

太清雖本爲道教仙境，但阮籍是藉道教語彙，以表達玄學理想的精神境界
——道境。玄學理想的形上道境，本爲超出塵俗之上，是故，陳鼓應、白奚
《老子評傳》便說阮籍「試圖超越現實」〔註91〕，所言正確。〈詠懷詩〉第七
十二首云：「時路烏足爭，太極可翱翔。」（卷下，頁 127）《太平御覽》補阮
籍詩：「焉得松喬，頤神太素。逍遙區外，登我年祚。」（卷下，頁 136）時路
不足爭，只要提昇心靈層次，那麼，廣闊的太極道境（或稱爲太清、太素），
足供自在逍遙翱翔，頤養精神，以增長年祚。當然，這是顯示阮籍的「超越
性」，並不是指他脫離現實，辛旗便指出阮籍的道境，是萬物與我合一，並未
捨棄萬物，飄然遠去。〈大人先生傳〉云：

> 夫然成吾體也，是以不避物而處，所睹則寧；不以物爲累，所逌則
> 成。彷徉足以舒其意，浮騰足以逞其情。（卷上，頁 68）

其中「不避物而處」、「不以物爲累」，可見阮籍並未捨離人間，他表達的是「超

〔註90〕辛旗：〈阮籍的詠懷詩〉，收於辛旗：《阮籍》，頁 170。
〔註91〕陳鼓應、白奚：《老子評傳》，頁 290。

越性」，而非「捨離」人間。此即江建俊指出的「不避世卻不爲物累」〔註92〕，江氏所論精當。

　　〈大人先生傳〉中，阮籍透過四種人表達其「超越性」之義理，一爲「士（君子）」、二爲「隱士」，三爲「薪者」，四爲「大人先生」。士以禮法爲規準，追求功名利祿，假廉以成貪，內險而外仁，尊賢以相高，競能以相尚，如蝨處褌中，自以爲遠禍近福，實則危在旦夕，故阮籍視禮教爲殘賊、亂危、死亡之術，「士」自爲「思衝決網羅、奮迅邀翔」之阮籍所不取；隱士惡彼而好我，自是而非人，「執著于人我、彼此的對立」〔註93〕，抗志顯高，認爲人不可以爲儔，不若與木石爲鄰，仍有分別見，不符阮籍〈大人先生傳〉「不知」「不見」之旨；薪者主張「無懷」，何謂「無懷」呢？劉原池詮釋「無懷」爲「無心」，「不以富貴爲心」、「不以人物爲事」爲其內容〔註94〕，薪者精神境界雖高，能洞達盛衰變化，窮通得失，「雖不及大，庶免小矣」，但仍然有己，「並未否認功名利祿、榮華富貴的價值」〔註95〕，戴璉璋便說：「（薪者）未能忘懷於自身的窮通得失，未能眞正從世務中解脫出來而達於化境。」〔註96〕不符阮籍「縱心慮」、「釋形合氣」之「虛己」之義；只有「大人先生」代表阮籍理想的精神境界——自然之道〔註97〕，能「逍遙浮世，與道俱成。」（〈大人先生傳〉，卷上，頁64）方能符合阮籍要求的「虛己以遊世」、「合氣於漠」。〈大人先生傳〉所述，代表層層的超越，第一層是要從名教禮法、功名利祿中超越，亦即要超越「名教世界」；第二層要從是己非人、抗志顯高中超越，亦即要超越「山林世界」；第三層要從「自我一念中解放」〔註98〕，且須「打通有形的現象世界的天地空間」〔註99〕，第四層則是經層層超越後，進入大人先生邁越時空、虛形輕舉、宅神自然、永懷太清、和諧

〔註92〕江建俊：〈來自禮法之敵的發其高致——由伏義〈與阮籍書〉探討阮籍超拔之思成立的反向動力〉，頁21。
〔註93〕王曉毅：〈從達莊論到大人先生傳〉，頁205。
〔註94〕劉原池：〈阮籍大人先生傳中理想人格的修養方法〉，頁158。
〔註95〕王曉毅：〈從達莊論到大人先生傳〉，頁208。
〔註96〕戴璉璋：〈阮籍的自然觀〉，頁96。
〔註97〕莊萬壽〈阮籍與嵇康〉云：「大人先生泛指道、自然、神仙、孫登以及阮籍所託的理想世界。」收於莊氏：《道家史論》（台北：萬卷樓圖書有限公司，2000年4月），頁248。
〔註98〕戴璉璋：〈阮籍的自然觀〉，頁96。
〔註99〕周大興：〈阮籍的名教空間與大人先生的神貴空間〉，頁313。

一體、熙與逍遙之道境，這就是周大興所說的「神貴空間」〔註100〕，大人之大，正在於他代表的是「超越意識」。經由「合氣」，大人先生的精神世界，「面向更爲寬廣的一氣之化，整體自然的存有而敞開。」〔註101〕「融入天地一氣的連續性存有的終極和諧狀態。」〔註102〕周大興之說精采深入，與本文前面所分析阮籍「在心上下工夫，然以氣爲路徑，與大化諧和」之說相符。經由氣，方得以超越相對，進入絕對之道境，是故，江建俊云：「前三者之生命層次仍停留在相對的現象界，而大人則跨過對待，向絕對的道體界飛躍。」〔註103〕「大人境界，則是永恆的、無限的、和諧的、整全的、統一的、絕對的、安靜的、自然的、自由的，因是完美的、幸福的，唯有從現實中超脫，向理想的世界提昇轉化，才能離苦得樂。此向精神的原鄉投奔，是與抱道不朽之意相契的。」「大人境界是一種出世之思，與隱士之希心理味、仙眞的蟬蛻濁穢，皆是內在不受污染，外在不受束縛的投射，是爲扶其神明，使不失於時代亂流者；亦是士人理想境界的化裝出現。」〔註104〕所論極爲精闢，大人先生代表的是經由元氣，融入大道後〔註105〕，所達致之境界。

高晨陽《阮籍評傳》便指出這是「主觀精神上的對現實的超越」〔註106〕，馬行誼〈阮籍的群我意識〉亦云：「大人先生的理想人格是一種超凡絕俗的境界。」〔註107〕阮籍要追求的是萬物一體的境界，這是一種無差別的精神境界，高晨陽《阮籍評傳》云：

> 阮籍精神境界的理論根據是萬物一體，在他看來，萬物本來是個無差別統一整體，可是人們往往不顧其本，各言我而已，站在一個片面或側面看問題，強調部份或個體，這在認識上產生了種種差別

〔註100〕周大興：〈阮籍的名教空間與大人先生的神貴空間〉，頁314。
〔註101〕周大興：〈阮籍的名教空間與大人先生的神貴空間〉，頁341。
〔註102〕周大興：〈阮籍的名教空間與大人先生的神貴空間〉，頁342。
〔註103〕江建俊：〈大人理境與無君思想的關係〉，收於成功大學中文系主編：《魏晉南北朝文學與思想學術研討會論文集》（台北：文津出版社，1993年11月），第2輯，頁542。
〔註104〕江建俊：〈大人理境與無君思想的關係〉，頁570。
〔註105〕王曉毅〈從達莊論到大人先生傳〉云：「在阮籍心中，大人先生的出游並非精神出游，而是形體的飛升，騰雲駕霧，飛向天地之外，通過浩淼的元氣，融入宇宙的母體──無始無終的大道中。」（頁207）
〔註106〕高晨陽：《阮籍評傳》（南京：南京大學出版社，1997年3月），頁288。
〔註107〕馬行誼：〈阮籍的群我意識〉，《逢甲人文社會學報》第12期，2006年6月，頁111。

　　或對立。若能換一個角度，站在宇宙整體或全體的立場看問題，那
　　麼也可以說，宇宙萬物是根本無所謂差別的。這是阮籍所理解的齊
　　物過程，同時齊物作爲主體認識的結果也是一種無差別的精神境
　　界。〔註108〕

高晨陽認爲阮籍追求的是一種無差別的精神境界：萬物一體、萬物並生、混
一不分、同爲一體〔註109〕，此乃「原始之渾沌」，這是站在宇宙整體的立場看
問題，所得到的結果，所以可說阮籍追求的是生命沖向原始的渾沌。此種無差
別的精神境界，根據高晨陽的解釋，是「一種混沌不分的精神狀態」〔註110〕，
其實便是道境。周大興對大人先生的精神世界，有深入的闡述：

　　大人的神貴空間是烏托邦，消極的說，它源自於對現實世界動盪不
　　安污濁垢私的名教區域空間的否定，而嚮往一個平和寧靜混一不分
　　的原始狀態，這是打通人、萬物、大自然之間一切區別疏離的自然
　　境界，終始無極的廣漠之野。〔註111〕

大人先生嚮往一個平和寧靜混一不分的原始狀態，這是阮籍追求的神貴空
間。阮籍「自然」的意涵，本就著重於「宇宙整體的結構」〔註112〕，「道」則
爲「宇宙整體和諧性的表徵」〔註113〕，亦可說是「自然規律」〔註114〕。阮籍
〈大人先生傳〉思想中，嚮往的便是「原始純樸的自然」〔註115〕，追求的是
作爲本體論意義的「自然」。阮籍〈答伏義書〉云：

　　若良運未協，神機無准，則騰精抗志，邈世高超。蕩精舉於玄區之
　　表，擄妙節於九垓之外，而翱翔之乘景，躍躚踔，陵忽慌，從容與

〔註108〕高晨陽：《阮籍評傳》，頁288。
〔註109〕高晨陽《阮籍評傳》云：「萬物一體、萬物並生、混一不分、同爲一體的無差
　　　　別的混沌的宇宙整體，又是阮籍主觀精神上所要追求與最終獲得的一種混沌
　　　　境界，同時也是了達到這一精神境界所必須經過的途徑。」（頁142）
〔註110〕高晨陽：《阮籍評傳》，頁289。
〔註111〕周大興：〈阮籍的名教空間與大人先生的神貴空間〉，頁340。
〔註112〕高晨陽：《阮籍評傳》，頁59。
〔註113〕高晨陽：《阮籍評傳》，頁59。
〔註114〕辛旗：《阮籍》，頁72。
〔註115〕劉姿君〈阮籍聖人觀探析〉云：「阮籍既痛心於『汝君子之禮法，誠天下殘賊、
　　　　亂亡、死亡之術耳』名教敗壞至如此的境界，毋怪乎他轉而尋求『熙與眞人
　　　　懷眞清』的境界。此眞人，所以稱爲眞，乃因他懷有自然之至眞，他有至德，
　　　　與至道相契，所以也稱爲至人。他『與自然齊光』、『與造化同體』，所以也稱
　　　　爲大人。而這都是阮籍心目中的聖人。阮籍在後期思想中所嚮往的聖人境界
　　　　義是原始純樸的自然。」（頁51）

道化同逌，逍遙與日月並流。（卷上，頁 56）

經由身體修養後，已至太清道境，是故，可云邈世高超。已超出於塵世，到達玄區之表、九垓之外，這也是在顯示阮籍的「超越性」。此時，「與道化同逌」，「與日月並流」，自我精神與宇宙本體合一不分。據是，則阮籍身體修養之最高境界為進入「與道化同逌」之道境，進入此種道境，方能「逍遙與日月並流」，這句話亦能顯示其「超越性」。此種歸返道境之追求，在阮籍〈大人先生傳〉亦有敘述：

直馳騖乎太初之中，而休息乎無為之宮。太初何如？無後無先。莫究其極，誰識其根。邈渺綿綿，乃反復乎大道之所存。莫暢其究，誰曉其根。辟九靈而求索，曾何足以自隆？登其萬天而通觀，浴太始之和風。（卷上，頁 72）

阮籍要歸返於太初之中的無為之宮，何謂太初？「無後無先，莫究其極」，言其超出於時間序列之中，「誰識其根」，要歸返於此種超出時間序列之根。「乃反復乎大道之所存」，據是，則「歸根」便係歸返於「大道之根」，用現代哲學術語來說，便是歸返於「存有的根源」。藉由歸返「存有的根源」，以「浴太始之和風」，表述的是：以「存有的根源」養護自然生命的意思。這其實是一種「道療法」，以自然之根或說是自然之道，來療治自家生命。

「歸根」，是出於《老子》「歸根復命」之說，陳鼓應、白奚《老子評傳》詮釋說：

原來萬物之所以要返本歸根，是為了從本根那裏更生，即獲得新的生命。……老子關於返本復初的思想中，實蘊含著再始更新的重要觀念。〔註116〕

老子有「歸根以更生」的思想，難怪阮籍主張「歸根」，要通達天地之氣，與道化同逌，回到太初之根，原來是為了讓生命「再始更新」。〈大人先生傳〉云：「熙與真人懷太清」（卷上，頁 73），「太清」亦指「存有的根源」，「熙與真人懷太清」，這是形上學存有的呼喚，召喚修道者返回本根，故云：「誰識其根」、「誰曉其根」（〈大人先生傳〉，卷上，頁 72）。

阮籍對於「根」很強調，除了「誰識其根」之外，〈大人先生傳〉又云：

時不若歲，歲不若天，天不若道，道不若神。神者，自然之根也。……與世爭貴，貴不足尊；與世爭富，富不足先。必超世而絕群，遺俗

〔註116〕陳鼓應、白奚：《老子評傳》，頁 174～175。

而獨往，登乎太始之前，覽乎忽漠之初，……廓無外以爲宅，周宇
宙以爲廬，強八維而處安，據制物以永居。夫如是，則可謂富貴矣。
（卷上，頁71～72）

「根」不但是「大道之根」，亦爲「自然之根」，須歸返於「太始之前」、「忽
漠之初」，方能達致。回到「自然之根」，使生命「處安」、「永居」，可知阮籍
是藉由回歸自然之道，讓生命獲得安養滋潤，他是以自然之道爲生命安全、
永居的住宅。陳鼓應、白奚《老子評傳》云：

自然的便是最尊貴的，自然是最高的價值，也是事物存在與發展的
最佳狀態。〔註117〕

自然是事物發展的最佳狀態，是故，歸返於自然之根，便是歸返於生命的最
佳狀態，既然自然之道爲生命的最佳狀態，自可以自然之道或自然之根，爲
生命安全、永居的住宅。王弼以清靜無爲之精神狀態，爲其「安宅」；阮籍則
以自然之道，爲人們「處安」、「永居」之宅；張湛亦以形而上之本體，爲其
安宅。

第六節　結　語

　　阮籍視萬物本具和諧之發展規律，和氣充盈，後因「人們的矯意妄作」、
「情緒的不平衡」、「後天環境的不良」，使得諧和之氣受到破壞，是故，須
下身體修養之工夫，使生命得以復歸諧和。修養之對象端在「心」與「氣」，
從心下工夫，要「虛心」、「沖虛」、「縱心慮」、「虛形體」，泯除各種干擾情
緒之差別性，無論是生死、是非、善惡、窮達，皆以「齊物」的方法，加
以超越，此爲以「主觀的意志對內在血氣的化治」〔註118〕。氣固可動志，
氣之不和，志亦難以諧和，但志亦可化氣，藉由身體修養，志可對內在之
氣，加以化治，是故，楊儒賓便認爲「志與氣可相互作用」〔註119〕，所言
精當。

　　在身體修養方面，阮籍主張稟一內脩，使氣純一不雜，及藉助服食以養
神補氣，這些都是志對氣的化治。不但超越心之執著及了別，氣也趨於諧
和，心與氣兩皆解放，形自亦能加以超越，故能順隨六氣之盈虛，縱浪大

〔註117〕陳鼓應、白奚：《老子評傳》，頁96。
〔註118〕楊儒賓主編：《氣論及身體觀・導論》，頁14。
〔註119〕楊儒賓主編：《氣論及身體觀・導論》，頁15。

化，自在自得。並藉音樂（正樂）及音響（嘯），通達於道。這是在心上下工夫，並以氣爲路徑，由氣歸返於道。最後盼能達致心靈境界之提昇，成爲「大人先生」，反復乎大道之所存，歸返於存有的根源，這才是人們可以永居的安宅。

第五章　嵇康身體修養論（一）
──以養生論爲中心的探討

第一節　前　言

　　嵇康（223～262）爲竹林玄學的代表人物〔註1〕，對於身體十分重視，有許多寶貴的理論與實踐方法，他基本上是持貴身論，認爲身爲可貴，值得珍視，且基於身之可貴，所以有許多身體修養的具體方法。

　　嵇康繼承先秦以來的形神觀，「形」乃指「生命之物質載具」，「神」乃指「內在精神之存有」，他將此一組對偶相須結構的概念，運用於養生之道的論述。養生論是中國哲學之重要命題，嵇康認爲身體由形、神兩要素所構成，所以身體修養自須由這兩方面著手方可，因此從「形」與「神」兩範疇，進行其養生論述，期盼達致〈答難養生論〉主張的：「有老可卻，有年可延。」

〔註1〕　嵇康之生卒年代，諸家說法不一：（一）223～262：童強《嵇康評傳》（南京：南京大學出版社，2006 年 4 月），頁 62。曾春海《竹林玄學的典範：嵇康》（台北：萬卷樓圖書有限公司，2000 年 3 月），頁 61。游國恩《魏晉南北朝文學史參考資料》（台北：漢京文化事業有限公司，1985 年 12 月），頁 208。章啓群《論魏晉自然觀》（北京：北京大學出版社，2000 年 8 月），頁 71。（二）224～263：莊萬壽《嵇康研究及年譜》（台北：學生書局，1990 年 10 月），頁63、198。曾春海《竹林玄學的典範：嵇康》，頁 223。穆克宏《魏晉南北朝文學史料述略》（北京：中華書局，2002 年 10 月），頁 35。曹道衡、沉玉成《中國文學家大辭典・先秦漢魏晉南北朝卷》（北京：中華書局，1996 年 8 月），頁 429。（三）生年 222～224，卒年 261～263：曾春海《竹林玄學的典範：嵇康》，頁 157。在曾春海《竹林玄學的典範：嵇康》附有〈嵇康年表〉，生卒年爲 223～262，本論文之嵇康生卒年採曾春海〈嵇康年表〉之說。

〔註2〕嵇康相信只要養生得法，便可獲致延年益壽的效果。童強《嵇康評傳》便說：「嵇康對那些不死的神話並不感到興趣，而是關注如何通過形與神的修養，大大延長人的壽命這一問題。」〔註3〕嵇康對於如何延年益壽，有高度的興趣，甚至可說養生理論爲嵇康「最重要的系統建構」〔註4〕。

本文將循著養生之內在思維、養生與回歸自然、養生之方法、養生達致之境界四角度，來加以探討嵇康的養生論。養生之內在思維：貴身論，爲嵇康從事身體修養的原因；養形論、養神論，則爲嵇康身體修養的具體方法。先有身體修養的原因，才有身體修養的具體方法，是故，就內在的邏輯脈絡來說，須先介紹貴身論，才可介紹養形論、養神論。介紹完養生之方法，便接續介紹經由養生所達致之境界。

《嵇康集》以魯迅及戴明揚先生的校注本廣爲學界推崇，尤其是戴明揚的校注，「搜集資料頗爲豐富，這是一部研究嵇康作品比較完備的專集。」〔註5〕「戴氏在《嵇康集》的校勘箋注方面，下的功夫既勤且久，有不少地方可糾正魯迅校本的錯誤，或補充其不足，後出轉精。它確是一部資料豐富而閱讀便利的佳作。」〔註6〕戴明揚校注本不但可糾正魯迅校本的錯誤，尚可補其不足，故本文引用的嵇康作品，便以戴明揚《嵇康集校注》爲依據。

第二節　嵇康「養生」的「內在思想」：貴身

嵇康是持「貴身」主張的，〈太師箴〉云：「夫統之者勞，仰之者逸，至人重身，棄而不恤。」（卷10，頁310）至人重身，若要至人就「身體」與「功名」二者之間，作一價值抉擇，嵇康將選擇身體，而放棄功名。據是可知，嵇康乃持「貴身論」者。嵇康貴身論的思想，何以產生？可分從三端加以說明：一、時代環境的刺激。二、承續老莊思想。三、從嵇康「內在思想」來

〔註2〕戴明揚校注：《嵇康集校注》（台北：河洛圖書出版社，1978年5月），卷4，頁194。以下引用本書之資料，除必要的補充說明之外，將不再於注腳注明出處，以省篇幅。

〔註3〕童強：《嵇康評傳》（南京：南京大學出版社，2006年4月），頁355。

〔註4〕吳聯益：〈嵇康養生思想及其黃老、道教之淵源蠡測〉，臺灣大學中國文學研究所《中國文學研究》第18期，2004年6月，頁25。

〔註5〕穆克宏：《魏晉南北朝文學史料述略》，頁37。

〔註6〕王國良：〈魯迅輯校整理古籍的成績與影響〉，《東吳中文學報》，2001年5月，頁20。

分析。一般學者皆從「時代環境的刺激」及「承續老莊思想」兩端，來加以詮釋，本節雖分從三端加以說明，實則將側重於「內在思想」這一端。以下便從此三端，來作說明：

一、時代環境的刺激

魏晉時期政治不穩定，殺戮頻傳，「世俗的網羅才是生命的大威脅」〔註7〕，對思想家來說，必會產生刺激思考的作用，何啓民便說：

> 也許可能是由於他所處的環境，使得嵇康眼見因政爭而伴隨來的無數次殺戮，使本來已經短促的人生，因了人爲的因素，而使得人生更加短促。這種悲劇的人生觀，帶著他走向道家採藥服食的一條路子了。嵇康對於一切都看得很淡，唯一看重的，只是他自己，他自己的身體。因之，他最關心的，也是他最感興趣的，是如何養生，如何養性保命。〔註8〕

何啓民主要是從時代背景的角度，去分析嵇康何以一切都看得很淡，但卻看重自己身體之養生。我們可從《嵇康集》中，證成其說。嵇康〈酒會詩〉云：「傾昧脩身」陳祚明云：「傾昧脩身，雞鳴不已之意，其嫉世也深矣。」（卷1，頁75）風雨不止，雞鳴不已。嵇康身處亂世，基於嫉世之意，更須脩身以養護自家生命。陳祚明也是從時代亂局的角度，來詮釋嵇康脩身的原因。曾春海《嵇康》云：

> 魏晉人處動盪不安之亂世，生命慮旦夕之危。對時局的壓力、生病的痛苦、心情的鬱悶、死亡的威脅等皆思逃避，因而希冀遠離世事，務營養生，企求長壽。……漢魏之際，世人飽受變亂之苦，迷信神仙道教者倡神仙可學可成之說。嵇康受此類書籍所惑，相信書中所提及的神仙人物。然鑒於經驗所圍，思理所能辨，神仙非人世所能學成，遂退而求其次，講求延年益壽的養生術。〔註9〕

曾春海與何啓民、陳祚明一樣，是從魏晉時期或漢魏時期動盪不安的亂局，去解析嵇康持貴身論、重視講求延年益壽之養生術的原因。

〔註7〕 蔡忠道：〈嵇康處世思想析探〉，收於成大中文系主編之《魏晉南北朝文學與思想學術研討會論文集》第5輯（台北：里仁書局，2004年11月），頁853。

〔註8〕 何啓民：《嵇康》，收於王壽南主編：《中國歷代思想家》（六）（台北：臺灣商務印書館，1999年4月），頁20。

〔註9〕 曾春海：《嵇康》（台北：萬卷樓圖書有限公司，2000年3月），頁133。

二、承續老莊思想

　　《易》、《老》、《莊》號稱「三玄」，「三玄」本為魏晉玄學家常讀的典籍，嵇康也不例外，《老》、《莊》中本有貴身的思想存在，如《老子‧四十四章》云：「名與身孰親，身與貨孰多，得與亡孰病。」〔註 10〕童強《嵇康評傳》云：「老子的本意是在貴身。」〔註 11〕《老子‧十三章》亦云：「吾所以有大患者，為吾有身，及吾無身，吾有何患！故貴以身為天下，若可寄天下；愛以身為天下，若可託天下。」〔註 12〕人若迷於榮寵，便會喪失本真，只有歸之於自然，才能無物可以損易其身，不損害自身，這才是真正的愛身。愛身、貴身者，方能將天下托付給他。《老子‧十三章》表述的是「貴身」的思想，重視的是「本真之身」〔註 13〕，此乃老子貴身的主張。嵇康〈釋私論〉云：

> 是以大道言，及吾無身，吾又何患，無以生為貴者，是賢於貴生也。
> 　（卷 6，頁 234）

嵇康身體觀，明顯是受《老子‧第十三章》的影響。嵇康寫〈名與身孰親〉詩（卷 1，頁 42），便很顯然是受到《老子‧四十四章》的影響。是故，嵇康之貴身論，既受《老子‧十三章》之影響，尚受《老子‧四十四章》影響。羅宗強《魏晉南北朝文學思想史》便指出嵇康「賤物貴身」的思想，源於老子〔註 14〕。

　　至於莊子貴身的思想，王岫林之博士論文《魏晉士人之身體觀》云：

> 莊子思想亦影響魏晉玄學甚巨，莊子處於亂世之中，以失時而選擇一種葆真全生的作法，不同於屈原的感時不遇而抱石沉江，其更為重視的是現世身體的保全。道家主張聽任自然，因與物衝突，將造成精神上的焦慮或肉體上之損傷，莊子以「虛緣而葆真，清而容物」

〔註 10〕〔魏〕王弼注：《老子道德經注》，收於樓宇烈校釋之《王弼集校釋》上冊（北京：中華書局，1999 年 12 月），頁 121～122。

〔註 11〕童強：《嵇康評傳》，頁 276。

〔註 12〕〔魏〕王弼注：《老子道德經注》，頁 29。

〔註 13〕韓林合：〈簡論老子之貴身思想〉，收於韓氏《虛己以游世：莊子哲學研究》（北京：北京大學出版社，2006 年 1 月），頁 324。

〔註 14〕羅宗強《魏晉南北朝文學思想史》云：「身貴名賤，即來自《老子》第四十四章名與身孰親。對于這些思想，他只是複述，並未加以發揮。就詩而言，只是一種淺近的議論，並未進入深層的思辨領域，因此也就常給人類同之感。」（北京：中華書局，2002 年 10 月），頁 58。

> 清虛其神，在應物處世上主張「不伐於眾」、「勿讜是非，以與世俗
> 處」，均是於亂世中的全身之道。莊子的重身遺物思想，於魏晉時期
> 有很大的發揮。〔註15〕

老子重本眞之身，莊子則重身遺物，保全自身。老莊本有貴身的思想，常閱
讀《老》、《莊》的嵇康，從閱讀中接受道家貴身的理論，是很自然的事。嵇
康〈酒會詩七首之五〉云：「猗與老莊，棲遲永年。」（卷 1，頁 75）嵇康受
到老莊思想的影響，從老莊思想中，得到應延生長壽的觀念。

又嵇康〈幽憤詩〉云：「託好老莊，賤物貴身，志在守樸，養素全眞。」
（卷1，頁 27）既「託好老莊，賤物貴身。」可知嵇康「貴身論」，確與老莊
思想有關。

三、從嵇康「內在思想」來分析

　　一般學者皆從時代背景去分析嵇康貴身、養生的原因，提出許多精闢的
見解，可供我們參考，而時代背景是屬於「外緣」，嵇康貴身原因的解答，應
不只是受外緣一端影響而已，應該與嵇康自己的內在思維有關，此爲「內因」。
也就是說，這個問題，須從「內在思想」去尋求解答。馬良懷〈世俗與超越
──論向秀、嵇康對《莊子》的不同理解〉云：

> 當向秀割捨不開對社會的依賴而殫精竭慮地彌合個體與社會的分
> 裂，企圖化解個體與社會的矛盾衝突時，嵇康則將審視的目光深情
> 地投向人的自身。〔註16〕

既然嵇康已將關注的目光，從個體與社會的分裂，轉向於人的自身，是故，
對於嵇康何以貴身的解答，也應從社會時代背景，轉向於個體內在的思維，
方符合嵇康的思維特色。

　　若從嵇康內在思想來說，身體經修養可由「氣」以歸返於「存有的根源」
（道）〔註17〕，因此，身體便成爲由「氣」以歸「道」的修養場域及中介場
域，若欲歸返於「存有之根源」，必須經由身體的修煉，嵇康何以持貴身論，

〔註15〕王岫林：《魏晉士人之身體觀》，國立中山大學中國文學研究所博士論文，2006
年 6 月，頁 17。

〔註16〕馬良懷：〈世俗與超越──論向秀、嵇康對《莊子》的不同理解〉，《魏晉南北
朝文學與思想學術研討會論文集》第 4 輯（台北：文津出版社，2001 年 10
月），頁 707。

〔註17〕詳參第六章〈嵇康身體相須論〉第五節。

便可以從中得到理解。

嵇康理想人物類型，是〈卜疑集〉中所提出的「宏達先生」，其特徵為：「機心不存，泊然純素，從容縱肆，遺忘好惡，以天道為一指，不識品物之細故也。」（卷 3，頁 135）好惡、機心為大道隱沒之後所產生，「大道既隱，智巧滋繁。」（卷 3，〈卜疑集〉，頁 135）嵇康〈太師箴〉亦云：

> 下逮德衰，大道沉淪，智惠日用，漸私其親，懼物乖離，攘□□（臂
> 立）仁，利巧【名利】愈競，繁禮屢陳，刑教爭施【馳】，天性喪真。
> （卷 10，頁 311）

大道沉淪後，智巧滋繁，競逐名利，使得本來具備的自然真性喪失，因此，如何恢復天性自然，便成為重要的課題。

大道隱沒之前，機心不存於胸中，此種狀態為純然天真，不假人力以達致，此時之和諧狀態，為「原始的和諧」。大道隱沒之後，經由遺忘好惡之身體修煉，方能歸返泊然純素之和諧狀態，此乃「再度的和諧」。是故，宏達先生之「遺忘好惡」，乃靠修養工夫，將好惡忘去，使心中純素無別，整全無分，企盼達致「再度的和諧」。「以天道為一指」，便是將天道視為一個整全體，故可云：「不識品物之細故」。

好惡乃分別心產生之後才會有的相對概念，即於大道隱沒後，智巧滋繁，將原本整全的大道，剖分為種種相對概念，人間至此趨於複雜。隨著分別心的產生，人間至此多事，「世俗膠加，人情萬端。」（卷 3，〈卜疑集〉，頁 135）故須身體修養的工夫，才能由分別心，復歸整全之狀態。簡言之，宏達先生之「遺忘好惡」，乃論述宏達先生之修養方式，是指涉經身體修養後，生活在「再度的和諧」狀態下，純素無別、整全無分的情形。

至於「遊心皓素，忽然坐忘」（卷 3，〈卜疑集〉，頁 138）、「徘徊戲靈岳，彈琴詠太真。」（卷 1，〈雜詩一首〉，頁 80）、「俯仰自得，遊心太玄。」（卷 1，〈兄秀才公穆入軍贈詩十九首之第十五首〉，頁 16）「遺物棄鄙累，逍遙遊太和。」（卷 1，〈答二郭三首之二〉，頁 63）、「逍遙遊太清，攜手長相隨。」（卷 1，〈兄秀才公穆入軍贈詩十九首之第一首〉，頁 5）、「流詠太素，俯讚玄虛。」（卷 1，〈雜詩一首〉，頁 77）、「太素貴無色，淵淡體至道。」（卷 1，〈雜詩一首〉，頁 80）則是在「世俗膠加，人情萬端」的環境，追尋完整未分之皓素、太素〔註 18〕，或太玄、太清、太真、太和，其實皓素、太

〔註 18〕嵇康〈雜詩〉云：「流詠太素，俯讚玄虛。」戴明揚校注：「張銑注：太素，

素、太玄、太淸、太和、太眞，皆指涉「存有的根源」。「存有的根源」便係
「道境」，「存有的根源」爲圓滿無虧缺的狀態，故可云「無色」。嵇康對於無
所虧缺的狀態是抱持欣賞、追尋的態度，〈難自然好學論〉云：

> 洪荒之世，大朴未虧，君無文於上，民無競於下，物全理順，莫不
> 自得，飽則安寢，饑則求食，怡然鼓腹，不知爲至德之世也。（卷 7，
> 頁 259）

大朴未虧爲至德之世的特質，嵇康是很欣賞大朴未虧此種無所虧缺的狀態。
〈秀才答四首之四〉云：「結心皓素，終始不虧。」（卷 1，頁 25）無所虧缺
的狀態，爲嵇康追尋的目標，想藉由「結心皓素」的活動，使人的境界能與
存有的根源一樣「終始不虧」，這是以天道作爲人們修養的目標，使人道與天
道相合。

　　若說化生萬物之「太素」，代表著「原始的和諧」〔註19〕；則經由人爲工
夫所達致之「太和」，便可稱爲「再度的和諧」。嵇康是以「原始的和諧」，爲
追尋之典範；以「再度的和諧」，爲身體修養論實際達致的目標〔註20〕。

　　「再度的和諧」此種存有的根源，爲和諧圓滿之狀態，係經由「遺物棄
鄙累」（見前所引）後達致，亦即「存有之根源」之超越性，是先須超越俗事
種種鄙累，才能凸顯的。嵇康追尋的「存有的根源」，是人們生命與宇宙的本
根〔註21〕。嵇康在敘述此種狀態時，常使用「遊」或「遊心」，實則看似逍遙

玄虛，皆自然也。……李善注：言詠讚妙道，遊心恬漠。」（卷 1，頁 77）據
此，則太素、玄虛皆爲妙道的意思，就其意涵而言，當指自然之道。

〔註19〕童強《嵇康評傳》云：「太素實際上是本體的概念，但這裏被設想爲生成性的，
因此就有實體的性質。……太素被認爲是實體世界的開始。」（頁 273）雷海
燕〈名士風流逞才性——竹林風度與竹林玄學〉云：「在嵇康看來，由太素之
氣而產生的天地萬物原本是一個統一的整體。因此，人倫社會的建立也應該
依照宇宙間自然無爲的法則：崇簡易之教，御無爲之治，君靜於上，臣順於
下。」收於高峰、雷海燕等著：《玄學十日談》（上海：上海書店，1999 年 7
月），頁 105。

〔註20〕有關於「原始的和諧」與「再度的和諧」，係本人在研究錢賓四先生儒學和合
思想時，所體會出來的兩層境界，請參閱拙作：〈錢賓四先生儒學和合論研
究〉，彰化師大《國文學誌》第 11 期，2005 年 12 月，頁 175～204。另可參
閱拙作：〈洄瀾在駱香林詩中的意義〉注85 之分析，《靜宜人文社會學報》第
1 卷第 1 期，2006 年 6 月，頁 199。

〔註21〕童強《嵇康評傳》云：「嵇、阮等人終于以超脫的態度來看待世間賢愚善惡的
各種差別，努力擺脫傳統倫理觀念上的羈絆，追求精神的自由與逍遙，從而
達到生命及宇宙的本根。」（頁 101）

自在之「遊」，是以「遺」、「棄」之身體修養工夫後，方有可能呈顯。透過「遊」，以「超越有形，理解無限」﹝註22﹞。且此種和諧之狀態，不能加以分析性的說明。又因為這是修養所能達致之最高狀態，故云「至道」。遊心於「存有的根源」既久，坐忘之化境，才能得至，劉履便說：「俯仰之間，遊心道妙。」（卷1，〈兄秀才公穆入軍贈詩十九首之第十三首〉戴明揚引，頁17）表示此種坐忘之化境，即為道境，此即為〈雜詩一首〉所說的「至道」。且至道係日常生活俯仰之間所得，即於世俗便可遊心。

依謝揚舉的研究，莊學逍遙遊之「遊」字，是指「超越世俗而歸于道的根本活動」﹝註23﹞，洪景潭也說「遊」代表著「自由解放的精神」﹝註24﹞，徐國榮《玄學和詩學》亦云：「所謂逍遙游，概括地說，也就是無拘無束地游于宇宙之中，這個游，不僅是身游，更是心游。」﹝註25﹞嵇康亦藉著「遊」，無拘無束，超越世俗，逍遙自在，歸返於道，是故，從莊學接受史的角度來說，嵇康藉由「游」或「遊心」，以歸於道，實乃是接受莊學而來的思想，〈雜詩一首〉便云：「齊物養生，與道逍遙。」（卷1，頁79）嵇康接受莊學齊物養生之說，企盼能與道逍遙。牟宗三《才性與玄理》云：「老莊固亦時有嚮往混沌，企慕玄古之意。但彼等之說此，只是一象徵之寓言，藉以表示道、無、自然與渾化之境。」﹝註26﹞老莊企慕道境之渾化，受老莊思想影響之嵇康，亦企盼能與道逍遙，是故，牟宗三云：「嵇康則是一道家養生之生命。」﹝註27﹞嵇康確實是重視養生的。

牟宗三云：「工夫之大者，惟在能忘。忘則無事矣。忘者，渾化也。」﹝註28﹞惟能忘，方能至渾化之道境。宏達先生之「遺忘好惡」，指涉「再度的和諧狀態」，乃經由人為修養所達致；「忽然坐忘」，由人為遊心之超離俗世生活，以逼近「再度的和諧狀態」。大道由整體破裂為相對，須經人為修養，方

﹝註22﹞ 童強：《嵇康評傳》，頁338。

﹝註23﹞ 謝揚舉：〈逍遙與自由——以西方概念闡釋中國哲學的個案分析〉，《中國哲學》2004年第5期，頁14。

﹝註24﹞ 洪景潭：〈嵇康遊心太玄——玄理凝視下的藝術化生命〉，《中國文學研究》第21期，2005年12月，頁85。

﹝註25﹞ 徐國榮：《玄學和詩學》（北京：中國社會科學出版社，2004年11月），頁116。

﹝註26﹞ 牟宗三：《才性與玄理》（台北：學生書局，2002年8月），頁305。

﹝註27﹞ 牟宗三：《才性與玄理》，頁319。

﹝註28﹞ 牟宗三：《才性與玄理》，頁338。

能由分裂，歸返於整全，故知身體修養是必要的。

　　嵇康身體哲學所論述的「遺身無累」之「遺身」，與「遺忘好惡」之「遺」、「忘」一樣，都與後天之人爲修養有關。爲何須「遺身」呢？常人皆「役身以物，喪志於欲。」（卷 4，〈答難養生論〉，頁 188）受到物欲的役使，使得己身不得自由，「以嗜欲爲鞭策，欲罷不能。」（卷 4，〈答難養生論〉，頁 187）是故，自己「心勞形困，趣步失節。」（卷 4，〈答難養生論〉，頁 178）「體疲者速彫，形全者難斃。」（卷 4，〈答難養生論〉，頁 180）形體若疲敝，生命易於彫傷；形體若能養護完好，生命自獲延續，從中可得知養生的重要，或可說身體修養的重要。

　　「遺身」在嵇康作品中反覆提及，如〈兄秀才公穆入軍贈詩十九首之第十八首〉云：

　　　琴詩自樂，遠遊可珍，含道獨往，棄智遺身，寂乎無累，何求於人，
　　　長寄靈岳，怡志養神。（卷 1，頁 19）

大道既隱後，智巧滋繁，分別心自此而生。要「棄智遺身」，棄絕智巧，遺忘自己，達於無累狀態，才能復歸於道之無分別狀態，過著「含道獨往」的生活，在道化生活中，來怡志養神。當然，所謂的「遺身」，並不是眞的在「實有層」上遺忘，而是在「作用層」上去除對自己的執著，這是作用地保存與決定〔註29〕。〈秀才答四首之二〉云：

　　　君子體變通，否泰非常理，當流則義行，時遊則鵲起。達者鑒通
　　　塞，盛衰爲表裏，列仙徇生命，松喬安足齒。縱軀任世度，至人不
　　　私己。（卷 1，頁 22～23）

人間種種，或否或泰，皆爲暫時之現象，並不是恆久不變的常理，故不值得追尋。通達的君子明瞭通變之理，不爲現象所迷惑，表面繁盛的事物，可能內在已趨於衰微。修養到最高境界的至人，不執著一己形軀，應縱放形軀，以隨順世事之變化。亦即，人間世界之否泰，不值得追尋，應追尋的是「自然之道」境界的呈顯。

　　應追尋自然之道，而不要追尋人間世界之名位，這樣的意思，在〈兄秀才公穆入軍贈詩十九首之第十八首〉中亦有論述：

　　　流俗難悟，逐物不還，至人遠鑒，歸之自然。萬物爲一，四海同

───────────────

〔註29〕牟宗三《才性與玄理》云：「道家無客觀性原則，而只是一主觀性原則。即只是作用地保存與決定。」（頁 340）

宅，與彼共之，予何所惜。生若浮寄，暫見忽終，世故紛紜，棄之
八成。澤雉雖饑，不顧園林，安能服御，勞形苦心。身貴名賤，榮
辱何在，貴得肆志，縱心無悔。（卷 1，頁 20）

俗人逐物不還，不知悔悟，只有至人知道歸返自然。嵇康不脫老莊道家的自
然哲學思想，以歸返自然爲指導原則。當返回自然之道時，人與萬物合而爲
一，人間種種，不過是暫時之現象，不值得爲「暫見忽終」之人間現象，勞
形苦心。因爲我們有更高的目標，值得我們去追尋，那就是自然之道。當
然，「原始的和諧狀態」，已一去不復返，如今追尋的，是「再度的和諧狀
態」〔註30〕。

　　嵇康〈答難養生論〉云：

三年喪不內御，禮之禁也。莫有犯者。酒色乃身之讎也，莫能棄
之。由此言之，禮禁雖小不犯，身讎雖大不棄。然使左手據天下之
圖，右手旋害其身，雖愚夫不爲。明天下之輕於其身。（卷 4，頁
176）

三年守喪，可遵循禮制，不加冒犯，然而酒色傷身，常人卻莫能捨棄。就嵇
康「貴身」哲學的角度來說，遵循外在的禮制爲小；維護生命的整全，方爲
大。若想維護生命整全，便不應縱情於傷身之酒色，常人都是「禮禁雖小不
犯，身讎雖大不棄。」不知身體方爲貴，因此常爲酒色、名位，作出「害其
身」的事。若占有天下，但會傷害身體，愚夫亦知不可爲，是故，就天下與
身體相比較，身體顯然較爲重要，故云：「明天下之輕於其身」。嵇康視維護
生命的整全，比占有天下來得重要，主張「身貴於天下」，這是道家自《老子》
以來，一向主張的「貴身」思想。

　　身體貴於天下，天下又貴於酒色，若以尊貴之身體，縱情酒色，犧牲生
命，當然不能稱爲智者，只能視之爲「愚夫」了。嵇康〈答難養生論〉云：

酒色之輕於天下，又可知矣。而世人以身殉之，斃而不悔，此以所
重而要所輕，豈非背賒而趣交耶？知者則不然矣。審輕重然後動，

<hr>

〔註30〕李玲珠《魏晉新文化運動——自然思潮》云：「名教之所以與自然對立，來自
　　　於天性喪眞，虛僞名教不發自內心的眞實情感、原始和諧，是大道沉淪的結
　　　果，徒然禁錮人心、人性，嚴重抹煞人存在價值的基礎，在嵇康看來，這種
　　　名教只是掩飾巧取強奪，遂行己欲的藉口，根本不足以稱爲名教，必須超越，
　　　回到原始和諧的自然。」（台北：文津出版社，2004 年 4 月），頁 159。原始
　　　和諧一去不返，能達致的應是再度的和諧。

量得失以居身；交賒之理同，故備遠如近。慎微知著，獨行眾妙之門，故終始無虞。此與夫耽欲而快意者，何殊間哉？（卷4，頁176～177）

嵇康已「洞悉享樂背後對生命的戕害」〔註31〕，所以視那些為酒色而犧牲生命者為愚夫。酒色輕於天下，天下又輕於身體，若以酒色而犧牲生命，便是「以所重而要所輕」、「背賒趣交」，此為愚夫。智者能慎微知著，獨行眾妙，終始無虞，保全身體，與愚夫耽欲快意，因而傷身害命，有很大的不同。嵇康〈名行顯患滋〉亦云：

位高世重禍基，美色伐性不疑，厚味腊毒難治，如何貪人不思。（卷1，頁43）

〈重作四言詩七首之一〉云：

富貴尊榮，憂患諒獨多，富貴尊榮，憂患諒獨多，古人所懼，豐屋蔀家，人害其上，獸惡網羅，惟有貧賤，可以無他，歌以言之，富貴諒獨多。（卷1，頁46～47）

〈與阮德如一首〉云：

澤雉窮野草，靈龜樂泥蟠，榮名穢人身，高位多災患，未若捐外累，肆志養浩然。（卷1，頁66）

位高、美色、厚味，對人的生命，都會造成傷害，憂患獨多，或為禍基，或伐其本性，或腊毒難治。「漸漬殉近欲，一往不可攀。」（卷1，〈與阮德如一首〉，頁67）若因為位高、榮名、美色、厚味、甘酒，犧牲尊貴的生命，此乃以所重要所輕，背賒趣交，不合養生正道，顯非智者所應為。智者能審輕重、量得失，慎微知著，「不為世累所攖」（卷1，〈東方朔至清〉，頁43），故能終始無虞。愚夫耽欲而快意，智者審慎行事以居身，獨行眾妙之門，二者差異懸殊。

　　站在貴身論的角度來說，不但不應為酒色犧牲生命，也不應為功名犧牲自己，〈答二郭三首之三〉云：

詳觀凌世務，屯險多憂虞，施報更相市，大道匿不舒，夷路值枳棘，安步將焉如，權智相傾奪，名位不可居，鸞鳳避罻羅，遠託崑崙墟。莊周悼靈龜，越稷嗟【當作：搜畏】王輿。至人存諸己，隱

────────────

〔註31〕劉運好：《魏晉哲學與詩學》（合肥：安徽大學出版社，2003 年 4 月），頁160。

璞【樸】樂玄虛。功名何足殉，乃欲列簡書。所好亮若茲，楊氏歎
交衢。去去從所志，敢謝道不俱。（卷1，頁 64～65）

人間世界大道藏匿，屯險多憂，相互傾軋，隨時都有可能羅網加身，名位不
但不能長久保有，生命尚有可能危殆，故云：「功名何足殉。」即使是身居高
位者，生命亦有危殆的可能，越人三世弒其君，王子搜患之，逃乎丹穴，越
人薰之以艾，王子搜才從丹穴中出來，登車後仰天呼曰：「君乎君乎，獨不可
以舍我乎？」故云「越搜畏王輿」。

　　為不能長保之名位，而傷身害命，站在「貴身論」的角度來說，是不值
得的。當然，從嵇康的敘述來看，嵇康不願為名位權勢而犧牲個體自由逍遙
的立場，是同於莊子的，乃云：「至人存諸己，隱璞【樸】樂玄虛。」《莊子‧
人間世》云：「古之至人，先存諸己，而後求諸人。」〔註32〕嵇康隱璞【樸】
樂玄虛，求取個人精神生活之快樂充實，正是「存諸己」的表現。既然所重
在個人精神生命之自由逍遙，功名便不足以嬰其心，故云：「功名何足殉」。
嵇康這首詩，以莊學為理論基礎，表述個體生命貴於政治名位權勢，顯示的
正是嵇康延續自《莊子》的「貴身論」思想。

　　綜合言之，俗世生活之位高、美色、厚味、甘酒，皆為暫時之現象，不
能長保，亦不值得追尋，以免傷身害命。「身體」雖亦為塵埃世界之一物，但
身體與位高、美色、厚味、甘酒不同，身體為入道之階梯，為銜接塵埃世界
短暫生命與道境永恆生命的橋樑。如何由身以入道，歸返於「存有的根源」，
方為嵇康所欲追尋的境界。正因透過身體修養，可從身體趨於「再度之和諧
狀態」，故身體是可貴的，是值得珍視的。簡言之，嵇康內在思維有兩項要點：
（一）經身體修養，可由身以入道，是故，身為可貴。（二）身之可貴，貴於
權勢、美色、厚味、甘酒。

　　本節是從嵇康的「內在思想」，嘗試詮釋嵇康何以持「貴身論」，這對於
嵇康身體哲學或養生論研究來說，是一個新的視角，異於單從「外緣」的角
度，所作的分析。

第三節　嵇康養生與回歸自然

　　明瞭嵇康「貴身」的內在思想後，本節將開始研究嵇康養生與回歸自然

〔註32〕〔周〕莊周：《莊子》（台北：中華書局，1993 年 6 月），卷 2，頁 4。

之關係。

陳戰國〈嵇康的思想〉指出：「嵇康的自然觀所涉及的另一個問題是形神關係問題。」〔註 33〕嵇康自然觀與形神觀互有關涉，徐斌《魏晉玄學新論》云：「（嵇康）養生的出發點和歸宿點，都是自然爲本和自然無爲這個玄學的基本思想。」〔註 34〕嵇康養生論與自然論密切相關，是故，在研究嵇康養形及養神理論之前，須先了解嵇康之自然觀，了解之後，方能對於嵇康的養生理論，有清楚的認識。

嵇康重視的是生命整全狀態的維護，希望恢復天性自然，若要從「大道沉淪」後，「利巧愈競」、「夭性喪眞」（〈太師箴〉，卷 10，頁 311）的環境中，復歸天性自然，便須進行養生，此乃嵇康重視養生的目的所在。亦即，嵇康養生論，係以復歸生命本眞之整全和諧狀態，爲其修養目的。莊學本就強調「消除人的異化，回歸自然」〔註 35〕，受莊學影響之嵇康，亦有強烈的「自然論」思想傾向〔註 36〕，以「回歸自然，因任自然」爲終極關懷〔註 37〕，追求「沖靜自然境界」〔註 38〕，要歸返自然，心與道冥。其所說的「自然」，是指「支配著自然界的和諧規律」〔註 39〕，或說是「有序的和諧的整體」〔註 40〕，亦可說是一種境界，一種超越，「一種超越世俗，自在自適的境界。」〔註 41〕

〔註 33〕陳戰國：〈嵇康的思想〉，收於許抗生等著：《魏晉玄學史》（西安：陝西師範大學出版社，1989 年 7 月），頁 199。

〔註 34〕徐斌：《魏晉玄學新論》（上海：上海古籍出版社，2000 年 12 月），頁 186。

〔註 35〕孫以楷、夏當英：〈莊子與楚文化〉，收於中國蒙城莊子學會編：《國際莊子學術研討會論文集》（二）（合肥：安徽文藝出版社，2000 年 11 月），頁 95。

〔註 36〕葉海煙〈玄理與飲食之道──以阮籍和嵇康爲例〉云：「從阮籍到嵇康，是玄理向飲食及其他生活之道的開放豁顯，而玄學也同時由生活世界中的種種行動，向自然恬靜的境界邁進。如果說阮籍與嵇康是行動的玄學家或是生活的玄學家，則二人也當可以自然主義的玄學家自期，因爲他們都在飲食中獲致生活之眞味。」收於葉海煙：《老莊哲學新論》（台北：文津出版社，1997 年 9 月），頁 298～299。

〔註 37〕戴璉璋：〈嵇康思想中的名理與玄理〉，《玄智、玄理與文化發展》（台北：中央研究院中國文哲研究所，2002 年 3 月），頁 148。

〔註 38〕蔡忠道：〈嵇康處世思想析探〉云：「嵇康以不甘於凡俗的潛龍、焦鵬等意象自況，並自述其超拔的雅志──沖靜自然境界的追求。」（頁 861）

〔註 39〕余敦康：〈阮籍、嵇康的自然論玄學〉，《魏晉玄學史》（北京：北京大學出版社，2004 年 12 月），頁 305。

〔註 40〕湯一介：〈論魏晉玄學到初唐重玄學〉，收於陳鼓應主編：《道家文化研究》第 19 輯（北京：三聯書店，2002 年 6 月），頁 5。

〔註 41〕蔡忠道：〈嵇康處世思想析探〉，頁 873～874。

追尋自然，便是追尋自家生命復歸於和諧的境界，嵇康〈釋私論〉云：

> 夫稱君子者，心無措乎是非，而行不違乎道者也。何以言之？夫氣
> 靜神虛者，心不存於矜尚；體亮心達者，情不繫於所欲。矜尚不存
> 於心，故能越名教而任自然。（卷6，頁234）

> 顯情無措，不論於是而後為也。是故傲然忘賢，而賢與度會；忽然
> 任心，而心與善遇；儻然無措，而事與是俱也。（卷6，頁235）

> 多各有非，無措有是。然無措之所以有是，以志無所尚，心無所欲，
> 達乎大道之情，動以自然，則無道以至非也。（卷6，頁243）

嵇康主張「越名教而任自然」，其中「越」字，可理解為「無心、無措、忘之
意」〔註42〕，內在涵養方面，須以無心的方式，無尚、無欲，不執著於是非、
不存於矜尚、情不繫於所欲，以順應個人情志，為嵇康「任自然」之主要意
涵〔註43〕，亦即，須任自然之性與任自然之心〔註44〕，顯情無措，保持純真
本性〔註45〕。

　　〈釋私論〉主要精神表現在「顯情」、「無措」，顯情無措，方為「自
然」。昔第五倫兄子有疾，一夕十往省，而反寐自安；兒子有疾，終朝不往
視，而通夜不得眠。第五倫此舉，可謂有非，但非有措，不可謂為私。第

〔註42〕 楊祖漢〈論嵇康的越名教而任自然〉云：「贊成將越理解為無心、無措、忘之
　　　　意，而若理解為否定，亦須是否定以成就之之意，否定是否定人對禮教名義
　　　　的執著，而不是原則上的否定、拋棄。」《魏晉南北朝文學與思想學術研討會
　　　　論文集》第3輯（台北：文津出版社，1997年9月），頁563～575。自然須
　　　　無措，不應假人力以為用，嵇康〈聲無哀樂論〉云：「自然相待，不假人以為
　　　　用也。」（卷5，頁212）

〔註43〕 蔡忠道〈嵇康處世思想析探〉云：「他更強調順應個人情志，這才是嵇康任自
　　　　然的主要意涵。」（頁877）嵇康〈難自然好學論〉亦云：「六經以抑引為主，
　　　　人性以從欲為歡，抑引則違其願，從欲則得自然；然則自然之得，不由抑引
　　　　之六經，全性之本，不須犯情之禮律。」（卷7，頁261）又云：「則今之學者，
　　　　豈不先計而後學？苟計而後動，則非自然之應也。」（卷7，頁264）

〔註44〕 許抗生《魏晉思想史》云：「嵇康的任自然的思想，主要講的是一個人的任自
　　　　然之性與任自然之心。」（台北：桂冠圖書公司，1995年1月），頁118。

〔註45〕 王德有《玄學漫話》云：「嵇康所說的越名任心，……是要人們順從自然，愛
　　　　則自然去愛，敬則自然去敬，不要強制，不要教化，不要追求，不要克制內
　　　　心的本意及欲望，只要順著自然的本性去行，順著自己本性去做，不管在朝
　　　　在野、處上處下，都一樣可以達到保持純真本性的目的。因此他主張循性而
　　　　動，亦即遵循著自己的本性行動。」（北京：社會科學文獻出版社，1999年2
　　　　月），頁121。

五倫有非而能顯，此爲公而非私。第五倫顯情，是非無私。無私而有非，此爲無措的標誌。無措之所以有是，正在於內心修養：「以志無所尙，心無所欲，達乎大道之情，動以自然，則無道以至非也。」無所尙、無所欲，心無所矜，情無所繫，這正是無措的表現，此爲「顯情」、「無措」，合乎「自然」。常人以「匿情」明哲保身，「所措一非，內愧乎神；所隱一闕，而外慚其形」（卷 6，〈釋私論〉，頁 242）便與自然義之「顯情」、「無措」相背。

　　行爲表現方面，須純任自然，循性而動，「動應自然」（卷 9，〈答釋難宅無吉凶攝生論〉，頁 295），不違乎自然之道。綜合而言，嵇康任自然之重點，在於任自然之性、任自然之心，動以自然，以求合乎自然之道〔註 46〕，並使自家生命歸返於「再度的和諧」。

　　戴璉璋〈嵇康思想中的名理與玄理〉云：「（嵇康）養生之道端在自然本性的回歸。」〔註 47〕是故，若要了解其養生論，便應從魏晉玄學中之「復歸自然」之「自然哲學」的角度切入，方能得其正諦。嵇康自然論之特質，可以羅宗強〈嵇康的心態及其人生悲劇〉來作說明：

> 他的歸返自然，是追求一個如詩如畫的人生境界，這個理想的人生
> 境界，既來源於莊子，又不同于莊子，它歸返自然，但不進入虛無，
> 而是歸之實有；它歸諸實有，而又超脫于世俗之處。它是獨立于世
> 俗之中的一塊潔淨的人生之地。〔註48〕

依羅宗強的詮釋，嵇康主張歸返於自然，但他並不進入虛無，而是歸諸實有，且既歸諸實有，又超脫于世俗，此爲嵇康自然論之特色。在研究嵇康養生論之前，先了解其自然論之特色，是有必要的，對於嵇康養生理論中提出的一些離棄世俗、絕棄世俗的字句，才不會理解錯誤，以爲嵇康要放棄世俗，其實只表述他「即於世俗而又超脫世俗」的自然論特色罷了，是故，嵇康一方面既要超俗，但一方面，又有強烈的「人間性」〔註49〕，此與玄學主流致力

〔註46〕陳戰國〈嵇康的思想〉云：「任自然就是因順客觀世界的自然之道，人的自然
　　　本性和無私的心。」（頁 208）

〔註47〕戴璉璋：〈嵇康思想中的名理與玄理〉，頁 140。

〔註48〕羅宗強：〈嵇康的心態及其人生悲劇〉，《因緣集──羅宗強自選集》（天津：
　　　南開大學出版社，2004 年 10 月），頁 219。

〔註49〕羅宗強《魏晉南北朝文學思想史》便指出嵇康理想人生，具有「人間性」，頁
　　　48。

於將理想拉回現實應有關聯〔註50〕。

　　然而，須注意的是：嵇康「雖處人間而超脫世俗之外」〔註51〕，並非是向來的主張，依照余敦康的詮釋，嵇康本求自然與名教之合一，魏晉禪代之後，自然與名教分離，現實與理想對立〔註52〕，才提出「越名教而任自然」，此語貌似堅定，實則其底蘊卻充滿著痛苦〔註53〕。余敦康〈從《莊子》到郭象《莊子注》〉云：

> 阮嵇二人的越名教而任自然的莊學主張，在理想與現實、自由與必然、無為與有為、天與人的關係中，只看到了對立而看不到統一。〔註54〕

嵇康之所以從自然與名教合一，轉變為純任自然，是因為他看到了理想與現實的對立，實乃「以理想否定現實」〔註55〕，而這樣的對立，使嵇康產生內心的分裂，因而帶來巨大的痛苦。余敦康〈阮籍、嵇康的自然論玄學〉云：

> 阮籍、嵇康的玄學思想一直是承擔著巨大的痛苦，在對立的兩極中動蕩不安。他們把外在世界的分裂還原為內心的分裂，並且極力探索一種安身立命之道恢復內心的寧靜。〔註56〕

嵇康在理想與現實兩極之間擺蕩，使內心分裂，因而承擔著長期的痛苦。是故，嵇康若能「即於現實而超越現實」，或說「即於現實而實現理想」，使理想與現實兩不衝突，必是經過「理想與現實長期衝突」後，透過身體修養，才能「即世俗而超越世俗」，泯除衝突相，以安頓自家生命。是故，養形與養神之身體修養，是必要的，惟有透過身體修養，才能提昇生命層次，安頓內在心靈。

〔註50〕 高晨陽《儒道會通與正始玄學》云：「玄學的主流則是致力于把理想拉回現實中來。」（濟南：齊魯書社，2000 年 1 月），頁 381。

〔註51〕 羅宗強：《玄學與魏晉士人心態》，頁 109。

〔註52〕 關於嵇康理想與現實對立的詮釋，詳參余敦康：〈阮籍、嵇康的自然論玄學〉，《魏晉玄學史》（北京：北京大學出版社，2004 年 12 月），頁 306。

〔註53〕 余敦康：〈阮籍、嵇康的自然論玄學〉云：「表面上看來，越名教而任自然是一個堅定的充滿了自我確信的戰鬥口號，實際上其中蘊含著深沉的時代憂患感，是以痛苦矛盾、徬徨無依、內心分裂為心理背景的。」（頁 309）

〔註54〕 余敦康：〈從《莊子》到郭象《莊子注》〉，收於晨曦主編：《道家思想文化：海峽兩岸道家思想與道教文化研討會論文集》（台北：中華民國宗教哲學研究會，1994 年 3 月），頁 109。

〔註55〕 高晨陽：《儒道會通與正始玄學》（濟南：齊魯書社，2000 年 1 月），頁 373。

〔註56〕 余敦康：〈阮籍、嵇康的自然論玄學〉，頁 301。

第四節　嵇康養形方法

《晉書・嵇康傳》云：「（嵇康）常修養性服食之事。」〔註 57〕養性屬養神；服食屬養形。本節將先分述嵇康關於養形方面的主張，至於嵇康關於養神的主張，將於下一節再行敘述。童強《嵇康評傳》云：「養形在於服食藥物。」〔註 58〕童強所述嵇康養形之法，並不完全，只敘述及某一面相而已。嵇康養形之說，可分三個面相來探討：（一）預防災疾以養生。（二）戒欲以養生。（三）資妙物以養生。論述嵇康養形之說，至少須兼顧此三者，方爲完備。

一、預防災疾以養生

養生理論首重預防，須先預防災疾產生，才能符合追求長壽強身的養生目的，這是嵇康當時流行的觀點，嵇康與當時人阮德如皆如此主張。阮德如〈宅無吉凶攝生論〉云：

> 養生之道，莫如先知，則爲盡矣。（卷 8，頁 269）
>
> 夫善求壽強者，必先知災疾之所自來，然後其至可防也，禍起於此，
> 爲防於彼，則禍無自瘳矣。（卷 8，頁 266）

先知災疾產生的原因，方能針對原因加以預防，如是，方可與「求壽強」的養生目的相合。阮德如〈宅無吉凶攝生論〉又云：

> 是以善執生者，見性命之所宜，知禍福之所來，故求之實而防之信。
> 夫多飲而走，則爲澹支；數行而風，則爲癙毒；久居於濕，則要疾
> 偏枯；好內不息，則昏喪文房。若此之類：災之所以來，壽之所以
> 去也。（卷 8，頁 267）

嵇康〈聲無哀樂論〉云：「夫聖人窮理，謂自然可尋，無微不照。」（卷 5，頁 211）既然自然之理，無微不照，養生亦必有其自然之理，遵循自然之理，便可預防災疾以養生。如多飲而走，痛其四肢；速行時，虛邪中人，身爲癙毒；久居於淫，將腰疾偏死；好色不止，必昏惑喪亡。若此之類，實爲理之必然，應先爲預防，否則災禍降臨，「疾生於形」（卷 8，〈宅無吉凶攝生論〉，頁 267），身爲病痛，必不能長壽。

〔註 57〕〔唐〕房玄齡等撰：《晉書》第 5 冊，卷 49，〈列傳第 19〉（北京：中華書局，1998 年 3 月），頁 1369。
〔註 58〕童強：《嵇康評傳》，頁 358。

預防的觀念，除在阮德如〈宅無吉凶攝生論〉出現外，在嵇康〈養生論〉
中亦曾論及：

> 至于措身失理，亡之於微，積微成損，積損成衰，從衰得白，從白
> 得老，悶若無端，中智以下，謂之自然，咸歎恨於所遇之初，而不
> 知慎眾險於未兆。（卷3，頁152）

不依循養生正理，忽略「疾生於形」之原則，將由形體細微處之疏忽，衍變
成身之衰亡，還以爲是自然如此，殊不知實乃不懂養生之理，不知「害成於
微」（卷3，〈養生論〉，頁153），須「慎眾險於未兆」，方符合養生之理。

二、戒欲以養生

嵇康認爲養生有五難，〈答難養生論〉云：

> 養生有五難：名利不滅，此一難也。喜怒不除，此二難也。聲色不
> 去，此三難也。滋味不絕，此四難也。神慮轉發（神慮消散），此五
> 難也。（卷4，頁192）

養生五難中，滅名利、除喜怒、集神慮，爲養神之法；去聲色、絕滋味，爲
養形之法。去聲色、絕滋味，皆爲嵇康「戒欲以養生」之養形主張。

嵇康〈重作四言詩七首之四〉云：「縱體淫恣，莫不早徂，酒色何物，今
自不辜（自令不辜），歌以言之，酒色令人枯。」（卷1，頁48～49）〈宅無吉
凶攝生論〉云：「高臺深宮，以隔寒暑，靡色厚味，以毒其精，亡之於實，而
求之於虛，故性命不遂也。」（卷8，頁270）嵇康雖反對縱體淫恣、靡色厚
味，但身體自然的基本欲望，嵇康是贊同的，〈答難養生論〉云：「難曰：感
而思室，饑而求食，自然之理也。誠哉是言！今不使不室不食，但欲令室食
得理耳。」（卷4，頁174）從其中所說的「今不使不室不食」，可知嵇康不反
對身體感官的自然欲望〔註59〕，但是過份的縱欲，將會枯竭人的生命，使性
命不遂，爲嵇康反對，是故〈聲無哀樂論〉云：「情不可恣，欲不可極。」（卷
5，頁197）

嵇康對於理是重視的，〈聲無哀樂論〉云：「夫推類辨物，當先求之自然
之理。」（卷5，頁204）他希望身體感官欲望，亦能合於理，〈答難養生論〉
云：「所謂不見可欲，使心不亂者也。縱令滋味常染於口，聲色已開於心，則

〔註59〕生理官能的自然欲望，爲「性之動」，不必反對，嵇康反對的「智之用」。童
強《嵇康評傳》云：「本能的欲望是性之動，本身很單純，僅僅表現爲衝動、
騷動，但由于人的智用，它才變得複雜起來。」（頁369）

可以至理遣之，多算勝之。」（卷 4，頁 175）嵇康是主張以至理排遣滋味、聲色之感官欲望，此乃「以理遣欲」，以至理排遣欲望之誘惑，徐斌《魏晉玄學新論》便說（嵇康）「欲皆入理」、「以理導行」﹝註60﹞，亦即「以自制的辦法來約束個人欲望的無限膨脹」﹝註61﹞，以免傷及人的自然本性﹝註62﹞。基於自然論之立場，對於會傷及自然本性之滋味、聲色，自須加以排遣，方符合理性。童強《嵇康評傳》便說：「養生的法則是欲望與理智尋求恰當的平衡。」﹝註63﹞「須對欲望加以理智、理性的調節。」﹝註64﹞只有超越、排遣名利、聲色，人的自然本性才有可能顯現。這就是何以我們在論述嵇康養生論之前，須先從其自然論思想切入的原因所在。

　　欲望的誘惑，之所以需要排遣，是因爲放縱淫欲，生命必定早徂；若沉迷於酒，常人不以爲罪，實則自速其死，是故，嵇康云：「酒色令人枯」、「欲動則悔吝生」（卷 4，〈答難養生論〉，頁 168）、「欲勝則身枯」（卷 4，〈答難養生論〉，頁 169）、「欲與身不並久」（卷 4，〈答難養生論〉，頁 169），簡而言之，欲望的放縱，與身體的修養、維護，是不能相容，且必會產生衝突的。排遣欲望的目的，在於自身生命之養護，希望能久壽。節制欲望，才能符合嵇康「有老可卻，有年可延」之「延年」、「久身」的目標。

　　嵇康注重生命之養護，企盼透過養護生命，以達到長生之目的，故云：「順天和以自然，以道德爲師友，玩陰陽之變化，得長生之永久，任自然以託身，並天地而不朽。」（卷 4，〈答難養生論〉，頁 191）然而常人率皆「以嗜欲爲鞭策，欲罷不能。馳騁於世教之內，爭巧於榮辱之間。」（卷 4，〈答難養生論〉，頁 187）既然以嗜欲爲鞭策，故「以酒色爲供養，謂長生爲無聊。」（卷 4，〈答難養生論〉，頁 188）常人不重視長生，只注重酒色欲望的滿足，然而，欲望「祇足以災身，非所以厚生也。」（卷 4，〈答難養生論〉，頁 168）站在養護生命的角度來說，酒色、滋味等欲望的排遣，是有必要的，否則欲望會使身體受到災害，非厚生之物。應視「酒肉爲甘鴆，棄之如遺。」（卷 4，〈答難養

﹝註60﹞徐斌：《魏晉玄學新論》，頁 211。

﹝註61﹞羅宗強：《玄學與魏晉士人心態》，頁 136。

﹝註62﹞馬良懷〈世俗與超越──論向秀、嵇康對《莊子》的不同理解〉：「在嵇康看來，人的自然本性的喪失並不全然是由君權制度和禮法規範所造成，其中也有人自身的原因，這就是人們對於功名富貴等外在誘惑及聲色香味等內在情欲往往會著意地追逐和無休止地放縱。」（頁 709）

﹝註63﹞童強：《嵇康評傳》，頁 370。

﹝註64﹞童強：《嵇康評傳》，頁 368。

生論〉，頁 169）勿沉迷於酒肉等欲望之中。黃侃《文選評點》云：

> 叔夜本高門，姬侍蓋亦所有，未足爲病，且篤信導養，以安期彭祖
> 爲可求，然則弄姿帷房，信有之乎，更觀〈酒色令人枯〉之篇，是
> 又與荒淫者異趣矣。〔註65〕

嵇康雖主張自然生理欲望之紓發，但他又主張導養以維護生命，與荒淫者不同。嵇康云：「酒色令人枯」、「酒色乃身之讎也」（卷 4，〈答難養生論〉，頁176）、「欲以逐物害性」（卷 4，〈答難養生論〉，頁 175），反對放縱感官欲望，以免使生命到傷害，〈重作四言詩七首之四〉便云：「極欲疾枯」（卷 1，頁 48），極度縱欲，會使自家生命快速受到傷害，故須引以爲誡。酒色乃害生之具，須加以離棄，才符合養生之道，故云：「今能使目與聲者同功，口與瞍者等味，遠害生之具，御益性之物。則始可與言養性命矣。」（卷 4，〈答難養生論〉，頁 180）要養護身體，消極來說，須作到離棄酒色、滋味等害生之具。嵇康〈養生論〉亦云：

> 世人不察，惟五穀是見，聲色是耽，目惑玄黃，耳務淫哇，滋味煎
> 其府藏，醴醪鬻其腸胃，喜怒悖其正氣，哀樂殃其平粹。夫以蕞爾
> 之軀，攻之者非一塗，易竭之身，而外內受敵，身非木石，其能久
> 乎？其自用甚者，飲食不節，以生百病，好色不倦，以致乏絕，風
> 寒所災，百毒所傷，中道夭於眾難，世皆知笑悼，謂之不善持生也。
> （卷 3，頁 152）

常人但知五穀，不知上藥，又耽於聲色、淫欲、滋味，兼以未能節制喜怒、哀樂之情緒，外內受敵，必傷身減壽，中道夭折。爲養生計慮，在養形方面，須節飲食、制色欲。

嵇康〈與山巨源絕交書〉云：「吾頃學養生之術，方外榮華，去滋味，遊心於寂寞，以無爲爲貴。」（卷 2，頁 125）嵇康自述在學習養生之術，他是從「外榮華，去滋味」入手，「外榮華」、「遊心於寂寞，以無爲爲貴」與「養神」有關；「去滋味」則與「養形」有關。「去滋味」的目的，正是節制人的欲望，不使人沉迷於生理感官欲望之中。嵇康主張的是：「不見可欲，使心不亂。」（卷1，〈郭遐叔贈詩四首之三〉，頁 59）這是出於《老子・第三章》：「不見可欲，使民心不亂。」王弼注：「可欲不見，則心無所亂也。」〔註66〕希望

〔註65〕黃侃：《文選評點》下冊（北京：中華書局，2006 年 5 月），頁 503。
〔註66〕樓宇烈：《王弼集校釋》上冊，頁 8。

人們不要因爲欲望的影響，使心受到擾動。

嵇康反對「役身於物，喪志於欲。」（卷 4，〈答難養生論〉，頁 188）向秀以「從欲爲得性」，嵇康則批評：「今若以從欲爲得性，則渴酌者非病，淫酒者非過，桀蹠之徒皆得自然，非本論所以明至理之意也。」（卷 4，〈答難養生論〉，頁 188）過度放縱欲望，不合於嵇康所謂「至理」的意思。「夫至理誠微，善溺於世，然或可求諸身而後悟，校外物以知之者。」（卷 4，〈答難養生論〉，頁 188）至理可求諸身，而後得到體悟，若傷害身體，或者會使生命早徂，顯非至理，「苟嗜欲有變，安知今之所耽，不爲臭腐？曩之所賤，不爲奇美耶？」（卷 4，〈答難養生論〉，頁 189）常人耽於感官欲望，視爲奇美，然而若從貴身論的角度出發，則今日耽溺之感官欲望，便轉爲臭腐之物，既爲臭腐之物，則「榮華酒色，有可疏之時。」（卷 4，〈答難養生論〉，頁 189）不必加以迷醉。故云：

> 以大和爲至樂，則榮華不足顧也。以恬澹爲至味，則酒色不足欽也。苟得意有地，俗之所樂，皆糞土耳，何足戀哉？今談者不睹至樂之情，甘減年殘生，以從所願，此則李斯背儒，以殉一朝之欲，主父發憤，思調五鼎之味耳。（卷 4，〈答難養生論〉，頁 190）

持貴身論者，以恬淡爲至味，則酒色不值得追求，體會至此，便知俗人追求的感官欲望，皆爲糞土，何須減年殘生，苦苦追尋感官欲望。酒色爲臭腐之物，會使身體爲穢氣所纏繞，嵇康〈答難養生論〉云：

> 聘享嘉會，則肴饌旨酒。而不知皆綽溺筋腴，易糜速腐。初雖甘香，入身臭腐，竭辱精神，染污六府。鬱穢氣蒸，自生災蠱。饕淫所階，百疾所附。味之者口爽，服之者短祚。（卷 4，頁 184）

佳餚美酒，世人所愛，然而初雖甘香，入身卻轉爲臭腐之物，染污臟腑，損及精神，形、神兩傷，使鬱氣及穢氣纏繞於身內，必生百疾，會有「短祚」的不良下場。嵇康是就「延生」的角度來說，餚饌美酒，非延生之具，反而有減短壽命的不良後果。

值得注意的是：嵇康認爲若不節欲，除「竭辱精神」外，尚會使得體內之氣，轉爲鬱氣、穢氣。據是，則知養形不當，神、氣兩受其害。這是因爲身體雖由形、神共同所構成，仍而是一個整全體，是故，養形不當，會使身體的其它組成部份，受到傷害。

三、資妙物以養生

　　節制欲望的過份放縱，僅爲消極的養生方法，積極的養生方法，照嵇康看來，尚須「資妙物以養生」，來達到「延生」的效果。所謂「妙物」，便是指「上藥」而言。嵇康〈養生論〉云：

> 呼吸吐納，服食養身，使形神相親，表裏俱濟。（卷3，頁146）

嵇康主張透過呼吸吐納、服食養身等方式，來達到養形的目的。何以嵇康非常重視服食呢？這是因爲服食上藥，有益延年益壽。〈養生論〉云：

> 蝨處頭而黑，麝食柏而香，頸處險而癭，齒居晉而黃。推此而言，凡所食之氣，蒸性染身，莫不相應。豈惟蒸之使重而無使輕，害之使暗而無使明，薰之使香而無使延哉？故神農曰：上藥養命，中藥養性者，誠知性命之理，因輔養以通也。（卷3，頁149～150）

嵇康之所以重視服食，是因爲藉由服食，可蒸性染身，達到改變身體氣性的目的。故藉上藥以養命，藉中藥以養性，這是藉服食藥物，以達輔養性命的目的。曾春海《嵇康》便說：「服食包括攝取與生理構造之形質有類比對應感通作用的天然食物及人工鍊製的丹藥，此兩種服食皆可調理本性而長生。……嵇康由物性類通的原理，具體的指陳食物及藥物的養生效果。」〔註67〕嵇康相信透過服食，可由物性類通的原理，使人們可調理本性，獲得長生。嵇康〈答難養生論〉云：

> 肴糧入體，益不踰旬，以明宜生之驗。此【非】所以困其體也。今不言肴糧無充體之益，但謂延生非上藥之偶耳。請借以爲難。夫所知麥之善於菽，稻之勝於稷，由有效而識之。假無稻稷之域，必以菽麥爲珍養，謂不可尚矣。然此世人不知上藥良於稻稷，猶守菽麥之賢於蓬蒿，而必天下之無稻稷也。若能杖藥以自永，則稻稷之賤，居然可知。君子知其若此，故准性理之所宜，資妙物以養生。（卷4，頁182）

戴明揚注「此所以困其體也」時說：「案此字當爲非字之誤。謂肴糧宜生，非困體者也。」（卷4，頁182）肴糧雖宜生，有充體之益，但延生的效果，無法與「上藥」相比。就充體之效驗來說，麥勝於菽，稻勝於稷，藉助稻稷無法得到永生，但嵇康相信藉助上藥可得永生，就延生效果來說，上藥良於稻

〔註67〕曾春海：《嵇康》，頁136。

稷，是故，君子須資妙物以養生。就「屬性傳達原理」來說，五穀易腐壞，食後易生災蠱，故須「辟穀」以養生；上藥不易腐壞，又「貞香難歇」，食後，可改變體氣，獲得長生，故須服食上藥以養生。若是，故嵇康云：「准性理之所宜，資妙物以養生。」

那些東西為嵇康心目中，具延生效果的妙物呢？嵇康〈答難養生論〉云：

> 豈若流泉甘醴，瓊蕊玉英。金丹石菌，紫芝黃精。皆眾靈含英，獨發奇生。貞香難歇，和氣充盈。澡雪五臟，疏徹開明。吮之者體輕。
>
> （卷4，頁184）

流泉、甘醴、瓊蕊、玉英、金丹、石菌、紫芝、黃精，皆為眾靈含英之妙物，相對於肴饌旨酒入身臭腐，會使鬱氣、穢氣纏繞體內，染污六府；流泉、甘醴等妙物，則有一種香氣、和氣，可澡雪五臟。藉上藥之香氣、和氣，洗滌五臟，使五臟疏徹開明，將食五穀及享受酒色，所帶來的鬱氣、穢氣，洗滌一空。嵇康有棄絕五穀，服食妙物的想法，故云：「若此以往，何五穀之養哉？」（卷4，〈答難養生論〉，頁185）認為可不靠五穀以養生。嵇康〈答難養生論〉云：

> 且螟蛉有子，果蠃負之，性之變也。橘渡江為枳，易土而變，形之異也。納所食之氣，還質易性，豈不能哉？故赤斧以練丹赬髮，涓子以朮精久延，偓佺以松實方目，赤松以水玉乘煙，務光以蒲韭長耳，邛疏以石髓駐年，方回以雲母變化，昌容以蓬蘽易顏，若此之類，不可詳載也。孰云五穀為最，而上藥無益哉？（卷4，頁185～186）

嵇康深信透過服食上藥，不但可改變體氣，尚可達更形易性的效果，並舉出古人服食練丹、朮精、松實、水玉、蒲韭、石髓、雲母、蓬蘽等上藥，獲致久延、駐年、易顏等功效。故知嵇康認為服食上藥，功效甚宏，至少有四項功效：（一）改變體氣。（二）更形易顏（如赬髮、方目、長耳、變化）。（三）駐年、久延。（四）獲致異術，如可乘煙飛行。四項之中，「久延」應是主要的目的。這些上藥，嵇康視之為「英華」，認為應藉由「咀嚼英華」（卷4，〈答難養生論〉，頁192）的方式，來達致「久壽」。〈與山巨源絕交書〉云：「又聞道士遺言：餌朮黃精，令人久壽，意甚信之。」（卷2，頁123）這段話可讓我們知曉：一是藉由服食朮、黃精等上藥，可讓人久壽，為嵇康

所深信〔註68〕。二是服食上藥以養生之說，係源於道士之遺言〔註69〕。

簡言之，嵇康接受道教服食養生之說，認爲服食上藥，可改變體氣、更形易顏、駐年久延、獲致異術，功效甚大。且基於生命整全體的觀念，若養形不當，則神、氣兩受其傷；若養形得當，對於神、氣，當有其助益。

第五節　嵇康養神方法

前一節論述嵇康養形論，本節將轉而就嵇康養神論來作論述。嵇康「強調神的主導作用」〔註70〕，視神爲主，形爲從，且神與形「是一不可分割的整體」〔註71〕，既然如此，光光從形體加以養護，自有所不足，據是，則養形之外，尚須養神。嵇康〈答難養生論〉云：

> 然或有行踰曾閔，服膺仁義，動由中和，無甚大之累，便謂仁理已
> 畢，以此自臧。而不盪喜怒，平神氣，而欲卻老延年者，未之聞也。
> （卷4，頁192～193）

想要達到卻老延年的目的，嵇康認爲必須從事「盪喜怒，平神氣」之養神工夫方可。前引嵇康養生五難中，滅名利、除喜怒、集神慮，便屬養神之法。「神」指的是「內在精神之存有」，行文時，嵇康或用心、性、情、意，來指涉「神」。馬良懷〈世俗與超越〉云：「（嵇康）養生的關鍵是修性、安心。」〔註72〕是故，保持心性的恬淡清靜、少私寡欲，便成爲養神的首要條件。嵇康〈卜疑集〉云：

> 若先生者，文明在中，見素表樸，內不愧心，外不負俗，交不爲利，
> 仕不謀祿，鑒乎古今，滌情蕩欲，夫如是呂梁可以遊，湯谷可以浴，
> 方將觀大鵬於南溟，又何憂於人間之委曲！（卷3，頁142）

〔註68〕陳戰國〈嵇康的思想〉云：「黃精又名山精，或叫仙人餘糧，是一種草藥。《神藥經》說：必欲長生，常服山精。據傳，常服黃精不僅可以延年益壽，而且可以輕身，甚至能夠飛騰升仙。嵇康是不相信常人能夠成仙的，但他對黃精的益壽作用則深信不疑。」（頁219）

〔註69〕依據葉海煙〈玄理與飲食之道──以阮籍和嵇康爲例〉，嵇康飲食觀受道教之影響，包含「食氣」及「服食藥餌」。收於葉海煙：《老莊哲學新論》（台北：文津出版社，1997年9月），頁301。

〔註70〕馬良懷：《漢晉之際道家思想研究》（廈門市：廈門大學出版社，2006年3月），頁101。

〔註71〕馬良懷：《漢晉之際道家思想研究》，頁104。

〔註72〕馬良懷：〈世俗與超越──論向秀、嵇康對《莊子》的不同理解〉，頁711。

這段話中所說的「心」、「情」，皆屬於「神」之範疇。〈答難養生論〉中所說的「盪喜怒」、養生五難中的「除喜怒」，與〈卜疑集〉中說的「滌情蕩欲」，實相通貫，目的都在於「恬淡清靜，不爲外物所累。」〔註73〕不要因爲情緒的波動，而影響到養生。嵇康〈釋私論〉云：

> 抱隱而匿情不改者，誠神以喪於所惑，而體以溺於常名。（卷6，頁
> 239～240）

若匿情不改，將使「神」受損傷，是故，盪喜怒、滌情蕩欲，便成爲養神必要之事。

　　〈釋私論〉使我們知曉「盪喜怒」對養神的必要性；〈卜疑集〉則讓我們知曉：滌情蕩欲，以見素表樸，不但可效《莊子·達生》之呂梁丈人被髮行歌，遊於塘下以養生，尚可超越人間，與日共浴於湯谷，觀大鵬徙於南溟之天池。據此，則「滌情蕩欲」之「養神法」，與「超越意識」之超越人間，有直接相關。由是可知「滌情蕩欲」在嵇康「養神論」中的重要性。超離之目的，在於「入道」，〈養生論〉云：

> 善養生者則不然，清虛靜泰，少私寡欲，知名位之傷德，故忽而不
> 營，非欲而強禁也；識厚味之害性，故棄而弗顧，非貪而後抑也；
> 外物以累心不存，神氣以醇白獨著，曠然無憂患，寂然無思慮，又
> 守之以一，養之以和，和理日濟，同乎大順。（卷3，頁156）

善養生者，持守「清虛靜泰，少私寡欲」的原則，忽名位，棄厚味、去外物，「化解傷身害性的弊端，恆保精神的安泰、健旺。」〔註74〕使神志與體氣維持純白無染，方能「同乎大順」。戴明揚校注引鍾會曰：「反俗以入道，然乃至於大順也。」（卷3，頁156）《莊子·天地》亦云：

> 性修反德，至同於初，同乃虛，虛乃大，合喙鳴，喙鳴合，與天地
> 爲合，其合緡緡，若愚若昏，是謂玄德，同乎大順。〔註75〕

體悟至道境之玄德，與天地爲合，便達於大順之狀態。藉由超離塵埃世界〔註76〕，可「反俗以入道」，使身體維持一個諧和的狀態，故云：「守之以

〔註73〕童強：《嵇康評傳》，頁363。

〔註74〕曾春海：《嵇康》，頁142。

〔註75〕〔周〕莊周：《莊子》卷5，頁5。

〔註76〕嵇康有超離人間的超越思想，蔡忠道〈嵇康處世思想探析〉云：「凡俗卑瑣難悟，嵇康身處其中，猶如驥牛同皁，備感壓抑與不耐，而亟思超越。」（頁872）洪景潭〈嵇康遊心太玄──玄理凝視下的藝術化生命〉亦云：「嵇康認爲浮沉

一，養之以和，和理日濟，同乎大順。」這個身體的諧和狀態，嵇康便稱之為「大順」，簡言之，「大順」實乃指稱身體已反俗入道之後諧和的狀態。〈養生論〉所說的「大順」，實即〈答釋難宅無吉凶攝生論〉所說的「大通」：

> 古人仰準陰陽，俯協剛柔，中識性理，使三才相善，同會於大通。
> （卷9，頁306）

「三才相善」，指的是人身體之小宇宙與天地之大宇宙相諧和〔註77〕，因而達致「大通」之道境，此即〈聲無哀樂論〉所說的：「玄化潛通，天人交泰。」（卷5，頁221）天人交泰，便是指天人相通的意思。由是言之，〈養生論〉所述養生之目的，實與〈答釋難宅無吉凶攝生論〉所述相符。

為達致養生之目的，須從養形與養神下手，嵇康〈養生論〉云：

> 導養得理，以盡性命，上獲千餘載，下可數百年，可有之耳。而世皆不精，故莫能得之。何以言之？夫服藥求汗，或有弗獲，而愧情一集，渙然流離……由此言之：精神之於形骸，猶國之有君也；神躁於中，而形喪於外，猶君昏於上，國亂於下也。（卷3，頁144~145）

光靠養形之服藥求汗，仍然不足，「或有弗獲」，然而愧情一集，渙然流離，效果比吃藥還好，是以養神比養形，更為優先。精神如國君，若神躁於中，則形喪於外，是知光靠養形而不養神，必定是徒勞而無功。〈養生論〉又云：

> 夫稼於湯之世，雖終歸燋爛，必一溉者後枯，然則一溉之益，故不可誣也。而世常謂一怒不足以侵性，一哀不足以傷身，輕而肆之，是猶不識一溉之益，而望嘉穀於旱苗者也。（卷3，頁146）

一怒便將侵性，一哀便將傷身，是知「滌情蕩欲」對於「養神」而言，實有重要之功效。〈養生論〉又云：

> 是以君子知形恃神以立，神須形以存，悟生理之易失，知一過之害生，故修性以保神，安心以全身，愛憎不棲於情，憂喜不留於意，泊然無感，而體氣和平。（卷3，頁146）

世間，隨波逐浪的漁父，雖然能夠和光同塵，放逸人間，但此一生命的實踐方式尚不足得欣羨，必得逍遙遨遊塵世之外，餐霞飲露，無待於外，才是生命實踐的最終妙境。」（頁83）

〔註77〕吳聯益〈嵇康養生思想及其黃老、道教之淵源蠡測〉云：「就整體而言，嵇康的養生思想，意在保全生命的前提下，通過修養、精神陶冶及身體機能的強化，達到人格、生命與大塊和諧一致的境界。」（頁31）

生理易受傷害，一過便將害生，故須蕩除愛憎、憂喜，使心中泊然無感。而養神論之「蕩除情欲」，將收「體氣和平」之功效，據是，則「養神」與「調氣」二者實有關聯，先「養神」，而後方能達致「調氣」，使體氣和平。夫如是，則嵇康「養神論」所主張之「滌情蕩欲」，其功效便可得而言：（一）有助於超越人間，以歸返於存有之根源。（二）避免侵性傷身，以調護生命。（三）有助於調氣之完成，維持體氣和平之和諧狀態。存有之根源本係諧和之狀態，人道法天道，天道既爲諧和之狀態，人道亦應維持諧和，而人道之諧和狀態，乃經由「養神論」中之「蕩除情欲」以完成。亦即，「養神」不但有助於「調氣」之完成，對於「人道」之法「天道」，亦有其效。

　　嵇康〈與山巨源絕交書〉云：「若以俗人皆喜榮華，獨能離之，以此爲快，此最近之可得言耳。」（卷2，頁127）〈與山巨源絕交書〉所說的「離榮華」，亦爲養神之法，使心神凝定，不爲外在榮華所吸引。〈答難養生論〉云：

> 或瓊餼既儲，六氣並御，而能含光內觀，凝神復璞【樸】，棲心於玄冥之崖，含氣於莫大之涘者，則有老可卻，有年可延。凡此數者，合而爲用，不可相無。猶轅軸輪轄，不可一乏於輿也。（卷4，頁193～194）

瓊餼既儲，此乃養形所必須；六氣並御、含氣於莫大之涘者，此乃養氣所必爲；含光內觀，凝神復璞，棲心於玄冥之崖，此乃養神所必備。綜合言之，嵇康主張養生須兼顧儲瓊餼、御六氣、凝神含光，「合而爲用，不可相無」，如同一輛馬車，「轅軸輪轄，不可一乏於輿也。」如是，方能達致「有老可卻，有年可延」之養生目的。楊自平〈嵇康養生論之養生主張與思惟表現〉云：

> 當吾人擺脫不當或狹隘的養生觀念，進而藉由服食與養心、調氣，方使身心免受殘害，而俱歸自然，此方是嵇康所說的養生正理。〔註78〕

嵇康主張藉由服食、養神、調氣，使身體歸於自然，此爲養生正理，亦即，「透過養性全生，實現自然之境界」〔註79〕。是故，嵇康養生論與自然論，實互有關涉。

〔註78〕楊自平：〈嵇康養生論之養生主張與思惟表現〉，《鵝湖月刊》第366期，2005年12月，頁27。

〔註79〕楊自平：〈嵇康養生論之養生主張與思惟表現〉，頁25。

　　嵇康認為「役神者弊」（卷 1，〈重作四言詩七首之四〉，頁 48），所以須「含光內觀，凝神復樸」，才有可能卻老延年。所謂「含光內觀」，當指收斂光芒，內省觀視心靈主體，凝聚心神，以求復歸於樸。嵇康養神之法在於「盪喜怒，平神氣」；養神的目的，則在於「返樸歸眞」、「復歸自然」，以精神的昇華、超越，求取「延生」的完成。是故，無論是養形或養神，方法雖異，歸趣則同，皆求延長年壽。因為嵇康持貴身論，身既可貴，故想盡辦法，以求延長生命。

　　既言及「含光內觀，凝神復樸」，自須進一步論述凝神之法，除盪喜怒、平神氣外，尚須「食氣以凝神」，前引〈答難養生論〉云：「瓊餱既儲，六氣並御，而能含光內觀，凝神復樸。」服食瓊餱以養形，六氣並御以養氣，養形與養氣，有助於養神之「凝神」功效，其中「六氣並御」便與「食氣」有關。曾春海《嵇康》云：

　　　所謂食氣，即嵇康呼吸太陽、呼吸吐納所指之事。其中理由是人既
　　　與宇宙天地萬物同稟一氣而生，則可以藉食氣以補身體的虧損。
　　〔註80〕

曾春海從人與天地萬物同稟一氣的角度切入，認為食氣可補身體的虧損，論述精闢，可資參考。嵇康對於「食氣」是頗為重視的，〈琴賦〉云：「餐沆瀣兮帶朝霞」（卷 2，頁 96）沆瀣便是深夜的水氣，既要「餐沆瀣」，可見嵇康想要吸收天地自然之氣，目的應該是要使自然之氣與人體之氣相感通。此與前引〈答難養生論〉所說的：「棲心於玄冥之崖，含氣於莫大之涘。」相合，「莫大之涘」便是指天地之間，「含氣於莫大之涘」，便是主張吸收天地自然之氣的意思。

　　除從深夜水氣外，尚可從朝霞中，吸收天地自然之氣，〈答難養生論〉云：「植靈根於初九，吸朝霞以濟神。」（卷 4，頁 182）無論是「帶朝霞」或是「吸朝霞」，無非都是要藉由朝霞，吸收天地自然之氣，以達到「濟神」的養生目的。由是而言，「食氣」亦為「養神」的方法之一。

　　何以〈答難養生論〉中，嵇康會提出「含光內觀」此種心靈修養方式呢？嵇康〈兄秀才公穆入軍贈詩十九首之一〉云：「自謂絕塵埃，終始永不虧。」（卷1，頁4）須注意「絕」字，絕者，棄絕也。只有絕棄塵埃，才能使精神世界永不虧缺。棄絕塵世的目的，在於保持精神世界永遠圓滿，無所虧缺。

_____

〔註80〕曾春海：《嵇康》，頁 141。

則〈答難養生論〉在討論養生之法時，何以要提出「含光內觀」，便可略知一二，原來嵇康是藉由絕棄塵埃的心靈昇華方式，來達致生命養護的目的。是故，超離塵俗，以求心靈昇華，亦爲嵇康養神方法之一。

就形神關係來說，嵇康持「內主」之說，認爲神爲主，形爲從，因爲神爲主，所以「內觀」當指返觀內在心神世界是否圓滿無缺而言。塵世生活充滿許多危險，〈兄秀才公穆入軍贈詩十九首之一〉云：「鳥盡良弓藏，謀極身心危。吉凶雖在己，世路多險巇。」（卷 1，頁 5）〈名與身孰親〉亦云：「哀哉世俗殉榮，馳騖竭力喪精，得失相紛憂驚，自是勤苦不寧。」（卷1，頁 42）若身處塵世，執著世俗榮名，一旦鳥盡弓藏，或得失相擾，身心必遭危殆，難以安寧，身心一旦遭受危殆，內在心神世界之圓滿，必定破裂，生活便不能幸福。是故，不如藉由超離塵俗的方式，以達生命保全的目的。故〈兄秀才公穆入軍贈詩十九首之一〉云：「安得返初服，抱玉寶六奇，逍遙遊太清，攜手長相隨。」（卷 1，頁 5）本章第二節中，曾論述嵇康主張透過超越塵俗的方式，以達致「再度的和諧」之「存有的根源」，《老子・七十章》云：「聖人被褐懷玉」〔註81〕，玉指的是自然本眞〔註82〕。嵇康則主張「返初服」、「抱玉寶六奇」，要寶養精神主體，並超越塵俗，以養護自然本眞生命，故云：「逍遙遊太清，攜手長相隨。」太清乃「存有的根源」，當然，這是象徵著「再度的諧和」，嵇康主張逍遙道境，以養護自然本眞之生命。

另外〈與山巨源絕交書〉云：「若吾多病困，欲離事自全，以保餘年，此眞所乏耳。」（卷 2，頁 128）戴明揚校注云：「此謂離去人間事。」（卷 2，頁128）嵇康離去人間事，以保餘年，據是，則「離去」的目的，在於「自全」，或說在於保全自家生命，故亦可說嵇康藉離去人間事，以養護生命。

須注意的是：嵇康說：「含道獨往」、「何求於人」，嵇康強調的是主體的能動性〔註83〕。道境追求的完成，須自力自爲，只能獨往，不能等待他人之助，故云「何求於人」。自我生命圓滿的追求，只能靠自力自爲，此爲一種生

〔註81〕〔魏〕王弼注：《老子道德經注》，頁 176。

〔註82〕《老子・七十章》云：「是以聖人被褐懷玉。」王弼《老子道德經注》云：「被褐者，同其塵；懷玉者，寶其眞也。聖人之所以難知，其同塵而不殊，懷玉而不渝，故難知而爲貴也。」（頁 176～177）

〔註83〕童強《嵇康評傳》云：「身體與心相對時，亦作爲心靈難以駕馭的一物，因此，當心靈役於物時，不僅受到外物的控制，也受到身體的控制。然而，人之所以爲人，在于具有主體性和自我的意志。」（頁 375）

命自我治療法，藉由自我之超離，以求一己生命之圓滿。能如此，方能「長寄靈岳，怡志養神。」「靈岳」非指一般大自然之「山岳」，在「岳」字之前加上「靈」字，便是指涉「道境」。〈答二郭三首之二〉云：「遺物棄鄙累，逍遙遊太和。結友集靈岳，彈琴登清歌。」（卷 1，頁 63～64）「靈岳」乃經由「超越」塵俗世界之後，「逍遙遊太和」時，乃能達致，亦即，靈岳乃嵇康在歸返存有的根源「太和」時，所達致的境界，是故，將嵇康喜用的「靈岳」，詮釋爲「道境」，乃信而有徵。藉「靈岳」以養神，無異於說藉由「道境」以養神，此亦可稱之爲「道療法」，藉由「道境」，長久怡養神志。

　　嵇康怡養神志之法甚多，除道療法之外，大自然對於心志之愉悅，亦有其助益，〈與山巨源絕交書〉云：「遊山澤，觀魚鳥，心甚樂之。」（卷 2，頁 123）這是藉由遊歷山澤、觀覽魚鳥，以怡養心志；嵇康除藉由大自然怡養心志外，尚藉由音樂，以導養神氣，〈琴賦〉云：「余少好音聲，長而翫之，以爲物有盛衰，而此無變，滋味有饜，而此不倦，可以導養神氣，宣和情志。」（卷 2，頁 83）〈答難養生論〉亦云：「竇公無所服御，而致百八十。豈非鼓琴和其心哉？亦養神之一徵也。」（卷 4，頁 179）〈琴讚〉又云：「昔在黃農，神物以臻，穆穆重華，五絃始興，閑邪納正，感物悟靈，宣和養氣，介乃遐齡。」（〈嵇康集附錄・佚文〉，頁 327）此乃嵇康藉音聲以導養神氣〔註84〕，「然非夫曠遠者，不能與之嬉遊，非夫淵靜者，不能與之閑止，非夫放達者，不能與之無吝。」（卷 2，頁 104～105），音聲對於人們的神志，有直接的影響，「性絜靜以端理，含至德之和平，誠可以感盪心志，而發洩幽情矣。」（卷 2，頁 106）音聲可以使人們的心志受到感盪，發散情緒，「若和平者聽之，則怡養悅愉，淑穆玄眞，恬虛樂古，棄事遺身。」（卷 2，頁 107）心之與聲，雖爲二物，但音聲對於心志，有怡養悅愉的功效。

〔註84〕嵇康認爲音樂可以調養人體氣，使體氣清和。〈琴賦〉云：「其餘觸類而長，所致非一，同歸殊塗，或文或質，摠中而以統物，咸日用而不失，其感人動物，蓋亦弘矣。」（卷 2，頁 108）音樂可總括天地中和之氣，產生感人動物的功效。〈琴賦〉又云：「于時也，金石寢聲，匏竹屏氣，王豹輟謳，狄牙喪味，天吳踊躍於重淵，王喬披雲而下墜，……感天地以致和，況跂行之眾類。」（卷 2，頁 108）音樂既然總括天地中和之氣，是故，可「感天地以致和」，可以音樂中的中和之氣，使天地趨於和諧。〈琴賦〉又云：「愔愔琴德，不可測兮，體清心遠，邈難極兮，良質美手，遇今世兮，……能盡雅琴，唯至人兮。」（卷 2，頁 109）琴音浩瀚諧和，能使人們體清心遠，使體氣趨於清和，唯有體會至道的至人，能知曉雅琴可使人們體氣清和的功效。

　　音聲對於人們，不但可以發散幽怨的情緒，尚有怡養神志的正面功能，可使人們棄事遺身，成就「超越」塵埃世界、體悟大道的目的〔註85〕，其功偉矣。〈聲無哀樂論〉云：

　　　　播之以八音，感之以太和；導其神氣，養而就之；迎其情性，致而明之。（卷5，頁222）

　　　　具其八音，不瀆其聲，絕其大【太】和，不窮其變，損【捐】窈窕之聲，使樂而不淫。（卷5，頁225）

　　　　託於和聲，配而長之，誠動於言，心感於和。（卷5，頁225）

嵇康認爲音樂可導養神氣，使人之生命獲致成長，引導人之情性樂而不淫，「使人心愉悅」〔註86〕，並趨於最和諧的太和境界。〈兄秀才公穆入軍贈詩十九首之十八〉中，亦藉琴詩以自樂，此爲「養神」的暫時性、階段性方法；藉由太和之「道境」，長久怡養神志，才是嵇康主張的長期性養神法。道的浸潤，才是對神志最好、最長久的怡養，故云：「長寄靈岳，怡志養神。」

　　〈兄秀才公穆入軍贈詩十九首之十九〉則可見嵇康主張道家之自然哲學，則嵇康主張的「道療法」，其內涵實可詮釋爲「自然之道治療法」：

　　　　流俗難悟【寤】，逐物不還，至人遠鑒，歸之自然。萬物爲一，四海同宅。與彼共之，予何所惜。生若浮寄，暫見忽終，世故紛紜，棄之八戎【戒】。澤雉雖饑【飢】，不願園林，安能服御，勞形苦心。

　　　　身貴名賤，榮辱何在？貴得肆志，縱心無悔。（卷1，頁19～20）

前曾云嵇康有兩個世界觀，視塵俗世界爲危殆的、須加超離的世界，〈兄秀才公穆入軍贈詩十九首之十九〉亦視逐物不還者，爲流俗之人，此種人不知塵俗生命短暫，生若浮寄，苦苦追求世俗榮華，勞形苦心。通達自然之道的至人則不然，追尋的是自然之道，知曉世俗世界之功名爲短暫的，暫見忽終，並無不朽之價值，自家之身體，才是真正值得珍視的，須順應自然之道，以舒展心志。「縱心」、「肆志」，是在「歸之自然」的前提下，方能完成的，亦即，嵇康主張以自然之道，來涵養神志。所以嵇康主張的以道怡養神志，實即爲以自然之道，來涵養神志的意思。〈遊仙詩〉云：「飄颻戲玄圃，

〔註85〕吳聯益〈嵇康養生思想及其黃老、道教之淵源蠡測〉云：「嵇康在詩文中屢屢表達了藉音樂體悟大道的境界，如〈酒會詩〉七首之四：操縵清商，遊心大象。」（頁38）

〔註86〕徐斌《魏晉玄學新論》云：「嵇康承認和聲本身具有一種能使人心愉悅的屬性，不同的節奏會產生不同的效果。」（頁181）

黃老路相逢，授我自然道，曠若發童蒙。」（卷 1，頁 39）嵇康重視自然之道，得到自然之道，有若童蒙由暗昧得到光明，則自然之道之重要性，乃可想而知。

簡言之，嵇康養神法有五：一爲盪喜怒，平神氣。二爲食氣以凝神，補身體之虧損。三爲藉遊歷山澤，觀覽魚鳥，以怡養心志，如〈與山巨源絕交書〉所述。四是藉琴詩以自樂，如〈琴賦〉、〈兄秀才公穆入軍贈詩十九首之十八〉所言。五是藉道境以長久怡養神志，如〈兄秀才公穆入軍贈詩十九首之十八〉所論。且嵇康有兩個世界觀，視塵埃世界爲危殆的、穢累的、暫見乎終，並無不朽性，「哀哉世間人，何足久託身。」因而並不值得去追尋；眞正值得追尋的，是道境，乃藉由「超越塵俗」，返樸歸眞，以歸返於「存有的根源」，甚至變而爲仙人，此種「再度的和諧狀態」之「玄默」、「大象」，屬「存有論」之形上世界，既爲「存有論」之形上世界，必永不朽壞，因而具有永恆的價值。嵇康養神之法最終目標，乃在於歸返於永恆之道境，只有在永恆之道境中，方能長久怡養神志；塵埃世界之遊歷山澤，觀覽魚鳥，或藉琴詩以自樂，皆爲暫見乎終，因而並無永恆之不朽價值，只有階段性價值而已。當然，具階段性價值之塵埃世界，與永不朽壞之形上世界，實乃共存於此世，只要在塵俗世界，能保有「超越意識」，努力追尋自然之道，則塵埃世界，便可成爲和諧圓滿之道境。

第六節　嵇康養生境界論——理想世界與現實世界的相互圓融

嵇康超離塵俗，以養護生命的思想，在許多詩文中，都有披露，除前所引之〈兄秀才公穆入軍贈詩十九首之一〉外，〈兄秀才公穆入軍贈詩十九首之八〉亦云：

> 人生壽促，天地長久，百年之期，孰云其壽；思欲登仙，以濟不朽，攬轡踟躕，仰顧我友。（卷 1，頁 9）

〈重作四言詩七首之五〉云：

> 絕智棄學，遊心於玄默，遇過而悔【過而復悔】，當不自得。（卷 1，頁 49）

與天地之長久相比，人生之壽命極爲短促，嵇康又是持貴身論者，身既爲可

貴，故思欲久壽，我們須注意的是：嵇康認爲生命何能久壽呢？嵇康云：「思欲登仙，以濟不朽。」原來嵇康是想以登仙遠去的方式，來達到生命不朽的目的。張亞新《漢魏六朝詩》便說從〈重作四言詩七首之五〉可得知：「作者（嵇康）所嚮往和追求的一種優游自得、忘懷出世的人生境界。」〔註87〕嵇康確係以「出世」爲其追求的理想，徐國榮《玄學和詩學》便說嵇康追求的「極致是游仙，永遠漂浮於理想的天國。」〔註88〕謝大寧《歷史的嵇康與玄學的嵇康》也指出《嵇康集》中主要特色爲：「養生延年，遊仙高蹈。」〔註89〕遊仙高蹈，便是顯示其超離精神，據是，可知嵇康「對仙化身體的想望」〔註90〕。

　　嵇康「思欲登仙，以濟不朽」、「絕智棄學，遊心於玄默」，與前所論證之嵇康主張透過超越塵俗的方式，以達「再度的和諧」之「存有的根源」，實可相互貫通而無違，生命若眞能歸返於「再度的和諧」之「存有的根源」（此即嵇康所遊心之玄默境界），此乃一無所虧缺的圓滿世界，不但是無所虧缺的圓滿，生命亦可不朽。「不朽」不是指形軀之永不腐壞，而是指精神世界已達存有論之「存有的根源」，此一形上之根源爲永不朽壞的，有永久之價值，故可成爲嵇康之「終極關懷」，當然，生命若可昇華至此「存有的根源」，便可說已歸返於「道」的世界，所以嵇康藉由身體之超越塵俗，以濟不朽，便是藉由身體之修養，將生命由形下之世界，昇華至「道」的境界，這乃是一個不朽的世界〔註91〕。〈兄秀才公穆入軍贈詩十九首之十五〉云：

　　　　目送歸鴻，手揮五弦，俯仰自得，遊心太玄。嘉彼釣叟，得魚忘筌。

　　　　郢人逝矣，誰可盡言。（卷1，頁16）

戴明揚校注引劉復云：「俯仰之間，遊心道妙，如彼釣叟，得魚而忘筌，其自得如此，固可嘉矣。」（卷1，頁17）我們須注意：劉復詮釋嵇康的詩，亦指

〔註87〕　張亞新：《漢魏六朝詩》（桂林：廣西師範大學出版社，1999 年 6 月），頁189。

〔註88〕　徐國榮：《玄學和詩學》，頁 119。

〔註89〕　謝大寧：《歷史的嵇康與玄學的嵇康》（台北：文史哲出版社，1987 年 12 月），頁 82。

〔註90〕　王岫林：《魏晉士人之身體觀》，頁 228。

〔註91〕　嵇康追尋永恆不朽的世界，曾春海《嵇康》一書亦能掌握，曾春海《嵇康》云：「人的存在原屬於自然，人的生命應回歸自然，使自己的性靈與宇宙圓融的契合爲一體。換言之，人的生命與自然化爲永恆的一體時，人才眞正是在自然中安適了性靈而在精神上獲致永恆的境界。」（頁 148）

出嵇康已於俯仰之間,「遊心道妙」,即於日用生活之間,便已臻至道,這正與嵇康「即於世俗而超越世俗」的自然論特色相吻合。則我們詮釋嵇康企圖藉由超越塵俗,將生命昇華至道境,並非無根之談,劉復亦為如此詮解嵇康的詩句。曹道衡、俞紹初注評之《魏晉南北朝詩選評》云:「太玄,猶大道也。即道家所講的深奧玄妙之道。」〔註92〕據是,則「遊心太玄」,便是「遊心於道境」的意思。

　　我們研讀嵇康詩文,一方面固然注意到嵇康有強烈的「超越性」,但是又同時注意到,嵇康時常使用「棄」、「絕」等字眼,以顯示其「捨離性」,想捨離塵俗世界,長與俗人別,遨遊於另一個世界,致使學者們在解讀嵇康詩文時,頗為困擾,也頗為歧異,侯外廬及任繼愈注意到嵇康的「捨離性」,故視嵇康為兩個世界觀者,所謂兩個世界是指:一為理想世界,一為現實世界。侯外廬及任繼愈能注意到嵇康的兩個世界觀,觀察極為敏銳;牟宗三則注意到嵇康「超越性」,故將兩個世界合而為一〔註93〕。本文基本上接受余敦康的看法(見前所引),認為這樣的歧異,反映著嵇康自我意識的轉變,當心神欲捨離,而身不得飛奔時,形、神分裂,產生侯外廬、任繼愈所持的兩個世界觀;經由身體修養後,達致羅宗強所主張的「即於世俗而又超越世俗」時,或馬良懷所說的在「俗世紅塵中建構一個精神家園」時〔註94〕,自我意識的分裂趨於諧和,此即牟宗三注意到的「超越性」。我們研究嵇康思維意識的轉變,應同時注意到嵇康的「捨離性」及「超越性」。楊自平〈嵇康養生論之養生主張與思惟表現〉,便同時注意到學者們對於嵇康「兩個世界觀」與「一重世界觀」的不同,對於我們研究嵇康養生論與思維意識之轉變,有很高的學術參考價值。嵇康〈遊仙詩〉云:

〔註92〕曹道衡、俞紹初:《魏晉南北朝詩選評》(西安:三秦出版社,2004年7月),頁89。
〔註93〕詳細的分析,請參閱楊自平:〈嵇康養生論之養生主張與思惟表現〉,頁28～29。
〔註94〕馬良懷〈世俗與超越——論向秀、嵇康對莊子的不同理解〉云:「嵇康是面對著生命讀《莊子》的思想精髓。以莊周為師,抨擊社會,超越世俗,努力開掘精神世界的空間,企圖於混亂、罪惡的現實社會之上塑造出理想人格和自由的人生意境,在俗世紅塵中建構一個精神家園。」《魏晉南北朝文學與思想學術研討會論文集》第4輯,頁699。又云:「嵇康、阮籍、劉伶等人是冷眼相視,揭露抨擊,以一種不合作的態度與之疏遠,於俗世紅塵中精心建構一個超越於世俗社會之上的具有濃厚理想色彩的精神家園,進入其中逍遙遨遊。」

蟬蛻棄穢累，結友【交】家板桐，臨觴奏九韶，雅歌何邕邕，長與
俗人別，誰能睹其蹤。（卷 1，頁 40）

〈答二郭三首之三〉云：

詳觀淩世務，屯險多憂虞。……權智相傾奪，名位不可居。（卷 1，
頁 64）

視塵俗世界爲「穢累」、「屯險」、「多憂虞」，是應加以「離棄」的對象。「蟬
蛻棄穢累」，須注意「棄」字，就因爲「離棄」塵俗，方言「長與俗人別」。
將塵俗世界視爲穢累或充滿危殆，須加離棄。其中隱含侯外廬及任繼愈主張
的兩個世界觀〔註 95〕：一是充滿危殆、穢累，須加離棄的塵埃世界，對嵇康
而言，身處塵俗，「常恐嬰網羅」（卷 1，〈答二郭三首之二〉，頁 63），一是永
不朽壞的「再度和諧」世界，離棄塵埃世界，正在成就圓滿無缺之再度諧
和世界，則「離棄」正在成就「圓滿」。當然，這是嵇康自我意識感到痛苦
〔註 96〕，尚未達致和諧狀態時，才會想捨離一者，去追求另一者。

嵇康〈雜詩一首〉亦云：

俗人不可親，松喬是可鄰。何爲濁穢間，動搖增垢塵。慷慨之遠
遊，整駕俟良辰。輕舉翔區外，濯翼扶桑津。徘徊戲靈岳，彈琴詠
太眞。滄水澡五藏，變化忽若神。嫦娥進妙藥，毛羽翕光新。一縱
開發陽，俯視當路人。哀哉世間人，何足久託身。（卷 1，頁 80）

俗人世界，代表的是「濁穢」、「垢塵」。嵇康主張「輕舉翔區外」、「彈琴詠太
眞」，注意「區外」二字，在俗人世界的區域之外，尚有一個太眞世界，這是
道的世界，人們可在道的世界徘徊戲耍，歌詠太眞，在此世界，人們可以變
化爲神人一般。兩個世界對比，「哀哉世間人，何足久託身。」值得託身的是
太眞世界之道境，塵俗世間不值得長久託身。在身體修養尚未完成之前，兩
個世界是分裂的，想絕棄俗人世界，追求太眞世界，須待身體修養成功，方

〔註 95〕 楊自平〈嵇康養生論之養生主張與思惟表現〉指出侯外廬與任繼愈皆將嵇康
　　　　 思想作二元論的理解，共通處是將嵇康的思想區分成理想世界與現實世界。
　　　　 「並認爲嵇康所嚮往的理想世界是無法實現的，因脫離現實世界而專欲實現
　　　　 理想世界是不可能的。」（頁 28）

〔註 96〕 徐斌《魏晉玄學新論》云：「他（嵇康）希望自己像宏達先生那樣，逸世高超，
　　　　 不融于流俗而保持宏遠而純潔的情懷，把理想寄托于遐思的境界之中。這種
　　　　 寄托雖然起到了支撐信念不移和調節心理平衡的作用，卻還是非曲直無法徹
　　　　 底填補（嵇、阮）他們內心那種理想無法實施的巨大失落感。所以苦悶和心
　　　　 焦隨伴著他們的後半生。」（頁 192）

知太眞世界不在俗人世界之外。

〈重作四言詩七首之六〉云：「思與王喬，乘雲遊八極。」戴明揚校注引陳祚明曰：「終不能諧俗無違，故有離世之思。」（卷1，頁51）「離世之思」，正是在不能諧俗無違的內心衝突狀態下所產生，當然「心」（神）欲離世，然而「形」卻不可能眞的離開塵世，「形」、「神」衝突，必感痛苦〔註97〕，由是而言，身體修養對於安頓自家生命而言，確有必要。〈重作四言詩七首之七〉云：「逍遙天衢，千載長生。」（卷1，頁52）想藉由遊仙，逍遙天衢，以獲得長生。

形、神衝突的問題，須經身體修養，體悟至「超越意識」後，方能獲致解答。嵇康〈兄秀才公穆入軍贈詩十九首之十八〉云：

> 琴詩自樂，遠遊可珍。含道獨往，棄智遺身。寂乎無累，何求於
> 人。長寄靈岳，怡志養神。（卷1，頁19）

《莊子・達生》云：「夫欲免爲形者，莫如棄世，棄世則無累。」〔註98〕《莊子》主張棄世無累，嵇康則「棄智遺身」，視智巧及形軀，皆爲須加超越的對象，超越之後，方可到達一寂靜無累之「再度諧和世界」，〈與山巨源絕交書〉亦云：「吾頃學養生之術，方外榮華，去滋味，游心於寂寞，以無爲爲貴。」（卷2，頁125）〈兄秀才公穆入軍贈詩十九首之十八〉超越的是智巧及形軀，藉由超越世俗塵埃世界之對象物，以完成達致寂寞無爲之「再度諧和世界」的目的。「遊心於寂寞」、「遊心於玄默」（卷1，〈重作四言詩七首之五〉，頁50）、「遊心大象」（卷1，〈酒會詩七首之四〉，頁74）、「遊心皓素，忽然坐忘。」（卷3，〈卜疑集〉，頁138）即爲「遊心於道境」或說「遊心於道妙」的意思〔註99〕，〈知慧用有爲〉云：「大人玄寂無聲，鎮之以靜自正。」（卷1，頁42）只有體會至「道境」之「大人」，方能做到「玄寂無聲」、「以靜自正」。

〈兄秀才公穆入軍贈詩十九首之十八〉，藉由超越塵埃世界，以逼近於

〔註97〕楊自平〈嵇康養生論之養生主張與思惟表現〉云：「對於侯氏等人對嵇康思想的理解，認爲嵇康一方面否定客觀世界的不圓滿，故幻想了理想世界；同時又因無法企及理想的概念界，而人只能虛蕩於二者間，無奈地實踐導養盡性的作法。」（頁29）

〔註98〕〔周〕莊周：《莊子》卷7，頁1。

〔註99〕戴明揚校注：「老子：執大象，天下往。河上公注：象，道也。」（卷1，頁74）是故，大象即爲大道的意思，「遊心大象」，便是遊心於道的意思。

道，嵇康認爲這是一種「養生之術」，可解決「形」、「神」衝突的痛苦。林師安梧《人文學方法論──詮釋的存有學探源》云：「庖丁解牛其實是以消極性的瓦解，來說積極性的建構。」〔註100〕嵇康超越塵埃世界之對象物，此爲「消極性的瓦解」；「上通於道」，方是嵇康養生之術積極性的建構。是故，嵇康的養神論，並非僅爲一種心性之學而已，而是屬於企圖「上通於道」之「存有學」，我們須從「詮釋的存有學」的角度，方能得其意蘊。〈答二郭三首之二〉云：「遺物棄鄙累，逍遙遊太和。」（卷1，頁63）亦是經由「消極性的瓦解」（遺物棄鄙累），方能達致「積極性的建構」（逍遙遊太和），嵇康乃藉由超越世累，上通「存有的根源」。牟宗三《才性與玄理》詮釋嵇康〈聲無哀樂論〉時，指出「此一套是存有形態」〔註101〕；其實嵇康養生論，以趨於「存有的根源」爲目標，故其中亦含有存有形態。企圖在「俗世紅塵中建構一個精神家園」，將價值安立在永不朽壞的道境〔註102〕，道境以其永不朽壞之價值，故每每成爲嵇康「遊心」時企盼完成的境界〔註103〕。且此道境是藉由「超越塵俗」來完成，是故，「超越」乃成爲通往「再度之和諧」此種「道境」必要的「通道」或方法。

第七節　結　語

　　嵇康視身體爲由形、神兩部分所組成，所以身體修養論自當由養形、養神兩方面去著手，故可說「形神共養，這是嵇康養生的總原則」〔註104〕。養形方面，嵇康主張預防以養生、戒欲以養生及資妙物以養生；養神方面，主張「滌情蕩欲」，若能如此，功效有三：（一）有助於超越人間，以歸返於「存有之根源」。（二）避免侵性傷身，以調護生命。（三）有助於養氣之完成，維持體氣和平之和諧狀態。養神不但有助於養氣之完成，對於人道之法天道，

〔註100〕林師安梧：《人文學方法論──詮釋的存有學探源》（新店：讀冊文化事業有限公司，2003年7月），頁275。

〔註101〕牟宗三：《才性與玄理》，頁356。

〔註102〕曾春海《嵇康》云：「保全人的自然生命以及將一切回歸於道的懷抱，成爲嵇康的人生目標，因而有〈養生論〉和〈答難養生論〉之作。」（頁85）

〔註103〕道境爲嵇康思欲追求的境界，但是不能說是嵇康思欲追求的對象，若說是嵇康追求的對象，則此爲一主客分立之狀態，顯非道境。道境自爲超乎主客分立，故不宜以主客分立之模式去加以詮解。

〔註104〕陳戰國：〈嵇康的思想〉，頁213。

亦有其效。無論是養形或養神，方法雖異，歸趣則同，皆求延長年壽。甚至希望透過「超越」、「遊心」的歷程，「思欲登仙，以濟不朽。」藉由超越塵俗，以歸返「再度和諧」之「存有的根源」，此乃一無所虧缺的世界，不但是無所虧缺的世界，生命亦可不朽。神仙當然不是每個人都能達致〔註105〕，但是藉由超越塵俗，以求心靈的超昇，卻是每個從事身體修養的人，都能完成的事，若依嵇康的思路，從事身體修養，至少可以延年久壽。

就因為經由身體修煉，可由身以入道，所以身體是可貴的，甚至可說「身體貴於天下」，此乃身體修養的原因，而養生之重要性由是而得。

嵇康之所以持貴身論，與他觀念中的「兩個世界觀」有關：一個是塵埃世界，其特徵是穢累的、危殆的、暫見忽終的，無有恆性。二是「再度諧和的世界」，藉由超離意識，可由身以入道，進入「存有的根源」，這是一個圓滿無缺的世界，具永恆性。政治上之統治「天下」，乃屬形下之塵埃世界，本無永恆性，兼以穢累、危殆、暫見忽終，嵇康並不主張加以追尋；正因為形下世界為穢累、危殆、暫見忽終，所以更加顯得修養身體以超越形下塵埃世界，向形上世界提昇是急迫的事，嵇康正主張「思欲登仙，以濟不朽。」身體修煉，除可使身體處於諧和之狀態，使人道與天道相合外〔註106〕，尚可由身入道，進入嵇康追尋的永恆形上世界，或如高華平所言，進入最高玄學本體的世界〔註107〕，這正是一個不朽的世界，嵇康之所以持「身體貴於天下」之「貴身論」，便可從中得到理解。

當然，嵇康作品中的「超越意識」，係即於「塵埃世界」，以「絕」、「棄」之工夫，求證悟至「再度諧和的世界」，亦即，係就既有之世界，來作提昇，並非捨棄既有之世界。嵇康認為，在「大樸未虧」時，世界是完整為一的，「大道陵遲」（卷 7，〈難自然好學論〉，頁 259～260）後，「原始的自然和諧狀態被打破了」〔註108〕，世界分裂為二，此即「主客世界二分」〔註109〕、「形

〔註105〕嵇康有神仙定命論的思想，牟宗三《才性與玄理》云：「此乃〈養生論〉之大旨。一、導養可以延年。二、神仙不可力致。關於第二點，嵇康亦有定命論之思想。……嵇康謂神仙似特受異氣，稟之自然，非積學所能致，此亦是從先天之氣稟說，即從才資說。」（頁 323）

〔註106〕曾春海《嵇康》云：「天地的本性就是和諧性。」（頁 201）據是，則人經由身體修煉，使身體趨於和諧狀態，是使人道與天道合而為一。

〔註107〕高華平《魏晉玄學人格美研究》云：「在嵇康看來，神仙乃是最高玄學本體自然之和、天地之醇和、太和的人格化的名稱。」（頁 227）

〔註108〕陳戰國：〈嵇康的思想〉，頁 210。

上形下爲二」，一爲濁穢的世俗世界，一爲永恆的形上世界〔註110〕，此時，雖「形」停留於世俗世界，「神」則嚮往飛昇形上世界〔註111〕，「形」、「神」分裂，「神」欲飛昇而實了不可得，使自我意識在理想與現實之間擺盪，必痛苦萬分〔註112〕。是故，身體修養是有其必要性的。

　　世界觀之分裂，實反映著自我意識的無法諧和統一，此爲自我內在生命的衝突，此即爲余敦康所說的嵇康將「自我意識突出到首位」〔註113〕。經「形神雙養」之「絕」、「棄」、「忘」〔註114〕、「因任」〔註115〕、「虛靜」〔註116〕、「盪喜怒，平神氣」、「無措」等工夫後〔註117〕，「嵇康在出世與入世問題上已

〔註109〕章啓群〈論嵇康哲學自然觀〉云：「嵇康對於客觀自然世界的獨立存在的論述，以及主客世界二分的思想，則達到了哲學本體論的又一新的高度。」收於章啓群：《論魏晉自然觀》（北京：北京大學出版社，2000年8月），頁76。

〔註110〕余敦康〈阮籍、嵇康的自然論玄學〉認爲嵇康傾慕的精神境界爲「脫離了現實生活的彼岸世界」，頁321。

〔註111〕高華平便指出嵇康的〈卜疑〉便反映了嵇康的出世追求，參閱高華平：《魏晉玄學人格美研究》，頁221。

〔註112〕曾春海〈嵇康的審美表現及生命美學〉云：「面對思馬氏集團的龐大惡勢力，其內心不滿卻無力改革現狀。在理想與現實的矛盾衝突中，他感報痛苦、焦慮與無奈、其身、心、靈的安頓遂亦轉向老莊的生命理想以超脫現實生活的諸般憂慮與痛苦。」收於國立成功大學中文系編：《魏晉南北朝文學與思想學術研討會論文集》第4輯（台北：文津出版社，2001年10月），頁788。又云：「在理想與現實強烈衝突、矛盾與斷裂下，守正不阿，剛烈不屈的嵇康其內心所飽受的痛苦之煎熬可想可知了。」（頁799）

〔註113〕余敦康：〈阮籍、嵇康的自然論玄學〉，頁317。

〔註114〕徐斌《魏晉玄學新論》云：「阮籍和嵇康最終都通過坐忘途徑，進入到神幻境界內勾畫自己的理想。」（頁179）

〔註115〕因任亦爲嵇康身體修養的工夫，李玲珠《魏晉新文化運動──自然思潮》云：「名教與自然決裂後，人喪失自然之性益深，欲念之逐物，智識之濫用，名教隨事而立，人倫秩序失衡，最有效的解決辦法是使歸返自然。在嵇康思想中，因任自然是反本的重要工夫。」（頁159）又云：「嵇康面對自然的態度只強調因任，人只能透過不斷的超越，超越外物，超越自我，因任自然，自能解脫，企及逍遙。」（頁163）

〔註116〕蔡忠道《魏晉儒道互補之研究》云：「如何做到越名任心呢？嵇氏認爲必須超越矯造與欲望，超越之道在於氣靜神虛、體亮心達，以虛靜的工夫超越是非的糾葛。」（台北：文津出版社，2000年6月），頁91。

〔註117〕「忘」爲嵇康身體修養之方法之一，孔繁《魏晉玄談》云：「嵇康土木形骸，阮籍忽忘形骸，即是自喪自忘，都忘外內，泯除物我，是精神超越達到道的境界。」（台北：洪葉文化事業有限公司，1994年2月），頁64。又「無措」亦爲身體修養方法之一，高晨陽《儒道會通與正始玄學》云：「嵇康主張無措：

超越彼此之是非、對立」〔註118〕，即於世俗而證悟形上世界（自然之道），達到「出世與入世的和諧統一」〔註119〕，分裂之兩個世界，又復歸爲一，「形」與「神」之分裂對立，亦趨消亡，泯合無間，無二無別，此時，自我意識的衝突便自然消失。是故，就嵇康的世界觀來說，我們可以看到嵇康自我思維意識的轉變，而這樣的轉變，既與「復歸自然之道」之「自然論」宗旨有關，又與其「養生理論」調養自家生命復歸諧和統一有關，因此，養生以求「形」、「神」諧和〔註120〕，實有助於將分裂之思維意識復歸於統一，以求得自家生命之圓滿。「自然之道治療法」，便成爲自我療癒的重要方法。能如此，方能使生命復歸和諧。高華平《魏晉玄學人格美研究》便指出嵇康以和諧境界爲其人格美理想努力追求的目標〔註121〕，嵇康主張透過養生，使生命復歸諧和，正可與高華平之說，相互參證、輝映。

　　嵇康養生論既指出養生的重要性，也指出養生的正確方法，及養生的理想境界。在養生重要性方面，可透過養生，使生命復歸於自然諧和，由身入道；在養生正確方法方面，指出形神須雙養，以預防、戒欲、資妙物、虛靜、因任、道療（自然之道治療法）等，爲身體修養的具體方法與原則；在養生之理想境界方面，企盼能將理想世界與現實世界泯合爲一，即世俗而超世俗，既達養生論之理想，亦達自然論之理想境界，是故，嵇康養生論與自然論之究極歸趣，實乃絪合爲一。

矜尚不存乎心、情不繫于所欲，不在名教上生心，化解種種造作執著。從理論上說，無措與正始玄學所說的崇本息末相通，同屬於爲道日損的工夫。」（濟南：齊魯書社，2000年1月），頁374。

〔註118〕高華平：《魏晉玄學人格美研究》，頁219。

〔註119〕高華平：《魏晉玄學人格美研究》，頁216。

〔註120〕高華平《魏晉玄學人格美研究》云：「與竹林七賢其他成員相比，嵇康的人格和人格美思想的第三個突出特點，就是在自覺追求個體人格生命形神和諧的基礎上而將宗教審美化。」（頁221）葉海煙詮釋嵇康身體觀時，亦認爲嵇康採取形神二而一的身體觀，係形神合一論。參閱葉海煙：〈玄理與飲食之道——以阮籍和嵇康爲例〉，《老莊哲學新論》，頁294。

〔註121〕高華平：《魏晉玄學人格美研究》，頁207。又云：「嵇康人格和人格美思想的最大特點，是追求通過藝術化、審美化的人生實踐方式，實現個體人格生命上貫作爲宇宙本根的形上本體，並自覺地以自己的真性情、真生命去達到與那個至大至善至樂的形上本體和諧統一、冥符。」（頁208）

第六章　嵇康身體修養論（二）
——以相須論爲中心的探討

第一節　前　言

身體哲學爲現代哲學界之顯學，有許多研究人員集中心力來加以研究，筆者也撰寫過〈郭象身體思維〉〔註1〕、〈嵇康養生論探析〉〔註2〕，然而至今學術期刊上，仍然罕見探討嵇康（223～262）以身體爲中心開展出的相須哲學，這可能與嵇康身體哲學資料太多，不易整理有關，也可能與嵇康義理精深，要讀通其理路，並不容易〔註3〕，有些關聯。

針對嵇康身體哲學資料太多的問題，我的處理方法是將材料分爲「嵇康養生論」，與「嵇康相須論」兩篇文章來作討論。「嵇康養生論」主要是論述嵇康之「貴身論」以及養神、養形方面的主張。然而爲了避免讀者誤以爲嵇康哲學中形、神既可分述，則二者似無關係，所以論述二者之關係，便成爲必要的補充。且嵇康身體哲學中，十分強調「相須之理」，「相須」二字或其義理，一再反覆出現，「相須」的觀念，可說是理解嵇康身體思維模式的「金鑰」，吳冠宏〈鍾情與玄智的交會——嵇康聲無哀樂論之理解新向度〉云：「相異兩端進一步相須以合德的玄同關係，更是嵇論中值得注意的思維向度。」

〔註1〕 拙作〈郭象身體思維研究〉，《彰化師大國文學誌》第13期，2006年12月，頁21～60。
〔註2〕 拙作〈嵇康養生論探析〉，刊登於中興大學文學院《興大人文學報》第38期，2007年3月，頁121～164。
〔註3〕 童強：《嵇康評傳》云：「對嵇康的理解始終處於不斷深入的過程之中。他的著作深奧難解，需要有新的角度和多個層面上的詮釋。」（頁2）

〔註4〕相須關係為理解嵇康思維的新向度，掌握此值得注意的新向度，才能讀懂嵇康〈明膽論〉、〈難宅無吉凶攝生論〉、〈答釋難宅無吉凶攝生論〉、〈養生論〉、〈聲無哀樂論〉等名作。

謝大寧《歷史的嵇康與玄學的嵇康》云：「嵇康的思想無疑仍是一個有機的統一體。」〔註5〕謝大寧的著作頗多精闢之見，極具啟發性。視某一文本為一個有機的統一體，此種觀念較近於「新批評」的文本理論，董希文《文學文本理論研究》說：「新批評理論的立論基礎就是將文本視為一個有機統一體，從文本作為一種類似生命形式出發研究其內部要素的組合規律及各自特性。文本各部分之間雖有矛盾與對立，但在結構形式的統轄下，呈現為矛盾的對立統一。」〔註6〕文本各組成要素之間，即使有矛盾對立，然而其整體仍為一有機統一體，在對立之中，仍具統一性。既然謝大寧認定嵇康的文本為有機統一體，我們便可以確定嵇康的作品之中，必有其統一性，即使嵇康「並無建立系統的企圖」〔註7〕，也無礙於其統一性之存在。謝大寧又說：「這一論辯（卜宅的論辯）還有可能模糊了他在〈養生論〉中的主要論點，因此這一辯論完全不足以增益對嵇康的了解，我們也大可不必去討論其論辯的內容。」〔註8〕好的學術著作，常常可以給我們很多啟發。謝大寧的意見便可刺激我們去思考：嵇康的思想既然是一個有機的整體，諸篇論辯文之間應有統貫之理，否則就不能視之為有機的整一體。此種統貫之理，就算不出現在每一篇文章之中，但是在嵇康較有義理代表性的論辯文中，應常有此種統貫之理存在。嵇康關於卜宅的論辨，也應從這種統貫之理的角度去索解，方為切合於文本；也應該從此種統貫之理去理解與詮釋，方能看出其意義；也只有從統貫之理去詮釋，各篇主要的論辯文之間，才不會相互衝突。嵇康論辯文中，內容上的不一致、不聯貫，並非是自然的結果〔註9〕，而是可藉

〔註4〕 吳冠宏：〈鍾情與玄智的交會——嵇康聲無哀樂論之理解新向度〉，《魏晉玄義與聲論新探》（台北：里仁書局，2006年3月），頁232。

〔註5〕 謝大寧：《歷史的嵇康與玄學的嵇康》（台北：文史哲出版社，1997年12月），頁11。

〔註6〕 董希文：《文學文本理論研究》（北京：社會科學文獻出版社，2006年3月），頁193。

〔註7〕 岑溢成：〈嵇康的思維方式與魏晉玄學〉，《鵝湖學誌》第9期，1992年12月，頁39。

〔註8〕 謝大寧：《歷史的嵇康與玄學的嵇康》，頁113。

〔註9〕 岑溢成〈嵇康的思維方式與魏晉玄學〉云：「面對嵇康這些論辯在實質內容上

由選取不同的詮釋視角，找到統貫之理，將不一致、不聯貫，變成爲一致、
聯貫。

當我們在詮釋嵇康的〈養生論〉、〈答難養生論〉與〈難宅無吉凶攝生論〉、
〈答釋難宅無吉凶攝生論〉，如果覺得彼此義理會相互衝突，固然有可能是作
者嵇康思緒不清造成，但是若文本是一個有機的整體，必有其內在的貫串脈
絡，亦即有其統一性存在，則當我們覺得彼此義理相互衝突，或某一文章會
削減另一篇論辯文的論點時，很有可能是我們本身的詮釋模型不切合於文本
所造成，若是如此，調整我們的詮釋模型，以求文本義理脈絡的相互統貫，
便成爲必要之舉。因此，尋求一種新的詮釋模式，以切合文本，便成爲必要
且迫切的事。

嵇康論辯文之間相互統貫之理，便是嵇康反覆提及的「相須之理」。童強
《嵇康評傳》云「嵇康把認識論的目標確定在求理上。」〔註 10〕「嵇康之論，
特別強調理在論證過程中所具有的重要地位。」〔註 11〕所求之理很多，其中
以「相須之理」尤其重要，嵇康認爲至理可以求諸身而後悟〔註 12〕，相須之
理便可求諸身而得。「相須」二字，或其義理，在嵇康身體哲學中，顯居重要
地位，無論是論述陰陽關係、形神關係、人宅關係，皆環繞「相須之理」來
作論述，所以本文將依照「陰陽相須」、「形神相須」、「人宅相須」之脈絡，
來介紹嵇康身體哲學中蘊含著一套眾人極易忽略的「相須論」。介紹之順序是
依照由「自身之構成」到「自身之內外」，再由「自身之內外」，探討到「人
地關係」。

「相須之理」在魏晉玄學中，並非只有嵇康在探討，《三國志・魏書・卷
十八・李通傳》裴松之注引王隱《晉書》云：「清慎之道，相須而成。必不得
已，慎乃爲大。」〔註 13〕指出「清」與「慎」相須而成；杜恕〈議考課疏〉

很難確定有什麼意義時，我們在詮釋的策略上就必須有所抉擇。最簡單的處
理方式就是把這些論辯都看成詭辯，把這些文章內容上的不一致、不聯貫視
爲自然的結果。」（頁 51）

〔註 10〕童強：《嵇康評傳》，頁 4。

〔註 11〕童強：《嵇康評傳》，頁 195。

〔註 12〕嵇康〈答難養生論〉云：「夫至理誠微，善溺於世，然或可求諸身而後悟，校
外物以知之者。」戴明揚校注：《嵇康集校注》卷 4（台北：河洛圖書出版社，
1978 年 5 月），頁 249。以下引用本書，除了必要的補充說明外，將不再於注
腳注明出處，以省篇幅。

〔註 13〕〔晉〕陳壽：《三國志》第 1 冊（台北：鼎文書局，1997 年 5 月），頁 536。

云：「君為元首，臣為股肱，明其一體相須而成也。」〔註14〕杜恕《體論・君第一》云：「《書》稱君為元首，臣為股肱，期其一體相須而成也。」〔註15〕《體論・臣第二》云：「凡人臣之于其君也。猶四肢之戴元首，耳目之為心使也，皆相須而成為體，相得而後為治者也。故〈虞書〉曰：臣作股肱耳目。……斯須無君，斯須無臣，是斯須無身也。故臣之事君，猶子之事父，而加敬焉。父子至親矣，然其相須，尚不及乎身之與手足也。」〔註16〕指出君與臣一體相須，就如同元首與股肱的關係，也是一體相須。杜恕已經明確使用身體器官之相須之理，來闡述政治上之君臣關係。

　　杜恕主張君臣相須；劉邵主張英雄相須、明膽相須〔註17〕、愛敬相須〔註18〕；王弼主張善惡相須〔註19〕、詩禮樂三體相扶〔註20〕、外內相須〔註21〕、終始相須〔註22〕、陰陽相成〔註23〕。

〔註14〕〔清〕嚴可均：《全三國文》下冊，卷41（北京：商務印書館，1999年10月），頁431。

〔註15〕〔清〕嚴可均：《全三國文》下冊，卷42，頁435。

〔註16〕〔清〕嚴可均：《全三國文》下冊，卷42，頁437。

〔註17〕《人物志・英雄》劉昞注：「膽者，雄之分；智者，英之分。英有聰明，須膽而後成；雄有膽力，須知而後立。」（頁29）

〔註18〕《人物志・八觀》劉昞注：「愛敬相須，不可一時而無。」參閱劉邵著，楊家駱主編：《人物志》，頁35。

〔註19〕王弼《論語釋疑》引《皇疏》云：「聖人有則天之德。所以稱唯堯則之者，唯堯於時全則天之道也。蕩蕩，無形無名之稱也。夫名所名者，生於善有所章而惠有所存。善惡相須，而名分形焉。若夫大愛無私，惠將安在？至美無偏，名將安生？故則天成化，道同自然，不私其子而君其臣。凶者自罰，善者自功，功成而不立其譽，罰加而不任其刑。百姓日用而不知所以然，夫又何可名也。」參閱樓宇烈校釋：《王弼集校釋》下冊，頁626。

〔註20〕王弼《論語釋疑》云：「言為政之次序也。夫喜、懼、哀、樂，民之自然，應感而動，則發乎聲歌。所以陳詩採謠，以知民志風。既見其風，則損益基焉。故因俗立制，以達其禮也。矯俗檢刑，民心未化，故又感以聲樂，以和神也。若不採民詩，則無以觀風。風乖俗異，則禮無所立，禮若不設，則樂無所樂，樂非禮則功無所濟。故三體相扶，而用有先後也。」參閱樓宇烈《王弼集校釋》下冊，頁625。樓宇烈《王弼集校釋》注：「三體，指詩、禮、樂。相扶，互相輔助。」（頁635）是知王弼主張之三體相扶，其意涵即為詩、禮、樂三體相須，互相輔助之意也。

〔註21〕王弼《周易注・下經》云：「家人之義，以內為本，故先說女也。由內以相成，熾也。」參閱樓宇烈《王弼集校釋》下冊，頁401。王弼主張以內為本，內外相成，此即為內外相須之意也。

〔註22〕王弼《周易注・下經》云：「各得所恆，修其常道，終則有始，往而無違，故利有攸往也。」（頁377）又云：「得其常道，故終則復始，往無窮（也）【極】。」

郭象《莊子注》亦云：「聖應其內，當事而發矣。言其外，以暢事情。情暢則事通，外明則內用，相須之理然也。」〔註24〕有其內情，才能當事而發；外顯之言語行爲，正在表達內在之情意。內以通外，外以顯內，內外相須，並非單獨成立。郭象雖然不承認事物之間具有因果性，但是對於「內外相須」此種「相須之理」，他是接受的。

《世說新語‧排調》第四十三則中，亦出現「脣齒相須」之敘述：

> 王子猷詣謝萬，林公先在坐，瞻矚甚高，王曰：「若林公鬚髮並全，神情當復勝此不？」謝云：「脣齒相須，不可以偏亡。鬚髮何關於神明？」林公意甚惡。曰：「七尺之軀，今日委君二賢。」〔註25〕

謝萬指出身體感官之間，具有「相須關係」的存在。

所謂「相須」，便是「相待」的意思。「相待」顯示的義理，便是相異的兩端或多端，雖相歧異，然而卻能相濟相成。因此，彼此雖相歧異，卻非不可交流，自身可成全對方，對方亦可成全自身，彼此爲相互依存、相須相待之關係，「失去了一方，另一方就無法孤立地存在」〔註26〕，具有張岱年所說的「眾多相異者之相成而相濟」之關係〔註27〕。亦即嵇康之「相須之理」有二重點：（一）相須之對象：相異之兩者或多者。（二）相須之原理：彼此相成相濟，若失去對方，自身亦難單獨成立。彼此相互依存，共爲一體。

若以張岱年《中國哲學大綱》所架構的系統思維方式而言，嵇康相須理論，屬於「兩一關係」中的「對待之合一關係」中之「對待之相倚關係」

（頁378）又云：「歸妹，相終始之道也。」（頁488）又《周易注‧上經》云：「至睽將合，至殊將通，恢詭譎怪，道將爲一。」樓宇烈注：「意爲乖異、殊別到了極點，則將走向其反面而合之、通之。有物極必反之意。」（頁409）又云：「無往而不復也。」（頁277）又云：「處飾之終，飾終反素。」（頁328）始而爲終，終而爲始，此終始相成相須之意也。

〔註23〕王弼《周易注‧下經》云：「長陽長陰，能相成也。」（頁378）又云：「長陽長陰，合而相與，可久之道也。」（頁379）此即爲陰陽相成相須，合而相與之意也。

〔註24〕〔晉〕郭象《莊子注》，卷9〈外物注〉（台北：臺灣中華書局，1993年6月），頁4。

〔註25〕余嘉錫：《世說新語箋疏》，頁810。

〔註26〕陳鼓應、白奚：《老子評傳》（台北：文史哲出版社，2002年7月），頁164。

〔註27〕張岱年：《中國哲學大綱》（北京：中國社會科學出版社，1997年4月），頁112。

〔註28〕，以及「對待之綜合關係」〔註29〕。老子所言，本爲「對待之合一關係」，與「對待之綜合關係」〔註30〕，嵇康相須理論之思維方式，近於老子。

　　就因爲嵇康身體哲學中，時常以「相須關係」爲其固定的思維模式，所以「相須關係」爲其身體哲學一項鮮明的特色，此可以「相須論」名之。本文便以「嵇康相須論」爲題，來探討這種身體思維的特色，希望對於嵇康思維方式之研究，能開闢出新的視域。

　　嵇康此種相須之理，出於「三玄」。三玄之中，無論是偏於儒家之《易傳》，或是屬於道家之《老》、《莊》，依據劉述先的詮釋，都蘊含「攝對立於統一」的義理〔註31〕。如《易傳》本有「陰陽和合」的主張，「陰陽和合」將「對比的兩端」，渾化爲「辯證和合」的總體，劉述先便認爲陰陽是「對立而統一的互補結構」〔註32〕。雖未直接提及「相須之理」，然而在「陰陽和合」、「陰陽合德」之中，已蘊含有「相須之理」；莊學亦涵具相須之理，曾春海〈莊子形神關係的人生觀〉便指出：「莊子以神導形，以形傳神。」〔註33〕「形神交養，形神並茂。」〔註34〕莊子雖未直接說出「形神相須」，但從「形神交養」之中，已有此種義理內涵。

　　另外《老子‧第二章》云：「天下皆知美之爲美，斯惡矣；天下皆知善之爲善，斯不善矣。故有無相生，難易相成，長短相形，高下相盈，音聲相和，前後相隨，恆也。」張松如《老子說解》云：「事物總是一分爲二，二又共處於一中，矛盾著的兩個方面，互相依存，又互相轉化。」〔註35〕「老子不只

〔註28〕 所謂「對待之相倚」，「即對待者相依而有。有此而後有彼，有彼而後有此；無彼亦無此，無此亦無彼。」參閱張岱年：《中國哲學大綱》，頁109。

〔註29〕 所謂「對待之綜合關係」，「即對待綜合爲一以成爲更圓滿的事物。甲與非甲對待，而甲可以容納非甲，以得到甲之圓滿。此爲老子獨有的觀念。此所謂綜合，與交參不同。交參即甲本來含儲非甲，此則謂甲與非甲相融合而達到一個新型態。」參閱張岱年：《中國哲學大綱》，頁110。

〔註30〕 張岱年：《中國哲學大綱》，頁112。

〔註31〕 劉述先：〈對於全球對話的時代的回應〉，《鵝湖月刊》第377期，2006年11月，頁10。

〔註32〕 劉述先：〈對於全球對話的時代的回應〉，頁9。

〔註33〕 曾春海：〈莊子形神關係的人生觀〉，收於臺灣大學哲學系：《中韓東西哲學中之心身關係與修養論學術研討會論文集》，2006年7月19日，頁3。

〔註34〕 曾春海：〈莊子形神關係的人生觀〉，頁8。

〔註35〕 張松如：《老子說解》（濟南：齊魯書社，2006年6月），頁22。

教人看重相對的比較的關係，而且教人更看重超脫相對關係的絕對的統一關係。……老子雖然非常重視矛盾的對立和轉化，而且這種重視對立物的相互影響、相互滲透，相互轉化的見解，是樸素辯證法思想的具體運用。」〔註36〕對立的雙方，相互依存〔註37〕，相互滲透，相互轉化，且可超脫對立，具絕對的統一關係。對立的兩端，可趨於「辯證和合」之關係，袁保新注《老子·第二章》云：「有無、難易、長短、高下、音聲、前後等六者之名都是相對相依而言者，不可單獨偏舉。」〔註38〕老子此種相對相依、不可單獨偏舉之哲理，確實近於嵇康，是故，牟宗三會認爲嵇康多得於老子，牟宗三《才性與玄理》便說：「彼能自解於政治與經學之束縛，而依據莊老以談理。彼似多得於老子，而首先寄託其生命於養生。」〔註39〕牟宗三認爲嵇康多得於老子的判斷，是正確的。高晨陽也指出：「（嵇康）他的思想與老子的思想有直接的關係。」〔註40〕高晨陽的判斷，同於牟宗三。

　　林師安梧《新道家與治療學》也說：「道家對於話語的介入所導致的麻煩，有一種強烈而深刻的洞察力。凡話語系統介入，做成一套線性思考，必從原來的融通和合變成對比的兩端，甚至變成對立矛盾的兩端。所以必須通過一個回返的活動，從那個對立而矛盾的兩端，轉成對比的兩端，再轉成辯證和合的總體。」〔註41〕老子的這種辯證思想，與嵇康「相須論」之義理內涵，實相近似，嵇康「相須論」，亦認爲對立的雙方，相互依存，且可合爲一體，這方面確實是近於老子，差別在於老子認爲對立的雙方，可以相互轉化，《老

〔註36〕張松如：《老子說解》，頁23。

〔註37〕陳鼓應、白奚云《老子評傳》：「老子以其豐富的生活經驗所透出的智慧告訴人們：事物常在對待的關係中產生，我們必須對事物的兩端都加以徹察，必須從正面去透視負面的意義，對於負面意義的把握，更能顯出正面的內涵；所謂正面與負面，並不是兩種截然不同的東西，它們經常是一種依存的關係，甚至於經常是浮面與根底的關係。」（台北：文史哲出版社，2002 年 7月），頁 179。又說：「相對待的事物之間的這種依存關係，就是所謂的相反相成。」（頁 169）又說：「在老子的辯證思維中，對反雙方的關係是複雜的，不只是對立和依存。從表面上看，對反的雙方是相持不下、互不相容的，但老子經過深入的觀察和思考後發現，它們之間又是互相包含、互相滲透的。」（頁 170）

〔註38〕袁保新導讀：《老子》（台北：金楓出版社，1986 年 10 月），頁 15。

〔註39〕牟宗三：《才性與玄理》（台北：學生書局，2002 年 8 月），頁 319。

〔註40〕高晨陽：《阮籍評傳》（南京：南京大學出版社，1997 年 3 月），頁 292。

〔註41〕林師安梧：《新道家與治療學》（台北：臺灣商務印書館，2006 年 8 月），頁118。

子‧五十八章》云：「正復爲奇，善復爲袄。」正與奇相對，善與袄相對，然而對立面可以互相轉化，正可爲奇，善可爲袄。老子主張對立轉化、循環相生之理，而在嵇康「相須論」中，某一者不可轉化爲另一者，如嵇康主張的「人宅相須論」中，人不可爲宅，宅亦不可爲人；「形神相須論」中，形不可爲神，神亦不可爲形。也就是說，嵇康取老子對立相依、不可偏舉之理，但是放棄老子對立轉化、循環相生之理。

第二節　陰陽相須，明膽相須

　　一般而言，理論系統若以綱領與綱目相區分，則須先掌握綱領，掌握綱領後，再去掌握綱目，便能收以簡御繁之效。試問嵇康哲學之「綱領」爲何呢？〈明膽論〉有一段話頗堪玩味：

> 夫論理性情，折【析】引異同，固尋所受之終始，推氣分之所由。
> 順端及末，乃不悖耳。今子欲棄置渾元，捃摭所見，此爲好理綱目，
> 而惡持綱領也。（卷6，頁252～253）

嵇康哲學極爲重視「氣論」，視萬物爲「氣」所化生，若欲推尋所受之終始，便應推氣分之所由。萬物所稟之氣，試問從何而生呢？嵇康認爲「渾元之氣」爲其源頭，這是一種自然氣化論的思想。嵇康便將「渾元之氣」，視爲「論理性情，析引異同」時之「綱領」。須先掌握嵇康自然哲學是以「渾元之氣」爲其「綱領」，才能「順端及末」，掌握「綱目」。嵇康既視萬物爲從渾元之氣化生出來，是故，可說就「起源義」來說，萬物爲同一來源，這可稱爲「一源性」或「同源性」。童強《嵇康評傳》云：「萬物的這種一原性使得萬物之間自然形成相互關聯、相互影響的關係。」〔註42〕一源性既使萬物之間，形成相互關聯、相互影響的關係，且嵇康之一源性在於「渾元之氣」，據是，則嵇康相須論的產生，實可溯源至「渾元之氣」這「一源性」。

　　嵇康稱原始混沌之氣爲「元氣」，元氣生太素，太素爲具有生成性之實體〔註43〕，混沌未分之太素，可分化爲陰陽二氣〔註44〕，陰陽爲「兩種具對比

〔註42〕童強：《嵇康評傳》，頁430。
〔註43〕童強《嵇康評傳》云：「太素實際上是哲學本體的概念，但這裡被設想爲生成性的，因此具有實體的性質。」（頁273）
〔註44〕何謂陰陽？陳鼓應、白奚詮釋陰陽爲「兩種相反相成的要素或性質」，參閱陳鼓應、白奚《老子評傳》，頁118。或說是「兩種對立勢力」，頁119。劉長林

性差異的氣」〔註45〕，或說是作用於宇宙萬物的「兩類性質不同的事物或兩種相反的勢力」〔註46〕。經由陰陽二氣，才能化生萬物，是以〈明膽論〉云：「夫元氣陶鑠，眾生稟焉。」（卷6，頁249）嵇康吸收兩漢建構的元氣論，主張「氣一元論」，認爲萬物皆由「元氣」所產生，徐斌《魏晉玄學新論》說：

> 嵇阮只汲取了老子和莊子的宇宙生成論，形成氣一元論思想，而剔除
> 了漢儒天人說中將天象與人事對應穿鑿的神秘、迷信成份。〔註47〕

其實嵇康並非只吸收老莊自然氣化論，他也吸收兩漢氣化論，曾春海〈氣在魏晉玄學與美學中的理論蘊義〉便說：

> （嵇康）他承襲了兩漢以來所建構的「元氣」或「太素」之至一，
> 開展爲「陰陽」或「兩儀」之二化，再流衍成五行，終成就「眾
> 生」或「萬物」的繁然富有之現實世界。簡言之，這是一、二、五
> 的宇宙萬物生成模式。嵇康的論述也深受這種傳統的宇宙論模式影
> 響。〔註48〕

曾春海的看法精闢深刻，十分正確。嵇康既然深受兩漢宇宙論模式之影響，自然不能說他只接受先秦老莊的宇宙生成論。徐斌《魏晉玄學新論》說：

> 這裏太素與元氣是同一意思，皆爲萬物之本原。天道自然無爲，
> 天地間的元氣通過陰陽二個方面的交合而孕育眾生，產生萬物。
> 〔註49〕

太素與元氣其實並非如徐斌所言，爲同一意思，曾春海便說：「嵇康思想中所

則指出陰陽爲兩種相反的趨向，爲標示抽象性態之範疇。劉長林《中國系統思維》：「在陰陽學說看來，所有相互對立的事物儘管千差萬別，但他們有著相同的特點，就是矛盾的雙方在性態上總表現出兩類特定的相反趨向：一類趨向爲明亮、活躍、向前、向上、溫熱、充實、外露、伸張、擴散、開放等；另一類趨向爲暗晦、沉靜、向後、向下、寒涼、虛空、內藏、壓縮、凝聚、閉闔等。古人把前一類性態稱作屬陽，把後一類性態稱作屬陰。由於陰陽是從具體事物與現象中抽象出來，用以標示事物性態的範疇，並不代表某種具體的事物。」（北京：中國社會科學出版社，1997年4月），頁283。

〔註45〕曾春海：〈氣在魏晉玄學與美學中的理論意義〉，《哲學與文化》第387期，2006年8月，頁67。

〔註46〕高晨陽：《阮籍評傳》，頁109。

〔註47〕徐斌：《魏晉玄學新論》（上海：上海古籍出版社，2000年12月），頁177。

〔註48〕曾春海：〈氣在魏晉玄學與美學中的理論蘊義〉，頁73。

〔註49〕徐斌：《魏晉玄學新論》，頁178。

提及的元氣在宇宙生成程序上較太素更爲根本」〔註50〕，元氣生太素，太素生陰陽二氣，陰陽二氣生萬物。既然萬物是由陰陽二氣所化生，那麼人身當然也是由陰陽二氣化生而來，所以嵇康〈太師箴〉云：「浩浩太素，陽曜陰凝，二儀陶化，人倫肇興。」（卷10，頁309）人身是由陰陽二儀陶化而來，因此人身之中，自具陰陽之氣〔註51〕，〈明膽論〉云：

> 五才存體，各有所生。明以陽曜，膽以陰凝。豈可爲有陽而生陰，
> 可無陽耶？雖相須以合德，要自異氣也。（卷6，頁254～255）

人身中具有的氣，嵇康有時稱爲「體氣」，如〈養生論〉云：「泊然無感，而體氣和平。」（卷3，頁146）據此，人身中確有氣之存在，且陰陽二氣共在一體，陽氣曜而爲「明」（能燭理之認知能力、理解能力），陰氣凝而爲「膽」（決斷能力、實踐能力）〔註52〕，將人身之能力歸因於陰陽二氣。「豈可爲有陽而生陰，可無陽耶？」戴明揚校注：

> 案此處有奪誤，疑當作：豈可謂有陽可無陰，有陰可無陽耶？（卷
> 6，頁255）

「明以陽曜，膽以陰凝。」爲分述陰陽二氣對人身之影響，明受陽氣影響而

〔註50〕曾春海：〈氣在魏晉玄學與美學中的理論蘊義〉，頁73。

〔註51〕此種陰陽二氣化生萬物之思想，在魏晉時期，並非嵇康所特有，《文選》卷56載張茂先〈女史箴〉亦云：「茫茫造化，二儀既分，散氣流形，既陶既甄。」黃侃《文選評點》下冊云：「此言陰陽之道。無情則爲天地，有情則爲男女，故天地陶甄，萬物而爲牝牡也。」（北京：中華書局，2006年5月），頁612。

〔註52〕嵇康〈明膽論〉云：「或明於見物，或勇於決斷。」（卷6，頁249）「明以見物，膽以決斷。」（卷6，頁249）「漢之賈生，陳切直之策，奮危言之至。行之無疑，明所察也。……豈明見照察而膽不斷乎？故霍光懷沉勇之氣，履上將之任，戰乎王賀之事。延年文生，夙無武稱，陳義奮辭，膽氣凌雲。」（卷6，頁250～251）嵇康雖然未明言何謂明？何謂膽？但是從〈明膽論〉的論述來看，「明」有「照察以見物」的功能，此即爲一種「燭理之認知能力」。「膽」與「氣」有關，所以嵇康稱之爲「膽氣」。「膽」之功能在於「決斷」，「膽」爲一種決斷的勇氣，霍光懷沉勇之氣，延年膽氣凌雲，都包含「膽」此種勇氣在內。「膽」不但是一種決斷之勇氣，尚與實踐有關，「戰乎王賀之事」、「陳義奮辭」，本身都是本乎決斷之勇氣，所發出的行動，所以「膽」實與「決斷力」與「實踐力」都有關聯。「明既以見物，膽能行之耳。」（卷6，〈明膽論〉，頁253）正說明膽與「實踐」有關。曾春海〈氣在魏晉玄學與美學中的理論蘊義〉則詮釋「明」爲「人智能的明理能力」，「膽」爲「人意志力的凝聚力和決斷力或魄力」。（頁74）岑溢成〈嵇康的思維方式與魏晉玄學〉云：「嵇康之所謂明，作用是見物，指的是對事態的理解力；所謂膽，作用是決斷，指的是在行動上決斷力。」（頁40）

成，膽爲陰氣凝結而成，是故，明膽之不同，實源於「氣性自然之差別性」
〔註53〕。雖爲如此，並不意味著二者無關聯。「豈可謂有陽可無陰，有陰可無
陽耶？」有陽不可無陰，有陰不可無陽，意味著陰陽二氣雖爲異氣，然而二
者緊密相關，相須而成，有陽不可無陰，有陰不可無陽，陰陽二者「相須以
合德」，戴明陽校注：

> 《儀禮注》云：「須，待也。」〈易繫辭下〉云：「陰陽合德」（卷6，
> 頁255）。

玄學家嵇康吸收《易傳》「陰陽合德」的思想，所以認爲陰陽二氣共存一身，
相須以合德。既然陰陽二氣共存一身，相須以合德，由陰陽二氣而產生之
「明」、「膽」，當然也不可能無關聯，「明」、「膽」二者亦應「相須以合德」。
亦即嵇康是藉由《易傳》而來之「陰陽合德」思想，既指陳人身係由陰陽
二氣共同結合而成，且人身中由氣而來之認知能力與決斷能力、實踐能力，
雖爲不同能力，亦具相須相成之關係。嵇康由「氣論」的觀點，既解釋人
身之由來，也解釋人身中具有的能力之間相須相成的關係。所以〈明膽論〉
云：

> 二氣存一體，則明能運膽，賈誼是也。賈誼明膽，自足相經，故能
> 濟事。誰言殊無膽，獨任明以行事者乎？子獨自作此言，以合其論
> 也。忌鵩闇惑，明所不周，何害於膽乎？明既以見物，膽能行之耳。
> 明所不見，膽當何斷？進退相扶，可謂盈縮？（卷6，頁253）

有明無膽，不能行事；有膽無明，缺乏燭理能力，會違理失機。須明、膽兼
具，方能成事，「賈誼明膽，自足相經，故能濟事。」「誰言殊無膽，獨任明
以行事者乎？」便是在闡述明與膽之間的「進退相扶」之關係，此即爲「相
須關係」。嵇康又說：

> 專明無膽，則雖見無斷；專膽無明，達【違】理失機。（卷6，頁
> 249）

據此，有明無膽不可，有膽無明亦不可，嵇康是主張「明膽相須」，缺一不可
的。戴明揚校注云：

> 此謂當設有其人，所稟氣分，有陰無陽，雖刺諷他人之膽，而亦無
> 之；無膽而惟有明，故當有不能決斷之害。（卷6，〈明膽論〉，頁
> 253）

〔註53〕吳佳璇：〈嵇康的自然觀〉，《中國學術年刊》第23期，2002年6月，頁216。

有明無膽，有陽無陰，即使明察事理，亦不能決斷，此爲「雖見無斷」；有膽無明，有陰無陽，無明以運膽，將「違理失機」，連刺諷他人亦不敢爲。我們要注意的是：戴明揚的詮釋，是從陰陽的角度切入，來作論述的。所稟之氣分，若有陽無陰，有明無膽，臨事不決，缺乏當機立斷之勇氣，會有不能決斷之害。故嵇康云：

> 令一人播無刺諷之膽，而有見事之明，故當有不果之害。（卷6，〈明膽論〉，頁253）

有明無膽，會有不能果斷的缺點；相對而言，若所稟之氣分有陰無陽，有膽無明，此亦不可，雖有膽氣，但缺乏燭理能力之引導，則會違背事理而犯錯誤。故知，有明無膽不可，有膽無明亦不可，須明、膽兼具方可。是故，若想成事，明與膽缺一不可，須二者共同存在方可。明與膽各自具有不同的功能，「明既以見物，膽能行之耳。」明能燭見物理，膽能決斷力行，明、膽能兼具，處事時，方能從認知到實踐貫串直下，如源之與末，相流而下，「順端及末，乃不悖耳。」（卷6，〈明膽論〉，頁253）若以認知爲端，則實踐爲末，二者不悖。

　　能力來源與能力效用不同，就能力來源而言，明源於陽氣，膽源於陰氣，所以〈明膽論〉云：「嵇先生以爲明膽殊用，不能相生。」（卷6，頁249）「本論二氣不同，明不生膽」（卷6，頁253）明膽異氣，性質不同，是故明不生膽〔註54〕。認知能力與決斷力、實踐力各有不同的源頭，明由陽生，膽由陰生，明、膽二者互不相生。也就是說，就能力來源來說，明與膽有各自的源頭，一源於陽氣，一源於陰氣。陰陽不相生，明膽亦不相生，明與膽之間，並不具備「相生關係」；然而就能力效用而言，嵇康則論述明與膽具有「相須相待、進退相扶」之關係。

　　也就是說，「明膽殊用，不能相生」、「二氣不同，明不生膽」、「明膽異氣，不能相生」（卷6，〈明膽論〉，頁249）指明二者之相異性；「明既以見物，膽能行之耳。……明以見物，膽以決斷，專明無膽，則雖見不斷，專膽無明，達【違】理失機。」「誰言殊無膽，獨任明以行事者乎？」（卷6，〈明膽論〉，頁253）則指明二者之關聯性。

〔註54〕岑溢成〈嵇康的思維方式與魏晉玄學〉云：「明膽異氣則強調明和膽是兩種不同的存在；假如接受這種實在的區分，明膽不能相生就比較有說服力。」（頁41）

明與膽雖相異，仍具關聯性，明與膽具有「相須關係」。「明能運膽」（卷6，〈明膽論〉，頁253）「明所不見，膽當何斷？」（卷6，〈明膽論〉，頁253）膽雖說以決斷爲其功能，但是膽之決斷功能，須明之存在，方能有良好的運作，即膽須先具備燭理明晰的功能，以此爲主導，膽之決斷，才能是理性引導下明智的判斷，而非盲從躁動，是故，明與膽之關係，係以明爲主，膽爲從，二者並非並重，而是有「主從關係」、「偏重關係」存在。

明與膽雖具「一源性」，但仍具「相異性」，亦無「相生關係」，然而卻有「相須關係」及「主從關係」存在。簡而言之，明與膽關係有五：一是明與膽同源。二是明與膽相異。三是明與膽不相生。四是明與膽相須。五是明能運膽，明主膽從。嵇康確是長於辨名析理。

實踐源於認知，若無認知，即無實踐。明爲源，膽爲末，若無明，必無膽，所以缺乏明，必定不可能產生符合理性之行動，「這是一個知與行的關係問題」〔註55〕；同樣地，有明無膽，亦不可，空有認知，處事卻無決斷力，必有「不果之害」，故云：「明既以見物，膽能行之耳。明所不見，膽當何斷？」嵇康指出認知能力與決斷能力、實踐能力之間，就其效用來說，具有「進退相扶」之關係。因此，不僅陰陽二氣相須相待，由陰陽二氣產生之認知力與實踐力，就其效用來說，亦爲相須相待，此即爲「陰陽相須」、「明膽相須」。

第三節　形神相須，外內相須

上一節就自身之內，而言陰陽相須、明膽相須，本節將更進一層，探討自身內外之關係中，是否也具備相須關係。就形神觀來說，形爲生命之物質載具，神爲內在精神之存有，這是一組對偶相須結構的概念。若以形爲外，以神爲內，則嵇康作品中，常形神分述、外內分述，如：「外不殊俗，而內不失正」（卷2，〈與山巨源絕交書〉，頁114）、「不有外難，當有內病」（卷2，〈與山巨源絕交書〉，頁123）、「外化其形，內隱其情」（卷3，〈卜疑集〉，頁137～138）、「心戰於內，物誘於外」（卷3，〈養生論〉，頁155）、「外內殊用，彼我異名」（卷5，〈聲無哀樂論〉，頁200）。形、神雖可分述，卻不意味著二者

〔註55〕魯金波、劉耕路：《佯狂任自然──竹林七賢》（台北：萬卷樓圖書有限公司，2000年12月），頁149。

無關，〈養生論〉云：

> 精神之於形骸，猶國之有君也；神躁於中，而形喪於外，猶君昏於
> 上，國亂於下也。（卷 3，頁 145）

神爲內、爲主，形爲外、爲從。嵇康以君臣關係，來說明神爲內主，因此，若「神躁於中，而形喪於外，猶君昏於上，國亂於下也。」神會對形有影響，就因爲神爲內主，所以當神躁於中時，形必喪於外。形雖非神所生，但是神對形有直接的影響〔註 56〕。嵇康思維中，既視神爲內、爲主，形爲外、爲從，便表示他在形與神之間，他是側重於神的。黃明喜〈略論嵇康的越名教而任自然〉便說：「嵇康更偏重養神，即重在張揚人的意志自由。」〔註 57〕嵇康以神爲內主，故可云偏重養神。

內主之說，在〈養生論〉中亦曾論及：

> 苟得意有地，俗之所樂，皆冀土耳，何足戀哉？……故以榮華爲生
> 具，謂濟萬世不足以喜耳。此皆無主於內，借外物以樂之；外物雖
> 豐，哀亦備矣。有主於中，以內樂外；雖無鐘鼓，樂已具矣。（卷 4，
> 頁 190～191）

沒有「內主」觀念的人，才會借外物以樂之，此人即使追求到豐厚的外物，人生仍爲悲哀。能夠「有主於中，以內樂外」，人生才是眞正的歡樂。嵇康在〈答難養生論〉云：

> 世之難得者，非財也，非榮也，患意之不足耳！意足者，雖耦耕甽
> 畝，被褐啜菽，豈【莫】不自得。不足者雖養以天下，委以萬物，
> 猶未惬然。則足者不須外，不足者無外之不須也。無不須，故無往
> 而不乏。無所須，故無適而不足。（卷 4，頁 173～174）

嵇康以內爲主，意若足，即使貧窮度日，亦歡喜自得，不須計較外在物質生活之豐厚與否；意若不足，即使委以天下，也不滿足。「足者不須外，不足者無外之不須也。」並非是否定「外內相須」的關係，而是強調心意自足的重要。亦即就內外關係而論，內較爲重要，也可說內爲主，外爲從，故可云「足者不須外，不足者無外之不須也。」

若沒有「內主」觀念，固爲可悲，若「恃內而忽外」，亦不足以曲盡養生

〔註 56〕任繼愈：《中國哲學史》第 2 冊（北京：人民出版社，2003 年 7 月），頁 197。
〔註 57〕黃明喜：〈略論嵇康的越名教而任自然〉，《哲學與文化》第 28 卷第 3 期，2001
年 3 月，頁 264。

之妙道，阮德如主張：「專氣致柔，少私寡欲，直行情性之所宜，而合於養生之正度。」（卷 8，〈宅無吉凶攝生論〉，頁 268）阮德如以爲專氣致柔，少私寡欲，合於養生之正度，但是就嵇康看來，阮德如的主張，實爲「恃內而忽外」，並不可取。嵇康於〈難宅無吉凶攝生論〉云：

> 論曰：專氣致柔，少私寡欲，直行情性之所宜，而合養生之正度。
> 求之於懷抱之內，而得之矣。又曰：善養生者，和爲盡矣。誠哉斯
> 言！匪謂不然？但謂全生不盡此耳。……安在守一利而可以盡乎？
> 夫專靜寡欲，莫若單豹，行年七十，而有童孺之色，可謂柔和之用
> 矣；而一旦爲虎所食，豈非恃內而忽外耶？（卷 8，頁 277）

阮德如撰〈宅無吉凶攝生論〉，嵇康寫〈難宅無吉凶攝生論〉以駁之。針對阮德如提出的「專氣致柔，少私寡欲」之說，嵇康是贊成的〔註 58〕，徐斌《魏晉玄學新論》也說：「（嵇康）修養的核心爲省欲少私。」〔註 59〕但是嵇康強調：「恃內而忽外」，就養生之道而言，是不足夠的，〈答難養生論〉云：

> 人若偏見，各備所患；單豹以營內致斃，張毅以趣外失中。齊以誠
> 濟西取敗，秦以備戎狄自窮，此皆不兼之禍也。（卷 4，頁 194）

營內而忽外，或趣外以失中，皆偏於一端，都是不足的，會導致災禍，用嵇康自己的話來說：「此皆不兼之禍也。」其中之「不兼」正與「兼」相對，嵇康主張「相須」，反對「不兼」，「相須」正是「兼」的表現。〈明膽論〉云：「兼之者博於物，偏受者守其分。」（卷 6，頁 249）主張「兼」，反對「偏受」，是因爲「兼」有「博於物」的優點。

　　嵇康之所以反對「恃內忽外」，是從「外內相須論」出發的，如果不明瞭「身體相須論」在嵇康哲學中的重要性，便不能掌握嵇康何以要評論阮德如提出的「專氣致柔，少私寡欲」之說的不足。就「外內相須論」來說，外須內以立，內須外以成，內外相須相濟，有外而無內主，固然不可；有內主而無外，就養生而言，亦爲不足。所以〈難宅無吉凶攝生論〉說：「輔生之道，不止於一和。」（卷 8，頁 278）輔生之道，不止於一端之和，須由相異的兩端相須相成，方能符合嵇康「外內相須論」。

〔註 58〕嵇康〈養生論〉亦云：「善養生者則不然矣，清虛靜泰，少私寡欲，知名位之傷德，故忽而不營，非欲而強禁也。」（卷 3，頁 156）

〔註 59〕徐斌：《魏晉玄學新論》，頁 210。

　　神與形二者具相須相待之關係，必待另一者，而後自身方能成立，〈養生論〉云：

> 是以君子知形恃神以立，神須形以存，悟生理之易失，知一過之害
> 生，故修性以保神，安心以全生，愛憎不棲於情，憂喜不留於意，
> 泊然無感，而體氣和平，又呼吸吐納，服食養生，使形神相親，表
> 裏俱濟也。（卷3，〈養生論〉，頁146）

人身由氣所形成，因此不論是形或神，皆由氣所構成。形固由氣構成，「神乃氣之精通」〔註60〕，則神亦由氣構成。既然形與神皆由氣構成，因此，雖然形與神相異，仍可具依存之關係，「形恃神以立，神須形以存。」據此，則知形與神之間，有相恃相須的關係，神雖對形有支配性，然而神仍須依附於形，方能呈顯，這裡表述的是「形神相依互賴的整體認識」〔註61〕，所以既要下修心養性的工夫，使愛、憎、憂、喜不停留於心中，又要下養形工夫，須呼吸吐納，服食養生，此即牟宗三《才性與玄理》所說的：

> 養生雖是生理之事，而亦必在心上作工夫。……一方在心上作工
> 夫，一方在生理上作導養。〔註62〕

藉由養神與養形的雙重工夫，達致「形神相親，表裏俱濟」，所以形與神之間，除了「相異關係」、「主從關係」（神主形從）、「相恃相須關係」外，尚具有「表裏關係」，以形為表，以神為裏，表須裏以濟，裏須表以成，形神之間，相濟相成，因此，生命實由形與神相親相合而成。曾春海對於嵇康形神關係，有清楚的說明：

> 形神相依，形神相親，以形依神，以神導形，形神兼備，形神俱
> 濟。〔註63〕

從中亦可得知，嵇康思維中對立的神與形兩者，除了主從、內外關係外，尚可藉由相須關係合為整體之生命，「渾化為一和諧的、有機的整體。」〔註64〕亦即神與形二者，既相異，又互相和合，此中自具有辯證之關係存在。李軍〈嵇康的自然主義教育論及其反現實性〉便說：「綜合起來看，基本上正確地

〔註60〕謝大寧：《歷史的嵇康與玄學的嵇康》，頁222。
〔註61〕曾春海：《嵇康》，頁134。
〔註62〕牟宗三：《才性與玄理》，頁327。
〔註63〕曾春海：〈氣在魏晉玄學與美學中的理論蘊義〉，頁75。
〔註64〕曾春海：〈嵇康的審美表現及生命美學〉，《哲學與文化》第28卷第8期，2001年8月，頁684。

揭示了身心的辯證關係。」〔註65〕言之有理。

　　從〈難宅無吉凶攝生論〉中，我們可以得知，嵇康係由「外內相須論」出發，批駁阮德如「恃內而忽外」的不足；從〈養生論〉中，我們可以得知，嵇康由「形神相須論」出發，論述形與神相恃相須，以及表裏相濟相成的身體哲理。無論是「外內相須論」或「形神相須論」，皆爲以身體爲中心開展出之相須論的一環，嵇康的論辯文中，時常以「相須論」爲評論之判準，要掌握嵇康哲理，對於評論判準之「相須論」，必須先行掌握，詮釋時才不會有所偏差。

第四節　人地相須，人宅相須

　　上一節探討嵇康主張內外相須、形神相須，仍侷限於一身，本節將更進一步，探討人與居住的場域，是否也存在著相須關係。嵇康集中，花了許多篇幅，在探討光光挑選吉宅居住，是不夠的，仍須居住者踐履德行，才能享有福報，〈難宅無吉凶攝生論〉云：

> 不謂吉宅，能獨成福，但謂君子既有賢才，又卜其居，復順【順履】積德，乃享元吉。猶夫良農既懷善藝，又擇沃土，復加耘耔，乃有盈倉之報耳。（卷8，頁280）

住宅固須挑選，君子仍須積累德行，乃享元吉。並不是居住在吉宅中，一無作爲，便能享福報。亦即，嵇康並非一任氣化生命在氣化流行中，隨波逐流，若如是，便是刊落人之主體性〔註66〕。嵇康〈難宅無吉凶攝生論〉又云：

> 今見愚民不能得福於吉居，便謂宅無善惡，何異睹種田之無十千，而謂田無壞堵耶？良田雖美，而稼不獨茂；卜宅雖吉，而功不獨成。相須之理誠然，則宅之吉凶，未可惑也。今信徵祥，則棄人理之所宜；守卜相，則絕陰陽之吉凶；持知力，則忘天道之所存；此何異識時雨之生物，因垂拱而望嘉穀乎？（卷8，頁280）

若但知擇居，卻不知累積德行，未能享福報，便謂宅無善惡，此種人以嵇康

〔註65〕李軍：〈嵇康的自然主義教育論及其反現實性〉，《中國文化月刊》第182期，1994年12月，頁71。

〔註66〕吳佳璇〈嵇康的自然觀〉云：「若順著他然的氣化宇宙及得之不在己的性命稟賦，一任生命在此氣化流行中隨波逐流，則吾人的主體性可謂完全刊落了。」（頁223）

看來，為愚民。「良田雖美，而稼不獨茂；卜宅雖吉，而功不獨成。」人間事理，互有關聯，非能獨成，良田雖美，仍須良農辛勤耕作，方能豐收；卜宅雖吉，若無君子積累德行，亦難以享福報，因此說「功不獨成」。又由「功不獨成」中，推演出重要的哲理：「相須之理誠然，則宅之吉凶，未可惑也。」嵇康以「宅有吉凶善惡說」，駁斥阮德如「宅無吉凶善惡說」，其背後的理據，正在於「相須之理」。

若視宅居為生活之「場域」，則嵇康所說的宅之善惡，是在居住之君子與生活場域二者交相互動中，方能呈顯，無論是「稼不獨茂」，還是「功不獨成」，或是說「不謂吉宅，能獨成福」，都是在論述這個道理，所以說「相須之理誠然」，在人、地互動中，相須之理皎然可見。嵇康所論，非偏就「人」這一端立論，亦非偏於「地」這一端論述，而係著重於「人、地互動」的動態過程。

若說嵇康「陰陽相須」，是著重於「陰、陽互動」之動態過程，則其「形神相須」，便是著重於「形、神互動」之動態過程；「人宅相須」，便是在論述「人、地互動」之動態過程，因此，嵇康的「相須論」，為極重視過程之哲學。非偏於靜態的某一端立論，而係就相異的兩端動態的互動過程中，呈顯相須之理，此方為嵇康所重，此亦為嵇康與阮德如差異所在，阮德如偏就一端論述，無論是說「專氣致柔，少私寡欲」，還是說「宅無吉凶」，嵇康都不會滿意的，其深層的原因，正在於嵇康「重視過程」，反對就一偏立論。

嵇康反對就一偏立論，在〈難宅無吉凶攝生論〉中，表達得頗為清楚：

> 今信徵祥，則棄人理之所宜；守卜相，則絕陰陽之吉凶；持知力，則忘天道之所存：此何異識時雨之生物，因垂拱而望嘉穀乎？（卷8，頁280～281）

徵祥與人理之所宜各居事理之一偏，若但信徵祥，而棄人理之所宜，便違反嵇康「身體相須論」此種「過程哲學」之精義，有如天降時雨，便垂拱而望嘉穀，放棄人力，當然為嵇康所反對。

阮德如但守卜相，其〈釋難宅無吉凶攝生論〉持「無非相命論」（卷9，頁299），故主張：

> 元亨利貞，卜之吉繇，隆準龍顏，公侯之相者，以其數所遇，而形自然，不可為也。（卷9，頁288）

阮德如認為相成命定，不可為也。若果真如此，則人力何為？此為一偏之

見，自然不爲嵇康所接受。若但守卜相，棄人爲之積累德行，或不知擇吉宅居住，絕陰陽之吉凶，亦違反「相須論」，故嵇康云：「守卜相，則絕陰陽之吉凶」。此爲違反「相須論」之一偏之見，自爲嵇康所反對。

阮德如所持之「專氣致柔，少私寡欲」說、「宅無吉凶」說、「但守卜相」說，皆因偏守一端之見，而爲嵇康所反對，牟宗三云：

> 主無吉凶者，明標爲阮德如。然則此文究誰作乎？難者又是誰乎？
>
> 主無吉凶而重攝生，當是嵇康之思想。〔註67〕
>
> 宅無吉凶之論難，當是阮德如與他人往復之文。阮意即嵇意。
>
> 〔註68〕

嵇康居宅理論，處處在批駁阮德如，且嵇康之思維模式又明顯異於阮德如，如何能說「阮意即嵇意」？「主無吉凶」此種偏於一端的見解，亦不合於嵇康相須的思維模式。嵇康的「相須之理」，戴璉璋先生已注意到，戴先生〈嵇康思想中的名理與玄理〉云：「他（嵇康）要阮氏注意相須之理，不能執此而忘彼。」〔註69〕戴先生的論斷是正確的。

嵇康反對時所提出的意見，是以「相須論」之「重視過程互動」，爲「預設理論」，所以若要釐清兩人論辯之根源，便須掌握嵇康之理論出發點，阮德如係就「一端之見」出發，而嵇康係就「重視過程互動」出發，要「不偏守一區，明所當然」（卷9，〈答釋難宅無吉凶攝生論〉，頁293），此爲根本差異，就因爲有如此明顯的根本差異，所以兩人才會展開〈宅無吉凶攝生論〉、〈難宅無吉凶攝生論〉、〈釋難宅無吉凶攝生論〉、〈答釋難宅無吉凶攝生論〉四篇文章的論辨。

嵇康此種「人宅相須」之觀點，除了在〈難宅無吉凶攝生論〉中有清楚表述外，在〈答釋難宅無吉凶攝生論〉中，亦表達得十分清楚：

> 吉凶之形，果自有理，可以爲【有】故而得，故前論有占成之驗也。
> 然則占成之形，何以言之？必遂遠近得宜，堂廉有制，坦然殊觀，
> 可得而別。利人以福，故謂之吉，害人以禍，故謂之凶；但公侯之
> 相，闇與吉會爾。然則宅與性命，雖各一物，猶農夫良田，合而成

〔註67〕牟宗三：《才性與玄理》，頁320。
〔註68〕牟宗三：《才性與玄理》，頁321。
〔註69〕戴璉璋：《玄智、玄理與文化發展》（台北：中央研究院中國文哲研究所，2002年3月），頁128。

功也。（卷9，頁302〜303）

阮德如持「但守卜相說」，認為吉凶係相成命定，非人力所可移易。嵇康則認為公侯之相，只是闇與吉會，並非必然如此。住宅與人的性命，雖為二物，「合而成功」，是吉是凶，是在人、宅互動之過程中，方能呈顯。既是在人宅互動中，呈顯吉凶，試問：是宅影響到人？還是人影響到宅？若就嵇康「人宅相須」的觀點，我們應說：宅與人是互有影響的。所以嵇康在〈答釋難宅無吉凶攝生論〉中說：

> 非從人而徵，宅亦成人明矣。若挾顏狀，則英布鯨相，不減其貴，隆準見劓，不減公侯之標，是知顏準是公侯之標識，非所以為公侯質也。故標識者，非公侯質也。……若以非質之標識，難有徵之吉宅，此吾所不敢許也。（卷9，頁303〜304）

「（宅）非從人而徵，宅亦成人明矣。」清楚表述宅與人是互有影響的。至於顏狀僅為標識，非本質。宅可與人互動過程中顯示吉凶，因此嵇康認為，不能以僅為標識之顏狀，去責難能顯示吉凶徵兆的住宅。嵇康〈答釋難宅無吉凶攝生論〉云：

> 至公侯之命，稟之自然，不可陶易。宅是外物，方圓由人，有可□（為）之理，猶西施之潔不可為，而西施之服可為也。（卷9，頁304）

嵇康主張命不可陶易，但宅有可為之理，不能放棄人之自我能動性，不同意阮德如「但守卜相說」。阮德如另持「相命同一說」，認為：

> 命有所定，壽有所在，禍不可以智逃，福不可以力致。……萬物萬事，凡所遭遇，無非相命也。（卷8，〈難宅無吉凶攝生論〉，頁275）

阮德如主張命有一定，禍福皆非人力所能逃避或力致，凡所遭遇，無非相命。嵇康則認為公侯之命，先天決定，不可改變。但公侯之相，僅為闇與吉會而已。可知嵇康持「相、命分立」之說，命雖不可移易，但宅則有可為之理，只要選擇到吉宅，透過人、宅互動的過程，便可影響到相，產生「成相」的效果，所以須「擇宅以成相」。亦即天生之命，仍須後天人為努力，方能完成〔註70〕。嵇康於〈答釋難宅無吉凶攝生論〉中云：「吉地雖不為，而可以擇

〔註70〕嵇康認為先天之命，仍須後天人為之努力，方能完成，可再舉一例，嵇康固認為神仙「似特受異氣，稟之自然，非積學所能致。」（〈養生論〉）並非僅靠

處。」（卷9，頁305）吉地雖不能為，卻可以擇處定居。

「吉宅□（善）家，所以成相。」（卷9，頁304）何以宅能成相，卻不能成命呢？因為命為先天所定，不可移易；相則為人身體之一部份，可透過人、宅互動過程，加以改變，故「命不可變而相可成」。在「宅可成人」的過程中，相亦隨之而變。就因為「宅可成人」，所以嵇康於〈答釋難宅無吉凶攝生論〉中亦可說：「冢宅有吉凶也」。（卷9，頁306）當然，冢宅之吉凶，係就人宅互動過程中，才能加以顯現；若無人宅互動歷程，則冢宅亦無吉凶可言。

嵇康持「以宅成相」說，反對阮德如主張的「卜以成相」：

> 論曰：卜之盡蓋理，所以成相命者也。此復吾所疑矣。（卷9，〈答釋難宅無吉凶攝生論〉，頁299）

嵇康認為在人、宅互動歷程中，方能成相，反對阮德如提出的「卜以成相命說」。也因為嵇康持「宅可成相說」，所以反對阮德如主張的「相命自有一定說」：

> 相命自有一定，相所當成，人不能壞，相所當敗，智不能救。（卷9，〈答釋難宅無吉凶攝生論〉，頁297）

> 隆準龍顏，公侯之相者，以其數所遇，而形自然，不可為也。（卷9，〈釋難宅無吉凶攝生論〉，頁288）

阮德如持相自有一定，不可改變，不可為也之說，認為人對於相，既不能壞，也不能救。嵇康則以「宅可成相說」，加以反駁。吉宅善家，既可透過人地互動歷程以成相，則所謂相自有一定，不可移易的說法，便難以成立。嵇康不但對於阮德如提出的「卜以成相說」，表明反對，對於阮德如的「卜以成命說」，亦表明反對，嵇康〈答釋難宅無吉凶攝生論〉云：

> 若謂凡有命，皆當由卜乃成，則世有終身不卜者，皆失相天命耶？（卷9，頁300）

相命若須卜而後成，終身不卜者，難道都失相天命嗎？嵇康主張的是透過人宅互動以成相，反對阮德如的「卜以成相命說」。

先天之異氣即可，仍須積學導養之功，乃能成仙，牟宗三《才性與玄理》便說：「稟之自然並非即不須修養工夫。……神仙雖非積學所能致，但依嵇康，積學亦不因此即全無意義。積學導養雖不必能至神仙，但至少可以延年久壽。依此，嵇康知道成仙之限制原則，亦知道積學導養之功效。此嵇康思理之所至也。」（頁324）

　　宅雖能成相，且人、宅之間有相須之理，然而嵇康又主張「人宅不可相喻」，認為人體相貌與宅居不能類比說明，〈答釋難宅無吉凶攝生論〉云：

> 世無人方，而有卜宅。是以知人宅不可相喻也，安得以不可作之人，絕可作之宅耶？（卷9，頁304）

宅係後天人為所成，故云可作，然而人乃先天造就，故云不可作，據此，可說人宅不可相喻。嵇康云：

> 世無自理之道，法無獨善之術，苟非其人，道不虛行。（卷8，〈難宅無吉凶攝生論〉，頁274）

> 必積善而後福應，信著而後祐來；猶罪之招罰，功之致賞也。苟先積而後受報，事理所得，不為闇自遇之也；若皆謂之是相，此為決相命於行事，定吉凶於知力，非本論之意，此又吾之所疑也。（卷8，〈難宅無吉凶攝生論〉，頁276）

> 積善履信，世屢聞之，慎言語，節飲食，學者識之。過此以往，莫之或知。（卷4，〈答難養生論〉，頁194）

世無自理之道，若但知相命，忽略先積而後受報的人力作用，此非嵇康所能同意，因為這已違反了嵇康的「相須論」。宅居須與居住者產生互動的歷程，才能成相，亦即使居住者成就吉凶之相狀，是故，人與宅不可相喻，但有相須的關係。就因為居宅可成就居住者吉凶之相狀，所以嵇康提出「宅可輔相」之說：

> 苟命自當生，多食何畏，而服良藥？若謂服藥是相之所一，宅豈非是一耶？若謂雖命猶當須藥自濟；何知相不須宅以自輔乎？若謂藥可論而宅不可說，恐天下或有說之者矣。（卷8，〈難宅無吉凶攝生論〉，頁276）

> 即如所論，雖慎若曾顏，不得免禍，惡若桀蹠，故當昌熾，吉凶素定，不可推移；則古人何言：積善之家，必有餘慶？履信思順，自天祐之？（卷8，〈難宅無吉凶攝生論〉，頁276）

雖然命有所定，仍須藉助於藥以自濟，藉助於宅以輔相。既然宅可輔相，則吉凶之報，就不是純然天命所定，仍須人力積累德行，以求福報之來臨，所以福報之來，非闇自遇也，仍須人力之功。可知命固為先天所得，尚須決定於行事（積累德行），且尚須宅以自輔；吉凶不僅定於智力，尚須人之積累德行，與宅之交感互動。若決相命於行事，此為偏於後天人事，忽略先天之命；

若定吉凶於智力，此爲偏於先天所賦予人之能力，忽略「人宅相須」中宅之作用，皆爲嵇康所疑。亦即爲求福報之來，除積累德行外，尚須擇宅以輔相、成相。

若只注意「人」而忽略「宅」，固爲不可〔註71〕；若只注意「宅」而忽略「人」，亦爲不可，吉祥福報，須於人宅互動歷程中，方能呈顯。《周易・大有卦・上九》云：「自天祐之，吉，無不利。」王弼注：「大有，豐富之世也。處大有之上，而不累於位，志尚乎賢者也。餘爻皆乘剛，而己獨乘柔，順也。五爲信德，而己履焉，，履信之謂也。雖不能體柔，而以剛乘柔，思順之義也。居豐有之世，而不以物累其心，高尚其志，尚賢者也。」〔註72〕履信思和順，又以尚賢也，是以自天祐之，吉，無不利。嵇康云：「履信思順，自天祐之？」此用《周易・大有・上九》之典故，表明在人宅互動歷程之中，不可忽視「人」的作用。

若只注意某一端而忽略另一端，皆非嵇康所能同意。阮德如持「人實徵宅，非宅制人」（卷9，〈答釋難宅無吉凶攝生論〉，頁301）之說，偏重於人，忽略宅之作用，自非嵇康所能同意，嵇康主張的是「（宅）非從人而徵，宅亦成人明矣。」（卷9，〈答釋難宅無吉凶攝生論〉，頁303）宅與人有交互作用存在，是故，可云「人宅相須」。

第五節　嵇康相須論與氣的感通

前一節論述吉地可擇處而得，何以吉地可以擇處而得呢？嵇康〈答釋難宅無吉凶攝生論〉云：

> 雖此理【地】之吉，而或長於養宮，短於毓商。猶良田雖美，而稼有所宜。何以言之？人姓有五音，五行有相生，故同姓不昏，惡不殖也。人誠有之，地亦宜然。故古人仰準陰陽，俯協剛柔，中識性理，使三才相善，同會於大通，所以窮理而盡物宜也。夫同聲相應，同氣相求，自然之分也。音不和，則比絃不動，聲同，則雖遠相應。

〔註71〕阮德如〈釋難宅無吉凶攝生論〉云：「非宅制人，人實徵宅耶？」（卷9，頁289）此說便是偏於人，忽略宅居之作用，對於人與地，人與宅之交互作用，完全未涉及。

〔註72〕樓宇烈校釋：《王弼集校釋》（北京：中華書局，1999年12月），上冊，頁291～292。

此事雖著，而猶莫或識。苟有五音各有宜，土【五】氣有相生，則
人宅猶禽虎之類，豈可見宮商之不同，而謂之地無吉凶也？（卷9，
頁306）

同一地，何以姓宮者居住為吉地，姓商者居住則為凶地？原因出在「人姓有
五音，五行有相生」。人類雖同為陰陽二氣所造成，「二氣存一體」，因而體中
具有陰陽二氣，就因為身中有氣存在，所以嵇康才要主張「宣和養氣」（佚文，
〈琴讚〉，頁327）、「導養神氣」（卷2，〈琴賦〉，頁83）、「導其神氣」（卷5，
〈聲無哀樂論〉，頁222），既要養氣、導養神氣，表示嵇康是認為身體中是有
氣存在的，所以才須養護或導養，〈答難養生論〉便說要「棲心於玄冥之崖，
含氣於莫大之涘者。」（卷4，頁193）棲心玄冥，吸收天地之氣，目的當然
是調養身中自然之氣。

人姓有五音，人之質性亦有五行之氣〔註73〕，此種含有五行之氣的性，
曾春海《嵇康》稱為「氣性」〔註74〕；此種質性中之五行之氣，嵇康則稱為
「性氣」，如〈答難養生論〉云：「性氣自和，則無所困於防閑；情志自平，
則無鬱而不通。」（卷4，頁176）且因為質性中有性氣，所以可藉由服食時
食物中的氣，來更易質性，〈答難養生論〉云：「納所食之氣，還質易性，豈
不能哉？」（卷4，頁185）此乃「納食易性」，或說是「以氣易性」。身之質
性中有氣，食物中也有氣，藉由服食時服下的氣，便可改變質性中的氣，質
性中原具的氣改變了，此時的質性也就不再是原有的質性，這是藉由氣的變
化，以達到質性的變化，故云：「以氣易性」。〈明膽論〉云：「夫元氣陶鑠，
眾生稟焉，賦受有多少，故才性有昏明。」（卷6，頁249）才質之性本源於
元氣，賦受多少元氣，決定才質之性的昏明，所以就才質之性產生的源頭來
看，才質之性本受「氣」的影響，難怪嵇康會主張「以氣易性」說。

「性氣」或偏於金，或偏於木，或偏於水，或偏於火，或偏於土，「人誠
有之，地亦宜然」，非但人之質性有與五音相應之五行之氣，地亦有五行之氣，

〔註73〕魏晉時期不只嵇康認為人身體中含五行之氣，向秀亦如此主張，向秀〈難養
生論〉云：「夫人含五行而生。」戴明揚注：「《史記・日者列傳》：武帝制曰：
以五行為主，人取於五行者也。《白虎通義・性情篇》：人本含六律五行之氣
而生。《論衡・論死篇》：人之所以聰明智慧者，以含五常之氣也。」（卷4，
頁164）據此，可知在向秀、嵇康之前，《史記》、《白虎通義》、《論衡》皆曾
主張人含五行之氣或五常之氣。

〔註74〕曾春海：《嵇康》，頁94。

「氣之相感，觸地而發。」（卷 5，〈聲無哀樂論〉，頁 211）人身中由陰陽二氣所來之氣，須觸「地」而後相感應，「五行有相生」中之「五行」，說的正是兼含「人」與「地」之五行之氣。人身中之氣，會與所居之地的氣相感應，「時至而氣動，律應而灰移，皆自然相待，不假人以爲用也。」（卷 5，〈聲無哀樂論〉，頁 211）時至氣動，自然而然，非人力所能刻意爲之。即使是「以氣易性」，仍須等待「時至」，方能有「氣動」的效果。若不能明瞭「時至而後氣動」的原理，便會有所懷疑，嵇康〈答釋難宅無吉凶攝生論〉云：「宅之吉凶，其報賒遙，故君子疑之。」（卷 9，頁 307）便點出問題所在。

「五音」本由天地間陰陽之氣變化而成〔註 75〕，且地之五行之氣與姓之五音相搭配，金之氣與商之音搭配，木之氣與角之音搭配，水之氣與羽之音搭配，火之氣與徵之音搭配，土之氣與宮之音搭配。正因五行之氣與姓之五音搭配，居於「仰準陰陽，俯協剛柔」、「三才相善，同會於大通」的原理〔註 76〕，人姓之音須與天地之氣相搭配，更精準地說，人姓之音相應的人身中五行之氣，須與地之五行之氣相搭配、相諧和，如此，方能不悖於嵇康「三才相善」之說。

嵇康〈養生論〉云：「凡所食之氣，蒸性染身，莫不相應。」（卷 3，頁 150）人身中有五行之氣，食品中亦有氣，人、物（食品）之間，藉由「氣」之中介，可相互感應，達到蒸性染身的目的。就〈養生論〉而言，人身與食品可藉由氣，相互感應，以達到改變自身質性的目的；就〈答釋難宅無吉凶攝生論〉來說，人身與所居之地，亦可經由氣之感應，以氣易性〔註 77〕，以宅成相，改變自身之性、相，使人地關係、人宅關係，趨於諧和。綜合〈養生論〉與〈答釋難宅無吉凶攝生論〉而言，可知人物之間、人地之間，皆有氣之感通存在。

〔註 75〕 戴璉璋：〈嵇康思想中的名理與玄理〉云：「五音與五色一樣，都是天地間陰陽變化所形成的。」《玄智、玄理與文化發展》，頁 142。

〔註 76〕 謝大寧《歷史的嵇康與玄學的嵇康》以爲嵇康所說的「大通」即爲「和域」（頁 208），而「和域」爲「一種主體自足無待之境界」，頁 203。謝大寧的意見，可備一說。〔清〕王先謙《莊子集解・山木》云：「況處天下大通之涂者乎！謂道也。」（西安：三秦出版社，2005 年 3 月），頁 270。據是，則「大通」即爲「道境」。

〔註 77〕 嵇康主張以氣易性，曾春海《嵇康》則說：「不可以後天的人爲經驗來更化人與生俱來的天性。」（頁 115）其實嵇康是認爲與生俱來的性，是可以藉由服食來加以變化，並非不可更化。

且就嵇康養生理論來說，他是主張「與天地合氣」，〈答難養生論〉云：「玩陰陽之變化，得長生之永久。」（卷4，頁191）「棲心於玄冥之崖，含氣於莫大之涘者。」（卷4，頁193）莫大之涘，指的是天地之間。含氣於莫大之涘，便是求與天地陰陽之氣相合的意思。經由修煉，身體中的氣，是可以更易的，〈答難養生論〉便說：「練骸易氣」（卷4，頁185）何以須更易身體中的氣呢？嵇康〈養生論〉云：「喜怒悖其正氣」（卷3，頁151），後天喜怒之情緒變化，會悖反先天稟賦之正氣，所以須藉身體修煉，以更換身體中的氣，目的在於與天地合氣，以回歸天地賦予的正氣，所以嵇康〈養生論〉敘述養生方法時，會說：「蒸以靈芝，潤以醴泉，晞以朝陽。」（卷3，頁157）其目的便是在於吸收天地之氣以養生，〈重作四言詩七首之六〉云：「呼吸太和，練形易色。」（卷1，頁51）吸收天地之氣，可改變身體。若能使身體中的氣，與天地相諧和，便是〈答釋難宅無吉凶攝生論〉所說的「使三才相善」，「三才相善」用現代語言來詮釋，便是「人與天地在結構上是一體化的」〔註78〕。當人與天地相諧合時，便是與天地為一體。因此，〈答釋難宅無吉凶攝生論〉所述，與〈養生論〉、〈答難養生論〉有相貫通之處，都與身體修養理論有關。

不僅人身體中的氣，要藉由棲心玄冥之崖，來獲致諧和，人體之小宇宙，尚須與天地之大宇宙相互諧和，此即曾春海《嵇康》所說的「人和自然合一化」〔註79〕、「生命與大自然相即相融」〔註80〕。此時之身體，便是一個修養的場域，嵇康是希冀經由與天地合氣的修煉，可達致長生之永久生命，「得長生之永久」（見前所引）。

若身體與所居之天地能搭配，則為吉地〔註81〕，所居之宅便為吉宅；若不能搭配，則為凶地，所居之宅為凶宅。「五音各有宜，土（五）氣有相生」，姓之五音須與宅地之五氣相互搭配，能搭配才產生吉宅，如前所舉之宮姓人家；若不能搭配，便為凶宅，如前所舉之商姓人家。同一地不同姓氏人家來居住，之所以會產生吉凶之不同，在於姓之五音相應之身中五行之氣，能否與地之五行之氣相互搭配。因此，居宅之吉凶，除了人宅相須外，尚與「氣」

〔註78〕 曾春海：《嵇康》，頁143。
〔註79〕 曾春海：《嵇康》，頁117。
〔註80〕 曾春海：《嵇康》，頁118。
〔註81〕 嵇康〈答釋難宅無吉凶攝生論〉云：「人宅猶禽虎之類，豈可見宮商之不同，而謂之地無吉凶也。」（卷9，頁306）嵇康是主張「地有吉凶說」的。

有關，或者說得更精確一些，在人宅相須過程中，便與「氣之感通」有關，嵇康〈答釋難宅無吉凶攝生論〉云：「乾坤有六子，支幹有剛柔，統以陰陽，錯以五行，故吉凶可得。」（卷 9，頁 296）判定吉凶與否，與陰陽之氣、五行之氣相關，亦即吉凶的斷定，與「氣之感通」相關。

　　當然，居於「時至而氣動」的原理，卜卦時占成居而後驗〔註82〕，占新居則不驗〔註83〕，其關鍵便易瞭然，人宅互動要等待「時至」，非人力所能刻意爲之。擇居吉宅後，須等待「時至氣動」，若氣能相感相應，居於「以氣易性」的原理，居住者當能藉由人地互動、人宅互動時，氣之相感相應，產生諧和之安適感，此時，當然可說居住的是使人安適的「吉宅」。前云：「吉宅善家，所以成相」，居於吉宅者，經由人與宅之交感互動，此時，才有可能產生吉相。阮德如不能掌握嵇康在「氣的感通」背景下提出的「人宅相須論」，所以始終無法接受嵇康「宅自有善惡」（卷8，〈難宅無吉凶攝生論〉，頁 278）的論點。嵇康所欲論述的道理，是在人地相須、人宅相須中呈顯，故嵇康實爲一著重相須之哲學家。嵇康「人地相須說」，談的其實是人與地之間的感應互通，與其背後「氣的感通」有關。前引嵇康〈答釋難宅無吉凶攝生論〉亦云：

　　　　夫同聲相應，同氣相求，自然之分也。音不和，則比絃不動，聲同，

　　　　則雖遠相應。此事雖著，而猶莫或識。

這段話若放在「氣的感通」的背景下，便極易索解，尤其是「同聲相應，同氣相求」、「聲同，則雖遠相應」，在「氣的感通」脈絡下，便能豁然貫通，嵇康認爲此事昭然明著，可惜眾人不明瞭。也許有人會懷疑說「同聲相應」、「聲同，則雖遠相應」之說，與「氣」有何關聯？這須回到嵇康〈聲無哀樂論〉去索解：「口之激氣爲聲」（卷5，頁 213）、「夫聲音，氣之激者也。」（卷5，頁 205）聲由氣之激所形成，且〈聲無哀樂論〉又云：「聲音以平和爲體，而感物無常。」（卷5，頁 217）「心戚者則形爲之動，情悲者則聲爲之哀。此自然相應，不可得逃。」（卷 5，頁 201）聲不但是由氣之激所形成，又能自然相應，感物無常，則聲之相應，當與氣之相應有關，〈答釋難宅無吉凶攝生論〉

〔註82〕嵇康〈答釋難宅無吉凶攝生論〉云：「既曰：成居可占，而復曰□（誣）耶？藥之已病，其驗又（交）見；故君子信之。……若守藥則棄宅，見交則交賒；是海人所以終身無山，山客曰無【白首】無大魚也。」（卷9，頁307）

〔註83〕嵇康〈難宅無吉凶攝生論〉云：「論曰：師占成居則有驗，使造新則無徵。」（卷8，頁278）

說的「同氣相求」，或〈郭遐周贈三首之一〉說的「同氣自相求」（卷 1，頁 55），都是在談「氣之感通」。更何況〈聲無哀樂論〉明白提到：「氣之相感，觸地而發。」（卷 5，頁 211）嵇康確實是主張氣有相互感通的作用，因此，我們從「氣之相感」的角度，去理解「同聲相應，同氣相求」、「聲同，則雖遠相應」，便能怡然理順，符合嵇康自己的思路。

〈答釋難宅無吉凶攝生論〉云：「探賾索隱，何謂爲妄。」（卷 9，頁 308）嵇康探討的「人地相須，人宅相須」之「過程哲學」，極爲深隱難知，然而嵇康認爲並非妄言。前舉「吉地雖不爲，而可以擇處」，吉地之所以可以擇處，其原因正在於人擇居時，須選擇與自己姓之音相搭配之地，此爲人力所可爲之事，故云：「吉地雖不爲，而可以擇處」。擇處得當，在人宅互動過程中，因爲氣的感通，才能說宅有吉凶。曾春海〈氣在魏晉玄學與美學中的理論蘊義〉云：

> 氣在魏晉美學的形上原理上，具有貫通道與人、物，以及人與人、
> 人與物橫向聯繫的中樞地位。〔註84〕

人、宅之所以能產生交感互動，是因爲以氣爲二者中介，經由氣的感通，人、宅才能產生互動的歷程。

就嵇康觀點看來，重要的是與姓之五音相應的五行之氣是否與地之五氣相符應，這與住宅開門之東西方向無關，〈難宅無吉凶攝生論〉便云：「方推金木，未知所在，莫有食治【良法】。」（卷 8，頁 274）五行方向與宅門向背吉凶，未有關聯，更何況性命既爲先天所定，人只能積累德行與選擇與自己姓之五音相符應之住宅，以求吉祥福報之降臨。若與姓之五音相應之五行之氣與地之五氣相符應，加上個人積累德行，便有可能有吉祥福報降臨，故嵇康可說宅有吉凶，實則吉凶之來，須在人地互動、人宅互動中，方能完成。並非端靠宅居本身，即可得力。亦非端靠人力，便可成功。

嵇康〈難宅無吉凶攝生論〉云：

> 今執辟穀【辟賊消穀】之術，謂養生已備，至理已盡；馳心極觀，
> 齊此而還，意所不及，皆謂無之。欲據所見，以定古人之所難言，
> 得無似螻蛄之議冰耶？（卷 8，頁 282）

若但執辟賊消穀之術，而不知「人地相須，人宅相須」之理，便自以爲養生已備，至理已盡，有如春生夏死、夏生秋死之螻蛄，既不知多寒之冰雪，卻

〔註84〕曾春海：〈氣在魏晉玄學與美學中的理論蘊義〉，頁 79。

欲加以妄議，「得無似戎人問布於中國，睹麻種而不事耶？」（卷 8，〈難宅無吉凶攝生論〉，頁 283）嵇康對於不識「人地相須，人宅相須」的阮德如，似有些非議。因爲但執辟賊消穀之術，而不知人、地諧和互動，就養生之道來說，是不足夠的。

第六節　結　語

　　就身體之構成來源來說，嵇康認爲身體由陰陽二氣化生而來，且陰陽二氣共存一身，相須以合德，所以陰陽之氣具有相須關係，此爲「陰陽相須」；陰陽二氣既然共存一身，可知身體並非僅有形與神，尚有氣的存在，身體之構成狀態，雖由形與神組成，實則氣爲兼指概念，貫串形與神。且形恃神以立，神須形以存，形與神之間仍具相須關係，此爲形神相須，就因爲形神相須，所以嵇康反對「恃內而忽外」，「恃內而忽外」就養生之道來說，仍有不足；體中形與神具相須關係，那麼體中之氣，除其源頭具陰陽相須關係外，是否在體中也可開展出另一種相須關係呢？嵇康認爲陽氣曜而生「明」（認知能力），陰氣凝而爲「膽」（決斷力、實踐力），有明而無膽不可，有膽而無明亦不可，明與膽具有「進退相扶」之關係，亦即體中之認知力與決斷力、實踐力之間，具相須關係，此爲「明膽相須」；不僅體中具形神相須、明膽相須之關係，身體與居住之地，可藉由五行之氣爲中介，相互感通，能相互感通，則爲吉地、吉宅，不能感應者，爲凶地、凶宅，不謂吉宅能獨成福，成福與否，功不獨成，宅非從人而徵，宅亦成人，人宅合而成功，相須之理誠然，此爲「人地相須、人宅相須」。人地相須、人宅相須，顯示的是「氣之感通」的交感互動歷程，其目的在於養生，與〈養生論〉所述宗旨相通，曾春海《嵇康》便說「亦可資瞭解嵇康的養生論」〔註85〕，所述正確。

　　嵇康的卜宅理論是否可能模糊了他在〈養生論〉中的主要論點？若由「相須關係」的角度來審視，則〈養生論〉與嵇康的卜宅理論，便能相通而無違，皆在論述以身體爲中心開展出之相須之理。且嵇康卜宅理論，以歸返於大通之道境〔註86〕，爲其終極關懷；〈養生論〉依據曾春海的詮釋，亦以「回歸於

〔註85〕曾春海：《嵇康》，頁 129。
〔註86〕嵇康〈答釋難宅無吉凶攝生論〉所說的「同會於大通」，典故出於《莊子‧大宗師》：「墮肢體，黜聰明，離形去知，同於大通，此謂坐忘。」成玄英疏：「大通，猶大道也。道能生萬物，故謂道爲大通也。」（台北：木鐸出版社，1983

道的懷抱」爲目標〔註87〕，希望能夠「遊心玄默，與道相契相融」〔註88〕、「心與道渾化爲一」〔註89〕，二者之終極關懷，實爲相同〔註90〕。

　　嵇康相須哲學是以「不偏於一端」爲思維特色，此種思維特色，在〈聲無哀樂論〉中，亦有清楚地表述：「夫唯無主於喜怒，無主於哀樂，故歡感俱見。若資偏固之音，含一致之聲，其所發明，各當其分。則焉能兼御群理，總發眾情耶？」（卷 5，頁 217）嵇康反對偏固，主張兼御群理，是非常清楚的事。且不僅〈明膽論〉、〈難宅無吉凶攝生論〉、〈養生論〉皆探討「相須之理」，連〈聲無哀樂論〉中，亦探討「相須之理」：「絲竹與俎豆並存，羽毛與揖讓俱用，正言與和聲同發。使將聽是聲也，必聞此言；將觀是容也，必崇此禮。禮猶賓主升降，然後酬酢行焉。於是言語之節，聲音之度，揖讓之儀，動止之數，進退相須，共爲一體。」（卷 5，頁 223～224）據此，則言語、聲音、揖讓、動止四者之間，亦具「相須之理」，四者「共爲一體」。嵇康的論辯文，如〈明膽論〉、〈難宅無吉凶攝生論〉、〈養生論〉、〈聲無哀樂論〉所述雖各有不同，若問可有貫串諸篇之理？答案應是有的，嵇康是以「相須之理」貫串諸篇。

　　嵇康身體哲學，藉由陰陽相須、形神相須、明膽相須，人地相須，共同構成一套以身體爲中心之相須論，連言語、聲音、揖讓、動止四者之間，亦具相須之理。其理論底層爲氣論，無論是陰陽、形神、明膽、言語〔註91〕、聲音〔註92〕、揖讓、動止〔註93〕，皆由「氣」所構成，人之身體中有氣，地

年 9 月），頁 285。依成玄英疏，可知「大通」指的是「道」。嵇康說的「同會於大通」，即《莊子·大宗師》說的「同於大通」，指的是「回歸於道」的意思。

〔註87〕曾春海：《嵇康》，頁 85。

〔註88〕曾春海：《嵇康》，頁 68。

〔註89〕曾春海：《嵇康》，頁 178。

〔註90〕嵇康不僅在〈養生論〉及〈難宅無吉凶攝生論〉中以道爲終極關懷，在〈釋私論〉中亦有類似主張：「夫稱君子者，心無措乎是非，行不違乎道者也。」童強《嵇康評傳》詮釋爲：「他讓本性回歸到自身，自然而然的本性，通過物情順通，而與大道無違，與道合一。」（頁 308）又云：「道是認識上的最高目標，心與道合，則在認識上達到最高境界，即體認大道。」（頁 309）

〔註91〕嵇康〈酒會詩〉云：「坐中發美讚，異氣同音軌。」（卷 1，頁 72）在「樂哉苑中遊」中，坐中諸人發出的「美讚」，本身是一種「言語」，此種言語，雖爲「異氣」，卻可同「音軌」，若是，則言語之中，亦蘊含有「氣」的存在。

〔註92〕嵇康〈聲無哀樂論〉云：「夫聲音，氣之激者也，心應感而動，聲從變而發。」（卷 5，頁 204）「使心與理相應，和【氣】與聲相應，合乎會通，以濟

中也有氣，藉由氣，陰陽、形神、明膽、人地可交感互通，相須相待，共濟共成，構成諧和的整體，言語、聲音、揖讓、動止四者之間，亦共爲一體。不僅身體中爲一個和諧的小宇宙，身體與天地之間，也是一個和諧的大宇宙，能如此，才達到嵇康所說的「三才相善」、「同會於大通」，因此，嵇康「相須論」固與身體修養有關，其目的卻並非僅停留於一己之身，而是希望經由身體修煉，使氣相感相應，讓人身與天地相會通，以達致天地人三才相會通之「大通境界」，此爲一種「整體諧和觀」。

簡而言之，嵇康「以身體爲中心之相須論」，實以「氣論」爲「理論基底」（或以嵇康自己的話來說，稱之爲「綱領」），以陰陽相須、形神相須、明膽相須、人地相須爲「核心概念」（或稱之爲「綱目」），以「氣的交感互通」爲「運作方法」，以「大通境界」之「整體諧和觀」爲「終極關懷」。所以，嵇康的「相須論」，並非是一套散論，而是兼含「理論基底」、「核心概念」、「運作方法」、「終極關懷」，這是一套系統龐大的完整理論。

當然，「大通境界」實爲「道」的境界，曾春海《嵇康》一書，便指出嵇康的人生目標，在於「保全人的自然生命以及將一切回歸於道的懷抱。」〔註94〕誠哉斯言。嵇康「養生論」藉由「身體」，使「氣」歸返於「存有之根源」（道），因此，嵇康的身體思維，主要有兩點：一方面藉由其「養生論」，我們可知嵇康視身體爲「修養之場域」；另一方面藉由其「身體相須論」，我們可知嵇康視身體爲由「氣」以歸「道」的「中介場域」。是故，嵇康身體思維中，身體不僅爲修養之場域，尙爲由氣以歸道的中介場域。

其美。」（卷5，頁222）聲爲氣之激，故聲與氣相應。

〔註93〕嵇康〈聲無哀樂論〉云：「和心足於內，和氣見於外。」（卷5，頁222）依內外相須之理，故和心足於內，才可有和氣見於外。所謂和氣現於外，便是表現在揖讓、動止這些行動之間，所以揖讓、動止這些行動，本身也有「氣」存在其間。

〔註94〕曾春海：《嵇康》，頁85。

第七章　郭象身體修養論

第一節　前　言

　　中國文化有「身體化」的傾向，孫隆基《中國文化的深層結構》便指出：「中國文化對人的程序設計裏，人的生命與存在的意向都導向身體化的傾向。」[註1]中國文化有身體化的傾向，但是何謂身體化，孫隆基則語焉不詳。關於中國身體哲學的研究，到目前為止，尚有許多園地，有待開拓。

　　關於身體哲學（或稱之為身體思維）之研究，自楊儒賓先生《儒家身體觀》發表以來，目前學界已經有愈來愈多研究人員，投注心力來研究相關議題。例如關於郭象（252～312）之身體思維，目前便有周翊雯〈郭象注莊中身體思維探究〉發表於《鵝湖月刊》，此文強調兩項重點：一是「郭象截斷莊子的工夫歷程」[註2]，「要逍遙，只有斬斷工夫論述，純任本心。」[註3]二是「郭象的身體觀念，已然是一種解離了身心一如、形神相依的模式所達到的逍遙。」[註4]「郭象藉著身心關係的分離，將莊子同體回歸的逍遙境界，改換成片面式的逍遙，純粹心之逍遙。」[註5]簡而言之，該文強調兩項要義是：郭象身體思維斬斷工夫，且身心關係分離。

[註1] 〔美〕孫隆基：《中國文化的深層結構》（桂林：廣西師範大學出版社，2004年12月），頁41～42。

[註2] 周翊雯：〈郭象注莊中身體思維探究〉，《鵝湖月刊》第365期，2005年11月，頁49。

[註3] 同前注，頁52。

[註4] 同前注，頁52。

[註5] 同前注，頁52。

　　該文研究郭象身體思維，然而卻遺漏許多郭象身體思維的資料，如郭象對於身體天道論有許多論述，爲周翊雯所忽略，既然論述身體天道論，當然郭象的身體觀就不是「身體的對象化」所能詮釋，所謂「身體的對象化」，指的是「自我的他化」〔註6〕，將自我之身體推出去，成爲一個可以客觀觀察的「物」。將郭象身體學說解讀爲異化（alienation）狀態下主客分立狀態下呈顯之「物性」〔註7〕，並不適宜，因爲身體天道論已超越了主客分立的異化狀態。

　　至於說郭象斬斷工夫，應是忽略了郭象對於莊學「無」、「忘」工夫義的大量論述。玄學雖爲思辨之學，然而郭象又重視實踐，其學問性格係將思辨與實踐結合爲一，莊耀郎便詮釋郭象玄學爲「實踐地思辨形態」，即「所思辨之對象內容爲實踐所成者。」〔註8〕重視實踐的郭象玄學，當然不會沒有修養工夫的論述，玄學之實踐，係以修養工夫爲其根柢，牟宗三《才性與玄理》便云：「（郭象玄學）養生之主，亦即在心上作致虛守靜之工夫。」〔註9〕「其在心上有一極深之虛靜工夫，甚顯。」〔註10〕既然心上有一極深之致虛守靜工夫，那麼說郭象斬斷工夫，恐就難以成立。

　　至於說郭象主張身心關係分離，應是對於郭象身體和合論，未能掌握。同時，就文獻而言，郭象在〈齊物論注〉中說：「本末內外，暢然俱得，泯然無跡。」〔註11〕既已內外泯然無跡，當然所謂「身心分離」之說，我們就覺得有再加以研究的必要。郭象將莊子「內外不相及」之說，改造成「內外泯然無跡」、「內外相冥」〔註12〕，既然「內外無跡」、「內外相冥」，則郭象的身體觀，恐怕不適合以「身心分離」去詮釋。

　　愚意以爲郭象身體思維有四根支柱：身體修養工夫論、身體和合論、身體治道論、身體天道論。因爲有身體工夫論「無」、「忘」之工夫修爲，所以

〔註 6〕 林師安梧：《儒學轉向：從新儒學到後新儒學的過渡》（台北：學生書局，2006年 2 月），頁 59。

〔註 7〕 周翊雯：〈郭象注莊中身體思維探究〉，頁 50。

〔註 8〕 莊耀郎：《郭象玄學》（台北：里仁書局，1998 年 3 月），頁 35。

〔註 9〕 牟宗三：《才性與玄理》（台北：學生書局，2002 年 8 月），頁 207。

〔註10〕 牟宗三：《才性與玄理》，頁 207。

〔註11〕 〔周〕莊周著，〔晉〕郭象注：《莊子》（台北：臺灣中華書局，1993 年 6 月），卷 1，頁 25。以下引用之郭象文獻，主要是根據這本書，除必要的補充說明外，爲省篇幅，將不再於注腳中注明資料出處。

〔註12〕 關於郭象將莊子「內外不相及」，改造成「內外相冥」，請參閱許抗生等著：《魏晉玄學史》（西安：陝西師範大學出版社，1989 年 7 月），頁 386。

身體可以由「以形控心」、「以心控形」之身心分離之異化狀態，趨於「身心一如」、「人物一如」之諧和狀態。亦即「身體工夫論」，為「身體和合論」之基石，若無「身體工夫論」，何能躋於「身體和合」之和諧狀態。在「體與物冥」、「人物一如」狀態時，已無人、物之對立。此時，人物之分已經解消，自無「身體對象化」此種異化為「物性」之可能。在「身體和合論」為根基下，下可通於治道，上可達於天道，即形色即天道。亦即郭象身體思維之軸心實在「身體和合論」，他是以「身體工夫論」來促成「身體和合論」之實現，再以「身體和合論」來通於治道及天道。當然，在「形色即天道」時，形上與形下已通貫而為一，即形上即形下，在場之形下與不在場之形上相和合，因此形下之治道與形上之天道，就邏輯脈絡來說，自可通而為一。是故，對於「心物分離」、「斬斷工夫義」、「身體對象化」這些說法，恐怕我們必須持保留立場，因此，「郭象的身體思維」雖然已有相關的研究著作，仍有相當寬廣的研究空間在，可供我們去開發。

　　以下將循著「身體修養論」、「身體和合論」、「身體治道論」、「身體天道論」層遞的順序，依序介紹郭象的身體思維。

第二節　郭象身體修養操作方法

　　周慶華《身體權力學》說：「事物的原初秩序在黃金時代裏，一直保持著完美的狀態。只有在往後的歷史階段中，才無可避免地陷入衰退的命運。」〔註13〕身體在原初狀態，應是一完整之諧和體，受到「生活世界」的影響，才會產生異化。身體本身就是一個小的場域，在生活世界中，每一個場域都成了衝突的地方，身體場域之衝突，主要是顯現在「以心控形」及「以形控心」此種心、形互控之上，就因為身體此種場域在「生活世界」中，必會產生衝突，所以「身體修養」就成為必須要去落實的工作。盧國龍《郭象評傳》說：「人性在文明發展中的伸展，本質就是一個既接受異化又不斷清除異化的過程。」〔註14〕郭象在面對文明發展中出現的異化，採取何種消解的方式，值得我們關注研究。

〔註13〕周慶華：《身體權力學》（台北：弘智文化事業有限公司，2005年5月），頁96。

〔註14〕盧國龍：《郭象評傳》（南寧：廣西教育出版社，1996年8月），頁160。

一、生命異化，心形互控

　　道家向來視生命為和諧的整體，既為和諧的整體，則形與心應該是諧合為一的。魏晉時期，認為形與心相分離是一種異化狀態，《晉書‧宣帝紀》云：「司馬公尸居餘氣，形神已離，不足慮已。」〔註15〕形神分離，為生命力即將喪失的一種解離狀態，並非一般人生命的常態。

　　和諧的生命整體，與世事相接觸後，有時會產生一些異化狀態，郭象認為此種異化狀態，就身體來說，至少有兩項缺失：（一）以形控心，心為形累：道家關於「身體」的觀念，向來是抱持著「身（形）、心一元論」，視形、氣、神為一體，郭象亦然，身體組成部分雖多，合而為一身，所以說：「身之所有者眾」（卷 3，〈德充符注〉，頁 1）因為合為一體，所以各個組成部分會相互影響，「一受成形，則化盡無期也。」（卷 7，〈田子方注〉，頁 16）既然一受成形，便化盡無期，且形會對其它組成部份產生影響，故郭象說：「形扶疏則神氣傷」（卷 8，〈則陽注〉，頁 27），形若不經修養，會長期對神、氣有負面影響。（二）以心控形，形為心累：身體各部分會相互影響，所以「心」可以影響到身體各個部位，「夫物情無極，知足者鮮，故得此不止，復逐於彼，皆疲役終身，未厭其志。」（卷 1，〈齊物論注〉，頁 13）萬物繁多，若心不知足，以心逐物，必至終身疲累，「凡物各以所好，役其形骸，至于疲困。」（卷 1，〈齊物論注〉，頁 13）「患害生於役知以奔競」（卷 7，〈山木注〉，頁 11），人們各以所好，逐物不止，必定會導致形骸疲困，此為「形為心累」，這是因為生命的歧出，會帶給生命莫大的痛苦。

　　郭象云：「心神奔馳於內，耳目竭喪於外，身處不適，則與物不冥矣。」（卷 2，〈人間世注〉，頁 8）內為「身之內」，外為「身之外」，內外奔馳，身即不適。此段郭象注文中，「身」包含「心神」及「耳目」，亦即「身」包含「心」及「形」，簡單地說，「身就是自己，就是個體。」〔註16〕既然身就是個體，則身應具「個體整全性」。郭象云：「淡然自若，不覺寄之在身。曠然而得，不覺窮之在身」（卷 6，〈繕性注〉，頁 5）「身」並非僅指形軀，尚包含精神性。此時郭象的「身」概念，是代表著生命的整全體，包含形軀及精神，並非單指形軀而已。「生理已自足於形貌之中，但任之則身存。」（卷 2，〈德

〔註15〕〔唐〕房玄齡等：《晉書》第 1 冊（北京：中華書局，1998 年 3 月），頁 17。
〔註16〕涂又光：〈道家注重個體說〉，收於陳鼓應主編：《道家文化研究》第 1 輯（台北：文史哲出版社，2000 年 8 月），頁 37。

充符注〉，頁 23）「身」包含形貌與形貌中蘊含的生理，生理偏於精神，形貌指的是形軀，所以「身」包含「精神」與「形軀」，且「精神」與「形軀」是合而為一，共成一體的，共成的這一體，便是「身」。郭象注文中，「形軀」指的是具體可見的身軀，但是「身」則是個別生命的整全體。是故，郭象是持「身（形）、心一元論」，而非「身（形）、心二元論」。道家堅持一元論的身體，受道家思想影響的郭象亦然。形、心若分裂為二，甚至互控，無論是「以形控心」或「以心控形」，皆為一種須對治的歧出現象。孔子及老子皆持「以身同生」的說法，亦即視「身」為「生命整全體」，而非僅指形軀，就此點來說，郭象的說法是相類似的。

若心神奔馳於內，帶動耳目向外追逐，「身」必定不得安適。若內心奔馳不已，「外敵未至，而內已困矣。」（卷 2，〈人間世注〉，頁 8）內心困頓，生命何能安適？心神的奔馳不定，當然也包含「喜懼戰於胸中」（卷 2，〈人間世注〉，頁 8），此時「結冰炭於五臟」（卷 2，〈人間世注，頁 8〉），「憂來而累生」（卷 7，〈達生注〉，頁 5）可見問題的嚴重。

無論是「以形控心，心為形累」，還是「以心控形，形為心累」，都是一種不諧和的身體狀態，由身體組成一份子來控制另一份子，必將導致身體的不諧和。此種不諧和，須由身體修養來消除。在研究郭象身體修養論之前，有一個問題須先行解決，那就是：郭象對於「養」的看法是贊成，還是反對？答案若是反對，則下面就不必再探討郭象身體修養論。郭象云：「養之以至於全者，猶無敵於外，況自全乎？」（卷 7，〈達生注〉，頁 6）郭象認為修養至精神凝寂，除了可以「自全」，維持個體生命的整全，尚可「無敵於外」，功效甚大。可知，郭象應是主張「身體修養」。

二、除蔽解蔽，根源解消

（一）從心形互控模式中跳出

既然身體的異化，會給生命帶來極大的痛苦，則必須針對心形互控的異化狀態，加以除蔽解蔽。談到除蔽解蔽，就必須研究郭象身體修養論。他的身體修養論主要是藉由「遣」、「忘」、「無」、「任」（因任變化）等方式，來表示對於身體不諧和狀態的超克。亦即，郭象是不採「以形養身」的方式，不直接就形體來修養，而是透過「遣」、「忘」、「無」、「任」（因任變化）等方式來修養，亦即他是以「遣身以養身」的方式。

有時郭象用「因任變化」來表述其修養工夫，例如：

> 無所藏而都任之，則與物無不冥，與化無不一，故無外無內，無死
> 無生，體天地而合變化，索所遯而不得矣，此乃常存之大情，非一
> 曲之小意。（卷 3，〈德充符注〉，頁 5）

「任」即「因任變化」的意思，透過「任」，放開自我的執著，無論是「以心
控形」，還是「以形控心」盡皆放開，且自我與外物之分亦放開，才能與物冥
合，進入「無外無內，無死無生」的境地。若能「忘己任物」（卷 8，〈徐無鬼
注〉，頁 23），「以心隨物」〔註17〕，因任變化，順應萬物，則「物」與「形」
將自行變化，郭象主張：「欲令無其身，忘其國，而任其自化也。」（卷 7，〈山
木注〉，頁 9）放開對「物」與「形」的執著，從「以心制物」及「以心制形」
模式中跳脫出來，所以郭象便說：「以心順形，而形自化。」（卷 7，〈知北遊
注〉，頁 29）要「以心順形」、「以心隨物」，心不應宰制形，心也不應宰制物。
形的地位不低於心，亦非附屬於心，所以郭象不取「以心制形」此種宰制性
強的做法，而是取「任」、「順」的方式，讓「形」自化，「任其自爲」（卷 7，
〈知北遊注〉，頁 23），形之自化或自爲，皆非他力所能爲之。「任」有時作「因」，
如：「因形率情」（卷 7，〈山木注〉，頁 12），郭象不取「宰制義」，而取「因
任義」，讓形自爲自化，讓情自行變化。

（二）透過遺身工夫，獲致整體生命的諧和

有時用的是「遺」、「忘」，透過「遺」、「忘」也可以將對善惡、死生的執
著放開：

> 與其不足而相愛，豈若有餘而相忘。……至足者忘善惡，遺死生，
> 與變化爲一，曠然無不適矣。（卷 3，〈大宗師注〉，頁 4）

> 忘天地，遺萬物，外不察乎宇宙，內不覺其一身，故能曠然無累，
> 與物俱往，而無所不應也。（卷 1，〈齊物論注〉，頁 16）

有「形」便會有所累，「有形者，自然相與爲累」（卷 8，〈徐無鬼注〉，頁 21）
若能解消對「形」的執著，才能無累，所以主張「遺其形骸」（卷 2，〈德充符
注〉，頁 15）。「怪其形殘而心乃充足也，夫心之全也，遺身形，忘五藏，忽然
獨往，而天下莫能離。」（卷 2，〈德充符注〉，頁 16）這段注文中，郭象要說

〔註17〕 許抗生等著：《魏晉玄學史》（西安：陝西師範大學出版社，1989 年 7 月），頁
363。

的是：原本形軀殘缺者，透過「遺身形，忘五藏」之「遺身」工夫，獲得「心全」的效果，這是在說透過身體修養，可以超克形軀的殘缺，此時形軀之殘缺，對於神全心具者來說，不再是問題，因為他已經與大化合而為一，不再措意于一己之得失，「彼形殘胥靡，而猶同乎天和。」（卷8，〈庚桑楚注〉，頁10）天生形軀殘缺者，不能加以改變，但是我們可以藉由身體修鍊，提昇生命層次，超越形軀殘缺對於我們心靈的負累，以達天和境界。

郭象云：「夫神全心具，則體與物冥，與物冥者，天下之所不能遠，奚但一國而矣哉！」（卷2，〈德充符注〉，頁16）遺身而神全心具，天下不能離，「愈遺之，愈得之」（卷3，〈德充符注〉，頁11）。「遺身而神全心具」，並非減損身體組成一份子，以增益另一組成份子，而是強調藉由身體修鍊，可超越形軀天生對我們的限制，亦即此為一種「生命意義的自我治療」。中國思想的縱深處，隱含「生命治療學」發展之可能。郭象認為生命的缺失，只能靠自己「遺」、「忘」、「無」、「任」的力量來解決，不能仰賴他人。此為一種「自力救贖」，而非「他力救贖」。

郭象云：「忘視而自見，忘聽而自聞，則神不擾而形不邪也。」（卷4，〈在宥注〉，頁18）忘視、忘聽，則神不擾、形不邪，亦即可藉由「忘」，來保全「神」與「形」。至足者透過「忘天地，遺萬物」、「忘善惡，遺死生」此種「遺」、「忘」的工夫，與自然變化泯而為一，與物俱往，無所不應，身體方能無有不適。「不能坐忘自得，而為哀樂所寄也。」（卷7，〈知北遊注〉，頁30）當身體為哀樂所寄時，喜懼交戰於心中，結冰炭於五內，自然身體不安適，須下「坐忘」的工夫，消解哀樂的情緒，「曠然無情」（卷3，〈大宗師注〉，頁4），方能自得。亦即主張「遺身」，回返身體的始源和諧狀態，棄絕情感思想對身體的操控。「夫形全抱生，莫若忘其心術，遺其耳目。」（卷8，〈庚桑楚注〉，頁4）唯有解消心對形的執著，也解消形對心的執著，才能「形全抱生」，亦即整體生命的諧和，是透過「忘」、「遺」的化執工夫來達致的。

有時用「無」的方式，來達到消解執著的目的：

> 常無心，故一不化。一不化，乃能與物化耳。化與不化，皆任彼耳，斯無心也。直無心，而恣其自化耳，非將迎而靡順之。……言夫無心而任化，乃群聖之所游處。（卷7，〈知北遊注〉，頁29）

> 常無心而順彼，故好與不好，所善所惡，與彼無二也。（卷3，〈大宗師注〉，頁4）

在心與形的關係上，郭象主張「以心順形」，來跳脫「以心制形」的模式；在己與物的關係上，主張「無心任化」，透過「無心」，消解心對物的宰制，任彼自化，不加宰制，放棄「由己以制物」（卷5，〈天地注〉，頁3），物若來臨，任其自來，不加抗拒，「物之倘來，不可禁禦。」（卷7，〈山木注〉，頁13）「不可逃也」（卷7，〈山木注〉，頁13）非但不禁禦、不逃避，甚至順應萬物，與萬物一同變化，好與不好，所善所惡，與彼無二，既非「以己制物」，也非「以物控己」，主張「用物而不役己」（卷7，〈知北遊注〉，頁25）。

《釋文》：「崔云：遺形忘生，當大宗此法也。」〔註18〕若想遺形忘生，須宗法無心。「無心，故忘之可也。」（卷3，〈大宗師注〉，頁14）「既得心齋之使，則無其身。」（卷2，〈人間世注〉，頁7）無心時，心靈保持澄明空虛的狀態，在此狀態中，「心」對「形」的宰制、執著皆得消解，此乃不解之解。若「不能自形，而反形之，必敗。」（卷7，〈知北遊注〉，頁26）「不形形乃成，若形之，則敗其形矣。」（卷7，〈知北遊注〉，頁26）對於「形」，只能採取「順任」的態度，讓其自行變化，若有意操控，必定失敗。放開方是成全，只有放開對形之操控，讓形自為自化，形才能找回它自己，回復其本真狀態，「形不假，故常全。」（卷7，〈山木注〉，頁12）形無偽飾，才能「形全」。「形全」即形體圓滿無虧缺的狀態，心放開對形的操控，形自能保持圓滿無缺。所以莊耀郎《郭象玄學》便說：「（郭象）自覺地通過無為的修證工夫，超拔形軀我而出於世俗之上，嚮往至人的真實生命，由此彰顯一自在自得的精神境界。」〔註19〕郭象企圖透過無為的工夫，追尋真實的生命。亦即為「通過去執（無身）的無，即可以顯一無執（自然）的無的生命境界。」〔註20〕郭象透過修養工夫，以追求生命的和諧圓滿狀態。

郭象云：「無心故至順，至順故能無所將迎，而義冠於將迎也。」（卷7，〈知北遊注〉，頁30）在無心任化的情形下，己與物維持諧和關係，消解以己制物時的緊張狀態，故可云：「至順」。己既不從屬於物，物亦不從屬於己。己與物既無「對抗關係」，也無上下「隸屬關係」。己對於物無所將、無所迎，但能「相互諧和，共體昇進」，一同變化，何其美好，所以「義冠於將迎」。

〔註18〕〔清〕郭慶藩編：《莊子集釋》（台北：木鐸出版社，1983年9月），頁224。
〔註19〕莊耀郎：《郭象玄學》，頁56。
〔註20〕莊耀郎：《郭象玄學》，頁137。

在「心」與「形」的關係上，不減損任一份子，以增益另一組成之部分；在「己」與「物」關係上，郭象主張「不損己爲物」：

> 割肌膚以爲天下者，彼我俱失也；使人人自得，而己者與人，而不損於己也。其神明充滿天地，故所在皆可，所在皆可，故不損己爲物，而放於自得之地也。（卷7，〈田子方注〉，頁21）

己與天下和合貫通，所以若割肌膚以爲天下，藉由減損一己的方式（割肌膚），試圖增益他人，實不可得，反而使「彼我俱失」。若使人人自得，又不損於己，故所在皆可，若能所在皆可，「不損己爲物」，不但人人自得，一己也能同時自得。這種「不損己爲物」，「人己同樣自得」的方式，才符合己與物之間「相互諧和，相互感通」的原則。所以「己」與「物」之間相處，須注意：(1)雙方間無「對抗關係」。(2)無上下「隸屬關係」。(3)不損己爲物，人我同得。亦即爲「相互諧和，共體昇進」。

郭象云：「夫儒【墨】之師，天下之難和者，而無心者猶故和之，而況其凡乎！」（卷7，〈知北遊注〉，頁29）君子之人，若儒墨者師，以是非相攻擊，紛爭不已，何況今之人乎！人間世之是是非非，甚爲繁雜，難以諧和，只有以無心處之，消解執著，任彼變化，方能維持諧和關係，能維持人與己之諧和關係，身體才能安適。

（三）對治異化，根源解消

簡而言之，針對「以形控心」的身體缺失，郭象提出「遺忘形軀」的方式，形軀既已遺忘，則形軀對心的操控自然解消，這是從根源處取消操控的可能，讓問題不解而解；針對「以心控形」的身體缺失，郭象提出「無心」、「以心順形」的方式，這也是從根源處讓問題不解而解，使緊張相消失，心、形關係便可趨於諧和，不再「以心自役」（卷6，〈繕性注〉，頁4）。是故，可以得知郭象身體修養方法論：若要解決「A對B」的操控，須「遺」掉「A」，或「無」掉「A」；同理，若須解決「B對A」的操控亦然，須從「遺」掉「B」，或「無」掉「B」入手，此法可名之曰：「根源解消法」。葛洪是就形軀直接以服食求藥的方式，加以養護；郭象則以根源解消的方式，進行「不養之養」。

郭象主張「遺身而忘生」（卷7，〈知北遊注〉，頁24）、「遺身而自得」（卷1，〈逍遙遊注〉，頁7）、「遺心而自得」（卷2，〈德充符注〉，頁17）、「無心而應」（卷2，〈人間世注〉，頁7）、「無心玄應」（卷1〈逍遙遊注〉，頁6）、「無

心而自得」（卷 1，〈齊物論注〉，頁 10）、「虛其心」（卷 2，〈人間世注〉，頁 7），透過此種「遺耳目，去心意」（卷 2，〈人間世注〉，頁 7）、「遺形骸，忘貴賤」（卷 2，〈德充符注〉，頁 22）的「身體修養工夫」，以「符氣性之自得」（卷 2，〈人間世注〉，頁 7），即維持身體的諧和，且此種諧和，有三層含義：(1)包含一己身軀內「心」、「形」之諧和，(2)也包含「人」與「己」相互的諧和，故云：「一身既不成，而萬方有餘喪矣。」（卷 4，〈在宥注〉，頁 21）所以我們可以知道郭象身體哲學中，「個體的和諧成為總體和諧的前提」〔註21〕。(3)甚至包含「己」與「萬物」間的諧和，一起變化，共體昇進。由是可知，郭象「遺身而忘生」之「身體修養工夫」，功效甚大。

第三節　郭象身體和合論

　　中國文化有一特色，那就是重視和合，用錢賓四的話來說，便是「中國人是最重視和合與同化的」〔註22〕、「中國思想特富和合性」〔註23〕、「重內重合」〔註24〕、「重在人之整體合一處，更過其相異各別處。」〔註25〕和合學重視的不是二者相異處，而是在於相異二者之整體合一處。性質相異的二者或多者，既相互對待，也整合互補，相濟相成，融合為一，《易傳》所說的陰陽，便是相反相成的關係，若沒有對待，「便消失生命力，即不能生生不息。」〔註26〕藉由不同要素相互間的互補、統一，使事物可生生不息地發展，因此張立文《和合哲學論》便說：「和合方法可謂生生法，即新生命、新事物不斷化生。」〔註27〕侯敏亦指出和合為「對立面的相互滲透和統一，而且這種統一是處於最佳狀態的統一，對立的雙方沒有疏離與排擠。」〔註28〕

〔註21〕莊耀郎：《郭象玄學》，頁 37。
〔註22〕錢賓四：〈中國人生哲學第一講〉，《人生十論》（台北：東大圖書公司，1993年 9 月），頁 138。
〔註23〕錢賓四：〈略論中國哲學〉，《現代中國學術論衡》（北京：三聯書店，2002 年11 月），頁 26。
〔註24〕錢賓四：〈整體與部分〉，《晚學盲言》（台北：蘭臺出版社，2001 年 4 月），頁13。
〔註25〕錢賓四：〈人類文化與東方西方〉，《歷史與文化論叢》（台北：素書樓文教基金會，2001 年 5 月），頁 11。
〔註26〕李漢相：〈先秦的和合思想〉，《鵝湖月刊》第 29 卷第 9 期，2004 年 3 月，頁 49。
〔註27〕張立文：《和合哲學論》（北京：人民出版社，2004 年 12 月），頁 53。
〔註28〕侯敏：《有根的詩學——現代新儒家文化詩學研究》（上海：上海人民出版社，

對立面經由相互滲透和統一，以趨於最佳狀態，使事物可生生不息，方爲和合〔註29〕。

莊耀郎《郭象玄學》云：「郭象玄學的本色仍在於主觀精神哲學的領域」〔註30〕，郭象的身體和合境界，便屬於主觀精神的領域，此方爲郭象身體思維的核心。〈知北遊〉云：「調而應之，德也；偶而應之，道也。」郭象注：「調偶和合之謂也。」（卷7，〈知北遊注〉，頁25）將相異的二者，加以調和，使其歸於和諧（和合），是靠「道」。所以郭象認爲無論是心形諧和、人己諧和，還是己與萬物的諧和，都是「道」的展現。郭象主張相異之兩端，須加以會通：「夫守一方之事，至於過理者，不及於會通之適也。」（卷7，〈達生注〉，頁4）單守一方之事，滯於一邊，以至於過理，不如加以會通來得適合，郭象想將相異兩端加以會通，「合異以爲同」（卷8，〈則陽注〉，頁30），已清楚表述。

一、外、內和合

（一）內、外相須

郭象主張內、外相須相待，彼此之間具有「相因」的關係：

> 聖應其內，當事而發矣。言其外，以暢事情。情暢則事通，外明則內用，相須之理然也。（卷9，〈外物注〉，頁4）

有其內情，才能當事而發；外顯之言語行爲，正在表達內在之情意。內以通外，外以顯內，內外相須相待，並非單獨成立。郭象雖然不承認事物之間具有因果性，但是對於「內外相須」此種相須相待的特質，他是接受的，許抗生《魏晉玄學史》便說：「彼此之間可以互相資濟。只有互相資濟，它們各自的功用才能得以發揮。」〔註31〕內外之間的關係，並非因果關係，而是相資相濟，相互顯發，簡言之，內外之間，有「相因之功」。郭象云：「彼我相因，形景俱生，雖復玄合，而非待也。」（卷1，〈齊物論注〉，頁25）因而，內與外，形與景之關係，爲彼我相因，形（內）景（外）俱生，景（外）非形（內）之所使。

2003 年 12 月），頁 68。

〔註29〕 本節所敘述之和合學理論，請參考拙著：〈錢賓四先生儒學和合論研究〉，《彰化師大國文學誌》第 11 期，2005 年 12 月，頁 175～204。

〔註30〕 莊耀郎：《郭象玄學》，頁 234。

〔註31〕 許抗生等著：《魏晉玄學史》，頁 356。

（二）外、內和合，以內為本

郭象云：「神人即聖人也。聖言其外，神言其內。」（卷 9，〈外物注〉，頁 6）分析地言之，可有內、外之分，聖言其外，神言其內，但綜合地言之，神人即聖人，可知在郭象思想中，內與外實相通貫，甚至可以說是「內、外玄合」：「德充於內，應物於外，外內玄合，信若符命，而遺其形骸也。」（卷 2，〈德充符注〉，頁 15）郭象持身體一元論，雖就分析而言，可有內（德）、外（形）之分，然而實質上，外內二者相互玄合，並未割裂。內、外既相互和合，此時便可如唐君毅所言：「當使人之心靈與身體之關係，如一呼一應，能直下圓成者。呼是心應，應是身行。」〔註32〕郭象視心與形為相互和合的關係，心與形相和合，便不是分裂的狀態，而是直下圓成。

就因為內外和合，所以不可營外虧內，「營外虧內，其置倒也。」（卷 6，〈繕性注〉，頁 5）郭象雖然主張內外玄合，但是隱隱之間，仍以內（心）為「本」，其外（形）為「末」。亦即雖內、外玄合，仍有主從之分、本末之別，不可「以外易內」（卷 6，〈繕性注〉，頁 5），要「養生全內」（卷 7，〈達生注〉，頁 3）。許抗生認為郭象在心物關係上，「強調物是根本的」〔註33〕，似非，應以「內」（心）為根本方是。須補充說明的是：郭象雖以心為內主，心對形或心對物，並不具宰制性，就因不具宰制性，內外才可相互和合。

若只知營外，卻虧損本根，為本末倒置，要「全其內而足」（卷 6，〈繕性注〉，頁 5）方可。若「宗物於外，喪主於內」（卷 1，〈齊物論注〉，頁 25），為郭象所不取，他取的是「本末內外，暢然俱得」（卷 1，〈齊物論注〉，頁 25）雖一方面主張兼得本末內外，但另一方面又「以內為主」，可見郭象視內外，仍有主從之分，他是主張「內主」的（卷 1，〈逍遙遊注〉，頁 6）。「夫唯靜然，居其所能，而不營於外者，為全。」（卷 9，〈外物注〉，頁 4）郭象一方面主張「內外玄合」、「學生者務中適」（卷 7，〈達生注〉，頁 3）、「常從容處中」（卷 7，〈山木注〉，頁 11），反對「過於出」、「過於入」〔註34〕，但又

〔註32〕 唐君毅：《人生之體驗續編》（桂林：廣西師範大學出版社，2005 年 9 月），頁 123。

〔註33〕 許抗生等著：《魏晉玄學史》，頁 362。

〔註34〕 《莊子·達生》云：「無入而藏，無出而陽。」郭象反對「過於出」：「陽既外矣，而又出之，此過於出也。」（卷 7，〈達生注〉，頁 4）也反對「過於入」：「藏既內矣，而又入之，此過於入也。」（卷 7，〈達生注〉，頁 4）郭象主張的是：「學生者務中適。」（卷 7，〈達生注〉，頁 3）「至當之不可過也。」（卷 7，〈達生注〉，頁 7）

有濃厚的「以內爲本，以外爲末」、「爲內，福也；爲外，禍也。」的思想，例如說：「德充於內者，不修飾於外。」（卷 7，〈田子方注〉，頁 19）因爲郭象有「內外和合」的思想，又有「以內爲本」的想法，所以只要德充於內，「內足者，神閒而意定」（卷 7，〈田子方注〉，頁 19），無須修飾於外，自會顯發於外，故可云：「內自得者，外自全也。」（卷 7，〈田子方注〉，頁 19）「夫德充於內，則神滿於外。」（卷 7，〈田子方注〉，頁 21）這兩段注文，對於郭象「內外和合相通」及「以內爲本」的思想，揭示得頗爲清楚。

之所以有「以內爲本」的思想，應與郭象「所貴者我也」（卷 7，〈田子方注〉，頁 18）重視自我意識有關。甚至可說：「存亡更在於心之所措耳，天下竟無存亡。」（卷 7，〈田子方注〉，頁 22）天下可以存而不論，只要關注一己心之所措即可。

二、人、物一如，玄同彼、我

郭象云：「大人不明我以耀彼，而任彼之自明；不德我以臨人，而付人之自得【德】，故能彌貫萬物，而玄同彼我。」（卷 2，〈人間世注〉，頁 15）郭象不但主張形、心一如，還主張玄同彼我。所以說：「同天人，均彼我。」（卷 1，〈齊物論注〉，頁 10）又云：「我自忘矣，天下有何物足識哉？故都忘外內，然後超然俱得。」（卷 1，〈齊物論注〉，頁 10）既然內外都忘，自無人、物之分，無人、物之分，許多因爲人、物分別而產生的爭端，便可泯息。「隨時因物，乃平泯也。」（卷 9，〈外物注〉，頁 5）若放棄我執，隨時因任外物，「任其自長耳，非宰而長之。」（卷 7，〈達生注〉，頁 7），對於外物，不要有宰制的念頭，「善養生者，各任性分之適而至矣。」（卷 7，〈達生注〉，頁 8）各任萬物憑依其性分，自生自長，吾人放棄宰制的念頭，人我爭端自可平泯，且人我可超然俱得，共同昇進。如此一來，才可以遊於世俗，泯然無跡。之所以可泯然無跡，是因爲此時已透過身體修養，達致「形與物夷，心與物化」（卷 7，〈山木注〉，頁 10），形與心皆與外物無所區別。若未能「形與物夷，心與物化」，便謂之「形倨」，「形倨，躓礙之謂。」（卷 7，〈山木注〉，頁 10）若心與形與外物尚有躓礙，表示身體修養工夫做得不夠，若此，必不能悠遊於世俗。

應該要「因民任物而不役己」（卷 7，〈山木注〉，頁 10）讓人民、萬物、統治之聖人，三方面皆得同時鬆脫緊張關係，共同悠遊於世，「和其光，同其塵」（卷 7，〈田子方注〉，頁 20）、「混然大同，則無獨異於世矣。」（卷 7，〈山

木注〉，頁 11）若有一方獨異於世，便不得混然爲一。《老子・第四章》云：「和其光，同其塵。」〔註 35〕若能與其他人、物和光同塵，共同悠遊於世，何其和諧，必能爲人所樂推而不厭，故云：「至人則玄同天下，故天下樂推而不厭。」（卷 7，〈山木注〉，頁 14）玄同天下時，不顯獨異相，不獨高於眾人，故天下樂推。「曠然無係，玄同彼我」（卷 7，〈田子方注〉，頁 21）曠然無係，便是鬆脫彼此的緊張關係，能如此，方能玄同彼我。亦即「無係」此種「無」的修養工夫，爲達致「玄同彼我」的方法。

三、與萬物爲一，跡冥圓融

郭象云：「泯然與天下爲一，而內外同福也。」（卷 2，〈人間世注〉，頁 15）從「爲內，福也；爲外，禍也。」之內外分立，且以內爲主，到經由身體修養工夫，消解我執，「本無我，我何失焉？」（卷 9，〈外物注〉，頁 5）既無我，得失、禍福之差異儘歸泯滅，便可達致「內外同福」的境界，顯已超越第一階段「內外玄合」但「以內爲主，以外爲末」。

郭象云：「唯所遇而因之，故能與化俱。」（卷 9，〈外物注〉，頁 5）最終目的在於與天下爲一，「一萬物而夷群異」（卷 8，〈則陽注〉，頁 30），與大化共同變化，「唯與時俱化者，爲能涉變而常通耳。」（卷 7，〈山木注〉，頁 9）與時俱化者，無所滯礙，故能涉變常通，圓融無礙，「晏然無矜，而體與變俱。」（卷 7，〈山木注〉，頁 14）既無心，「虛而順物」（卷 7，〈田子方注〉，頁 15），故能心無所矜，體與變俱，「與變俱往」（卷 7，〈田子方注〉，頁 17）、「體與變俱，故無失。」（卷 7，〈田子方注〉，頁 18），心無所主，隨物之變而變，隨物之化而化，此爲「無心者斯順」（卷 8，〈則陽注〉，頁 30），故可「當時應物，所在爲正。」（卷 9，〈外物注〉，頁 5），各任其性，任物之自得，無所失故謂之正〔註 36〕。能如此，便是「與物無不冥」（卷 7，〈田子方注〉，頁 17），既能與物無不冥，體合變化，「身」即已歸返於「本根」，此爲「歸根」：

> 其歸根之易者，唯大人耳。大人體合變化，故化物不難。（卷 7，〈知北遊注〉，頁 22）

若能「歸根」，回返存有的根源，自能無拘無束，「無可無不可」（卷 7，〈田子

〔註35〕樓宇烈校釋：《王弼集校釋》上冊，頁 10。

〔註36〕莊耀郎《郭象玄學》云：「各得其正就是各任其性，任物之自得。」（頁 240）

方注〉，頁 21），化物自然不難，達致圓教的最高境界跡冥圓融：

> 遺天下者，故天下之所宗，而堯未嘗有天下也，故窅然喪之，而常
> 遊心於絕冥之竟，雖寄坐萬物之上，而未始不逍遙也。四子者，蓋
> 寄言以明堯之不一於堯耳。夫堯實冥矣，其跡則堯也，自跡觀冥，
> 外內異域，未足怪也。世徒見堯之爲堯，豈識其冥哉？（卷 1，〈逍
> 遙遊注〉，頁 8）

堯雖有天下，但因爲他以「無心」、「遺天下」之修養工夫處之，故雖有天
下，仍可云未嘗有天下。能遺天下，所以雖身坐廟堂之上，心無異山林之
中，雖處理政事，心中仍能逍遙，「我苟無心，亦何爲不應世哉？」（卷 1，
〈逍遙遊注〉，頁 7）此言「無心」、「遺天下」之工夫，所達致之妙用：身雖
應事，心中逍遙，此爲「所遇而安，故無所變從也。」（卷 7，〈達生注〉，頁
7）「當時應物，所在爲正。」能當時應物，所在皆正，並非易事，常人只能
偶一爲正，不能處理任何事情皆爲正，此乃堯聖以「無心」、「遺天下」爲根
柢，達致跡冥圓融之境界：「堯實冥矣，其跡則堯也。」雖分析地言之，可就
跡、冥二者言之，然而聖人「常遊外以宏【冥】內，無心以順有，故雖終日
揮【見】形而神氣無變，俯仰萬機而淡然自若。」聖人外內相合，有無和
合，可「即跡見本，本冥於跡」〔註37〕，「冥不離跡，跡不離冥，即跡即冥，
即冥即跡」〔註38〕。常人不明聖人跡冥圓融之妙諦，所以但見堯之爲堯，不
明其冥，不曉其跡與冥實諧和爲一，亦即不知此時已「外內相冥，即跡冥如
一。」〔註39〕所以容易滋生誤解。郭象又云：

> 堯舜者，世事之名耳。爲名者，非名也。故夫堯舜者，豈直堯舜而
> 已哉，必有神人之實焉。今所稱堯舜者，徒名其塵垢秕糠耳。（卷 1，
> 〈逍遙遊注〉，頁 8）

堯舜者，名也。有名必有其實，且名、實合一，故云：「爲名者，非名也。」
既然爲名者非名，當然可說「堯舜者豈直堯舜而已哉」。「伏戲黃帝者，功號
耳，非所以功者。」（卷 7，〈田子方注〉，頁 21）伏戲、黃帝，爲功號，非所
以功，其所以功爲身體修養境界。若只知其名，不知其實爲身體修養境界，
便不能明瞭「跡冥圓融」之妙諦。郭象云：

〔註37〕莊耀郎：《郭象玄學》，頁 186。
〔註38〕莊耀郎：《郭象玄學》，頁 188。
〔註39〕牟宗三：《才性與玄理》，頁 223。

> 至遠之所順者更近，而至高之所會者反下也。若乃屬然以獨高為至，
> 而不夷乎俗者，斯山谷之士，非無待者也，奚足以語至極而遊無窮
> 哉！（卷1，〈逍遙遊注〉，頁8）

達致跡冥圓融時，遠、近和合，高、下和合，山林之士並不高於俗者。處理政事者，心中之逍遙無異於山林獨高之士。能達此圓教者，唯是一真，權說乃有二諦。若以「跡」為「俗」，以「所以跡」為「真」，此乃「權說」，真達圓教者，真、俗之分已泯，唯是一真。此時，已經辯證發展，達致「再度和諧的自然」〔註40〕。莊耀郎《郭象玄學》便指出：「個人之價值世界、精神境界確可因修養的工夫及意志的決定而提昇或改觀，這是生命的學問，非關物理。恐怕由這個觀點切入，才能相應於郭象的玄學心靈。」〔註41〕郭象身體思維便屬於生命的學問，以提昇生命境界為目的，並非純為思辨之學而已。

　　郭象企圖透過身體修養「忘」、「遺」等工夫，促使身體和合境界的實現，使心與形、人與己、己與萬物，皆保持和諧關係，使天人、隱顯不二，這是以身體為起點，從身體出發，促使一己之小宇宙與人間社會及自然之大宇宙皆能諧和，讓身體能獲得安適，目的既然在於身體之安適，可知這仍是一種「貴身」的學說，故云：「貴在於身」（卷5，〈天運注〉，頁20）。雖以「棄身」、「忘身」、「遺身」為工夫，「愈遺之，愈得之」（卷3，〈大宗師注〉，頁11），目的實在落實「貴身」的理念，所以郭象之身體思維，為一種「遺身以貴身」的學說。〈田子方〉云：「棄隸者若棄泥塗，知身貴於隸也。」郭象注：「知身之貴於隸，故棄之若遺土耳。」（卷7，〈田子方注〉，頁18）隸者，得失、禍福也。「棄得失禍福」若遺土，正是因為郭象有「身之貴於隸」「棄身以貴身」的思想。這正是湯一介《郭象與魏晉玄學》所說的「通過否定達到肯定」之「否定肯定法」〔註42〕。林師安梧認為道家「強調的是否定性的思考」〔註43〕，郭象身體思維使用的「否定肯定法」，便是對先秦道家「否定性的思考」之繼承。

〔註40〕　莊耀郎：《郭象玄學》，頁48。
〔註41〕　莊耀郎：《郭象玄學》，頁160。
〔註42〕　湯一介：《郭象與魏晉玄學》（台北：谷風出版社，1987年3月），頁219。
〔註43〕　林師安梧：〈儒道佛文化對臺灣公民社會養成的一些省思〉，收於臺灣哲學學會及中臺科技大學彙編：《文本與實踐：解釋學與社會行動國際學術研討會論文集》，2006年5月20日，頁92。

　　「棄身」與「貴身」有否矛盾？「棄身」係就「作用層」上的否定，「貴身」則是就「實有層」上的肯定，亦即此爲藉由「作用層」上之否定，以達致「實有層」上之肯定，此可名之曰：「作用地保全」。既爲「作用地保全」，所以「棄身」正在於保全「貴身」，二者並無矛盾。「作用地保全」，係先秦道家固有之玄理，此精神爲魏晉玄學家郭象所繼承。

　　前一節論述若減損一己（割肌膚），試圖增益他人，不但不能增益他人，反而「彼我俱損」。本節論述「棄身」與「貴身」爲「作用地保全」。二節所述，是否衝突？前節所述減損一己，是在「實有層」上敘述，若是在「實有層」上減損一己，不但不能增益他人，反而「彼我俱損」。本節所述「棄身」，則係就「作用層」上立論，二者立論側重點不同。

　　合而言之，在「實有層」上「割捨」一己身體，對人己關係，並無增益之效，且使「彼我俱損」；唯有「作用層」上之「棄」，方能眞正保存「實有層」上之人我關係，使他人及一己皆能「同歸於自得」，此方爲「一體昇進」。此乃郭象繼承道家玄理，在身體思維上，所作的闡述。

　　郭象之身體和合論中之身體，可視爲一個生活世界中的場域，此場域自爲一和諧之小宇宙，不但自己之身體爲一場域，他人之身體亦爲一場域，人與己之場域可相互諧和貫通，不但人與己之場域可相互諧和貫通，人與物之場域亦可相互諧和貫通，萬物共爲一體，便是共爲一個諧和之大場域。

　　郭象身體和合論顯示「身體結構」是可以調整的，原初型態是「心、形一如」，受生活世界影響，而成爲「心、形互控」，此時，是處於「心、形失衡」的「身體結構」；經過「無」、「忘」、「遺」之身體工夫，以及「氣的感通」，可再使身體回復「心形諧和」的狀態，甚至可「人己諧和」、「人物諧和」，達致「同體諧和，一體昇進」，盧國龍《郭象評傳》便說：「將已經嚴重分裂的現實世界重新整合爲一個和諧的整體，這就是從正始玄學至東晉玄學所追求的文化理想。」〔註44〕將整個世界整合爲一個和諧的整體，爲正始玄學至東晉玄學所追求的文化理想，郭象的身體和合論，正體現這一玄學特質。若稱原初之「心形一如」爲「原始的諧和」，則經修養工夫及氣的感通後，達致之心形諧和、人己諧和、人物諧和狀態，便是「再度的諧和」〔註45〕。「再度的

〔註44〕盧國龍：《郭象評傳》，頁182。
〔註45〕郭象思想中，不但主張有「原始和諧」，也主張可以經由運作，復歸于諧和。盧國龍《郭象評傳》便說：「郭象以獨化說論證無爲政治，認爲事物各自獨立

諧和」能夠獲致，不但可證明「場域的感通性」，尚可得知郭象思想中，「身體結構」是可以調整改變的，並非一成不變。身體結構可以改變，與郭象主張「造化事物之造化，是無瞬息暫停」相符合〔註46〕。

第四節　以身觀治道

魏晉玄學家以《易》、《老》、《莊》為「三玄」，「三玄」為玄學家常閱讀、談論的經典。因而玄學家有許多主張，在「三玄」中，可以找到思想的源頭。〈周易繫辭下第八〉云：「近取諸身，遠取諸物。」孔疏：「《正義》曰：近取諸身者，若耳目鼻口之屬是也。」〔註47〕人們行事可以身為師，近取諸身。郭象是否說過類似「近取諸身」之類的意見呢？答案是肯定的，〈德充符注〉云：「是以關之萬物，反取諸身，耳目不能以易任成功，手足不能以代司致業。」（卷2，頁23）郭象明確提出「反取諸身」之說，身體可以成為取法的對象。

郭象主張藉由身體修養工夫，讓身體趨於和合狀態，趨於圓滿和諧，既已達致圓滿和諧，形上與形下已打成一片，自無形上與形下之分，牟宗三《才性與玄理》便說：「主客觀統一，方是真實的圓頓。」〔註48〕此時，藉由「身體」，便可通達於治道與天道，這便是郭象將〈易繫辭〉「近取諸身」方式，從身體出發，將從身體體會出的道理，運用於「治道」及「天道」。若說前一節敘述的身體和合論，是將身體視為一個場域，則本節便是將身體之場域，貫通於「道」，林師安梧便說「道與場域有其同一性」〔註49〕，誠哉斯言。郭象對治道是關心的，盧國龍《郭象評傳》便說：「郭象玄學的文化理想，就正在於探求莊子所說的治之道。郭象玄學的理論體系，則是其治之道的邏輯展

的變化發展構成了世界的原始和諧，政治的運作因循獨化之理，就能復歸于和諧。」（頁197）又云：「各個個體自為自在的獨立，便構成了世界萬物彼此相因的整體和諧。要復歸于原始自然的整體和諧，必不能違背獨化之理。」（頁201）

〔註46〕蘇新鋈《郭象莊學平議》云：「象對莊書造化事物之造化，是無瞬息暫停之義旨，實乃亦已極有深透圓熟之體悟。」（台北：學生書局，1980年10月），頁214。

〔註47〕〔魏〕王弼、〔晉〕韓康伯注，〔唐〕孔穎達疏：《周易注疏》（台北：學生書局，1999年1月），頁674。

〔註48〕牟宗三：《才性與玄理》，頁230。

〔註49〕林師安梧：《儒學轉向：從新儒學到後新儒學的過渡》，頁60。

開。」〔註50〕「他要跳出構造治之具的羈絆，思索治之道的將來和以往。」〔註51〕郭象玄學理論體系，不但是治之道的邏輯展開，且是以身體思維的方式，來展開其治之道。

郭象云：「曠然與變化爲體，而無不通也。」（卷3，〈大宗師注〉，頁14）既無不通，自可通達於治道與天道，這是將「生活世界」通之於「道」。本節將先敘述以「身體」爲中心，通達於治道的部份；至於以「身體」爲起點，證悟天道，則將於下一節再做敘述。

莊耀郎詮釋郭象玄學時指出，郭象展示的思維方式，「有的是在詮釋主體之工夫歷程，終達到玄冥之境者」，「有的則依主體之實踐必然地通向客觀世界」〔註52〕。我們研究郭象身體思維，便可發現這兩種思維方式，在郭象身體哲學中，都有出現。前者如郭象透過工夫修養，達致的身體和合境界，此爲前一節所述；後者如本節所要論述的「以身觀治道」，便是從身體出發，要通向客觀世界。可知莊耀郎的研究，十分精闢正確，對於研究郭象身體思維來說，具有相當高的學術參考價值。

如果我們從「形」與「心」不可藉由減損任一組成份子，以達增益另一份子，類推得知「己」與「他人」、「己」與「外物」相處，亦不可藉由減損一己，以達增益對方，甚至會使得「彼我俱損」，此種推理方式，可名之曰：「以身觀身」，藉由一己之「身」，推論得知他人他物之身。

若前所述爲「以身觀身」，則本節所述，可名之曰：「以身觀道」（治道篇），下節所述則爲「以身證道」（天道篇）。「以身觀道」就邏輯脈絡來說，爲「以身觀身」更進一步的拓展。且「以身觀道」，重點並不在於針對具體的政治制度，提出改革的主張，而是「從理論原則上爲政治體制的改革或重構，確立價值理想。」〔註53〕也就是說，郭象身體哲學，不涉及「治之具」，僅就「治之道」來立論。

一、君臣上下，天理自然

郭象在詮釋《莊子》義理時，常藉由「身體」來「類推」治道，如注解〈齊物論〉「如此皆有爲臣妾乎」時說：

〔註50〕盧國龍：《郭象評傳》，頁141。
〔註51〕盧國龍：《郭象評傳》，頁164。
〔註52〕莊耀郎：《郭象玄學》，頁49。
〔註53〕盧國龍：《郭象評傳》，頁142。

> 臣妾之才而不安臣妾之任，則失矣。故知爲君臣上下，手足外內，
> 乃天理自然，豈直人之所爲哉？（卷1，〈齊物論注〉，頁 13）

郭象注爲了說明「君臣上下」乃「天理自然」，特地將「手足外內」與「君臣上下」二者拉起來談論，以增強其正當性，其論證目的，是在於說服讀者：既然「手足外內」爲「天理自然」，且「君臣上下」與「手足外內」可合爲談論，故「君臣上下」之關係，也必是「天理自然」的。這是「肯定等級制度的天然合理性，客觀上爲門閥制度作了辯護。」〔註54〕門閥制度下，有上下尊卑的關係，郭象將君臣上下關係，類比於身體之「手足外內」，從而使君臣上下關係合理化。

君臣上下之關係，既是天理自然的，君位自非臣下人爲所可獲致，言下之意，臣下應泯息窺伺君位之企圖，故云：「豈直人之所爲哉？」臣下應泯息窺探君位之意，許抗生便說：「其主旨在於論證君臣上下不能易位，加強君主的統治權。」〔註55〕郭象的身體思維，有加強君主統治權的企圖。

郭象對於治道十分關注，曾說：「無經國體致，眞所謂無用之談也。」（卷10，〈天下注〉，頁 23）若對於治道無助益，爲無用之談。緣是而知，郭象心中，實抱有一種提出學說以襄助治道的用意。提出「君臣上下，天理自然」之說，與郭象認爲學說須有助於治道，應有關聯。

此段注文推理根據，在於「身體」合於天理自然。郭象運用「身體」類推於「治道」，已成爲固定的思維模式，成玄英疏便說：「治國治身，內外無異。」〔註56〕郭象在注解〈齊物論〉「其遞相爲君臣乎」時亦說：

> 夫時之所賢者爲君，才不應世者爲臣。若天之自高，地之自卑，首
> 自在上，足自居下，豈有遞哉？雖無錯於當，而必自當也。（卷1，
> 〈齊物論注〉，頁 13）

郭象類推方式，爲天高地卑，首上足下，所以時之所賢者爲君，才不應世者爲臣，乃理應如此，否認爲遞相爲君之事，以鞏固君權。這同樣是藉由「身體」以強化「君上臣下」乃天理自然如此之事。智愚天定，聖者爲君亦係天定。

郭象是企圖運用「身體」，將其政治理念合理化。他習於推論的方法，是「類推法」，從「手足外內」爲「天理自然」，類推出「君臣上下」亦爲「天

〔註54〕許抗生等著：《魏晉玄學史》，頁 391。

〔註55〕許抗生等著：《魏晉玄學史》，頁 382。

〔註56〕〔清〕郭慶藩編，王孝魚整理：《莊子集釋》（台北：木鐸出版社，1983 年 9月），頁 58。

理自然」。然而「手足外內」爲何可與「君臣上下」合在一起談論，在此則不予說明。若說「手足外內」爲自然關係，則「君臣上下」爲社會政治之關係，郭象心中二者常可相貫通，此即許抗生《魏晉玄學史》所說的「把自然與社會混爲一談」〔註57〕。

正因在郭象心中「身體」可與「治道」相通，所以有時會直接將政治上之「尊卑貴踐」加之於「身體」之上，如《莊子‧天運》：「莊子曰：至仁無親」，郭注：

> 夫人之一體，非有親也。而首自在上，足自處下；府藏居內，皮毛
> 在外。外內上下，尊卑貴賤，於其體中，各任其極，而未有親愛於
> 其閒也。然至仁足矣，故五親六族，賢愚遠近，不失分於天下者，
> 理自然也，又奚取於有親哉。（卷5，〈天運注〉，頁19）

另外《莊子‧庚桑楚》云：「至仁無親」，郭注：

> 譬之五藏，未曾相親，而仁已至也。（卷8，〈庚桑楚注〉，頁9）

《莊子》這兩段談論「至仁無親」的原文，均不涉及「身體」，但是郭象都是從「身體思維」的角度切入，來進行詮釋。郭象習於從「身體思維」之角度，來詮釋《莊子》，此爲郭象《莊子注》一項明顯之特色。

人之一體，自有上下、內外之關係，但是並未有「尊卑貴賤」可言，郭象則將人體自然而有之「上下內外」之關係，與政治上之「尊卑貴賤」關係，合而論之，二者之分（上下內外之分與尊卑貴賤之別），皆爲理自然也，「未曾相親」，不必加親愛於其間。亦即將「人倫的存在」，視爲「自然的存在」〔註58〕。何以可從「身體」之上下，論及政治上之「尊卑」？以下嘗試從「義理的推衍」、「文獻上前有所承」、「和合境界當下圓成，即身見道」三端來作一答覆：

（一）義理的推衍

〈周易繫辭上第七〉已出現「天尊地卑」，將尊卑使用於天地，甚至可擴及於萬物，孔疏：「此雖明天地之體，亦涉乎萬物之形，此貴賤總兼萬物，不唯天地而已。」〔註59〕〈易繫辭〉中「尊卑」，不僅用於「天地」，甚至可以

〔註57〕許抗生等著：《魏晉玄學史》，頁358。
〔註58〕林師安梧《儒學轉向：從新儒學到後新儒學的過渡》云：「人倫的存在，既是道德的存在，也是一個自然的存在。」（頁119）
〔註59〕〔魏〕王弼、〔晉〕韓康伯注，〔唐〕孔穎達疏：《周易注疏》，頁583。

總兼萬物。既然是總兼萬物，當然可包含身體在內，所以將尊卑使用於身體，可以溯源於〈易繫辭〉。《莊子·天道》中亦有類似〈易繫辭〉「天尊地卑」的言論出現：

> 君先而臣從，父先而子從，兄先而弟從，長先而少從，男先而女從，
> 夫先而婦從。夫尊卑先後，天地之行也，故聖人取象焉。

郭象注：

> 言此先後，雖是人事，然皆在至理中來，非聖人之所作也。（卷5，
> 〈天道注〉，頁14）

《莊子·天道》中「尊卑先後，天地之行也。」將君臣、父子、兄弟、長少、男女、夫婦之人倫關係，認定為具「尊卑先後」，此說近於《論語》中，有子將孝弟之人倫關係，與上下尊卑連在一起說〔註60〕，郭象更認為人倫關係中的尊卑先後關係，皆從天地至理中得來，並非聖人人為制作。這裏已蘊含郭象「名教即自然」的思想。〈易繫辭〉言「天尊地卑」，以尊卑關係，來論述天地，兼可擴及於萬物；《論語》與《莊子·天道》則認為人倫中的君臣、父子、兄弟、長少、男女、夫婦，亦具尊卑先後關係，已將尊卑關係的探討範疇，從自然界推及於名教中的的人倫關係。〈易繫辭〉認為尊卑僅及於自然界，《論語》與《莊子·天道》則僅及於名教中的人倫關係，到了魏晉時之郭象，則將「三玄」中〈易繫辭〉及《莊子》之說，縮合為一，認為名教中人倫之人事關係，皆從天地至理中得來，既不偏於自然，亦不偏於名教，二者本可相通，名教係立基於自然至理而來，既然名教皆由自然中來，因此「政治上的君民之分別，小大、貴賤、尊卑、貧富等差異的存在，都是自然的、合理的。」〔註61〕就觀念發展史的角度來說，郭象的意見，雖然前有所承，但是確實是立基於三玄，然而又有所推進，針對三玄中的「尊卑問題」，進行了創造性詮釋。

人體之上下內外屬於「自然」問題，而「尊卑貴賤」屬「名教」問題，二者之所以可以相通，顯示的正是魏晉玄學討論的核心命題：自然與名教相通。郭象正是持「名教即自然」之說，「要解決的現實問題是如何調和自然與名教」〔註62〕，認為「名教和自然全無矛盾」〔註63〕，所以將「名教」之「尊

〔註60〕 林師安梧：《儒學轉向：從新儒學到後新儒學的過渡》，頁192。
〔註61〕 莊耀郎：《郭象玄學》，頁233。
〔註62〕 湯一介：《郭象與魏晉玄學》，頁311。

卑貴賤」與「自然」之「身體」上下內外，合而論之，就郭象的哲學思想來說，並無衝突之處。〈大宗師注〉云：「知天、人之所爲者，皆自然也。」（卷3，頁1）人爲也是自然，因此名教自可等同於自然。

（二）文獻上前有所承

周慶華《身體權力學》說：「文化性的歷史累積的時間性，自然遠較社會性的群體共營的空間性更有深度。」〔註64〕前面就魏晉時期之社會性著手，探討當時以調和自然與名教爲主要課題，所以郭象受社會性之影響，也以身體哲學來處理自然與名教，如何調和的時代課題；這裡將轉而就文化累積的時間性來著手，探討郭象將身體之上下關係，與政治上之尊卑關係，等同起來討論的歷史傳承性。

〈易繫辭〉、《論語》、《莊子・天道》中，並未將尊卑直接用於身體，將尊卑直接用於身體，《史記》中才如此使用。從《史記・儒林列傳》中，可看出在漢代以「身體」之上下關係，兼含「政治」之「尊卑」關係：

> 清河王太傅轅固生者，齊人也。以治《詩》，孝景時爲博士。與黃生爭論景帝前。黃生曰：湯武非受命，乃弒也。轅固生曰：不然，夫桀紂虐亂，天下之心皆歸湯武，湯武與天下之心而誅桀紂，桀紂之民不爲之使，而歸湯武，湯武不得已而立，非受命爲何？黃生曰：冠雖敝必加於首，履雖新必關於足。何者？上下之分也。今桀紂雖失道，然君上也；湯武雖賢，臣下也。方主上有失行，臣下不能正言匡過，以尊天子，反因過而誅之，代立，踐南面，非弒而何也？〔註65〕

值得注意的是黃生的談話，黃生以冠及履爲喻，冠指天子，履指臣下，「冠雖敝必加於首，履雖新必關於足」，表明的是無論君上德行如何，仍爲君主，仍須予以尊重，臣下即使爲賢人，仍爲臣下。所以說「今桀紂雖失道，然君上也；湯武雖賢，臣下也。」黃生嚴「上下之分」，正可顯示將政治上之君上地位，凌駕於道德實踐之德行義。此點或與西漢時皇權擴張，士風敗壞有關〔註66〕。在引文「冠雖敝必加於首，履雖新必關於足。何者？上下之分也。」

〔註63〕湯一介：《郭象與魏晉玄學》，頁146。

〔註64〕周慶華：《身體權力學》，頁48。

〔註65〕〔日〕瀧川龜太郎：《史記會注考證》（台北：萬卷樓圖書有限公司，2002年1月），頁1289。

〔註66〕梁榮茂〈《史記》刺客、游俠、酷吏等傳所反映的時代意義〉云：「逮及漢代，中央集權，皇權無限大，士子個個噤若寒蟬，上書待詔，人人奔走鑽營，阿

中所說的「上下之分」，既是指「身體」之上下關係：首上足下，也指「政治」上之「尊卑」關係。亦即，《史記・儒林列傳》中所說的「上下之分」，是將「身體」關係與「政治」之「尊卑」關係，疊合起來一同論述。所以魏晉時期，郭象將「身體」之「上下」，來類推「政治」上之「尊卑」，無足為奇，因為在漢代便已將二者疊合起來，一同使用。郭象如此使用，就文獻學的角度來說，是前有所承的。

（三）和合境界，當下圓成，即身見道

前引〈齊物論注〉中，郭象從「身體」推及於「治道」；〈天運注〉中，郭象則將「治道」之「尊卑貴賤」關係，施加於「身體」。因為郭象有「身體修養論」，可將「身體」修養至「和合」之境界，在和合境界中，即身可見道，道不在身之外。「道之無不在」（卷 7，〈知北遊注〉，頁 26）、「道不逃物」（卷 7，〈知北遊注〉，頁 26），道不遠物（身），即物（身）可見，所以郭象身體思維不取「外在取象」的路子，亦即不將「身體」視為主、客分立下，可供向外取象的主體，而是取「即身證道」的方法。錢賓四《湖上閒思錄》云：

> 道是無乎不在，而又變動不居的。道即物即靈、即天即人、即現象即本體。〔註67〕

在和合境界中，「身體」可通達於「道」，無論是治道或天道，皆可當下通達，固然可說是「即天即人，即現象即本體」，亦可說是「即身可見治道」、「即身可證天道」，簡言之：「即身即道」。湯一介詮釋郭象思想：「道無所不在，而所在皆無，否定了道的實體性。」〔註68〕郭象一方面否定道的實體性，一方面又主張「有是唯一存在的實體」〔註69〕，既要談論道論，且道論中道是無所不在，但又主張只有「有」才是唯一的存在，當然只好主張「即身見道」。這是從存在之「有」（身）來談無所不在的道。

很多人也許會認為愈久遠的古代，道便愈圓滿俱足，實則道不在它方或

　　諛諂媚，不知行己有恥為何物，得一官半職即心滿意足，但知全軀保妻子，自私自利；甚或姦詐飾智，舞文巧詆，排斥忠良。」收於《第四屆漢代文學與思想學術研討會論文集》（台北：政治大學中文系編印，2003 年 4 月），頁22。

〔註67〕錢賓四：《湖上閒思錄・道與命》（台北：蘭臺出版社，2001 年 4 月），頁39。
〔註68〕湯一介：《郭象與魏晉玄學》，頁288。
〔註69〕湯一介：《郭象與魏晉玄學》，頁289。

它時，即「身」之處、之時，便是「道」，「身」本身便是「道」圓滿俱足的展現。是故，從「身體」推及於「治道」，或是將「治道」之「尊卑貴賤」，用來詮釋「身體」之「首上足下」關係，就郭象身體和合論來說，皆無不可，不會有「循環論證」的情形產生。

　　緣是得知，郭象「以身觀治道」，實以「身體和合論」為理論根基，所作的進一步推衍。若不明瞭郭象「身體和合論」，便會詮釋錯誤，以為郭象採用「循環論證」：由一身以推論治道，復由治道以推論一身。

二、百節皆適，君主與群生感通逍遙

　　郭象習於採用「身體思維」詮釋「治道」，此點常為人所忽略。所以在詮釋郭象注文時，會有意無意將「身體思維」的部分，略去不言。《莊子・天運》云：「兼忘天下易，使天下兼忘我難」，郭象注：

> 夫至仁者，百節皆適，則終日不自識也。聖人在上非有為也，恣之使各自得而已耳。自得其為，則眾務自適，群生自足，天下安得不各自忘我哉！各自忘矣，主其安在乎？斯所謂兼忘也。（卷 5，〈天運注〉，頁 20）

江淑君〈魏晉玄解論語政治思想探析〉分析此段郭象注文：

> 聖人之治非執於有為，而在使人民自適、自得、自足而已。在「自得其為」之下，「眾務自適，群生自足」，達到彼我兼忘、各遂其性的境界。郭象以「無為」為「有為」的基礎，以「無為」來實現「有為」，而「自得其性」則是政治要求下的終極關懷。〔註70〕

江淑君的詮釋頗為精闢，然尚待補充說明的是：何以郭象說「夫至仁者，百節皆適，則終日不自識也。」在前引郭象詮解「至仁無親」時，已說過郭象是在談論經身體修養後之「身體和合」之境界。就因為「至仁」為「身體和合」之境界，所以此段注文中，郭象會說：「至仁者，百節皆適」，百節皆適正是在說明「身體和合」時之身體整體和諧狀態，且此狀態係經由「無」、「忘」、「遺」、「因任」等身體修養工夫所獲致，故可云：「終日不自識」，以其已達致「遺身」、「忘我」之境界也，故云不自識。郭象〈天地注〉云：「體

〔註70〕 江淑君：〈魏晉玄解論語政治思想探析〉，收於成功大學《魏晉南北朝文學與思想學術研討會論文集》第 5 輯（台北：里仁書局，2004 年 11 月），頁 490～491。

道者物感而後應也」、「應感無方」〔註71〕，郭象主張「感通」，而感通的前提是「達致和合狀態」，即須先下修養工夫，才能獲致，並非玄想所能達致。

因君主遺身忘我，不宰制人民，群生方能自得自足，甚至天下可因此各自忘我。郭象認為天下萬物皆為一氣之所流注，「氣聚而生」，「氣散而死」（卷7，〈知北遊注〉，頁 24），楊儒賓《儒家身體觀》將身體觀分成三類：精神化身體觀、氣化身體觀、社會化身體觀〔註72〕。道家哲學思想，認為「氣是構成自然萬物的基本因子」〔註73〕，「其形上學，可稱氣學。」〔註74〕且魏晉時期美學有一項明顯之特徵，那就是「時時處處充滿了一種生命的力量：氣。」〔註75〕郭象受道家思想及時代氛圍之影響，亦有濃厚的「氣化身體觀」思想，認為無論是人或物，其身體皆由「氣化」所形成，許抗生便解釋郭象思想：「人也好，物也好，都是同一個氣變化的結果」〔註76〕「郭象用氣解釋萬物的生成演化」〔註77〕，「氣是萬物生成與演化的根源和基礎」〔註78〕，萬物生成與演化的根源是氣，因此，氣具有「生命動源義」〔註79〕。正因萬物皆為一氣之所生，氣為生命之動源，故人我及人物之間可因氣之流貫，而相互感通，在彼此感通中，可相互穿透、相互融攝，若君主已遺身忘我，群生受其感通，亦能遺身忘我，故云「各自忘我」。

當然，郭象主張的「感通」，與〈周易・咸卦・象傳〉不同，〈周易・咸卦・象傳〉云：「咸，感也。柔上而剛下，二氣感應以相與。」〔註80〕〈象傳〉柔上而剛下，與郭象主張君上臣下，明顯不同。

此段〈天運〉注文，有三點值得注意：(1)「至仁者，百節皆適。」說明統治者「身體和合」之一體和諧狀態。(2)因君主之忘我，可感通群生，使群

〔註71〕〔清〕郭慶藩編：《莊子集釋》，卷5，頁 411。
〔註72〕楊儒賓：《儒家身體觀》（南港：中央研究院中國文哲研究所，2004 年 12 月），頁 8。
〔註73〕牟鍾鑒：〈道家學說與流派述要〉，收於陳鼓應主編：《道家文化研究》第 1 輯，頁 19。
〔註74〕涂又光：〈道家注重個體說〉，頁 33。
〔註75〕劉月、王淑芹：〈氣：魏晉時期美學精神的凝結〉，收於吳兆路主編：《中國學研究》第 6 輯（濟南：濟南出版社，2003 年 10 月），頁 74。
〔註76〕許抗生等著：《魏晉玄學史》，頁 343。
〔註77〕許抗生等著：《魏晉玄學史》，頁 343。
〔註78〕許抗生等著：《魏晉玄學史》，頁 343。
〔註79〕林師安梧：《儒學轉向：從新儒學到後新儒學》，頁 51。
〔註80〕樓宇烈校釋：《王弼集校釋》下冊，頁 373。

生亦得忘我，此言「君主」與「群生」之間「感通」之妙用。(3)因感通，可使君主及群生各自忘我，此謂「兼忘」，在兼忘之中，君主與群生各自得，君主與群生處於整體之和諧狀態，盧國龍《郭象評傳》指出郭象追求的正是「社會的整體和諧」〔註81〕，亦即郭象身體思維注重的是「場域的和諧性」。

　　郭象的「身體和合論」在治道方面之成效，並非僅侷限於統治者一己之身，尚可感通於群生，使人我、人物交融，能如此，方能獲致整體之諧和，此爲眞正之諧和。故郭象在〈天地注〉中說：「萬物莫不皆得，則天地通。」〔註82〕萬物皆得，天地感通，依此，則感通爲總體之諧和自得，並非僅限於君主一身，乃信而有徵之事。

　　若稱呼只有統治者一人之身體和合自得，爲「封閉式之逍遙」；則郭象之君主與群生各自得，同體諧和，便可稱之爲「感通式之逍遙」。此爲郭象「身體思維」之特識，值得特別予以揭明。林師安梧《人文學方法論》云：

> 在中國的傳統，他所走的不是一個共相的昇進的路，而是一個生命的交融，認爲任何一個存在的事物都是可以感通而構成一體的，而這樣一個融於一體的活動上溯至最高，因而通之，皆可造乎其道。〔註83〕

林師安梧分析的中國傳統特色，與郭象的身體思維十分貼合。郭象主張由生命的感通，可使任何存在的事物與自己共成一體，郭象使用的字眼是「共成一體」（卷3，〈大宗師注〉，頁11）且在此種和諧狀態時，可以因而通之，造乎其道。無論是治道或天道，皆可相通而無違。

三、勿以一正萬、以己正天下

　　郭象既然認爲君臣上下之分，係天理自然，所以主張君應無爲，臣須有爲。若君主想以一身宰制天下，是不能成功的：

> 夫寄當於萬物，則無事而自成。以一身制天下，則功莫就而任不勝矣。（卷3，〈應帝王注〉，頁15）

君主對於天下，須放棄以「一身」制之的想法，此即爲前所述之人己相處時須放棄宰制性。此種放棄以一己制天下的想法，其實是從郭象身體思維

〔註81〕盧國龍：《郭象評傳》，頁154。
〔註82〕〔清〕郭慶藩：《莊子集釋》，卷5，頁405。
〔註83〕林師安梧：《人文學方法論》（中和：讀冊文化事業有限公司，2003年7月），頁210。

中得來的，郭象在注解〈駢拇〉：「故此皆多駢旁枝之道，非天下之至正也」時云：

> 此數子者，皆師其天性，直自多駢旁枝，各自是一家之正耳。然以一正萬，則萬不正矣。故至正者，不以己正天下，使天下各得其正而矣。（卷4，〈駢拇注〉，頁2）

駢拇為拇指相連，枝指為多生之第六指。雖係相連或多生，異乎常形，然「駢贅皆出於形性」（卷4，〈駢拇注〉，頁1），此說異於《莊子》，《莊子》認為矯飾仁義，濫用禮樂，賣弄智巧，「如同駢拇枝指、附贅縣疣，不合於自然正道。」〔註84〕從中可知知《莊子》認為駢拇枝指，不合自然正道，但是郭象《莊子注》則認為駢拇枝指既出於本性，便符合自然，任其本性可也，若「以枝正合」不對，若「以合正枝」亦不對。只要師其天性，多駢旁枝，各是一家之正，治道亦不須以一正萬，或以己制天下，只要使天下各得其正即可，這也是從身體推及於治道。

四、形各有所司，臣亦應各當其分

郭象注解〈齊物論〉「臣妾不足以相治乎」時云：

> 夫臣妾但各當其分耳，未為不足以相治也。相治也者，若手足耳目，四支百體，各有所司，而更相禦用也。（卷1，〈齊物論注〉，頁13）

莊子原文同樣未及於手足耳目之事，郭象為了說明治道，把手足耳目，四肢百體拉出來一起談論，其推論一樣是採用「類推法」：既然手足耳目，四肢百體，各有所司，更相禦用，所以臣妾各當其分，亦足以相治。許抗生《魏晉玄學史》便說：「郭象認為，只要做到用其自用，群才不失其當，這樣就會造成物無棄物，人無棄用，材無棄材，各得其所，各盡其能的局面。」〔註85〕臣妾各當其分，實由身體「四肢百體，各有所司」類推而致。

五、以天下為一體，無愛為於其間

郭象從「身體」出發，發現「身體」若達「和合」狀態，自然和諧，無須再施加人為力量，既然如此，以天下為一體者，亦無須愛為於其間：

> 夫體天地，冥變化者，雖手足異任，五藏殊管，未嘗相與而百節同

〔註84〕牟鍾鑒：〈道家學說與流派述要〉，頁13。
〔註85〕許抗生等著：《魏晉玄學史》，頁380。

和，斯相與於無相與也；未嘗相爲而表裏俱濟，斯相爲於無相爲也。若乃役其心志，以恤手足，運其股肱以營五藏，則相營愈篤，而外內愈困矣。故以天下爲一體者，無愛爲於其間也。（卷3，〈大宗師注〉，頁10）

這段注文中，首先我們須注意郭象論述的對象，爲「體天地，冥變化者」，即已經身體修養工夫後，達致與天地萬物一體，可一起變化，亦即已達和合境界者。已達和合境界者，「身體」處於諧和狀態，雖手足異任，五藏殊管，然卻能百節同和，表裏俱濟，「相與於無相與」、「相爲於無相爲」。此時，若役心、勞形，違反「遺形」、「無心」之身體修養原則，「養之彌厚，則死地彌至」（卷7，〈達生注〉，頁1）。這樣做，違反「遺形」、「無心」、「善養生者，從而任之」、「放而任之」（卷7，〈達生注〉，頁1）的身體修養原則，會導致「外內愈困」，即會導致和合境界的破裂、和合精神的喪失。郭象在〈秋水注〉云：「四支百體，五臟精神，已不爲而自成矣。」身體不爲而自成，治道亦須「無愛爲於其間」。

其次，須注意的是「故以天下爲一體者，無愛爲於其間也。」經身體修養達和合境界者，以天下爲一體。天下當然包含政治之事在內，無愛爲於天下之間，故於治道亦可「以身體爲師」，行使治道時，無須如儒家施加愛爲於其間，因任自然可也。這是從「身體和合」爲根柢出發，主張行使治道治理天下時，須因任自然，亦即須服膺「因任義」及「自然義」，反對「役心知」、「運股肱」此種違反「遺形」、「無心」、「因任」身體修養原則之事。

其三，從「身」和合時，無須愛爲於其間，推及於與天下爲一體，無須愛爲於其間，此亦爲郭象習於使用的「類推法」。郭象也同樣不予說明，何以可由前者推及於後者。

六、大人無常心，以百姓之心爲心

郭象稱統治者爲「大人」，認爲大人須無心，不可胡亂頒發教令，妄自作爲，而應以百姓之心爲心：

百姓之心，形、聲也；大人之教，影、響也。大人之於天下，何心哉？猶影、響之隨形、聲耳。（卷4，〈在宥注〉，頁21）

郭象此段注文，表面是在使用譬喻法，實則就其推論過程來說，是使用三段式推理法：(1)影之隨形，響之隨聲，此乃「身體」日常經驗中必然之事。(2)百姓之心，形、聲也；大人之教，影、響也。影、響必隨形、聲而來

〔註86〕，大人之教必是跟隨百姓之心而來。(3)郭象由是以言大人無常心，應以百姓之心爲心。郭象所使用的說理方法，除了使用譬喻法外，便是用「類推法」，從「身體」之事，類推及於治道，藉影、響無心以隨形、聲，以言統治者須無心以隨百姓之心。亦即，郭象的論證目的在於強調治道上「無心」的重要，且以「無心」治世之治道原則，係由「身體」思維中推衍而來。當然，此段注文，同樣是使用「類推法」，也同樣是不予說明爲何可從「身體」之經驗，推衍及於「治道」之行使原則：無心。

統治者須無心以治世，故云：「當緣督以爲經也」（卷 6，〈至樂注〉，頁 16）身後之中脈曰督，緣督以爲經，便是藉由身體之經脈，推衍出處世須持守中虛之道，「順中以爲常」（卷 2，〈養生主注〉，頁 1），即應無心以應世，藉由「身體」推論處世之道，爲莊子及郭象共同使用的方法。就因爲郭象主張統治者須無心，以百姓之心爲心，所以說：「百姓足，則吾身近乎存也。」（卷 6，〈至樂注〉，頁 16）百姓若足，其心和樂，統治者既以百姓之心爲心，自然也可感到充足和樂，能如此，便可生存，「未有身存而世不興者也」（卷 6，〈繕性注〉，頁 5）郭象心目中，統治者之「身體」，是與政治上之興衰與否相通貫，是故，統治者若能身存，世界便可興盛。

從「以身觀治道」來說，這是透過身體來思考，且顯示身體的文化性、社會性及政治性。從身體類比於治道該如何如何，這是透過身體來思考；從身體上下關係，以類比政治上之尊卑關係，可顯示身體的政治性；認爲人倫與尊卑具有某種符應性，則受文化積累之時間性影響，從中可顯示身體的文化性；認爲名教等同於自然，是受到魏晉時期流行的「名教即自然」之說影響，這可顯示身體的社會性。據此可知，郭象「以身觀治道」具有多種意涵，是極爲複雜的。

第五節　即身證天道

既然郭象從「身體」推及於「治道」，是在「身體」符合天理之和合狀態時，才能發生，從中亦可得知：「身體／治道／天理」三者之間具和合通貫關係。周慶華《身體權力學》便說：「身體和政體乃至天體之間彼此呼應」

〔註86〕須補充說明的是：郭象否任事物之間具有因果性存在，因此，「影、響之隨形、聲」不能解釋爲先有形、聲，方有影、響，而是指影、響與形、聲並存。

〔註87〕，是故，承續前一節論述「以身觀治道」之後，論述「以身觀天道」，是有必要性的。

　　身體可以符合天理，《莊子・在宥》云：「頌論形軀，合乎大同。」郭象注：「其形容與天地無異。」（卷4，〈在宥注〉，頁22）理在物中，理在身中，形軀已不再只是形下之身軀而已，當下即具萬物存在之天理〔註88〕，或說當下即可體證自然之道，故可云：「形容與天地無異」，成玄英疏便說：「聖人盛德軀貌，與二儀大道合同。」〔註89〕經修養工夫後，聖人之形軀，與大道和合同一，即形容本身已具天地氣象。這與郭象「道不逃物」的思想相符合，既然道不逃物，則「沒有離開具體的事物而獨立存在的道」〔註90〕，道即身而現，與「道不逃物」相吻合。這正是湯一介《郭象與魏晉玄學》所說的「即用是體」、「用外無體」：不需要另外有一存在的根據，它自身就是其存在的根據〔註91〕。

　　郭象認為「天地者，萬物之總名也。」在「形容與天地無異」中，並非是指稱形容與萬物無異，而是指出形容本身即具自然之至道。《莊子・知北遊》亦云：「是故至人無為，大聖不作，觀於天地之謂也。」郭象注：「觀其形容，象其物宜，與天地不異。」（卷7，〈知北遊注〉，頁23）郭象明確提出「形容與天地無異」的說法，這是將形而下之身體，提到形而上的層次來作論述〔註92〕，也可說是提到「天地」或說是「道」的層次來作論述。或者換一個角度來說，郭象「以否定超現實的存在為中心課題」〔註93〕，將道落到唯一存在之「有」上來顯現，既然現實之「有」（身），即是超現實的，可知「理想的也能在現實中實現」〔註94〕。既然理想也能在現實中實現，因此，

〔註87〕周慶華：《身體權力學》，頁27。

〔註88〕身體當下便具天理，此與郭象「理在物中」的思想相合，關於郭象「理在物中」思想的詮釋，請參閱許抗生：《魏晉玄學史》，頁338。

〔註89〕〔清〕郭慶藩編：《莊子集釋》，卷7，頁397。

〔註90〕許抗生：《魏晉玄學史》，頁334。

〔註91〕湯一介：《郭象與魏晉玄學》，頁303。

〔註92〕郭象雖反對任何形式的造物主，反對宇宙本體，也反對無或道為萬物本原。至道雖非萬物的根源，並不表示郭象思想中沒有形上學的成份，許抗生等著《魏晉玄學史》便說：「郭象把影與形的關係完全等同于形與無的關係，從而得出事物之間沒有必然的因果聯係，走向了形而上學。」（頁328）許抗生明確指出郭象思想中，仍有形上學的成份。

〔註93〕湯一介：《郭象與魏晉玄學》，頁324。

〔註94〕湯一介：《郭象與魏晉玄學》，頁300。

我們如果說先秦道家的生命治療學，可以「我，回到天地之間」來作代表〔註 95〕，那麼，郭象「形容即天地」之說，便可解讀爲「身體即是天地」。此說，顯然是從「我，回到天地之間」，更往前推進一步，「我，回到天地之間」，是從相異的兩端，歸於相互融合爲一，郭象「身體即是天地」之說，身體與天地之道已泯合無跡，不顯相異相，這就是蘇新沃《郭象莊學平議》所說的「將造化本體由外向內收攝至造化事物自身上言之圓融式講法」〔註 96〕，此時，「造化事物自身即融有造化本體，造化本體只在造化事物自身之內，而並不存在於造化事物自身之外。」〔註 97〕這些話用來詮釋郭象「身體即是天地」之義旨，非常切合。郭象身體天道論是以身體和合論爲根柢，既已達和合之圓教義，則造化本體（境界）與造化事物圓融爲一，無二無別，實乃理之所必至。

成玄英疏云：「觀天地之覆載，法至道之生成，無爲無言，斯之謂也。」〔註 98〕「天，自然也。夫能達理通玄，識根知本者，可謂觀自然之至道也。」〔註 99〕從天地中可以學習到自然之至道的生成，依此，則郭象所說的「形容與天地無異」，便是在說「形容與天地生成之自然之至道無異」。莊耀郎《郭象玄學》便指出郭象玄學「其最終目的仍在於道」〔註 100〕。所以探討郭象身體思維，最終必定要提昇至「道」的境界，才符合郭象玄學探討的終極旨趣。郭象在注解〈天地〉「無爲爲之之謂天」時，說：「不爲此爲，而此爲自爲，乃天道。」〔註 101〕郭象確實是主張天機自張的自然之道，許抗生《魏晉玄學史》便說：「郭象以萬物之自生自化這一原則爲道。」〔註 102〕所述正確。郭象在注解〈天地〉「通於天地者，德也。」時，說：「道不塞其所由，則萬物自得其行矣。」〔註 103〕郭象注《莊》，在注解「天」、「天地」時，總是使用「天道」或「道」來詮釋，如是，則「形容與天地無異」，不解作「形容與萬物無異」，而詮釋爲「形容即天道」，實乃信而有徵之事。

〔註 95〕林師安梧：《儒學轉向：從新儒學到後新儒學的過渡》，頁 74。
〔註 96〕蘇新鋈：《郭象莊學平議》（台北：學生書局，1980 年 10 月），頁 199。
〔註 97〕蘇新鋈：《郭象莊學平議》，頁 205。
〔註 98〕〔清〕郭慶藩編：《莊子集釋》，卷 7，頁 735。
〔註 99〕〔清〕郭慶藩編：《莊子集釋》，卷 7，頁 737。
〔註 100〕莊耀郎：《郭象玄學》，頁 150。
〔註 101〕〔清〕郭慶藩編：《莊子集釋》，卷 5，頁 407。
〔註 102〕許抗生：《魏晉玄學史》，頁 333。
〔註 103〕〔清〕郭慶藩編：《莊子集釋》，卷 5，頁 405。

　　林聰舜《向郭莊學之研究》指出：「向郭注莊之理論鋪陳，實順著要求解決調合最高境界與現實之衝突此一基源問題而展開。」〔註104〕盧國龍《郭象評傳》也說：「現實與理想相同一」〔註105〕，既然郭象莊學是以調合「現實」與「抽象」（最高境界）的問題，因此，郭象之身體思維中之「身體」，也就不再只是實體化的形軀而已，此時，我們可說是「即身體即最高境界」。或說在場之身體與不在場之境界相與和合為一。緣是可說：「取於身而足。」（卷7，〈知北遊注〉，頁25）既然身體與天地無異，身體即為天理的呈現，則從「身體」便可以體證天道，此為「即身證天道」，既然可以即身證悟圓滿無缺之天道，則取於身便可，何有不足！

　　當然，這樣的境界，是經過身體修養之後所達致的和合狀態，若無身體修養之過程，或者雖經身體修養，但是尚未修養至和合境界，「形容」都無法與「天地」無異。明瞭此點之後，便能判斷周翊雯的論斷是否能成立，周翊雯認為：

> 聖人是可以終日揮形，讓自己的身體，成為一種形而下的實體。這樣的身體，似乎已然被視作外在化、客體化的對象，是一個偏向軀殼化的的形軀。〔註106〕

郭象身體哲學中的身體，並非僅為一外在化、客體化的對象，更不是一個偏向軀殼化的形軀。若只是一客體化的對象，或說是一個偏向軀殼化的形軀，如何能夠「終日揮形，而神氣無變」？郭象「身體思維」，既已「即身體即見天地」，此時之「身體」，自非「偏向軀殼化的形軀」。

　　身體雖為「即存在即為最高境界」，然而並不代表著身體蘊含的「天理」可以永久長保，郭象云：「若乃走作過分，驅步失節，則天理滅矣。」（卷6，〈秋水注〉，頁11）「物之感人無窮，人之逐欲無節，則天理滅矣。」（卷3，〈大宗師注〉，頁2）身體只有在和合狀態時，才符合天理，若逐欲無節或形軀動作過分妄為，天理自然消失。亦即，若說身體「即存在即最高境界」，只有在達致身體和合層次時，方才適用。

　　有時郭象論述「即身證天道」，亦採用他慣用的「類推法」：

> 夫本末之相兼，猶手臂之相包，故一身和則百節皆適，天道順則本

〔註104〕林聰舜：《向郭莊學之研究》（台北：文史哲出版社，1980年12月），頁31。
〔註105〕盧國龍：《郭象評傳》，頁191。
〔註106〕周翊雯：〈郭象注莊中身體思維探究〉，頁49。

　　　　末俱暢。(卷 5，〈天地注〉，頁 1)

一般而言，本體論上說的本末相兼，其實與身體之「手臂相包」，並無必然
性。郭象從「一身和則百節皆適」之身體和合狀態，推論至「天道順則本
末俱暢」，亦為採用類推法。郭象並未明言何以可採用類推法，我們可以試
著代作解答：在身體修養達致和合狀態後，身體即自然之天理，所以可以
從身體，推及於天道，成玄英疏便說：「終歸自然之術」〔註 107〕。當我們明
瞭郭象「即身證天道」的思維後，才能了解何以郭象可以從身體推及於天
道。

　　《莊子》「庖丁解牛」的寓言中，身體是一種隱喻，寄寓著「大道開顯之
境域」，伍至學〈庖丁解牛作為一種隱喻〉說：「庖丁解牛之牛，作為一個身
體的隱喻，更是存在朗現的隱喻，形而上學解構的隱喻。」〔註 108〕莊子以身
體隱喻著大道，隱喻本為一種思想的表達的方式，因此在莊子體系中，身體
本身就是一種思想；郭象「形容與天地無異」之說，雖未使用隱喻，但同樣
都視身體為寄寓大道的場域，也同樣都視身體為一種思想，這可說是郭象對
於莊子思想的繼承。

第六節　結　語

　　本文是從「身體思維」的角度，重新探索郭象的思想，所謂的「身體思
維」實無思維、思辨之意，而是指「透過身體、由身體朗現」。更簡潔地說，
實即「體道」、「體知」的另一種表達方式。郭象為體驗的形上學之繼承者，
既為體驗的形上學繼承者，就不能沒有工夫論，而此工夫論放在儒道身體觀
的架構下展現，就不能沒有相當程度的身體論述之成份。本文站在郭象體
驗形上學的立場上，展開郭象哲學的身體論述，反面正面，交互立論，再由
內而外，終至於和合天下萬物、超越體道。企圖透過文獻上的詳實檢證，提
供郭象一種前後一致的詮釋，給郭象思想一個更符合「承體起用」的模式之
形象。

　　郭象身體思維視「氣」為潛存之動力因，因此，身體是由氣、形、心三
部分所構成，當處於原始和諧時，氣、形、心相互諧和，但是當與生活世界

〔註 107〕〔清〕郭慶藩編：《莊子集釋》，卷 5，頁 406。
〔註 108〕伍至學：〈庖丁解牛作為一種隱喻〉，發表於文化大學哲學系主辦之《2006 道
　　　　文化國際學術研討會》，2006 年 5 月 6 日，頁 6。

相接觸時，便會產生異化，便會出現「以心制形」或「以形制心」之異化狀況。解蔽之法是藉由遣、忘、無、任等方式，自力救贖，自我治療。自我治療是經由遣身工夫，回返生命本源，解消心對形的執著，也解消形對心的拖累，這是屬於「存有的治療」，也可稱為「道療法」。解決與解消不同，郭象主張的是「解消」，而非「解決」，他是從根本來「解消」問題，故又可名之為「根源解消法」。

在心與形的關係上，藉由「以心順形」，跳脫「以心制形」的模式，且不減損任一份子，以增益另一份子；在己與物的關係上，主張「無心任化」，透過無心，消解心對物的宰制，任彼自化。己與物無對抗關係，非但不損己為物，且能相互諧和，一體昇進。

經由身體修養論，使分裂之身體，歸返於和諧狀態，亦即趨於和合狀態。在和合狀態中，外、內和合，人物一如，玄同彼我，與萬物為一，達致跡冥圓融。郭象身體和合論中之身體，為生活世界中之一場域，這是一個和諧的小場域，不但自己之身為一場域，他人之身體亦為一場域，人與己之場域及人與物之場域，皆得相互諧和，萬物共為一體，共為一個諧和之大場域。

身體既已達致和合狀態，反取諸身，便可推及於治道及天道，可「以身觀治道」及「即身證天道」。就治道來說，可從身體之狀況，體會到「君臣上下，天理自然」、「百節皆適，君主與群生感通逍遙」、「勿以一正萬，以己正天下」、「形各有所司，臣亦應各當其分」、「以天下為一體，無愛為於其間」、「大人無常心，以百姓之心為心」。就天道來說，即身便可證得天道，道不逃物，道不逃身，當下具足。

就郭象身體思維來說，他所採用的推理方法，最常用的是「類推法」，類推法之所以可以成立，背後實有社會及文化的原因，就社會層次來說，魏晉正流行「名教即自然」之說，所以可從身體之自然問題，與尊卑貴賤之名教問題，等同起來討論；就文化層次來說，〈易繫辭〉認為尊卑貴賤僅及於自然界，《論語》與《莊子‧天道》則僅及於名教中的人倫關係，〈易繫辭〉、《論語》與《莊子‧天道》，並未將尊卑直接用於身體，將尊卑用於身體，《史記》中才如此使用，《史記‧儒林列傳》上下之分，便兼指身體關係與政治之尊卑關係，所以魏晉時期，郭象以身體之上下，類推政治之尊卑，實乃前有所承。

　　郭象身體思維所說的身體，兼具個體整全性、場域性、社會時代性、文化積累性及思想性，並非單指偏向軀殼化的形軀。也並非斬斷修養工夫，仍須有身體修養工夫，異化狀態才得以解消，身體和合狀態才得以達致，和合狀態能達致，才能下通治道，上通天道，最終目的仍在於以身體來展現「道」，當自覺身體即「道」之展現場域時，身體即思想。郭象並不只是強調藉身體來思考，還表示身體本身就已是思想。

第八章 張湛身體修養論

第一節 前　言

　　張湛，字處度，小字驎，祖籍高平人，生卒年不詳，據莊萬壽研究，張湛之生年，在公元 326 年，就是永嘉之亂之後十餘年，他才生於江南〔註1〕。卒年應在西元 376 至 396 年間，即東晉孝武帝司馬曜太元晚期〔註2〕。張湛曾爲中書侍郎、光祿勳，爲東晉時期重要的思想家，依余英時研究，張湛「是和范寧、袁山松同時代的人，袁山松死於 401 年孫恩之亂，以此推之，張湛注《列子》當在四世紀的下葉。」〔註3〕張湛之著作以著於四世紀的《列子注》最爲知名。李中華主編之《中國人學思想史》云：「在玄學方面，東晉名士很少著述，尤其缺少自成體系、思想深刻的作品。張湛的《列子注》雖然可算做一個例外，但其思想深度和理論思維水平，均不能與西晉玄學相比。儘管如此，張湛《列子注》的出現，還是塡補了東晉玄學的空白，它集中代表或反映了東晉玄學的世界觀、方法論和人學思想。」〔註4〕張湛的《列子注》，「大抵亦循向郭注《莊》之路線，以發揮道家思想爲主旨。」〔註5〕但可

〔註1〕莊萬壽：〈列子注者：張湛及其列子注之研究〉，《道家史論》（台北：萬卷樓圖書有限公司，2000 年 4 月），頁 196。
〔註2〕莊萬壽：〈列子注者：張湛及其列子注之研究〉，頁 197。
〔註3〕余英時：〈名教危機與魏晉士風的轉變〉，《中國知識階層史論（古代篇）》（台北：聯經出版事業公司，2001 年 11 月），頁 356。
〔註4〕李中華主編：《中國人學思想史》（北京：北京出版社，2005 年 9 月），頁 320。
〔註5〕陶建國：《兩漢魏晉之道家思想》（台北：文津出版社，1990 年 3 月），頁 685。

算是東晉玄學中，自成體系的代表作，可填補東晉玄學的空白。且《列子注》其中蘊含許多身體哲學的資料，到目前為止，學術界尚少張湛身體觀之研究專文或專書，是故，對於研究魏晉身體觀的愛好者來說，這是一個尚待墾殖的處女地。

本文之重點在於研究張湛之身體思想，而不在研究《列子》，是故，本文對於《列子》之真偽，不加以討論。另外，因為相關研究論文及專書之缺乏，所以要研究張湛的身體觀，就必須自行研讀張湛《列子注》之原文，並細心耙梳，才能在張湛的注文中，整理出核心觀念及理論脈絡。

第二節　張湛身體觀之理論基礎

本節將分從五個要點來作介紹張湛身體觀之理論基礎：一是張湛之氣論。二是張湛之循環變化觀。三是張湛之自然觀，四是張湛之力命觀。五是張湛之佛學。

一、張湛之氣論與身體

張湛基本上是認為身體由氣所形成，這在魏晉時期，是思想家們普遍接受的觀念，劉劭、王弼、阮籍、嵇康、郭象等人，都主張身體由氣所形成。張湛〈天瑞注〉云：「聖人知生不常存，死不永滅，一氣之變，所適萬形。」〔註6〕（卷1，頁18）〈天瑞注〉云：「氣亦何所不勝？」（卷1，頁31）萬形皆由一氣變化而出，故萬物之中皆含具氣的存在，人身亦然。〈天瑞注〉又云：「陰陽氣交會而氣和，氣和而為人生；人生所有所倚而立也。」（卷1，頁8）〈湯問注〉云：「乾坤含化，陰陽受氣，庶物流形，代謝相因。」（卷 5，頁149）〈周穆王注〉云：「夫氣質憤薄，結而成形。」（卷 3，頁 99）陰陽之氣

〔註 6〕 楊伯峻：《列子集釋》（北京：中華書局，2007 年 3 月），卷 1，頁 18。以下引用張湛之文獻，主要是依據這本書，除必要之補充外，將不再於注腳一一注明資料出處，以省篇幅。目前研究張湛注，可參考藝文印書館出版之《列子》，以及北京中華書局「新編諸子集成」之楊伯峻《列子集釋》。藝文印書館之《列子》字體過小，不便閱讀，楊伯峻之《列子集釋》則印刷精美，字體清晰，又收集晉人張湛注、唐人盧重玄《列子解》、唐人殷敬順所纂《列子釋文》，以及惠棟、錢大昕、畢沅、任大椿、汪中、王念孫、孔廣森、郝懿行、王引之、俞樾、王先謙、馬敘倫、王叔岷等人相關之校勘、訓詁與考據成果。愚意以為楊伯峻之《列子集釋》是目前研究《列子》張湛注最適合的書籍，所以本章將以楊伯峻《列子集釋》為主要的參考文獻。

交會，達致中和狀態時，便能化而爲人及庶物之眾形。是故，人之生命係倚賴中和之氣方能生存。〈周穆王注〉云：「人與陰陽通氣，身與天地並形；吉凶往復，不得不相關通也。」（卷 3，頁 102）人身源於陰陽之氣，是故，人體之小宇宙，與天地自然之大宇宙相互關涉交通，會產生吉凶往復，相互之影響。

　　若陰陽之氣不和時，便應調和陰陽之氣。否則，「不處中和，勢極則反，必然之數。」（卷 2，〈黃帝注〉，頁 59）陰陽不處中和，情緒不能平和，喜轉爲怒，怒轉爲喜，皆必然之數。非但如此，失其中和，尚會導致恐懼的產生。〈周穆王注〉云：「失其中和，則懦溺恐懼也。」（卷 3，頁 102）此爲陰陽之氣失其中和的不良影響。〈周穆王注〉云：「陰陽以和爲用者也。抗則自相利害，故或生或殺也。」（卷 3，頁 103）陰陽之氣以處於平衡和諧之狀態，方能發其大用。

　　同時，也因爲人稟陰陽之氣而爲人，所以張湛〈楊朱注〉云：「類同陰陽，性稟五行也。」（卷 7，頁 234）人身源於陰陽之氣，天生就具有五行之氣。據是，氣與性可相通，張湛〈湯問注〉云：「氣謂質性。」（卷 5，頁 174）人身天生就稟具陰陽五行之氣，所以張湛可以氣來詮釋人之質性，亦可云：「氣者，任其自然而不資外用也。」（卷 5，頁 158）氣既爲天生本具，是故，只要任其自然即可，毋須資藉於外。

　　張湛〈天瑞注〉云：「何生之無形？何形之無氣？何氣之無靈？然則心智形骸，陰陽之一體，偏積之一氣。」（卷 1，頁 21）萬物之生皆具形體，所有之形體皆具有天生之氣存在，當然，此時之氣，已由萬物之宇宙論根源，轉而爲形體內具之天生質性。同時，不止具體之形骸具有氣存在，抽象之心智，亦具有氣存在，是故，身體中形骸與心智，皆有氣之存在。

　　若問宇宙論之氣是否尚有本體論之根源呢？答案應是肯定的。張湛〈天瑞注〉云：「所謂易者，窈冥惚恍，不可變也；一氣恃之而化，故寄名變耳。」（卷 1，頁 7）陰陽未分化前之一氣，憑恃易體而化，而易體本身是不變易的。據是，可得知張湛認爲變易源於不變易之本體，故〈天瑞注〉云：「不生者，固生物之宗。不化者，故化物之主。」（卷 1，頁 2）此本體，在張湛的注文中，有時稱爲「易」，有時稱爲「無」，如〈天瑞注〉云：「形、聲、色、味皆忽爾而生，不能自生者也。夫不能自生，則無爲之本。無爲之本，則無當於一象，無係於一味，故能爲形氣之主，動必由之者也。」（卷 1，頁 10）〈天

瑞注〉云：「至無者，故能爲萬變之宗主。」（卷 1，頁 10）無爲形、聲、色、味之本，亦可云無爲形氣之主。無既然爲形氣之主、萬變之宗主，自可得之此無爲形上之根源，亦即，無爲本體。周紹賢、劉貴傑《魏晉哲學》亦認爲張湛之無爲本體〔註7〕，張湛亦倡貴無之論〔註8〕。張鴻愷也說：「此無既有抽象義的成分，也明顯的帶有境界義（虛）的痕跡。」〔註9〕張湛〈天瑞注〉云：「有之爲有，恃無以生；言生由無，而無不生有。」（卷 1，頁 18）無爲萬有之本體根源，而萬有係源於氣。陳戰國便說：「由于有待無以生，氣恃無而化，所以說無是萬物的宗本。」〔註10〕據是，可知萬有雖由氣所形成，氣又恃無而化，故無爲萬有之本體。湯用彤亦云：「（張湛）以無爲本體，以群有爲現象。」〔註11〕誠哉斯言！

此本體有時又稱爲太虛，所以〈湯問注〉云：「夫含萬物者天地，容天地者太虛也。」（卷 5，頁 149）「夫太虛也無窮，天地也有限。以無窮而容有限，則天地未必形之大者。」（卷 5，頁 149）天地含萬物，太虛含天地，是故，太虛與天地之間，實乃互相包裹，〈湯問注〉云：「天地籠罩三光，包羅四海，大則大矣；然形器之物，會有限極。窮其限極，非虛如何？計天地在太虛之中，則如有如無耳。故凡在有方之域，皆巨細相形，多少相懸。推之至無之極，豈窮於一天？極於一地？則天地之與萬物，互相包裹，迭爲國邑；豈能知其盈虛，測其頭數者哉？」（卷 5，頁 149）形器有窮，天地有限，然而太虛則無窮無限。天地未必形之大者，「窮其限極，非虛如何？」故以太虛稱謂形上之本體〔註12〕，馬良懷亦認爲張湛之太虛爲「超越于經驗、感覺和有形界之外的純形而上」之域〔註13〕，陳戰國也認爲張湛的貴無之學「具有

〔註 7〕 周紹賢、劉貴傑：《魏晉哲學》（台北：五南圖書出版公司，1996 年 7 月），頁 165。

〔註 8〕 周紹賢、劉貴傑：《魏晉哲學》，頁 166。

〔註 9〕 張鴻愷：〈張湛思想述評〉，《鵝湖月刊》第 386 期，2007 年 8 月，頁 29。

〔註 10〕 陳戰國：〈東晉玄學〉收於許抗生等著：《魏晉玄學史》第六章（西安市：陝西師範大學出版社，1989 年 7 月），頁 427。

〔註 11〕 湯用彤：〈貴無之學——道安和張湛〉，《理學・佛學・玄學》（台北：淑馨出版社，1997 年 1 月），頁 300。

〔註 12〕 張鴻愷〈張湛思想述評〉云：「張湛明確認爲，萬事萬物皆有終有滅，而其目的就是要爲這些有終有滅的群有與萬品找到一個不滅的本體，即所謂的至虛，此即張湛的本體論。」（頁 27）

〔註 13〕 馬良懷：《漢晉之際道家思想研究》第二章第四節「張湛對道家思想的發展」（廈門市：廈門大學出版社，2006 年 3 月），頁 119。

了更加典型的本體論性質」〔註 14〕。張湛太虛或至虛便可說是「魏晉玄學本
體論的延續」〔註 15〕。且太虛以其至虛，能含容萬有與天地，並內具於萬有
與天地之中，故天地與太虛之關係，實乃互為包裹。若以宇宙詮解太虛，則
太虛故可含容天地與萬有，但不可解釋何以天地也可包裹太虛。是故，太虛
並非指宇宙，而是指稱形上之本體。〈周穆王注〉云：「太虛恍惚之域，固非
俗人之所涉。」（卷 3，頁 93）形上之太虛世界，本非塵俗之人所能涉及。亦
即，張湛心目中之世界，可據是而分為俗人能涉及之器質世界，與非俗人所
能涉及之太虛世界，此即馬良懷所說的：「（張湛）畫清了無與有，即太虛之
域同有形之域的界限。」〔註 16〕「雖說有形界的一切都是忽爾而自生的，但
有形之域之所以生生化化，循環往復無窮，是因為有一個絕對的、永恆的太
虛之域與它同在，為它提供存在的依據。」〔註 17〕世界可區分為有形之域（器
質世界）與太虛之域，且太虛之域為有形之域的存在根據。馬良懷對於張湛
「兩個世界觀」的掌握，是十分精準正確的。

　　形上之本體為張湛宇宙論之根源，一氣又分化為陰陽二氣，陰陽二氣又
產生天地與萬物，所以張湛〈天瑞注〉云：「天地何耶？直虛實清濁之自分判
者耳。」（卷 1，頁 8）〈天瑞注〉云：「夫混然未判，則天地一氣，萬物一形。
分而為天地，散而為萬物。此蓋離合之殊異，形氣之虛實。」（卷 1，頁 32）
陰陽分判出虛實清濁之氣，化而為天地，散而為萬物。張湛〈天瑞注〉又云：
「二儀之德，聖人之道，燾育群生，澤周萬物。」（卷 1，頁 9）陰陽二儀，
燾育群生，澤周萬物，便表明萬物群生係由陰陽二儀化生而出。

　　張湛〈湯問注〉云：「乾坤含化，陰陽受氣，庶物流形，代謝相因，不止
於一生，不盡於一形，故不窮也。」（卷 5，頁 149）陰陽受氣，方能庶物流
形，且因為氣，所以生、死可流轉不定，形體亦可不限於一形，亦即，受到
氣論的影響，張湛認為生死可循環變化，形體亦可相互轉變，而非一受其成
形，便永遠不能變易，是故，形體的變易，實乃受到氣的影響自然而然發
生，張湛便云：「氣者，任其自然而不資外用也。」（卷 5，〈湯問注〉，頁
158）氣論對於張湛身體哲學，實具有重要的地位，可說氣論為張湛身體觀的
理論根源。

〔註 14〕陳戰國：〈東晉玄學〉，頁 429。
〔註 15〕張鴻愷〈張湛思想述評〉，頁 29。
〔註 16〕馬良懷：《漢晉之際道家思想研究》，頁 121。
〔註 17〕馬良懷：《漢晉之際道家思想研究》，頁 122。

二、張湛的循環變化觀與身體

　　張湛主張萬物是不停地變化著，身體亦隨著變化而遷流，〈天瑞注〉云：「夫萬物與化爲體，體隨化而遷。化不暫停，物豈守故？故向之形生非今之形生，俯仰之間，已涉萬變，氣散形朽，非一旦頓至。而昧者操必化之器，託不停之運，自謂變化可逃，不亦悲乎？」（卷1，頁30）就因爲萬物是不斷地變化著，所以向之形生，非今之形生，亦即，形體是會不斷變化的，俯仰之間，由生而死，無人可逃。〈天瑞注〉云：「成者方自謂成，而已虧矣；生者方自謂生，潛已死矣。」（卷1，頁30）萬物之變化，可由成而虧，由生而死，生死皆爲暫時之現象，此爲「暫生暫沒。」（卷3，頁100）且這種變化，皆爲自然演化，〈天瑞注〉云：「皆在冥中而潛化，固非耳目所瞻觀。」（卷1，頁30）〈周穆王注〉云：「夫變化云爲皆有因而然。」（卷3，頁102）自然演化，有因而然，但非耳目所能瞻觀。〈周穆王注〉云：「夫生必由理，形必由生。未有有生而無理，有形而無生。生之與形，形之與理，雖精麤不同，而迭爲賓主。往復流遷，未始暫停。是以變動不居，或聚或散。」（卷3，頁100）萬物之生命、形體與自然之理，三者迭爲賓主，不停變化。

　　張湛有兩個世界觀，一爲形下之器質世界，會不斷遷流演變，〈周穆王注〉云：「變化不可窮極。」（卷3，頁94）且目前之現象，皆爲暫時暫存，〈周穆王注〉云：「假物而爲變革者，與成形而推移，故暫生暫沒。」（卷3，頁100）器質世界之變革、推移，皆爲暫生暫沒，並無永恆性可言。二是形上之太虛世界，是永恆的，常存的。太虛世界是不變的，「無生無滅」（卷1，〈天瑞注〉，頁19），器質世界是不斷變化、有生有滅的。且形上之太虛世界，是形下器質世界產生的根本。張湛強調的「變化觀」，是就「形下之器質世界」來立論的。〈天瑞注〉云：「迭相與爲終始，而理實無終始者也。」（卷1，頁19）第一句「迭相與爲終始」，談的是形下之器質世界；第二句「理實無終始」，談的則是形上之太虛世界。形上之理，並無終始可言。〈天瑞注〉云：「夫生生物者不生，形形物者無形，故能生形萬物，於我體無變。」（卷1，頁19）生形萬物，是在形下世界之變化；形上之本體，則是無所變化的，故云「我體無變」。體並非身體，而係本體之意。

　　器質世界之現象，既然都是暫生暫沒，並無永恆性，是故，生可爲死，死亦可爲生；成可爲虧（毀），虧（毀）亦可爲成；始可爲終，終亦可爲始；覺可爲夢，夢亦可爲覺；盛可爲衰，衰亦可爲盛；美可爲惡，惡亦可爲美；

樂可爲哀，哀亦可爲樂。器質世界的一切事物，除「暫生暫沒」之外，尚具有「循環變化」的特色。〈說符注〉云：「夫事故無方，倚伏相推。」（卷 8，頁 239）器質世界之事理，實乃倚伏相推，相互循環變化，故可說：「生滅之理均，覺夢之塗一。」（卷 3，〈周穆王注〉，頁 90）生與滅，覺與夢，就事象上來說，是相異的，但就原理來說，卻可相通而無違，故可云「理均」、「塗一」。

　　張湛注《列子》，一再由「暫生暫沒」出發，反覆強調循環變化觀，如〈湯問注〉云：「今之所謂終者，或爲物始；所謂始者，或是物終。終始相循，竟不可分也。」（卷 5，頁 147）〈天瑞注〉云：「或以形而變，或死而更生，終始相因，無窮已也。」（卷 1，頁 17）今之終，可變化爲始；今之始，可變化爲終。終始相因，死而更生，無窮無盡，不可分別。〈天瑞注〉云：「有始之必終，有形之必壞。」（卷 1，頁 33）〈天瑞注〉云：「迭相與爲終始，而理實無終始者也。」（卷 1，頁 19）始無暫停，必趨於終；終無暫停，亦趨於始。形無永恆，必趨於壞；壞無暫停，亦趨於形。故常人執著終始，但就循環變化之理觀之，實無始亦無終。〈天瑞注〉云：「生之不知死，猶死之不知生。故當其成也，莫知其毀；及其毀也，亦何知其成？」（卷 1，頁 33）常人執著，知生不知死，知死不知生；知成不知毀，知毀不知成，莫能通曉生死之理一，成毀之理均，皆爲循環變化而成。〈周穆王注〉云：「夫盛衰相襲，樂極哀生，故覺之所美，夢或惡焉。……」（卷 3，頁 106）盛衰相因，哀樂相生，覺夢互變，美惡相生，故可云：「覺夢不異，苦樂各適一方。」（卷 3，〈周穆王注〉，頁 106）另外〈天瑞注〉云：「今謂既生既形，而復反於無生無形者，此故存亡之往復爾，非始終之不變者也。」（卷 1，頁 19）既生既形，會復反於無生無形，亦即，或存或亡，循環互變，非始終不變。〈說符注〉云：「禍福相倚。」（卷 8，頁 253）器質世界無永恆性，不斷循環變易著，禍福相倚伏。張湛以循環變化觀，破斥俗人執著現狀，誤以爲永恆的迷失。

　　器質世界之兩個特徵，一是暫生暫沒，二是循環變化。受此影響，張湛之身體觀，強調形軀爲假有，認爲太虛方爲眞宅。亦即，張湛「形軀爲假有，太虛方爲眞宅」的身體觀，是受到「兩個世界觀」、「暫生暫沒觀」、「循環變化觀」的影響。關於張湛之身體觀，將於下一節再詳爲說明。

三、張湛之自然觀與身體

　　自然觀爲魏晉思想的重要觀念，在張湛的注文中，亦反覆出現「自然」

一詞。如〈天瑞注〉云:「夫有形必有影,有聲必有響,此自然而並生。俱出而俱沒,豈有相資前後之差哉?郭象注《莊子》論之詳矣。而世之談者,以形動而影隨,聲出而響應。聖人則之以爲喻,明物動則失本,靜則歸根,不復曲通影響之義也。」(卷1,頁18)形影並生,聲響並起,自然而然,非人力所能爲之,亦非有一造物主來產生。〈天瑞注〉云:「生者反終,形者反虛,自然之數也。」(卷1,頁19)生者反終,形者反虛,此爲循環變化之理,〈天瑞注〉則稱之爲自然之數,據是可知,張湛認爲循環變化之理,實爲自然之理。因此,玄學強調的「自然義」與張湛強調的「循環變化觀」,便可相互銜接涵攝。《列子‧天瑞篇》云:「(榮啓期)對曰:……貧者,士之常也,死者人之終也,處常得終,當何憂哉?孔子曰:善乎!能自寬者也。」張湛注:「不能都忘憂樂,善其能推理自寬慰者也。」(卷1,頁23)常人執著富裕與生存,不能自貧窮與生死中跳脫,故有憂慮哀傷,榮啓期明瞭循環變化之理,所以鹿裘帶索,鼓琴而歌,無所憂慮,孔子便稱讚他能以自然之理自我寬慰。

自然而然產生時,是否需要一些憑藉或學習的對象呢?〈湯問注〉云:「自然者,都無所假也。」(卷5,頁163)〈湯問注〉云:「夫方土所資,自然而能,故吳越之用舟,燕朔之乘馬,得之於水陸之宜,不假學於賢智。」(卷5,頁165)方土所資,自然而能,都無所假,亦毋需學於賢智以成就之。所以〈湯問注〉云:「自夭者不由禍害,自壽者不由接養。」(卷5,頁162)壽夭不由禍害,亦不由接養,而由自然而然導至。窮達與才智,依據〈力命注〉「此自然而然,非由人事巧拙也。」(卷6,頁195)人們對於自然而然產生之事,只能順應接受,人事巧拙並不能加以改變。

不但窮達、才智非人事所可改變或增益,人之本性,亦係自然而然產生,亦非後天人力所能加以改變,〈天瑞注〉云:「夫虛靜之理,非心慮之表,形骸之外;求而得之,即我之性。內安諸己,則自然眞全矣。故物所以全者,皆由虛靜,故得其所安;所以敗者,皆由動求,故失其所處。」(卷1,頁29)本性自然而然產生,順應自然之理,人物之性方能獲得保全,若以動求,必致失敗,失其所處。〈湯問注〉云:「聖人不違自然而萬物自運,豈樂通物哉?」(卷5,頁163)聖人不違自然,任憑萬物自相運行,便是因爲聖人通達自然之理,方能如此。

據是言之,張湛之聖人義,是實踐玄學「自然義」之聖人,且張湛之「身

體操作方法」亦由「自然義」決定不取「以動求之」的積極作爲，而是採取「順應」的柔性方式，「一切任其自然，無心以順有」〔註18〕，任憑萬物依天賦本性自相運行。馬良懷便說：「（張湛）反對一切刻意的努力和外在的追求，主張順其自然，清靜無爲，樂天知命，虛心淡泊。」〔註19〕張湛之所以反對一切刻意的努力和外在的追求，便是源於其自然義。莊萬壽認爲張湛之自然論，爲其思想的主旨〔註20〕，故自然論在張湛思想中，占有重要的地位。既爲其思想之主旨，故與其身體觀有所關涉，亦無足爲奇。

四、張湛之力命觀與身體

張湛力、命對揚，力指的是人力所能作主、決定之事；命指的是天生命定，不知所以然而然者，非後天人力可得作主、控制，或改變之事。〈力命注〉云：「命者，必然之期，素定之分也。雖此事未驗，而此理已然。若以壽夭存於御養，窮達係於智力，此惑於天理也。」（卷6，頁192）〈力命注〉云：「禍福豈有內外，皆理之玄定者也。」（卷6，頁211）〈仲尼注〉云：「命者，窮達之數也。」（卷4，頁114）命者，先天決定，如禍福、壽夭、窮達皆屬之，若想以御養或智力加以改變，這是惑於天理之事，言下之意，是認爲命定之理是屬於天理，這是「決定自然界、社會和人生發展過程和趨勢的一種不可抗拒、不可認識的必然性。」〔註21〕只能接受順應，無法違抗。〈力命注〉云：「不知所以然而然者，命也，豈可以制也？」（卷6，頁193）命定之事，人們但知其然，不知所以然，亦非人力所得制之。〈力命注〉云：「萬物皆有命，則智力無施。」（卷6，頁193）力、命對揚時，命指先天命定，力指人之智力運用，二者各有適用範疇，在「命」的界域內，「力」無所施展。〈力命注〉云：

> 或有恃詐力以干時命者，則楚子問鼎於周，無知亂適於齊。或有矯天眞以殉名者，則夷齊守餓西山，仲由被醢於衛。故列子扣其兩端，使萬物自求其中。苟得其中，則智動者不以權力亂其素分，矜名者不以矯抑虧其形生。（卷6，頁194）

力與命既然各有適用之界域，是故，若企圖以力亂命，或企圖以命虧損力，

〔註18〕馬良懷：《漢晉之際道家思想研究》，頁126。
〔註19〕馬良懷：《漢晉之際道家思想研究》，頁125。
〔註20〕莊萬壽：〈列子注者：張湛及其列子注之研究〉，頁199。
〔註21〕陳戰國：〈東晉玄學〉，頁443。

皆爲不當。是故，恃詐力以干時命，企圖以力亂命，固爲不可；矯天眞以殉名，企圖以命亂力，亦爲不可。張湛主張扣其兩端，持守力與命之中道，不以力亂命，亦不以命亂力。

可將以上之討論，整理如下：（一）力：指的是人所能控制之領域。人後天可運用之智力、詐力，以及可透過智力追尋之名，皆屬之。人能自作主宰之「肆情」亦屬之，〈力命注〉云：「〈楊朱篇〉言人皆肆情，則制不由命。」（卷 6，頁 193）情感既然制不由「命」，則情感亦當屬於「力」這個範疇。但天生智力之高低不屬於此領域，亦即，「先天智力」屬「命」；「後天智動」及情感，屬「力」。當然，智動、矜名，皆爲以力亂命，爲張湛所不贊許。

（二）命：先天命定，非人力所可作主的部分，亦即，命爲天理所制的領域，張湛云：「冥冥中自相驅使，非人力所制也。」（卷 6，〈力命注〉，頁 198）如禍福、壽夭、生死、窮達、智力高低、天眞本性、形軀，此爲「命」之領域，亦皆爲「天理」所控制的領域。〈力命注〉云：「夫死生之分，羞短之期，咸定於無爲，天理之所制矣。」（卷 6，頁 205）死生爲天理所制，非人力所得制之，是故，死生亦屬「命」的範疇，不屬「力」之範疇。〈力命篇〉：「不知所以然而然，命也。」張湛注：「自然之理，故不可以智知。」（卷 6，頁 206）若可以智知，屬於「力」，則不可以智知，便屬於「命」。

且命定之理張湛是以「天理」（卷 6，頁 205）、「自然之理」（卷 6，頁 206）加以詮解，且〈黃帝注〉云：「自然之理不可以智知；知其不可知，謂之命也。」（卷 2，頁 64）在張湛的詮釋之中，自然之理與命之義涵是相通的，或者說是「把命看作是自然」〔註 22〕、「命是人生下來就稟受的一種內在的性分」〔註 23〕。可知張湛心目中，命定之理，與天理、自然之理、內在性分，實乃相通而無違。

且須注意的是：〈力命注〉云：「用智計之，不如任自然也。」（卷 6，頁 211）用智計之，屬「力」的範疇；命定之理屬於「命」，爲自然之理，要順應自然之理。且用智計之，不如任自然，言下之意，是表示因任自然，勝過人力計慮，是故，張湛之「力命觀」與「自然觀」是相扣合的。且張湛主張形軀屬於「命」，而「命」又只能順任自然爲之，據是得之，張湛之「自然觀」與「力命觀」決定了「身體」不可人爲積極之修養，只能採取順任自然的柔

〔註22〕李中華主編《中國人學思想史》，頁 325。
〔註23〕李中華主編《中國人學思想史》，頁 326。

性方式，化解人爲之力。〈黃帝注〉云：「身不可養，物不可治。」（卷 2，頁43）簡單地說，張湛身體觀之理論基礎（自然觀與力命觀），決定了張湛身體操作方法往「順任自然」之大方向發展。

五、張湛之佛學思想與身體

張湛〈列子序〉云：

> （《列子》）其書大略明群有以至虛爲宗，萬品以終滅爲驗；神惠以凝寂常全，想念以著物自喪，生覺與化夢等情，巨細不限於一域，窮達無假智力，治身貴於肆任，順性則所之皆適，水火可蹈，忘懷則無幽不照，此其旨也。然所明往往與佛經相參，大歸同於老莊。（《列子集釋》附錄二，頁 279）

張湛闡明《列子》一書之旨趣，其中「群有以至虛爲宗」、「萬品以終滅爲驗」、「神惠以凝寂常全」、「想念以著物自喪」、「生覺與化夢同情」等，可與佛經相參，這是指出《列子》一書之旨趣，多處與身體相關，且可與佛經相互參證，並不是說《列子》係受佛經影響而成。據是言之，張湛本人確曾涉獵佛經，故於佛理亦有所知曉〔註 24〕。湯用彤〈貴無之學──道安和張湛〉便解釋何以說張湛〈列子注〉與佛經相參：

> （張湛〈列子序〉）生覺與化夢等情者，即生死齊一也。齊一生死乃能逍遙任遠，凝寂常全。而佛教要亦在解決生死問題，故張湛之學說與之相參也。〔註25〕

> 蓋（張湛）「有始即有終」是佛教無常之意。而佛教之涅槃，即不生；道教之成仙，即不死，張湛之學說與佛教之學說甚相近也。〔註26〕

湯用彤指出佛學與張湛《列子注》二者，皆要解決生死問題，是故，二者有相互參證之處，例如張湛主張「有始即有終」，意涵依湯用彤的詮釋，便近似於佛教「無常」之意。另外，朱熹〈觀列子偶書〉云：「又觀其『精神入其門，骨骸反其根，我尚何存』者，即佛書四大各離，今者妄，身當在何處之所由出也。」〔註27〕《列子》所云未必即佛書四大各離之意，不過《列子》所述，

〔註24〕梁啟超《古書眞僞及其年代》云：「張湛生當兩晉，遍讀佛教經典，所以能融化佛家思想。」參閱楊伯峻：《列子集釋‧附錄三辨僞文字輯略》，頁299。

〔註25〕湯用彤：〈貴無之學──道安和張湛〉，頁294。

〔註26〕湯用彤：〈貴無之學──道安和張湛〉，頁298。

〔註27〕參閱楊伯峻：《列子集釋‧附錄三辨僞文字輯略》，頁288。

確可與佛書相參，張湛所言是也。

　　事實上，張湛《列子注》確有吸收佛學思想之處。李中華主編之《中國人學思想史》便曾指出張湛《列子注》對佛理的吸收：

> 張湛把虛規定爲有無兩忘，萬異冥一。因此所謂無心，就具有了比莊子及郭象無心說更深的内涵。既不貴無，也不崇有，而是有無兩忘；既不捐本，也不棄末，而是萬異冥一。這一思想多少體現了張湛對佛教哲學思維的吸收。〔註28〕

李中華指出張湛「有無兩忘，萬異冥一」之說，吸收佛教哲學思維。又如〈黃帝注〉云：

> 心既無念，口既無違，故能恣其所念，縱其所言。體道窮宗，爲世津梁。終日念而非我念，終日言而非我言。若以無念爲念，無言爲言，未造於極也。所謂無爲而無不爲者如斯，則彼此之異，於何而求？師資之義，將何所施？故曰内外盡矣。（卷2，頁47）

李中華《中國人學思想史》云：

> 《列子注》在充分發揮老莊道家思想的同時，也吸收了佛教的思想。尤其以無念解釋無心，以無念爲念解釋無爲而無不爲，這是原有道家所未曾觸及的。張湛在道家及郭象無心順有的基礎上，又添加了佛教的内容，以順性無心、無念爲念等思想構築了乘理順性的處世原則和價值理念，企圖爲自己及當時社會尋找人生出路。〔註29〕

李中華指出張湛以「無念」解釋「無心」，以「無念爲念」解釋「無爲而無不爲」，這是吸收佛教哲學，所作的詮釋。

　　其實，李中華詮釋張湛〈黃帝注〉，仍有未盡之義，可予以補充。無念、無相、無住，本爲禪宗大師惠能《六祖壇經》的中心思想。愚意以爲，張湛「心既無念」，念爲心念之意。心念只要不依境起執，便可「念而無念，言而無言」，所以張湛說「故能恣其所念，縱其所言」。「無念」，爲「念而無念」，並非去除心念的意思。各種心念，相對於眞實之本體來說，本皆爲妄念，若欲去除妄念，爲妄念之上，再加一層妄念，爲妄上加妄。「依境起念」，隨順外境，生起各種心念，是可以的，「於一切境上不染」、「於自念上離境，不於法上生念」、「不依境起，不逐境轉」，只要不依境起執，是可以的，可恣其所

〔註28〕李中華主編：《中國人學思想史》，頁322。
〔註29〕李中華：《中國人學思想史》，頁323。

念，縱其所言。

張湛「心既無念」、「恣其所念」，涵意有四：（一）無念並非不想，如木頭人一般，不要因為起心動念，因而引發執著，強調的是不要依境生起執著的心。（二）念雖為妄念，但不必斷除，張湛反對「能斷百思想」、「對境心不起」的思維方式，只要順任自然，便可「終日念而非我念」、「終日言而非我言」，據是得知，張湛並非主張斷除對境生起之我念。（三）念既為妄念，何以不加以斷除？張湛云：「體道窮宗，為世津梁。」之所以主張念而無念，是因為這是體道津梁，故不可斷除，如同嵇康知道身體為妄，暫見忽終，仍然主張貴身、重身，正因為身體為入道之津梁，故不可泯滅其體道的功用。張湛亦認為身體之心念，有「即妄歸真」之功效，故不主張「斷妄歸真」。張湛主張形軀為假有，太虛方為真宅，但若不透過形軀之假有，便不能歸反真宅，故須「即妄（假）歸真」。（四）妄念僅為體道之津梁，渡河之船筏，若已渡河，便可捨筏登岸，不必執著船筏，故張湛言：「若以無念為念，無言為言，未造於極也。」既然妄念僅為體道之津梁，當然妄念本身並非造極之道，故可如此言也。

張湛「心既無念」、「恣其所念」的思路，確實是近於佛學的，尤其是近於禪宗的「無念」。除此之外，佛學對張湛之身體觀，影響較大的，應在於「身為假有」的思想。周大興〈自然或因果：東晉玄佛的交涉〉云：

> 無我，從東漢安世高的《陰持入經》、康僧會《六度集經》，到東晉郤超的〈奉法要〉，多譯為「非身」，明顯對佛教的無我作了不同的解釋。佛教視「我」為五蘊假我，無自性實體，「無我」不僅針對四大的形軀我，也包括精神心理層面的我執，故無我亦含有否定靈魂存在之意，這是佛教獨特的無我輪迴。〔註30〕

佛教之無我之說，視「我」為無自性之「假我」，兼含形軀我與精神心理層面的我執，傳入中土後，安世高、康僧會、郤超譯為「非身」，則將涵義作了轉變，較偏於對形軀之否定，視形軀為假有，而遺漏精神心理亦為假有之義涵。

東晉之後，非但視「形軀為假有」，且「肯定精神層面」，顯然與佛教原本無我之說，有了很大的不同，周大興便說：

〔註30〕周大興：〈自然或因果：東晉玄佛的交涉〉，《自然・名教・因果——東晉玄學論集》（台北：中央研究院中國文哲研究所，2004 年 11 月），頁 316。

> 東晉以降的形神之辯，正是從一開始的注目於精神不滅的因果輪
> 迴、三世果報，繼而「冀神理綿綿」，關注解脫成佛的神明。正當慧
> 遠在南方大談形盡而神不滅時，北方的羅什則致力闡揚大乘中觀的
> 思想。從緣起性空看來，傳統六家七宗的先舊格義，於理多違，此
> 正如僧叡所說的「此土先出諸經，於識神性空，明言處少；存神之
> 文，其處甚多。」〔註31〕

東晉佛學以形軀為假有外，關注有助於解脫成佛的「神」。這兩點都為東晉之
張湛所接受，也顯現在張湛之身體觀中，所以張湛亦主張「形軀為假有」，以
及精神如能通徹，便能超脫形軀。馬良懷、徐華《玄學與長江文化》便說：「真
正自覺地將本民族文化與外來佛教文化相揉和，試圖建立一種較為全面的適
合于本民族思維習慣的玄學理論，張湛還是第一人。」〔註32〕言之誠然！馬
良懷、徐華《玄學與長江文化》便認為張湛的太虛之域，是接受佛教涅槃世
界的影響而成：

> 張湛所建構的玄學理論，也接受了佛學的一些主張，最明顯體現在
> 太虛之域理論的形成深受佛教涅槃世界的影響。佛教涅槃理論以涅
> 槃為生命的最高境界，世間萬物都是流轉生滅的，涅槃世界則是超
> 流轉生滅；世間萬物都有成住壞空的輪迴，涅槃則是完滿的永恆。
> 涅槃世界獨立於有形世界之外，寂然至虛，永恆不變，無生無滅，
> 是一絕對存在。眾生只有擺脫六道輪迴之流，進入一種無慮、靜寂
> 永恆的涅槃境界時，才會獲得生命最終的歸宿。〔註33〕

佛教認為世間事物流轉生滅，都有成住壞空的輪迴，只有涅槃世界是永恆的、
不生不滅的。這種思想，與張湛的「有形必壞，太虛永恆」的見解，頗有雷
同之處。陶建國《兩漢魏晉之道家思想》便認為張湛吸收佛學，「最明顯乃輪
迴之見解」〔註34〕。至於張湛吸收佛學所提出之身體觀，在中國哲學史上有
何意義呢？馬良懷、徐華《玄學與長江文化》云：

> 張湛在此基礎上，對本土哲學思想加以融合、改造，于可以經驗、
> 感知的有形世界之外，別立一純形而上的世界與之相對而存在，並

〔註31〕周大興：〈自然或因果：東晉玄佛的交涉〉，頁316。
〔註32〕馬良懷、徐華：《玄學與長江文化》（武漢：湖北教育出版社，2004年10月），
頁400。
〔註33〕馬良懷、徐華：《玄學與長江文化》，頁409。
〔註34〕陶建國：《兩漢魏晉之道家思想》，頁688。

為此建立了一套相對完整的理論，突破了中國傳統思想中有無合一、有形世界與無形本體緊密相聯的思維方式，為人們認識世界和把握世界開闢了一條新的路徑，因此，在中國哲學史上具有重大的意義。〔註35〕

張湛在有形世界之外，另立一純形而上學之太虛世界，突破中國傳統有無合一、有形世界與無形世界緊密相聯的傳統，且「張湛玄學的理論中心，則是圍繞著肯定超現實的存在，最終實現個體超生死、得解脫的精神追求這一宗旨進行的。」〔註36〕「把思考個體生命的價值與歸宿問題放在中心的地位，還是前所未有的。」〔註37〕所以張湛身體哲學，在中國哲學史上，具有突出的意義。

關於張湛之身體思維，將於下一節，再予以詳述。

第三節　張湛之身體思維

蔡振豐《魏晉名士與玄學清談》云：「《列子》與《列子注》或許提供了清談新的話題，但並沒有嚴肅的論點及思考。」〔註38〕張湛《列子注》之身體哲學，在中國哲學史上，具有突出的意義，且並非沒有嚴肅的論點，本節將敘述張湛關於身體的三項嚴肅論點：一為「空、有對言：形骸為有，方寸為空」。二是「真、假對言：形軀為假有，太虛為真宅」。三是「毀壞與常存對言：有形必壞，太虛常存」。

一、空、有對言，心、形對言：形骸為有，方寸為空

張湛以空、有對言，神（心）、形對言。〈天瑞注〉云：

> 橫仞（認）外物以為己有，乃標名氏以自異，倚親族以自固，整章服以耀物，藉名位以動眾，封殖財貨，樹立權黨，終身欣玩，莫由自悟。故《老子》曰：「吾所以有大患，為吾有身。」；《莊子》曰：「百骸六藏，吾誰與為親？」領斯旨也，則方寸與太虛齊空，形骸與萬物俱有也。（卷1，頁37）

〔註35〕馬良懷、徐華：《玄學與長江文化》，頁409。
〔註36〕馬良懷、徐華：《玄學與長江文化》，頁410。
〔註37〕馬良懷、徐華：《玄學與長江文化》，頁410。
〔註38〕蔡振豐：《魏晉名士與玄學清談》，頁212。

〈周穆王注〉云：

> 愚惑者以顯昧爲成驗遲速而致疑，故竊然而自私，以形骸爲眞宅。
>
> 孰識生化之本歸之於無物哉？（卷3，頁90）

常人認爲形骸爲眞宅，想將外物占爲己有，是故，終身欣喜把玩所獲得之名位，莫能自悟，豈知此爲愚惑之行爲。此弊病源於內心之執著與占有，故云大患在於吾有身，有身便會起執著之念與占有之欲，甚而「用其情，有其身，則肌骨不能相容，一體將無所寄？豈二儀之所能覆載。」（卷2，〈黃帝注〉，頁48）有其身，將使肌骨不能相容，一體亦無所寄，有身之弊大矣哉！

惟有方寸之地能損之又損，以至於空無，方可不執著己身，也不執著名利。亦即，下工夫之處在於心靈。〈黃帝注〉云：「不空者，實有也。至人動止不以實有爲閡者也。郭象曰：其心虛，故能御群實也。」（卷2，頁48）心要能御群實，須先能虛空。惟有心靈須虛空，方可與太虛齊空，是故，「張湛認爲心與太虛同質，是無，是靜，是虛。」「人體的其它部位同有形界的萬物一樣，是有，是動，是實。」〔註39〕形骸雖與萬物俱有，在空虛之心靈映照之下，形骸之有，亦等同於無，自無憂患與執著，來傷害生命，故可云：「身則是幻」（卷3，〈周穆王注〉，頁100）既云身爲有，又云身爲幻，據是得知「身爲假有」，並非眞有。值得注意的是：「方寸與太虛齊空，形骸與萬物俱有也。」這是以前面所述之「兩個世界觀」爲參照模式，在「兩個世界觀」中，形下之器質世界是暫生暫沒，值得追尋的是形上之太虛世界。張湛便主張在心靈下工夫，透過心靈境界的自我提昇，將自我之生命提昇至與本體根源「太虛」齊空的理想境地。形骸雖與萬物俱有，然而器質世界之萬物本無永恆生命，因此亦不值得追尋，形骸與萬物俱有，也就決定了「形骸爲賤，方寸爲貴」、「形骸爲有，方寸爲空」，這是在兩個世界觀「器質世界與太虛世界」之參照下，所做出的判斷。馬良懷便說：「張湛將心的本質定爲無，與他的二元論哲學是一致的。」〔註40〕馬良懷的意見是正確的。

形神並非一開始就是可分立對言的，〈黃帝注〉云：「自然之分不虧，則形神全一。」（卷2，頁51）自然素定之本份不虧缺時，是形神全一的，是故，形神分立、貴神賤形，應是在自然之分虧缺之後之事。

若問：何以自我之生命可與兩個世界觀相參照？答案可在張湛之氣論與

〔註39〕馬良懷：《漢晉之際道家思想研究》，頁129。

〔註40〕馬良懷：《漢晉之際道家思想研究》，頁129。

自然觀中找到，因爲張湛認爲自我之小宇宙係由陰陽二氣合而爲身，與天地自然之大宇宙關涉相通，相互影響，故人們對於天地自然，只能順任。張湛之力命觀也認爲形骸是屬於「命」的範疇，由天理制之，非人力所得而制。「形骸」既爲「命」之範疇，便只能順任自然之「循環變化」，不能以人力加以改變。當然，除了可在張湛之氣論與自然觀中，找到自我之生命何以可與兩個世界觀相參照外，亦可在張湛之「推理方法」中找到解答，張湛〈湯問注〉云：

> 夫萬事可以理推，不可以器徵。故信其心智所知及，而不知所知之
> 有極者，膚識也；誠其耳目所聞見，而不知視聽之有限者，俗士也。
>
> （卷5，頁150）

萬事可以理推，透過理推，可突破耳目見聞之侷限，擴大心智所知及之範圍。張湛慣用之推理方法，依陳戰國〈東晉玄學〉之研究，爲「以小比大」及「由有限推到無限」〔註41〕，由一己之身體，去推論兩個世界觀，本爲張湛「以小比大」、「由有限推到無限」之慣用推理方式，此乃無足爲奇。馬良懷、徐華《玄學和長江文化》云：「人的身體，是整個世界（包括有形和無形兩個層面）的縮影，在人體上，也存在著無與有，靜與動，虛與實的對立統一。」〔註42〕張湛之推理方式，爲「以小比大」及「由有限推到無限」，故由一己身體之對立，可推論整個世界之對立，既然如此，自可云身體爲整個世界的縮影。

張湛神、形分立對言，尚可得見之於〈黃帝注〉：

> 夫眼、耳、鼻、口，各有攸司。令神凝形廢，無待於外，則視聽不
> 資眼、耳，臭味不賴鼻、口，故六藏七孔，四肢百節，塊然尸居，
> 同爲一物，則形奚所倚？足奚所履？我之乘風，風之乘我，孰能辨
> 也？（卷2，頁48）

神指人的精神、神慮〔註43〕，神凝形廢時，可視聽不資眼、耳，嗅味不賴鼻、

〔註41〕 依據陳戰國的研究，張湛之以小比大，是一種類比的方法，通過類比可以使人們從自己的經驗中，常識中，推論出經驗之外的道理。由有限推到無限，這是數量關係的傳遞。張湛的推理方法主要是形式邏輯的方法，他把形式邏輯運用于認識論，使他打破了耳目見聞的侷限性，從有限的事物中，認識到了宇宙的無限性。參閱陳戰國：〈東晉玄學〉，頁432～433。

〔註42〕 馬良懷、徐華：《玄學和長江文化》，頁419。

〔註43〕 馬良懷：《漢晉之際道家思想研究》，頁128。

口,此爲〈湯問注〉所云:「神者,寂然玄照而已,不假於目。」（卷 5,頁 157）〈仲尼注〉亦云:「夫形質者,心智之室宇。耳目者,視聽之戶牖。神苟徹焉,則視聽不因戶牖,照察不閡牆壁耳。」（卷 4,頁 118）精神若能擺脫形質的限制,則能自由自在,圓通玄照。〈周穆王注〉亦云:「神心獨運,不假形器。圓通玄照,寂然凝虛者乎?」（卷 3,頁 94）在圓通玄照之下,可將各種形骸器官玄同爲一物,無分無別。在神心獨運下,心神可不受形軀限制,而能超越形軀,達至「我之乘風,風之乘我」亦不能分辨之境界。

二、眞、假（幻）對言：形骸爲假有,太虛爲眞宅

張湛除空、有對言,神、形對言外,又眞、假對言。〈天瑞注〉云:

> 夫天地,萬物之都稱;萬物,天地之別名。雖復各私其身,理不相離;認而有之,心之惑也。因此而言,夫天地委形,非我有也;飭愛色貌,矜伐智能,已爲惑矣。（卷 1,頁 37）

常人各私其身,認爲身爲我有,〈楊朱注〉云:「知身不可私、物不可有者,唯聖人可也。」（卷 7,頁 235）「天下之身同之我身,天下之物同之我物,非至人如何?」（卷 7,頁 235）,常人既認爲身爲我有,便會想占有外物。張湛則認爲形由天地委聚而成,非我有也,形既非我有,飭愛色貌,矜伐智能,自爲迷惑。〈天瑞〉云:「若一身庸非盜乎?盜陰陽之和以成若生,載若形。」張湛注:

> 若其有盜耶?則我身即天地之一物,不得私而有之。若其無盜耶,則外內不得異也。（卷 1,頁 37）

一身係由盜取陰陽之和以成,故身由氣聚而成,身爲天地之一物,〈天瑞注〉云:「生即天地之一理,身即天地之一物。」（卷 1,頁 38）不得私而有之。氣聚而生,氣散而死,此爲假有,非永恆不滅之眞宅。我之身僅爲暫時生存之居宅,非永恆之眞宅。〈黃帝注〉云:「神明所居故謂之舍。」（卷 2,頁 60）神明者,心神之謂也。心神方謂之宅。既然如此,「形爲假有,心爲眞宅」適與前言「形骸爲賤,方寸爲貴」相扣合而無違。

就一己而言,「形爲假有,心爲眞宅」,且形有侷限性,心無侷限性〔註44〕,認識形質,可用耳目見聞,「認識無限的宇宙和世界本體要用玄照,而不能用

〔註44〕陳戰國〈東晉玄學〉云:「張湛認爲,精神的直接觀照與耳目見聞不同,耳目屬于形質,是有侷限性的,精神不具形質,所以沒有侷限性。」（頁 434）

耳目心智。」〔註45〕；就天、人對比來說，則「身爲假有，太虛爲眞宅」，太虛才是我們人類永恆的住宅，〈天瑞注〉云：「眞宅，太虛之域。」（卷 1，頁20）「心智形骸，陰陽之一體，偏積之一氣，及其離形歸根，則反其眞宅，而我無物焉。」（卷 1，頁 21）眞宅的復歸，是靠離形歸根，方能獲得。既然太虛爲空，爲眞宅；心智形骸皆爲假有，爲幻。便可知張湛「空、有對言」及「眞、幻對言」，且「空方爲眞，有（假有）實爲幻」。若以林師安梧「存有三態論」去詮釋，則我們可說「存有之執定」（身體）爲假有，爲幻；「存有之根源」方爲眞宅，爲眞實。亦即，常人所說的「眞實」，實爲「假有」，爲「幻」；常人認爲的「空無」，方爲眞實，方爲眞宅。

假有與幻，係指明形骸不能永恆存在。若問何以形軀爲假有，爲幻？可就前所述之理論基礎答覆之：一爲陰陽氣化而成形，身非汝有，是一氣之偏積者也。氣聚則生，氣散則死，〈天瑞注〉云：「郭象曰：若身是汝有，則美惡、死生當制之由汝。今氣聚而生，汝不能禁也；氣散而死，汝不能止也。明其委結而自成，非汝有之也。」（卷 1，頁 34）一身之生死爲氣之聚散現象而已，是故，此爲暫生暫沒之現象，本無永恆性可言。即使是身之運動亦爲氣所運動，〈天瑞注〉云：「氣自委結而蟬蛻耳。若是汝有，則男女多少亦當由汝也。」（卷 1，頁 34）「天地即復委結中之最大者也。今行處食息。皆彊陽氣之所運動，豈識其所以然？」（卷 1，頁 34）身既爲氣自委結而成，運行處食息亦然，故名之曰假有。二是依照張湛之循環變化觀，體隨化而遷，化不暫停。〈天瑞注〉云：「有始之必終，有形之必壞。」（卷 1，頁 33）「器質與天地顯沒」（卷 1，頁 33）有形必壞，形僅爲暫存之現象，循環變化，理之必然。形既爲暫時之現象，故可名之爲假有，以與永恆之眞宅相對言。

三、毀壞與常存對言：有形必壞，太虛常存

就張湛之循環變化觀來說，有始必有終，有生必有死，〈周穆王注〉云：「往復流遷，未始暫停。」（卷 3，頁 100）是故，有形必壞，器質世界之形軀，終有毀壞之一日，並無永恆性可言，〈天瑞注〉云：「有始之必終，有形之必壞。」（卷 1，頁 33）〈周穆王注〉云：「生質根滯，百年乃終；化情枝淺，視瞬而滅。」（卷 3，頁 90）常人執著之萬有，實爲假有，且必趨於毀壞。形軀雖有動作，然而形軀之動作，實爲氣所運動，〈天瑞注〉云：「今行處食息，

〔註45〕陳戰國：〈東晉玄學〉，頁 435。

皆彊陽氣之所運動。」（卷1，頁34）身非汝有，形軀並非由自己所得而制，故「應物之身」（卷3，〈周穆王注〉，頁91）亦爲假有。〈天瑞注〉云：「休戚與陰陽升降，器質與天地顯沒。」（卷1，頁33）身體之休戚與器質，皆非吾所得而制之，皆隨天地陰陽之變化而變化。暫存之形軀，必趨於滅亡，此乃無人可逃，無物可避，〈天瑞注〉云：「夫萬物與化爲體，體隨化而遷。化不暫停，物豈守故？故向之形生，非今形生，俯仰之間，已涉萬變，氣散形朽，非一旦頓至。而昧者操必化之器，託不停之運，自謂變化可逃，不亦悲乎？」（卷1，頁30）形軀必趨於毀壞，此乃無可逃之自然之化，若謂己身可逃，這是令人覺得可悲的愚昧者。

張湛〈周穆王注〉云：「太虛恍惚之域，固非俗人之所涉。」（卷3，頁93）相對於必趨於毀壞之形軀，非俗人所能涉及之太虛，則常存常顯，永不毀壞。相較於林師安梧主張之「存有三態論」，張湛之說，較近似於「存有兩層論」：存有之執定（萬有之形軀）「暫生暫沒」（卷3，〈周穆王注〉，頁100），必趨毀壞，無永恆性；存有之根源（太虛）則常存常顯，不受變化循環觀所影響。亦即，張湛之說，屬于「有／無」兩層存有論，湯用彤便說：「張湛之說總彷彿在有之外，別有一無。」〔註46〕「張湛心目中似乎在相對之外有一絕對。」〔註47〕馬良懷、徐華《玄學與長江文化》亦云：「（張湛）在有和無之間畫了一條明顯的界限」〔註48〕、「張湛雖然也講萬物是忽爾而自生，但卻承認在萬物之上，有一個本體的存在，即形而上的至虛的領域。」〔註49〕誠哉斯言！

「有」之層面，實乃暫存，會受變化循環觀所影響，〈周穆王注〉便說：「變化不可窮極。」（卷3，頁94）、「變動不居，或聚或散。」（卷3，頁100）凡此皆言有之層面；至於「無」之層面，爲形上之本體，不受變化循環觀之影響，永恆常存，〈周穆王注〉便說：「孰識生化之本歸之於無物哉？」（卷3，頁90）形上之本體太虛，可歸之於無，〈天瑞注〉云：「明夫不生不化者，然後能爲生化之本也。」（卷1，頁4）〈天瑞注〉云：「不生者，故生物之宗。不化者，固化物之主。」（卷1，頁2）無爲生化之本，然而無本身是不生不化，不受變化循環觀所影響，故爲生物之宗、化物之主。湯用彤〈貴

〔註46〕湯用彤：〈貴無之學——道安和張湛〉，頁299。
〔註47〕湯用彤：〈貴無之學——道安和張湛〉，頁302。
〔註48〕馬良懷、徐華：《玄學與長江文化》，頁408。
〔註49〕馬良懷、徐華：《玄學與長江文化》，頁408。

無之學──道安和張湛〉云：「以不生不滅之至虛爲本體，以群有爲變化。至虛即無，即以無爲本。」〔註50〕「不壞是從本體上講，壞是從現象上講。」〔註51〕生滅變化是在萬有層級，若是本體之至虛（即無），則是不生不滅、未嘗變化的。是故，湯用彤便曾指出：(1)群有萬變，至虛不變。(2)群有有形，至虛無形。(3)群有有化，至虛無化。(4)本無〔註52〕。湯用彤的判斷，是正確的。馬良懷、徐華亦於《玄學與長江文化》指出：「有形之域之所以生生化化，循環往復無窮極，是因爲有一個絕對的、永恆的太虛之域與它同在，爲它提供存在的依據，即無形以相形。這是張湛在理論上的一大發明，比向秀前進了一大步。」〔註53〕「與有形之域的有運動、短暫而有限、循環往復的特性不同，太虛之域具有至虛、寂靜、永恆而無窮、不生不滅、無始無終的內在規定性。」〔註54〕這個判斷是正確的。

第四節　張湛身體操作方法

　　張湛之身體操作方法，以忘、任、無等爲其工夫。忘、任、無等，基本上都是在「心」上下工夫。《晉書・范寧傳》記載范寧目痛，就中書侍郎張湛求方，據是得之，張湛通醫術，有治療身體疾病的專業能力。張湛回答爲：「用損讀書一，減思慮二，專內視三，簡外觀四，旦晚起五，夜早眠六。」此六方「非但明目，乃亦延年」。據是得知，張湛延年之方雖亦有養神（減思慮、專內視、簡外觀）與養形（損讀書、旦晚起、夜早眠），然而，損讀書、旦晚起、夜早眠，亦有寶養精神的功效，是故，張湛延年之方，雖有「明目」之養形功效，重點實在於養神。張湛之《列子注》所述之忘、任、無，便都偏於養神順任之工夫，養形部份僅兩次提及「吐納」：（一）〈黃帝注〉云：「既不食穀矣，豈復須吸風飲露哉？蓋吐納之貌，不異於物耳。」（卷2，頁44）談到辟穀（不食穀）及吐納。主張辟穀後，吐納之貌可不異於物。（二）〈黃帝注〉云：「夫心者何？寂然而無意想也；口者何？默然而自吐納也。」（卷2，頁47）主張心寂然無想，口默然自吐納。

〔註50〕湯用彤：〈貴無之學──道安和張湛〉，頁294。
〔註51〕湯用彤：〈貴無之學──道安和張湛〉，頁301。
〔註52〕湯用彤：〈貴無之學──道安和張湛〉，頁295～296。
〔註53〕馬良懷、徐華：《玄學與長江文化》，頁407。
〔註54〕馬良懷、徐華：《玄學與長江文化》，頁403。

又《隋書‧經籍志》記載，張湛另有《養生要集》十卷；《新唐書‧藝文志》記載，張湛尚有《延年秘錄》十二卷，今皆不傳。是故，今日研究張湛之身體操作方法，只能依照《列子注》，偏重於其養神方面之介紹。至於養形方面，因資料的殘缺，只能俟諸異日，若有出土文獻，再行加以補充說明。

一、無

張湛之身體操作方法，首先我們可注意到「無」之心靈修養工夫：

> 不能知眾人之所知，不能爲眾人之所能，群才並爲之用者，不居知能之地，而無惡無好，無彼無此，則以無爲心者也。（卷 4，〈仲尼注〉，頁 135）

> 不勤行，則遺名譽；不競時，則無利欲。二者不存於胸中，則百年之壽不祈而自獲也。（卷 1，〈天瑞注〉，頁 24）

> 向秀曰：變化頹靡，世事波流，無往不因，則爲之非我。我雖不爲，而與群俯仰。夫至人一也，然應世變而時動，故相者無所用其心，自失而走者也。（卷 2，〈黃帝注〉，頁 76）

> 汎然無係，豈有執守之所？（卷 4，〈仲尼注〉，頁 144）

> 心既無念，口既無違，故能恣其所念，縱其所言。（卷 2，〈黃帝注〉，頁 47）

「無爲心」、「無所用其心」，是去掉心靈的執著，因順世事變化；「遺名譽，無利欲」，是去掉對名譽及利欲的重視及追求之心，修養的方向是去掉對外物之追尋，返觀內視，此即「簡外觀」、「專內視」也；「無待於外」，是心靈高度的凝聚作用，可超乎感官，四肢百節，同爲一物；「無係」，是去掉心靈對外在事物之執守，故云「豈有執守之所」。無念無違，無所執守，故能恣其所念，縱其所言。馬良懷、徐華《玄學與長江文化》云：「這個道就是冥絕、灰寂、泊然，簡言之，就是一個無字。無悲無喜，無用無棄，無好無惡，無智無識，虛無其心，映照萬物，一切因事而動，見機而行。」〔註55〕透過「無」之工夫，方得以呈顯道之冥絕、灰寂、泊然。

二、忘

「忘」本爲老莊重要的身體操作方法，亦爲魏晉思想家共同的主張，王

〔註55〕馬良懷、徐華：《玄學與長江文化》，頁 413。

弼、阮籍、嵇康、郭象諸人，便都主張「忘」，東晉張湛亦然。

> 所適都忘，豈復覺知之至邪？（卷4，〈仲尼注〉，頁119）

> 萬變玄一，彼我兩忘，即理自夷，而實無所遣。夫冥內遊外，同於
> 人群者，豈有盡與不盡者乎？（卷1，〈天瑞注〉，頁26）

> 凡貴名之所以生，必謂去彼而取此，是我而非物。今有無兩忘，萬
> 異冥一，故謂之虛。虛既虛矣，貴賤之名，將何所生？（卷1，〈天
> 瑞注〉，頁28）

> 至於大人，以天地為一朝，億代為瞬息，忘懷以造事，無心而為功，
> 在我之與在彼，在身之與在人，弗覺其殊別，莫知其先後。（卷5，
> 〈湯問注〉，頁161）

> 今忘者之心，泊爾均於死灰，廓焉同乎府宅。（卷3，〈周穆王注〉，
> 頁109）

> 大忘都無心慮，將何所化？（卷3，〈周穆王注〉，頁109）

> 華子之忘同於自然，以明無心之極，非數術而得復推；儒生之功有
> 過史巫者，明理不冥足，則可以多方相誘。又欲令忘者之悟知曩之
> 忘懷實幾乎至理也。（卷3，〈周穆王注〉，頁110）

> 既悟至理，則忘餘事。（卷4，〈仲尼注〉，頁117）

> 智者不知而自知者也。忘智故無所知，用智則無所能。知體神而獨
> 運，忘情而任理，則寂然玄照者也。（卷4，〈仲尼注〉，頁114）

> 窮理體極，故言意兼忘。（卷4，〈仲尼注〉，頁126）

> 向秀曰：忘貴賤也。（卷2，〈黃帝注〉，頁76）

> 以有心無心而求道，則遠近其於非當，若兩忘有無先後，其於無二
> 心矣。（卷4，〈仲尼注〉，頁145）

> 若順心之極，則無是非；任口之理，則無利害。道契師友，同位比
> 肩，故其宜耳。（卷2，〈黃帝注〉，頁47）

常人為人間之事理，作了許多的區畫分別，如彼與我、內與外、盡與不盡、
彼與此、我與物、有與無、己與人、先與後、貴與賤、有情與無情、是與
非、利與害。許多人事之糾葛，便由分別心產生，是故，張湛認為身體操
作，應在心靈做「忘」之工夫，〈楊朱注〉云：「欲去自拘束者之累」（卷7，
頁227）忘之工夫，便在於去除拘束自身心靈的此疆彼界人為畫分。唯有先在

心靈做「忘」之工夫，方能跳出人間相對性的區別，故云「都無心慮」、「忘情」、「忘懷」，此時彼與我、內與外、盡與不盡、彼與此、我與物、有與無、己與人、先與後、貴與賤、有情與無情、是與非、利與害，之間的區別，一起泯滅消亡，弗覺其殊別，莫知其先後，無是無非，無利無害，故云「理自夷」。心無爭鬥，忘言忘意，均於死灰，幾乎至理，既然幾乎至理，此時之心靈空虛遼廓，再無餘事擾心，而虛靜之理，即我之性，亦即，此時心寧靜虛廓，與本性相通，亦通於人們永遠的真宅太虛，故云「同乎府宅」。是故，〈仲尼注〉云：「唯忘所用，乃合道耳。」（卷4，頁145）〈力命注〉云：「化之使合道，而不宰割也。」（卷6，頁200）唯有切實下了忘的工夫，跳脫人物對立、人我對立，不宰割他人，超脫宰制他人的思想，乃能合於道，此即「道契師友，同位比肩」。周紹賢、劉貴傑《魏晉哲學》便說：「玄照之基本條件為：忘智體神，忘情任理。」〔註56〕透過「忘」之玄照，方可契悟宇宙萬物之本體：道。

三、任

心既寧靜虛廓，更無餘事擾心，如此一來，便可順任萬事萬物，不將不迎。是故，「忘」之後之工夫，便在於順任因應。

> 古人不以無樂為樂，亦不以無知為知。任其所樂，則理自無樂；任其所知，則理自無知。（卷4，〈仲尼注〉，頁116）

> 至人之心豁然洞虛，應物而言，而非我言；即物而知，而非我知；故終日不言，而無玄默之稱；終日用知，而無役慮之名。故得無所不言，無所不知也。（卷4，頁126）

> 任而不養，縱而不治。（卷2，〈黃帝注〉，頁40）

> 萬品萬形，萬性萬情，各安所適，任而不執，則鈞於全足，不願相易也。豈智所能辯哉？（卷5，〈湯問注〉，頁159）

> 用智計之不如任自然也。（卷6，〈力命注〉，頁211）

> 聖人居中履和，視目之所見，聽耳之所聞，任體之所能，順心之所識，故智周萬物，終身全具者也。（卷4，〈仲尼注〉，頁132）

> 向秀曰：任自然而覆載，則名利之飾皆為棄物。（卷2，〈黃帝注〉，

〔註56〕周紹賢、劉貴傑：《魏晉哲學》，頁174。

頁 73）

向秀曰：達其心之所以怒而順之也。（卷2，〈黃帝注〉，頁59）

至理豈有隱藏哉？任而不執，故冥然無跡，端崖不見。（卷 2，〈黃帝注〉，頁 50）

物往亦往，物來亦來。任物出入，故莫有礙。（卷6，〈力命注〉，頁208）

〈黃帝注〉云：「身不可養，物不可治。」（卷 2，頁 43）身既不可養，便只能加以順任因應，所以主張「任而不養」、「任自然」、「任體之所能」、「任而不執」、「任其所樂」、「任其所知」，蔡振豐《魏晉名士與玄學清談》便認為張湛主張「不從俗而順任自己的真性」〔註57〕。是以排斥名利、智計、意慮。

〈仲尼注〉云：「聰明強識皆為闇昧衰迷之所資。」（卷4，頁133）若積極地追求名利，或是智計、意慮，皆有所弊，故云聰明強識為闇昧衰迷之所資。〈說符注〉云：「在智則人與之訟，在力則人與之爭，此自然之勢也。未有處名利之衝，患難不至者也。」（卷 8，頁 267）〈仲尼注〉云：「若橫生意慮，則失心之本矣。」（卷 4，頁 141）〈湯問注〉云：「智多故多慮。」（卷5，頁174）意慮指的是世俗觀念、名利思想、邪思淫念，以及智識情慮等等〔註58〕。多用智意，則多慮心憂，失心本然。且用智、用力，會導致爭、訟；爭逐名利，必致患難。〈楊朱注〉云：「不勞心以營貨財也。」（卷 7，頁222）既然爭逐名利，必致患難，故不可營心以營貨財。須因順自然之勢，物往亦往，物來亦來，遇物而游，遇物而觀，方得以保身，終身全具。

另窮達、壽夭，亦非人力所能爭至，〈力命注〉云：「若以壽夭存於御養，窮達係於智力，此惑於天理也。」（卷 6，頁 192）〈力命注〉便云：「此自然而然，非由人事巧拙也。」（卷 6，頁 195）窮達、壽夭，皆自然而然，與人事巧拙無涉，亦只能順任而已。

四、虛靜守柔

盡柔虛之極者，其天姿自粹，非養而不衰也。（卷2，〈黃帝注〉，頁

〔註57〕 蔡振豐：〈玄風衰微下的列子注〉，《魏晉名士與玄學清談》（台北：黎明文化事業公司，1997 年 8 月），頁 211。
〔註58〕 馬良淮、徐華：《玄學與長江文化》，頁 419。

45）

以至柔之道御物，物無與對，故其功不顯。（卷 4，〈仲尼注〉，頁 136）

〈天瑞注〉云：「夫唯寂然至虛凝一而不變者，非陰陽之所終始，四時之所遷革。」（卷 1，頁 1）天道至虛，故人亦當法天而行，持守柔靜之道。人須以至柔之道御物，不與外物相對，化除人與人、人與物之間的對立性。若能持守柔虛之道，天姿自粹，不必加以人為刻意修養，天姿自全而不衰，亦即，天生本性，乃可獲得保全。馬良懷、徐華《玄學與長江文化》云：「此至柔之道即至虛之道，意思是一切任其自然，無心以順有。只有這樣，才可能生活寧靜，禍福不生。」〔註 59〕虛靜之道，與任自然之自然義相通而無違。

虛靜之道既與自然義相通，當然反對「動求」的方式，〈天瑞注〉云：「物動則失本，靜則歸根。」（卷 1，頁 18）動求必離本根更遠，只有虛靜守柔，方得以歸返本根，周紹賢、劉貴傑《魏晉哲學》便說：「動求即有知有為，虛靜即無知無為。致虛守靜，絕夫動求，乃可無心而順性。」〔註 60〕馬良懷、徐華《玄學與長江文化》云：「所謂道法自然，就是一切清心澹泊、無心順有、自然而然的生存狀態，任何刻意的追求都是錯誤的。」〔註 61〕「任何刻意的努力都是無效的，那怕是善意的努力。最為理想的生活態度是：無心而順天理，一切任其自然。」〔註 62〕刻意追求，必違反自然義，是故，身體操作方法，須持守虛靜守柔之道，而不採取「動求」的方式。

五、不　爭

〈天瑞注〉云：「己無競心，則物不與爭。」（卷 1，頁 21）己無與人爭競之心，他人亦不與己相爭，〈說符注〉云：「物莫能與爭，故常處先。」（卷 8，頁 239）是故，解決人我爭端之根源，須由自己之心靈著手方是，須先自己心靈放空，無爭競之心，人我緊張關係才能緩解，也才有趨於和諧的可能。己無競心，且他人亦不與己爭，才可說是持後而處先。非但如此，爭競之心去除，心虛靜之後，氣也跟著柔和，心虛氣柔，方近於道。〈天瑞注〉云：「夫嬰兒者，是非未生乎心也，故德厚而志專矣。及欲慮充起，攻之者必多；衰

〔註 59〕馬良懷、徐華：《玄學與長江文化》，頁 415。
〔註 60〕周紹賢、劉貴傑：《魏晉哲學》，頁 170。
〔註 61〕馬良懷、徐華：《玄學與長江文化》，頁 415。
〔註 62〕馬良懷、徐華：《玄學與長江文化》，頁 415。

老氣柔，更近於道。」（卷1，頁21）氣柔時不與人爭，人亦不與之爭，故近
於道。心虛靜，氣才柔和，若心不虛靜，想爭逐豐屋、美服、厚味、姣色，
此乃無厭之性，〈楊朱注〉云：「非但累其身，乃侵損正氣。」（卷7，頁238）
〈說符注〉云：「以力求勝，非人道也。」（卷8，頁241）爭逐外事外物，以
力求勝，將累及身體，亦將侵損正氣，使生活不得和諧，氣不得柔和，此非
人道之正。

第五節　張湛身體境界論：身體備具天地之理

　　常人受情感、思慮及各種價值觀的影響，皆有所偏好、執著，用張湛的
話來形容，叫作滯於一方。〈仲尼注〉云：「辯而不能訥，必虧忠信之實；勇
而不能怯，必傷仁恕之道；莊而不能同，有違和光之義；此皆滯於一方也。」
（卷4，頁123）既然滯於一方，必然不能靈活順應外事外物，所適必閡，〈仲
尼注〉云：「夫守一而不變，無權智以應物，則所適必閡矣。」（卷4，頁122）
〈天瑞注〉云：「夫體適於一方者，造餘塗則閡矣。」（卷1，頁9）常人的特
徵，便在於「滯於一方」及「所適必閡」。

　　身體原本就備具天地之理，〈仲尼注〉云：「人雖七尺之形，而天地之理
備矣。故首圓足方，取象二儀；鼻隆口竂，比象山谷；肌肉連於土壤，血脈
屬於川瀆，溫蒸同乎炎火，氣息不異風雲。內觀諸色，靡有一物不備；豈須
仰觀俯察，履凌朝野，然後備所見？」（卷4，頁128）張湛認爲首圓足方，
取象於天圓地方；鼻高口低，取象于山谷；肌肉可聯想到土壤，血脈可連
屬於川瀆，溫蒸同於炎火，氣息不異風雲，此即爲楊儒賓所說的「人是天具
體而微的模型」〔註63〕，是故可云雖七尺之形，而天地之理備矣。東晉張湛
使用的表達方式，爲「取象聯想法」，外取諸象，聯想己身，不同於西晉玄
學家郭象身體哲學慣用的「類推法」〔註64〕，郭象是使用「手足內外」，類推
「君臣上下」：「手足內外」爲「天理自然」，是故「君臣上下」亦爲「天理自

〔註63〕楊儒賓主編：《中國古代思想中的氣論及身體觀・導論》（臺北：巨流圖書公
　　　　司，1997年2月），頁31。
〔註64〕類推法，張湛注稱爲「推類」。〈湯問注〉云：「夫九層起於累土，高岸遂爲幽
　　　　谷。苟功無廢舍，不期朝夕，則無微而不積，無大而不虧矣。今砥礪之與刀
　　　　劍，相磨不已，則知其將盡。二物如此，則邱壑消盈無所致疑。若以大小遲
　　　　速爲惑者，未能推類也。」（頁161）

然」〔註65〕。

　　既然身體備具天地之理，靡有一物不備，則取於身便足，不假外求。〈仲尼注〉云：「內足於己，故不知所適；反觀於身，固【故】不知所視。」（卷4，頁129）內足於己，本就毋須外適。只要經過身體操作方法，如無、忘、任、虛靜守柔、不爭等方法，便可以將身體「調整」回本具之「天地之理」，即回復和諧之身體狀態，周紹賢、劉貴傑《魏晉哲學》云：「性爲與生俱來之本質，本性能得調適，即謂之和。」〔註66〕身體是可調適的，可以經由身體操作程序，復歸和諧之本性。

　　張湛認爲常人「滯於一方」、「所適必閡」；經過身體操作方法之聖人、至人，則圓通無礙，「所適常通」，無所凝滯，〈仲尼注〉云：「忘游故能遇物而游，忘觀固能遇物而觀。我之所是，蓋是無所是耳。所適常通而無所凝滯，則我之所謂游觀。」（卷4，頁129）這段注文，很清楚地表述：經過身體操作方法「忘」之工夫後，方能達到「所適常通而無所凝滯」，這是已超出「滯於一方」、「所適必閡」的境界，「滯於一方」相對的是「滯於另一方」，但是「所適常通而無所凝滯」，此爲「天理境界」，故無所凝滯，「攝乎變通之會」（卷8，〈說符注〉，頁239）〈仲尼注〉云：「夫聖人之道絕於群智之表，萬物所不虧擬。見其會通之跡，因謂之聖耳。豈識所以聖也。」（卷4，頁117）聖人之所以能變通、會通，是在於下了身體操作方法無、忘、任等工夫後，達致太虛境界，故能不與「滯於一方」相對。〈仲尼注〉便說：「居宗體備，故能無爲而無不爲也。」（卷4，頁116）「居宗」之「宗」指的便是宗始，亦即存有的根源太虛，能經由心靈工夫，達致太虛宗始境界者，便能「體備」：身體備具天地之理。若心靈備具天地之理，又與太虛宗始境界相貫通，自可無爲而無不爲，無所滯礙，所適皆通。〈仲尼注〉便說：「忘懷任過，通亦通，窮亦通，其無死地，此聖人之道也。」（卷4，頁130）其中「忘懷任過」言以「忘」、「任」爲其身體操作之工夫，經此工夫後，「通亦通，窮亦通」，談的則是張湛的身體境界，無所不通，無所凝滯，此爲聖人之道。至此道境，人間之聞見皆已無意義，皆可超越轉化，故〈力命注〉云：「道行則不煩聞見，故曰：不瞽不聾，不能成功。」（卷6，頁200）耳目感官之聞見，皆須

〔註65〕　請參閱拙著：〈郭象身體思維研究〉，《彰化師大國文學誌》第13期，2006年12月，頁42。
〔註66〕　周紹賢、劉貴傑：《魏晉哲學》，頁169。

加以超越，方能至道境，是故，若道境能施行，自然耳目之聞見，皆可加以超越。

　　未經身體操作之俗人，經由心知、意慮、情緒的攪擾，率皆「滯於一方」、「所適必閡」，未能「所適融通無礙」，據是言之，身體操作方法是有必要性的，苟能如是，方能返歸初始之身體。〈天瑞注〉云：「學者，所以求復其初，乃至於厭倦，則自然之理虧矣。」（卷1，頁26）〈湯問注〉云：「學者必先攻其所易，然後能成其所難。」（卷5，頁184）經由心靈之空無，復其初始之身體，備具天理，此時，身體便可與「存有的根源」有其類似性，皆有無限虛空的性質，故可云「方寸與太虛齊空」。須知俗人之「方寸」，若未經身體操作的「調整」，不可能能與太虛齊空，是故，「方寸與太虛齊空」，不止是認識論「以小比大」的「類推法」，更是指出「身體操作方法」自然而然達致之「境界」目標，且「心靈」才是眞正下工夫處，也是人身與「存有的根源」聯接的中介點。身體雖爲「假有」，但身體中之「方寸」，卻是「返歸眞宅」的起點。終點決定始點，並非始點決定終點。身體境界之最終目標，在於太虛境界，此爲終點，此亦決定了身體操作之始點，須從「方寸」下手，這正是終點決定始點〔註67〕。且心之本質既是虛空，便決定身體操作方法，採虛靜守柔、無、忘等方式，以保持本然的狀態，馬良懷、徐華《玄學與長江文化》便說：「既然心的本質是寂然，是虛無，那麼，就不應該人爲地予以它任何的規定性，也不應該以任何的觀念、思想去約束、限制、破壞它，而是要讓其以本然的方式存在，虛空以照實，俯仰同俗，升降同物。」〔註68〕虛空方能照實，是故，心靈下工夫，便須損之又損，以趨於虛空之本然狀態。

　　生命最後一定要歸返終點，這是自然的趨勢，〈天瑞注〉云：「生者反終，形者反虛，自然之數也。」（卷1，頁19）生命最後一定要歸返於虛空之眞宅，這是生命的終點。當然，形上之本體，本爲生命存在之根源，此爲起點，是

〔註67〕這裏所說的終點決定起點，強調張湛身體操作的目標爲歸返太虛境界，以及身體操作須由方寸做起。故以太虛境界爲終點，以從心著手爲起點。但若就張湛循環變化觀來說，〈天瑞注〉云：「終始相因，無窮已也。」（卷1，頁17）〈天瑞注〉云：「迭相與爲終始，而理實無終無始者也。」（卷1，頁19）〈天瑞注〉云：「聚則成形，散則爲終，此世之所謂終始也。」（卷1，頁18）世人以形聚爲始，以離散爲終。然而張湛認爲終點即起點，起點即終點，終始循環相因，無有窮極，亦不知何者爲起，何者爲終。

〔註68〕馬良懷、徐華：《玄學和長江文化》，頁420。

故，起點即終點，終點即起點，正構成一圓形的雙迴向關係，符合老子「反者道之動」之說。

第六節　結　語

　　身體源於天地之氣，故身體備具自然賦予之天地之理，只因後天之情緒、意念、造作之執著，攪擾天生本具之天地之理、天地之氣。故須從心靈下身體操作之工夫，透過無、忘、任、虛靜守柔、不爭等工夫，讓人為之造作、執著去除，回歸本具之天地之理、天地之氣。經由歸返之天地之氣，本就空虛、柔和，與太虛本體境界齊空，故可與太虛境界相通而無違，是故，張湛身體哲學的重點，實在於透過身體操作方法，以歸返於天地之理、天地之氣，而天地之理、天地之氣本與太虛本體相通，歸返天地之理、天地之氣，便是歸返太虛境界。這顯然不是「外求」的路數，而是「向內歸返」。歸返於身體之起點，此時，起點即終點，以「存有的家」（太虛）為「真宅」，〈天瑞注〉云：「及其離形歸根，則反其真宅，而我無物焉。」（卷1，頁21）張湛是藉由「離形歸根」，復返家園。「離形」並非不要形軀，而是透過無、忘、任等工夫，去掉我執，我執既去除，心靈境界便可超越形軀，提昇、歸返天地之理、天地之氣，上契太虛道境，故最終仍是歸返於道家自然之道境。當已歸返形上之本根時，超乎人間有無之分立，自然不覺得身體之存與不存，故云：「我無物焉」，此時之「無物」，並非與「有物」相對，而係超乎有無對立之上。

　　張湛之身體觀，視身體由形軀與心靈所組成，張湛視形軀為假有，這應是受到印度佛學之影響，但是肯定心靈（神），應該是受到東晉佛學之影響。視「形骸為有，方寸為空」此種「空、有」對言之表達方式，應該也是受到佛學之影響。

　　就玄學發展脈絡來說，王弼、何晏為貴無派，裴頠、郭象為崇有派，東晉時之張湛，則是調和貴無與崇有兩派。試問：若就魏晉身體觀之發展來說，張湛之身體觀，是否也可說是調和魏晉諸位思想家的見解呢？張湛主張才性天生本具，此近於劉邵之才性論；貴無說近於王弼、何晏；自生說及「萬物，天地之別名。」近於向秀、郭象；主張恣縱耳目情欲之縱欲論〔註69〕，近於

〔註69〕參閱陶建國：《兩漢魏晉之道家思想》（台北：文津出版社，1990年3月），頁

向秀〔註70〕；身非汝有說，近於郭象；主張君逸臣勞〔註71〕，近於郭象；以形下世界爲暫存，無永恆性，不值得追尋。形上世界方具永恆性，才值得追尋，且追尋形上之本體太虛境界，爲歸返眞宅，此種「兩個世界觀」，近於嵇康〔註72〕；自然說，則近於阮籍、嵇康等自然論者；身體源於氣，則近於劉邵、阮籍、嵇康、郭象等人。綜合言之，從張湛注解的引文中，可見徵引何晏、王弼、向秀、郭象之見解〔註73〕，從張湛之義理來說，又可見到張湛對於劉邵、何晏、王弼、阮籍、嵇康、向秀、郭象等人義理之吸收，甚至連東晉佛學亦有所吸收，是故，若說東晉張湛之身體觀就如玄學發展史而言，呈現出兼收並蓄諸家說法之特色，當非無據之語。

　　男女皆由氣所形成，若問張湛是否男女平等看待？答案恐怕是否定的。〈天瑞〉云：「（榮啓期）曰：吾樂甚多：天生萬物，唯人爲貴。而吾得爲人，是一樂也。」張湛注：「明人之神氣，與眾生不殊；所適者異，故形貌不一。是以榮啓期深測倚伏之緣，洞識幽顯之驗，故忻過人形，兼得男貴，豈孟浪而言？」（卷1，頁22）張湛注說：「忻過人形，兼得男貴」，流露出「男貴」之性別觀。〈天瑞〉續言：「男尊女卑，故以男爲貴；吾既得爲男矣，是二樂也。」（卷1，頁22）張湛注云：「人之將生，男女亦無定分，故復喜得男身。」（卷1，頁22）《列子》的作者本就有「男尊女卑」的性別觀，張湛注承續《列子》男女不平等的思想，故言「兼得男貴」、「喜得男身」。然而男女皆由氣所形成，與眾生不殊，若說「男尊女卑」，就張湛本身之氣論或自然觀來說，皆不能得到這樣的結論，故張湛注不能云「理自然也」或「此自然之數也」。張湛之性別觀，並非源於玄學之氣論或自然觀，應是受到魏晉時期社會風尚「男尊女卑」的影響。

　　另外有一個問題須提出討論：張湛身體觀既然兼收並蓄魏晉時期諸家之

686。

〔註70〕關於向秀之縱欲論，〈黃門郎向子期難養生論〉云「寡情欲，抑富貴，則未之敢許也。」收於戴明揚《嵇康集校注》，頁162。又云：「有生則有情，稱情則自然，若絕而外之，則與無生同。何貴於有生哉？且夫嗜欲；好容惡辱，好逸惡勞，皆生於自然。」（頁162）又云：「夫人含五行而生，口思五味，，目思五色，感而思室，飢而求食，自然之理也。」（頁164）

〔註71〕參閱陶建國：《兩漢魏晉之道家思想》，頁687。

〔註72〕關於嵇康兩個世界觀的介紹，請參閱拙著：〈嵇康養生論探析〉，《興大人文學報》第38期，2007年3月，頁154～159。

〔註73〕參閱莊萬壽：〈列子注者：張湛及其列子注之研究〉，頁207、209。

說法，何以並未明白表示「貴身」呢？魏晉諸家大多持「貴身論」，如阮籍、嵇康、郭象皆爲如此。這個問題，我們可嘗試解答如下：「貴身說」確爲魏晉諸家之共識，但是所貴之身，本非充滿意念造作之「俗身」，而是解脫、除去情緒、意念造作之「眞身」，惟有「眞身」，方可備具天地之理，與形上之道境相通。若說魏晉諸家所持之貴身論，係貴重「眞身」，認爲厚味、姣色不足取，則張湛雖未明白肯定貴身，但是確實是蘊含有「重視眞身」此種「貴身」之思想。只是因爲他主張「無」、「忘」、「任」、「虛靜守柔」、「不爭」，故不主張「貴身賤物」，他是主張貴身的同時，化解人、我關係的緊張，不因常人執著之「身爲我有」，而造成種種自私自利之行爲，與人、我關係之爭鬥。故告訴世人，肉身爲假有，且「身非我有」，不值得追尋、執著，值得追尋的，是透過心靈的澄澈虛空，歸返於天生本具之天地之理、天地之氣，苟能如是，方能與太虛本體境界相通，如此一來，人之境界便能提昇至聖人、至人，便完成身體操作之最高目標：「歸返道境」。馬良懷、徐華《玄學與長江文化》認爲東晉時期社會關注的中心點，在於「個體生命的歸宿問題」〔註74〕，張湛身體哲學關注的正在於個體生命的歸宿，張湛認爲個體生命的最終歸宿，應在於歸返道境。

〔註74〕馬良懷、徐華：《玄學與長江文化》，頁 400。

第九章　從葛洪身體修養論談其療癒觀點—以《抱朴子・內篇》為核心的探討

第一節　前　言

　　葛洪（283～363）為東晉時期著名的思想家，著有《抱朴子》一書，此書為研究東晉時期道教思想的重要著作，「為東晉以前神仙家論養生之法的總結」〔註1〕。《抱朴子》既為道教養生之書，自有其宗教理路，我們若欲了解華人本土文化心理或宗教心理，自應讓華人自行建構的宗教系統來說話。當人有身體病痛或生活難處時，常尋求宗教來加以療癒，這已形成華人之文化傳統。是以，「療癒」之發生，「無法自外於人所處之文化脈絡與社會結構之中」〔註2〕。目前研究魏晉思想者，較少從「宗教療癒」的視角切入探討，去討論葛洪的身體修養論，實為可惜。是以，本文嘗試從「宗教療癒」的新視角，重新討論葛洪的身體修養論。

　　「傳統醫療」談的是「治療」（curing），著重的是身體器官症狀的醫治，其醫學技術著重的是實用和效果。與「傳統醫療」相對的是「另類醫療」，

〔註1〕 李豐楙：《不死的探求——抱朴子》（台北：時報文化出版事業有限公司，1982年12月），頁258。

〔註2〕 余安邦、余德慧：〈文化及心理療癒的本土化生成〉，收於余安邦主編：《本土心理與文化療癒——倫理化的可能探問》（台北：中央研究院民族學研究所，2008年12月），頁4。

談的是「療癒」（healing），認為身體是意識的表現〔註3〕，談的是「全人」的醫療，將人視為身心合一的整體〔註4〕。「療癒」，又可以稱為「療遇」（healing encountering），指的是「療傷的會遇」，強調的是「療的效用」與「療的過程」。療癒（療遇）既然強調「療的過程」，自有其社會性與過程性，當然，這樣的過程性，可顯現在人與人之間，亦即，顯現在主體間際的過程。至於「治療」，強調的是「臨床介入」與「治療效果」之間的因果性與工具性關係〔註5〕。

近年來，透過翻譯，逐漸引進西方「療癒」的觀念，例如出生於德國的艾克哈特・托勒（Eckhart Tolle）著有《一個新世界》、《當下的力量》、《修練當下的力量》等書，倡導「療癒」的觀念，認為透過意識作用，可以對身體產生療癒。托勒主張：「當你在一個強烈臨在的狀態下而無為時，對情境和人們來說，就是一個強而有力的轉化和療癒力量。」〔註6〕強調「臨在狀態」下，人們的自我療癒。每當負面情緒被引發時，要立刻以清醒的意識逮住它，而不被負面情緒影響。「保持臨在，保持有意識，時時警覺地守護自己的內在空間。」〔註7〕臨在就是保持警覺、不隨負面情緒流轉遷變的狀態，能如此，才是自己身體的主人。認為要先「自我療癒」，「修補你能量場因為某種負面形式而導致的損壞」〔註8〕，從而「經由喚醒他人內在的本體意識」而達致「療癒的奇蹟」〔註9〕。其中意識可以修補能量場損壞的說法，很值得注意，這是將意識視為「產生內在秩序的力量」〔註10〕，我們在研究葛洪療癒觀點時，可以注意他是否也有這種主張。

〔註3〕 意識是指人的頭腦對于客觀物質世界的反映，是感覺、思維等各種心理過程的總和。概括來看，所謂意識的解釋，還是形容于感覺與思維認識。參閱趙詣：《意識學》（北京：團結出版社，2008年11月），頁48～49。

〔註4〕 托瓦爾特・德特雷福仁（Thorwald Dethlefsen）、呂迪格・達爾可（Rudiger Dahlke）著，易之新譯：《疾病的希望：身心整合的療癒力量》（台北：心靈工坊文化事業股份有限公司，2009年3月），頁30～31。

〔註5〕 余安邦、余德慧：〈文化及心理療癒的本土化生成〉，頁3～4。

〔註6〕 〔德〕艾克哈特・托勒（Eckhart Tolle）著，張德芬譯：《修練當下的力量》（台北：方智出版社股份有限公司，2009年2月），頁149。

〔註7〕 〔德〕艾克哈特・托勒（Eckhart Tolle）：《修練當下的力量》，頁93。

〔註8〕 〔德〕艾克哈特・托勒（Eckhart Tolle）：《修練當下的力量》，頁79。

〔註9〕 〔德〕艾克哈特・托勒（Eckhart Tolle）：《修練當下的力量》，頁132。

〔註10〕 〔德〕尤阿希姆・法爾史提希（Joachim Faulstich）著，賴雅靜譯：《內在的療癒力量》（台北：方智出版股份有限公司，2009年7月），頁35。

除了德國艾克哈特‧托勒外，美國醫師勞瑞‧杜西（Larry Dossey）亦主張「療癒」，他著有《超越身體的療癒》一書，主張：「蛻變成療癒師的過程相當微妙，無法操控掌握。」〔註11〕並認爲意識超越身體，也超越時間、空間，超越局域性地運作，具有「非局域現象」。勞瑞‧杜西說：「意識的非局域現象乃是我們可以得出對心識最宏觀、最遼遠的看法：心識無盡，心識不朽。」〔註12〕意識的「非局域現象」，可說是勞瑞‧杜西醫師對於「療癒」的核心觀念。意識的非局域現象，很值得注意，在研究葛洪的療癒觀點時，我們可以注意他是否也具有此種思想。

魏晉時期身體哲學所說的「身體」，爲身心合一之生命整合體，身體原本爲一和諧的能量場，不僅自我爲一小能量場，宇宙亦爲一大的能量場。楊儒賓指出道家思想最大特色，在於氣化的身體觀〔註13〕，其實，不僅是道家，道教之葛洪亦具「氣化的身體觀」。《抱朴子‧至理》云：「人在氣中，氣在人中。」〔註14〕既然氣在人中，氣爲構成身體的物質材料，可知身體爲氣的載具，或說身體是「氣的能量之容器」〔註15〕。不但氣在人中，人也在氣中，且小我之能量場，與大我之能量場，應諧合爲一。若小我之能量場，或小我與大我之能量場，不能諧合爲一，生命便會產生苦痛，是以，生命常須加以「療癒」，使不和諧的狀態，重歸於和諧。亦即，「療癒」是指「更接近完整」的意思〔註16〕，宗教若能對人們的生命，產生療癒的作用，使自家生命更趨於完整和諧，便可稱爲「宗教療癒」。當宗教療癒可使自己已傷損之氣，趨於接近完整之狀態，此時，療癒本身便是一種身體修煉，目的在於「使自己的身體成爲氣的更好容器」〔註17〕，是以，就葛洪來說，「養生的問題也就是養氣的問題」〔註18〕。

〔註11〕 〔美〕勞瑞‧杜西（Larry Dossey）著，吳佳綺譯：《超越身體的療癒》（台北：心靈工坊文化事業股份有限公司，2008年1月），頁49。

〔註12〕 〔美〕勞瑞‧杜西（Larry Dossey）：《超越身體的療癒》，頁210。

〔註13〕 楊儒賓主編：《中國古代思想中的氣論及身體觀‧導論》（台北：巨流圖書公司，1997年2月），頁21。

〔註14〕 王明：《抱朴子內篇校釋》（北京：中華書局，2002年3月），頁114。

〔註15〕 〔日〕湯淺泰雄著，盧瑞容譯：〈氣之身體觀在東亞哲學與科學中的探討〉，收於楊儒賓主編：《中國古代思想中的氣論及身體觀》，頁76。

〔註16〕 托瓦爾特‧德特雷福仁（Thorwald Dethlefsen）、呂迪格‧達爾可（Rudiger Dahlke）著，易之新譯：《疾病的希望：身心整合的療癒力量》，頁41。

〔註17〕 〔日〕湯淺泰雄著，盧瑞容譯：〈氣之身體觀在東亞哲學與科學中的探討〉，頁90。

〔註18〕 許抗生：〈葛洪道教思想研究〉，收於劉固盛、劉玲娣主編：《葛洪研究論集》

既然《抱朴子》爲東晉之前道教養生法之總結，是以，研究葛洪的宗教療癒觀，對於了解魏晉時期道教之身體文化，有其助益。

人們常抵達受苦的情境，因而，產生療癒的需求，必須身、心、靈加以洗滌。療癒學有其獨特的內涵，儒、釋、道的義理，若能重新依照療癒學加以詮釋，便能生發新的意義，也能安頓自家生命，恢復生活的康泰。療癒自己生命，繼而療癒別人生命的人，可稱爲「宗教療癒師」。因而「療癒者」與「被療癒者」之間，便構成「救助與待救助」之對偶性。道教中的道士，經由身體修養，療癒自家生命，得道後，療癒他人生命，便是中國本土的「宗教療癒師」，扮演「救助者」的角色。東晉時期的葛洪，其身體修養論中，便有許多與「宗教療癒」有關的洞見，值得吾人加以細心研究。

第二節 「身體」爲何需要修養

余德慧說：「我當如何可以獲得康泰的問題也只能在具體的處境獲得理解。」〔註19〕當身體有病因想解決，或處於人世，百憂聚集，因而想長生不老，超脫人世，便是宗教療癒得以存在的具體問題。需要「宗教療癒」的原因，可簡而言之：（一）療癒歧出之本性，安頓遭煎熬之生命。（二）補救預防精氣之傷損。（三）回歸存有的根源，養護生命，以延年久壽。以下將依此順序，加以論述。

一、療癒歧出之本性，安頓遭煎熬之生命

葛洪〈勤求〉云：「凡人之所汲汲者，勢利嗜欲也。」〔註20〕常人汲汲於追求勢利與嗜欲，而不知就養生來說，勢利與嗜欲，皆無益於養生，反而對養生有害處。《抱朴子內篇·論仙》引曹植〈釋疑論〉云：「但恨不能絕聲色，專心以學長生之道耳。」〔註21〕先天平粹的本性，會因後天的環境而更易或遮蔽，更易的原因有二，一是未能絕聲色，二是未能絕勢利。若違反養生之道，純一本性將會喪失。其實，何止於曹植不能絕聲色，一般人何嘗不然？葛洪〈金丹〉便云：

（武漢市：華中師範大學出版社，2006年10月），頁125。
〔註19〕余德慧、余安邦：〈文化及心理療癒的本土化生成〉，頁7。
〔註20〕王明：《抱朴子內篇校釋》，頁254。
〔註21〕王明：《抱朴子內篇校釋》，頁16。

> 凡人唯知美食好衣，聲色富貴而已，恣心盡欲，奄忽終殂之徒，慎
> 無神丹告之，令其笑道謗真。〔註22〕

常人追求的是美食好衣、聲色富貴，一生就在恣心盡欲中，奄忽終殂，不知
追求玄道。葛洪〈暢玄〉便說：

> 夫五聲八音，清商流徵，損聰者也。鮮華豔采，或麗炳爛，傷明者
> 也。宴安逸豫，清醪芳醴，亂性者也。冶容媚姿，鉛華素質，伐命
> 者也。其唯玄道，可與爲永。〔註23〕

葛洪〈至理〉亦云：

> 夫圓首含氣，孰不樂生而畏死哉？然榮華勢利誘其意，素顏玉膚惑
> 其目，清商流徵亂其耳，愛惡利害攪其神，功名聲譽束其體，此皆
> 不召而自來，不學而已成。〔註24〕

《老子‧十九章》云：「見素抱樸，少私寡欲。」葛洪自號「抱朴子」，便是
指保持天賦純樸本性的人，可知他想復歸于樸，達致根源性回歸。〈暢玄〉便
云：「含醇守樸，無欲無憂。」〔註25〕〈論仙〉云：「執太璞【大朴】於至醇
之中，遺末務於流俗之外。」〔註26〕生命只能安頓於醇樸之道（此即爲「大
朴」），方能無欲無憂。是以，若沉迷於淫巧的音樂、豔麗的色彩、宴安遊
樂、芬芳的美酒、美麗的容貌，對於生命來說，適足以成爲損聰、傷明、亂
性、伐命之物。偏偏常人未能絕聲色，是以，沉迷聲色，便將喪失平粹本
性，且使本性偏離玄道更加遙遠。葛洪〈論仙〉云：

> 醇醪汨其和氣，豔容伐其根荄。所以翦精損慮、割削平粹者，不可
> 曲盡而備論也。〔註27〕

葛洪〈金丹〉亦云：

> 或飛蒼走馬於中原，或留連盃觴以羹沸，或以美女荒沉絲竹，或耽
> 淪綺紈，或控弦以弊筋骨，或博奕以棄功夫。聞至道之言而如醉，
> 睹道論而晝睡。有身不修，動之死地，不肯求問養生之法，自欲割
> 削之，煎熬之，憔悴之，漉汔之。〔註28〕

〔註22〕王明：《抱朴子內篇校釋》，頁76。
〔註23〕王明：《抱朴子內篇校釋》，頁1。
〔註24〕王明：《抱朴子內篇校釋》，頁110。
〔註25〕王明：《抱朴子內篇校釋》，頁3。
〔註26〕王明：《抱朴子內篇校釋》，頁15。
〔註27〕王明：《抱朴子內篇校釋》，頁17。
〔註28〕王明：《抱朴子內篇校釋》，頁73。

從修道的立場來說，美酒會傷害內心的和氣，美色會傷害養生的根本，可知美酒與美色，對於身體的巨大的害處。簡言之，美酒和美色，會使人消耗精神和思慮，使原本平粹的特質一日少於一日。原本平粹之本性，因俗人執迷於美酒、美色，日漸減損，故須宗教自我療癒之道，方能使已受損之本性，得以回復平粹。〈暢玄〉便說：「不以外物汨其至精，不以利害污其純粹也。」〔註29〕唯有不以外物擾亂精神，不以利害玷污純粹之本性，這才是人生平正之道。若飛蒼走馬、留連盃觴、貪戀美女、裝扮豪奢、拉弓操弦、賭博下棋，卻不肯求問如何養護身體，還自行割損年命，煎熬年命，讓生命憔悴、乾涸，將使生機、精神壓榨消耗殆盡。〈至理〉便說：

> 身勞則神散，氣竭則命終。根竭枝繁，則青青去木矣。氣疲欲勝，
> 則精靈離身矣。〔註30〕

沉迷於欲望的滿足，將導致身體勞累，精氣衰竭，甚至生命的喪失。〈至理〉便說：「夫人之所以死者，諸欲所損也。」〔註31〕〈微旨〉云：「知極情恣欲之致枯損，而不知割懷於所欲也。」〔註32〕各種欲望，損傷人們的精氣，使得精氣枯損，會導致疾病的產生，嚴重的話，會導致死亡，亦即，精氣若虧損嚴重，將無法挽救，而使生命趨於喪失，故云：「有身不修，動之死地。」據是得知養生的重要。〈道意〉云：「精靈困於煩擾，榮衛消於役用，煎熬形氣，刻削天和。」〔註33〕若我們煎熬形氣，便是「刻削天和」的表現，將使與生俱來之「平粹之性」喪失。李豐楙《不死的探求——抱朴子》云：「凡夫一再違反養生之道，消耗自身的形、氣，也就喪失其純一的本性，滅沒其天理的本然。」〔註34〕沉迷於嗜欲，將使純一之性的本然狀態受到遮蔽。

〈論仙〉承認後天環境可更易人之平粹本性，本性並非生成之後，就一成不變，而是會受到後天環境的影響，而時時更易、歧出的。就因為本性會因環境的影響而歧出，生命會因後天的壓榨而使精神受損，氣力衰竭，宗教療癒便有其必要性。藉由宗教之自我療癒之道，方可使歧出之本性，能夠復

〔註29〕王明：《抱朴子內篇校釋》，頁3。
〔註30〕王明：《抱朴子內篇校釋》，頁110。
〔註31〕王明：《抱朴子內篇校釋》，頁112。
〔註32〕王明：《抱朴子內篇校釋》，頁122。
〔註33〕王明：《抱朴子內篇校釋》，頁171。
〔註34〕李豐楙：《不死的探求——抱朴子》，頁224。

歸平粹；使受到壓榨摧殘之精氣，得以修養療復。

除了聲色會使本性歧出，勢利也會使生命受到傷害，《抱朴子內篇‧論仙》云：「俗人貪榮好利，汲汲名利。」〔註35〕〈金丹〉亦云：「其所營也，非榮則利。」〔註36〕俗人貪榮好利，追求的是名利，卻不知勢利爲人生的重累，〈論仙〉云：「高位厚貨，乃所以爲重累耳。」〔註37〕人生只有玄道才值得追尋，高位厚貨，只爲人生的重累而已，對生命並無好處。葛洪〈論仙〉便說：

> 夫有道者，視爵位如湯鑊，見印綬如縗絰，視金玉如土糞，睹華堂如牢獄。〔註38〕

就修道的立場來說，爵位、印綬，如同刑具、喪服；金玉、華屋，如同土糞、牢獄，只爲人生的重累，不值得追求。〈論仙〉便說：

> 以富貴爲不幸，以榮華爲穢污，以厚玩爲塵壞，以聲譽爲朝露。〔註39〕

爵位、金玉、華屋，既爲人生的重累，是以，應以富貴爲不幸，以榮華爲人生之穢污，把充份的享樂當成塵壞，把聲譽視爲轉瞬即逝的朝露。常人汲汲追求的重位、財貨、享樂、聲譽，修道人卻認爲是不幸、穢污、塵壞、朝露，根本不值得追求。

二、補救預防精氣之傷損

身體之所以需要療癒，是因爲與生俱來之精氣，本就有受氣不齊的問題存在，受氣多者，虧損較慢；受氣少者，虧損較快，是故，疾病的產生，是每個人都會遇到的問題，只是時間早晚罷了。葛洪〈極言〉云：

> 人無少長，莫不有疾，但輕重言之耳。而受氣各有多少，多者其盡遲，少者其竭速。其知道者補而救之，必先復故，然後方求量表之益。〔註40〕

既然疾病的產生，與先天受氣多少有關，可知疾病的產生，有其先天之因

〔註35〕　王明：《抱朴子內篇校釋》，頁16。

〔註36〕　王明：《抱朴子內篇校釋》，頁73。

〔註37〕　王明：《抱朴子內篇校釋》，頁17。

〔註38〕　王明：《抱朴子內篇校釋》，頁19。

〔註39〕　王明：《抱朴子內篇校釋》，頁15。

〔註40〕　王明：《抱朴子內篇校釋》，頁240。

素。唯有知道者，才了解要以身體修煉的方式，來加以補救。既然疾病的產生，有其先天的必然因素，那麼，理論上來說，身體的修煉或療癒，便成爲每個人必須要做的事。〈極言〉云：

> 凡夫不徒不知益之爲益也，又不知損之爲損也，夫損易知而速焉，益難知而遲焉，人尚不悟其易，安能識其難哉？……故治身養性，務謹其細，不可以小益爲不平【足】而不修，不可以小損爲無傷而不防。〔註41〕

精氣的虧損，易知且發展快速，凡夫尚且不能知曉；精氣的補救，難知且發展遲緩，凡夫又何能知曉？修養身體之道，即使只有小益，仍須爲之；傷損身體的種種作爲，不可以小損，就以爲無傷而不加以預防。葛洪著重的醫療觀，有兩項重點，一是主動補救先天已受氣不齊、易傷難養的身體，此即〈地眞〉所云：「養其氣所以全其身」〔註42〕。二是預防後天不當的日常習慣，以免身體增加新的傷損。葛洪的身體醫療觀，著重於「補救與預防」的觀點。

　　先天受氣本有較少者，若再加上後天精氣的傷損，將使疾病產生。亦即，葛洪認爲疾病的產生，有二重點，一是先天受氣本有稟受多少的區別，稟氣少者，本就容易生病。二是後天缺乏身體的調養，使得精氣傷損，外顯爲病症，嚴重的話，甚至會死亡，〈地眞〉云：「氣竭即身死」〔註43〕。疾病有先天的成因，亦復有後天的成因。亦即，對於葛洪來說，疾病有雙重意義，一是顯示身體處於失序狀態，二是提供我們重要的指示〔註44〕。〈極言〉爲探討葛洪疾病成因的重要文獻，〈極言〉云：

> 或修道晚暮，而先自損傷已深，難可補復。補復之益，未得根據，而疾隨復作，所以剋伐之事，亦何緣得長生哉？〔註45〕

若平日旦旦而伐之，身體傷損已深，即使晚暮之年想要修道，加以補復，亦難補復成功。身體傷損過甚，補復之道，難以得力，故〈地眞〉云：「氣難清而易濁也」〔註46〕，此爲論述後天導致疾病的緣由。〈極言〉又云：

〔註41〕王明：《抱朴子內篇校釋》，頁240。
〔註42〕王明：《抱朴子內篇校釋》，頁326。
〔註43〕王明：《抱朴子內篇校釋》，頁326。
〔註44〕〔德〕尤阿希姆・法爾史提希：《內在的療癒力量》，頁56。
〔註45〕王明：《抱朴子內篇校釋》，頁243。
〔註46〕王明：《抱朴子內篇校釋》，頁326。

　　　　彼雖年老而受氣本多，受氣本多則傷損薄，傷損薄則易養，易養故
　　　　得仙也。此雖年少而受氣本少，少氣本少則傷深，傷深則難救，難
　　　　救故不成仙也。〔註47〕

先天受氣多者，後天傷損較薄，身體容易修煉成仙；先天受氣少者，後天傷
損較深，因而難以補救，不能成爲神仙，且容易導致疾病，此爲論述先天
導致疾病的緣由。且可了解葛洪對於醫術的研究，目的是在於長生和成仙
〔註48〕。

　　〈極言〉續云：

　　　　夫吐故納新者，因氣以長氣，而氣大衰者則難長也。服食藥物者，
　　　　因血以益血，而血垂竭者則難益也。〔註49〕

吐故納新，因氣以長氣；服食藥物，因血以益血。身體療癒，係經由本身之
血氣，以發揮功能，若本身氣息衰弱，或血垂竭滅者，身體修煉之具體技
術，亦難以使得上力。是以，除了先天之受氣問題之外，平日身體之補救及
預防，十分重要。若傷損過甚，身體修煉是沒有用的。常人對於疾病認識不
清，都以爲身體感覺病痛，爲疾病，葛洪認爲那只是病症而已，非疾病，疾
病之病因早內蘊於身體之血氣枯竭之中，〈極言〉云：

　　　　世人以覺病之日，始作爲疾，猶以氣絕之日，爲身喪之候也。唯怨
　　　　風冷與暑濕，不知風冷暑濕，不能傷壯實之人也，徒患體虛氣少者，
　　　　不能堪之，故爲所中耳。〔註50〕

體虛氣少，才是致病的根由；身體病痛，爲風冷暑濕引發之病症。故〈極言〉
云：「人之無道，體已素病，因風寒暑濕者以發之耳。」〔註51〕體已素病，才
會外顯爲病症，病因之發生，實早於病症，亦即，病因早已內蘊於血氣枯竭
之中。〈極言〉云：

　　　　夫奔馳而喘逆，或欬或滿，用力役體，汲汲短乏者，氣損之候也。
　　　　面無光色，皮膚枯臘，脣焦脈白，腠理萎瘁者，血減之證也。二證既
　　　　衰於外，則靈根亦凋於中矣。如此則不得上藥，不能救也。〔註52〕

〔註47〕　王明：《抱朴子內篇校釋》，頁243。
〔註48〕　沈祖榮：〈葛洪與中國傳統醫藥學〉，收於楊世華主編：《葛洪研究二集》（武
　　　　　漢市：華中師範大學出版社，2008年4月），頁123。
〔註49〕　王明：《抱朴子內篇校釋》，頁243。
〔註50〕　王明：《抱朴子內篇校釋》，頁244。
〔註51〕　王明：《抱朴子內篇校釋》，頁244。
〔註52〕　王明：《抱朴子內篇校釋》，頁243。

奔跑時呼吸不順，或勞動後上氣不接下氣，這是「氣損」的徵兆；臉色黯沉，皮膚乾枯，脣焦脈細，肌肉萎縮，這是「血減」的徵兆。必須靠上藥來補救血氣，否則修煉呼吸吐納，將不能收到「因氣以長氣」的功效；服食藥物，亦不能收到「因血以益血」的效果。

葛洪之身體觀，視身體內外通而為一，是以，由內可通外，由外亦可推知其內。從身體外在之「二證既衰」，可知其內之「氣損」、「血減」，必須加以補救，也又是說，葛洪的療癒觀，是以觀察身體外在之「病證」為起點，以補救身體內在之氣損、血減，為醫療之方法。「氣損」、「血減」，才是深層的「病因」，「風寒暑濕」等因素，不過是引發疾病的促成因子罷了，「呼吸不順」、「面無光色」、「皮膚枯臕」、「脣焦脈白」，則為可供觀察「病因」的「病證」。醫療疾病，須由外以知內，內在之血氣，才是真正須要醫療的對象。

三、回歸存有的根源，養護生命之完整和諧，以延年久壽

在葛洪《抱朴子・內篇》中，對於回歸存有的根源，表現得最明顯的，是在〈暢玄〉。〈暢玄〉：「其唯玄道，可與為永。」〔註53〕玄道便是永恆的形上之道，亦為存有的根源，萬物皆由玄道而生，〈暢玄〉云：

> 胞胎元一，範鑄兩儀，吐納大始，鼓冶億類，個旋四七。〔註54〕

〈明本〉云：

> 凡言道者，上自二儀，下逮萬物，莫不由之。……道也者，所以陶
> 冶百氏，範鑄二儀，胞胎萬類，醞釀彝倫者也。〔註55〕

玄道孕育了萬物本源的元一之氣，造就了天地開始的陰陽兩儀，呼吸著原始之氣，鑄造了萬般物類，旋轉布置了天上的二十八星宿，是以，存有的最終根源，自為造就元一、兩儀、大始、億類、四七的玄道，亦即，就葛洪思想來說，道具有「根源義」，玄道才是第一因。方勇〈葛洪的莊子學〉云：

> 葛洪所謂的道、玄、一的涵義，基本上都與先秦道家所謂道具有宇
> 宙本源性質的說法相一致。〔註56〕

〔註53〕 王明：《抱朴子內篇校釋》，頁1。
〔註54〕 王明：《抱朴子內篇校釋》，頁1。
〔註55〕 王明：《抱朴子內篇校釋》，頁184。
〔註56〕 方勇：〈葛洪的莊子學〉，《莊子學史》第 1 冊（北京：人民出版社，2008 年

葛洪的道論，認為道為萬物產生的根源，有些近似於先秦道家〔註57〕。〈塞難〉便說：「道者，萬殊之源也。」〔註58〕道為萬殊之根源，永恆不變，〈塞難〉云：「所以貴道者，以其加之不可益，而損之不可減也。」〔註59〕玄道為萬物形上之根源，加之不益，損之不減。〈明本〉云：「務在全大宗之朴，守真正之源者也。」〔註60〕萬物之根源須加以持守，那個根源便是「道」。〈暢玄〉追求的便是回歸於存有的根源：玄道，認為：

> 玄之所在，其樂不窮。玄之所去，器弊神逝。〔註61〕

玄道存在，身體才能樂趣無窮；玄道若喪失，便會形體衰弊，神氣消散，難以存活，是以，站在養護生命完整諧和的立場，自須追求玄道，使生命維持諧和完整，樂趣無窮。玄道為第一因，玄道若喪失，生命便宣告死亡，影響不可謂不巨大，是以，必須與道合真〔註62〕。〈暢玄〉云：

> 不知玄道者，雖顧眄為生殺之神器，脣吻為興亡之關鍵。〔註63〕

不明白玄道者，貪戀美色、貪圖享受，然而，美色為殺人致死之利器，享受為影響生死存亡的關鍵。是以，不依玄道生活，除了形體衰弊、神氣消散之外，尚會殺人致死，為影響生存之關鍵。據上所述，可知追尋並遵守玄道，功效可分述如下：（一）使身體不虧不損，避免形體衰弊，神氣消散。（二）維持生命完整和諧，避免身體損傷過度，因而致死。

　　就因為玄道有此功效，是以，追求並遵循玄道此種存有之根源，方可其樂無窮，故可云只有玄道，能與人長久共存。葛洪企圖藉由回歸於存有的根源：玄道，以養護生命，維持生命的完整諧和，此種方法，亦屬於道療法，

10月），頁427。

〔註57〕葛洪之道與老莊之道，雖然皆為第一因，但仍有其不同，李豐楙《不死的探求——抱朴子》云：「葛洪言道，乃神仙道教之道，為其神學理論，與道家之道不盡相同：道家主無、道教主有，故道家貴無生，而道教貴長生。」（頁126）

〔註58〕王明：《抱朴子內篇校釋》，頁138。

〔註59〕王明：《抱朴子內篇校釋》，頁141。

〔註60〕王明：《抱朴子內篇校釋》，頁184。

〔註61〕王明：《抱朴子內篇校釋》，頁1。

〔註62〕孫敏財〈試析《抱朴子內篇》的養生理論與哲學基礎〉云：「葛洪在《抱朴子內篇》中從道生萬物、道法自然的原則出發，預設了人性本真的自然主義人性論基礎，並提出了人——修煉者能夠與道合真的倫理理想。」收於楊世華主編：《葛洪研究二集》，頁118。

〔註63〕王明：《抱朴子內篇校釋》，頁1～2。

或稱之爲「存有療癒法」〔註64〕。亦即，藉由歸返於主客二分之前的「純粹經驗」〔註65〕，撤除主體對象化的活動，撤除心靈的執著性、染污性〔註66〕。據是可知，道教自有其與道合一，以解決生命困境的方法。既然是以道爲追求的目標，可說道教涵藏「超身體」的觀念。道教療癒學藉由尋找意義，使靈性獲得永恆超越，在這過程中，生命便獲得療癒。

雖然葛洪認爲「養性者，道之餘也。」〔註67〕「所以尊道者，以其不言而化行，匪獨養生之一事也。」〔註68〕但存有之道，確實可發揮養性、養生的功能，葛洪藉由存有療癒法，以免器弊神逝，或是生命的隕落。〈明本〉云：「夫道者，內以治身，外以爲國，能令七政遵度，二氣告和。」〔註69〕陰陽二氣不和，身體易於導致疾病，而歸返於道，能使陰陽二氣趨於諧和，身體便不會生病，據是可知，歸返存有的根源，確實可以發揮養生的功能。前云葛洪具有存有的療癒法，實乃信而有徵，亦可知也。

綜合以上所述，可知葛洪認爲身體須經療癒的原因，消極來說，欲望傷身害命，是以，須經身體修養之過程，來療癒自身；積極來說，療癒方能延養補救，長生久視。

〔註64〕 林師安梧〈儒、道、佛三家思想的生活世界與其相關的意義治療〉云：「存有的治療基本上就是要解開對於存有物的執著限制，解開語言文字符號對於存在事物的枷鎖，解開這語言文字符號所伴隨而生的欲望、名利、利害、權力等種種枷鎖，解開以後、讓開以後，才能夠物各付物，才能夠尊道而貴德。由貴德才能尊道，這樣才能夠達到我所謂的存有的治療。」收於林師安梧：《儒學轉向：從新儒學到後新儒學的過渡》（台北：學生書局，2006 年 2月），頁 75。

〔註65〕 純粹經驗是指歸返還沒有以主攝客，分別清楚那個活動之前。參閱林師安梧：〈人是世界的參贊者、詮釋者〉，《人文學方法論：詮釋的存有學探源》（新店：讀冊文化事業有限公司，2003 年 7月），頁 92。林師安梧〈建構、瓦解與開顯〉又說：「一個經驗，這個經驗我們還沒有用任何語言去說他的時候，這個經驗是存粹的，所謂純粹的經驗就是還沒有經過主客分立開來的，你當下一體明白的。」收於林師安梧：《人文學方法論：詮釋的存有學探源》，頁217。

〔註66〕 林師安梧〈道（存有）：語言調適而上遂的本源〉云：「回溯於道的活動，不是通過話語系統一項一項地往前追的活動，而是一個徹除話語本身所導生麻煩的活動，徹除掉你心靈主體的對象化活動，徹除心靈之執著性、染污性的活動。」收於林師安梧：《人文學方法論：詮釋的存有學探源》，頁 135。

〔註67〕 王明：《抱朴子內篇校釋》，頁 138。

〔註68〕 王明：《抱朴子內篇校釋》，頁 138。

〔註69〕 王明：《抱朴子內篇校釋》，頁 185。

第三節　身體如何進行修養

葛洪〈道意〉云：「當恃我之不可侵也，無恃鬼神之不侵我也。」〔註70〕若恃鬼神之不侵我，我之安全方獲保全，則主控權在於鬼神，對於我來說，就無必然之保障。必須是恃我之不可侵，則主控權在於我，只要我努力，便可獲得必然之保障。而恃我之不可侵，必須建立於身體修養的根基之上，方能如此，足證身體修養之重要。

葛洪〈微旨〉云：「凡養生者，欲令多聞而體要，博見而善擇，偏修一事，不足必賴也。又患好事之徒，各仗其所長，知玄素之術者，則曰唯房中之術者，可以度世矣；明吐納之道者，則曰唯行氣可以延年矣；知屈伸之法者，則曰唯導引可以難老矣；知草木之方者，則曰唯藥餌可以無窮矣；學道之不成就，由乎偏枯之若此也。」〔註71〕葛洪認爲養護身體之法甚多，不宜偏枯，要多聞體要，博見善擇。就葛洪之身體修養論來說，可稱爲「博綜主義」。是以，舉凡服食藥餌、導引屈伸、吐納行氣、行房中術，皆宜兼顧，尚須滌除玄覽、積德行善、興居有節，〈微旨〉並云：「小修則小得，大爲則大驗。」〔註72〕須有大修爲，才能有大效驗。以下試分述於下。

一、透過服食丹藥，進行非局域療癒

葛洪對於服食藥物的記載甚多，尤其集中於〈金丹〉，認爲服食金丹，可令人不老不死。〈金丹〉云：

> 余考覽養性之書，鳩集久視之方，曾所披涉篇卷，以千計矣，莫不皆以還丹金液爲大要者焉。然則此二事，蓋仙道之極也。服此二不仙，則古來無仙矣。〔註73〕

> 老子之訣言云：子不得還丹金液，虛【徒】自苦耳。夫五穀猶能活人，人得之則生，絕之則死，又況於上品之神藥，其益人豈不萬倍於五穀耶？夫金【按：金字當衍。】丹之爲物，燒之愈久，變化愈妙。黃金入火，百煉不消，埋之，畢天不朽。服此二物【藥】，鍊人身體，故能令人不老不死。此蓋假求於外物以自堅固，有如脂之養

〔註70〕王明：《抱朴子內篇校釋》，頁177。
〔註71〕王明：《抱朴子內篇校釋》，頁124。
〔註72〕王明：《抱朴子內篇校釋》，頁122。
〔註73〕王明：《抱朴子內篇校釋》，頁70。

火而不可滅。〔註74〕

魏世王圖撰《道機經》，以爲「行氣」爲求仙的方法，葛洪則認爲就養性而言，還丹及金液才是最好的方法，王圖的說法，「謂道畢於此，此復是誤人之甚者也。」〔註75〕服用還丹及金液，才可以長生久視，成爲神仙，所以是「仙道之極」，故〈金丹〉云：「昇仙之要，在神丹也。」〔註76〕〈仙藥〉亦云：「上藥令人身安命延，昇爲天神，遨遊上下，使役萬靈。」〔註77〕上品神藥對於長生久視，具有宏大的功效，若能服食還丹金液及黃金，可令人不老不死，昇爲天神，可遨遊上下，這種方式是「假求於外物以自堅固」。透過外物，以延長壽命。

還丹燒之愈久，變化愈妙，在昇華的過程中，顏色鮮豔，變化無窮，具昇華性；黃金永不消散、永不朽壞，具抗腐性〔註78〕。是以，人們若能服食還丹及黃金，透過「屬性傳達原理」，人們應該也可以使得身體不老不死。亦即，天然食物的諸般質性，可使人的身體，產生感通與轉化的作用，這就是「屬性傳達原理」〔註79〕。〈塞難〉云：「況遠況近【以近況遠】，以此推彼。」〔註80〕「屬性傳達原理」便是「以近況遠，以此推彼」之「類推法」的運用。〈仙藥〉亦云：「五雲以納猛火中，經時終不然，埋之永不腐敗，故能令人長生也。」〔註81〕葛洪認爲服食五雲，可以長生，便是從五雲本身「終不然」、「永不腐敗」，經由其屬性類推人若服食，亦能如此，此爲「類推法」的運用。

〈金丹〉又云：

> 然小丹之下者，猶自遠勝草木之上者也。凡草木燒之即燼，而丹砂燒之成水銀，積變又還成丹砂，其去凡草木亦遠矣。故能令人長生。〔註82〕

〔註74〕王明：《抱朴子內篇校釋》，頁71。
〔註75〕王明：《抱朴子內篇校釋》，頁70。
〔註76〕王明：《抱朴子內篇校釋》，頁77。
〔註77〕王明：《抱朴子內篇校釋》，頁196。
〔註78〕顏進雄：〈六朝服食思想析探〉，《六朝服食風氣與詩歌》（台北：文津出版社，1993年8月），頁94。
〔註79〕李豐楙：《不死的探求——抱朴子》，頁312～313。顏進雄：〈六朝服食思想析探〉，頁86。
〔註80〕王明：《抱朴子內篇校釋》，頁136。
〔註81〕王明：《抱朴子內篇校釋》，頁203。
〔註82〕王明：《抱朴子內篇校釋》，頁72。

一般草木燒之即成灰燼，但是丹砂燒之，成爲水銀；水銀燒之，又變成丹砂。經由九轉九變，可成九轉還丹。丹砂具有永不消亡的特性，是以，服食丹藥，人們應該也能得到長生的效果。葛洪認爲養生之方雖多，但以服用神丹，效果最好，〈金丹〉云：

> 抱朴子曰：按《黃帝九鼎神丹經》曰：黃帝服之，遂以昇仙。又云：雖呼吸道引，及服草木之藥，可得延年，不免於死也；服神丹令人壽無窮已，與天地相畢，乘雲駕龍，上下太清。〔註83〕

呼吸導引，及服草木之藥，僅能延年，未能長生不死，只有服用神丹，才能免於一死，與天地一樣能永存於世。據是得知，服用神丹，應是養生方法中，效用最爲宏大的。是以，〈對俗〉云：「以宜身益命之物，納之於己，何怪其令人長生乎！」〔註84〕葛洪認爲服用丹藥，宜身益命，且可長生。

〈金丹〉敘述服食丹藥的功效甚多，可整理如下：長生不死、白日昇仙、起死人、欲致行廚、欲隱形及知未然方來之事、盲者能視之、百病自愈、髮白還黑、齒落更生、服之立變化、任意所作、步行水上、長居淵中、令人面目鬢髮皆赤、得壽五百歲、三蟲百病立下、厭百鬼。大致來說，服食丹藥的功效，可歸併爲幾大類：

1. 延壽長生：如得壽五百歲、長生不死、白日昇仙、起死人。
2. 形體更易：如髮白還黑、齒落更生、隱形、令人面目鬢髮皆赤、肌骨強堅。
3. 機能增強：盲者能視之、步行水上、長居淵中、知未然方來之事。
4. 趨使行動：欲致行廚、服之立變化、任意所作。
5. 斷絕鬼神：厭百鬼。
6. 療癒疾病：三蟲百病立下、百病自愈。

〈至理〉對於服食丹藥的功效，亦有論述：

> 召魂小丹三使之丸，及五英八石小小之藥，或立消堅冰，或入水自浮，能斷絕鬼神，攘除虎豹，破積聚於腑臟，追二豎於膏肓，起猝死於委尸，返驚魂於既逝。夫此皆凡藥也，猶能令已死者復生，則彼上藥也，何爲不能令生者不死乎？〔註85〕

〔註83〕王明：《抱朴子內篇校釋》，頁74。
〔註84〕王明：《抱朴子內篇校釋》，頁51。
〔註85〕王明：《抱朴子內篇校釋》，頁112。

丹藥的功效，依照〈至理〉所述，包含改變自然狀態（立消堅冰）、機能增強（入水自浮）、去除鬼神虎豹（斷絕鬼神，攘除虎豹）、療癒疾病（破積聚於腑臟，追二豎於膏肓）、延長壽命（起猝死於委尸，返驚魂於既逝）。若將〈至理〉與〈金丹〉所述之丹藥功效，兩相比對，二者所述，實相類似。

〈金丹〉雖云「合神藥，規長生。」〔註86〕〈道意〉云：「服食神藥，延年駐命，不死之法也。」〔註87〕〈勤求〉亦云：「不得金丹大法，必不得長生可知也。」〔註88〕透過服食神藥，方能長生不死。然而，服食丹藥，不止是為了長生不死，尚且是為了療癒不同的「疾病」。頭髮白者，服食丹藥，髮白轉黑；牙齒脫落者，服食丹藥，齒落更生；已死亡者，服食丹藥，可起死回生；眼睛瞎者，服食可使盲者能視之；身有三蟲百病者，服食可使三蟲百病立下。

在葛洪以丹藥療癒為重心的論述中，隱含有身體觀的表述：葛洪以身體機能的年輕化、強化，及壽命的延長，為身體修養的重點，身體以永保青春為優。故〈金丹〉及〈仙藥〉屢言藥效為「住年不老」〔註89〕、「老翁服更少不可識，少年服亦不老。」〔註90〕、「老翁成少年」〔註91〕、「老公反成童子」〔註92〕、「老翁還成少年」〔註93〕、「老者還少」〔註94〕、「駐年卻老」〔註95〕，以示對少年青春肉體的追尋。是以，葛洪非但有「不死的追尋」，尚有「少年肉體的追尋」。葛洪有「不死的追尋」，知之者眾，但是葛洪尚有「少年肉體的追尋」，便較少研究人員去研究。〈塞難〉云：「我自有身，不能使之永壯而不老，常健而不疾。」〔註96〕常人不能「永壯不老」、「常健不疾」，是以，「永壯不老」、「常健不疾」，便成為葛洪心中永遠的追尋。而葛洪認為要達成此項行為目標，便須透過服食丹藥。

〔註86〕王明：《抱朴子內篇校釋・金丹》，頁 86。
〔註87〕王明：《抱朴子內篇校釋》，頁 174。
〔註88〕王明：《抱朴子內篇校釋》，頁 259。
〔註89〕王明：《抱朴子內篇校釋・金丹》，頁 78。
〔註90〕王明：《抱朴子內篇校釋・金丹》，頁 82。
〔註91〕王明：《抱朴子內篇校釋・金丹》，頁 86。
〔註92〕王明：《抱朴子內篇校釋・仙藥》，頁 203。
〔註93〕王明：《抱朴子內篇校釋・仙藥》，頁 210。
〔註94〕王明：《抱朴子內篇校釋・仙藥》，頁 205。
〔註95〕王明：《抱朴子內篇校釋・仙藥》，頁 205。
〔註96〕王明：《抱朴子內篇校釋》，頁 137。

服食丹藥之功效，有三特性：一是針對不同的「疾病」，採用不同的療癒方法，且藥效不同，「其轉數少，其藥力不足，故服之用日多，得仙遲也。其轉數多，藥力盛，故服之用日少，而得仙速也。」〔註97〕「丹方之有淺深，故力勢不同」〔註98〕。二是療癒功效快速（立下、立變化）且神奇（起死人、行水上、常居淵、百病皆愈）。三是神丹之藥效，與煉丹之過程有關，不能接近穢污及不信道的俗人，否則就算是煉製方法相同，亦無藥效。〈金丹〉云：

> 合丹當於名山之中，無人之地，結伴不過三人，先齋百日，沐浴五香，致加精潔，勿近穢污，及與俗人往來，又不令不信道者知之，謗毀神藥，藥不成矣。〔註99〕

> 作藥者若不絕跡幽僻之地，令俗閒愚人得經過聞見之，則諸神便責作藥者之不遵承經戒，致令惡人有謗毀之言，則不復佑助人，而邪氣得進，藥不成也。〔註100〕

> 今之醫家，每合好藥好膏，皆不欲令雞犬小兒婦人見之。若被諸物犯之，用便無驗。〔註101〕

就本源論來說，萬事萬物皆由氣構成，是以可謂「丹即氣」〔註102〕，不但丹藥由氣構成，萬事萬物亦由氣構成，且「在氣和氣之間有著感應的關係」〔註103〕。因而，煉丹時，若靠近穢污的人、物，如身含穢氣之雞犬，及月事之婦人，或者不信道的俗人、小兒謗毀神藥，邪氣便侵入丹藥，都會使得神藥的功效喪失，可知穢污之人、物及蔑道的心智，皆具負面的意義，將產生邪氣，是煉製丹藥，必須避忌的。是以，葛洪十分重視意識的作用，〈釋滯〉云：「要道不煩，所爲鮮耳。但患志之不立，信之不篤。」〔註104〕具有堅強的意志力及信道意識，煉製丹藥才有可能成功。

〔註97〕王明：《抱朴子內篇校釋‧金丹》，頁77。

〔註98〕王明：《抱朴子內篇校釋‧金丹》，頁72。

〔註99〕王明：《抱朴子內篇校釋》，頁74。

〔註100〕王明：《抱朴子內篇校釋》，頁84。

〔註101〕王明：《抱朴子內篇校釋》，頁85。

〔註102〕蔡林波：《神藥之殤：道教丹術轉型的文化闡釋》（成都市：巴蜀書社，2008年11月），頁124。

〔註103〕湯一介：〈魏晉玄學與道教〉，《魏晉玄學論講義》（廈門市：鷺江出版社，2006年12月），頁298。

〔註104〕王明：《抱朴子內篇校釋》，頁148。

〈塞難〉云：「受氣結胎」〔註105〕，〈辨問〉云：「按仙經以爲諸得仙者，皆其受命偶值神仙之氣，自然所稟。故胞胎之中，已含信道之性。……人之吉凶，制在結胎受氣之日，皆上得列宿之精。」〔註106〕眾人皆稟受天地之精氣，結胎而成，肌膚皆纏裹著血氣，故〈至理〉云：「圓首含氣」〔註107〕。不只天地之間充滿著氣，人的身體亦由氣所形成，是故，身體亦充滿著氣。據是，可推導出人在氣中，氣在人中。〈塞難〉亦云：「萬物感氣，並亦自然。」〔註108〕萬物亦感氣而自然生成，是以，萬物與人之間的交感互應，便可以「氣」爲中介。既然如此，服食以長生，便可解釋爲「從外部世界攫取能量以使自身不朽」〔註109〕。

服食亦可招致雲氣，便是「氣類相感」的結果，〈仙藥〉云：「服之十年，雲氣常覆其上，服其母以致其子，理自然也」〔註110〕服食雲母十年，雲氣能從千里之上，飛到服食者之頭上，常覆蓋之，服食之功效，是不受空間限制，此爲「非局域現象」。對於這種「非局域現象」，葛洪的解釋，是從「丹藥」與「雲氣」之「氣類相感」，來作詮釋，萬物皆由氣所形成，依照巫術「同類相輔」的原則〔註111〕，雲母爲「母」，雲氣爲「子」，服食雲母，便可召喚雲氣前來。認爲服其母以致其子，爲自然之理。研究葛洪之研究人員，較少從「氣類相感」之角度，去詮釋葛洪思想之「非局域現象」，這是值得深入探討的問題。

葛洪〈辨問〉云：「故得道之士，所以與世人異路而行，異處而止，言不欲與之交，身不欲與之雜。隔千里，猶恐不足以遠煩勞之攻；絕軌跡，猶恐不足以免毀辱之醜。」〔註112〕即使身隔千里，仍能進行煩勞之攻；絕軌跡，仍不免毀辱之醜。葛洪的著作，一再強調「非局域現象」的存在，即使身隔千里，亦能存在。

蔑道者的邪氣，可透過空間，以「氣」之中介，使藥效喪失，所以，只要丹藥能煉製成，表示必定經由精潔的環境及純正信奉玄道的意識，方能使

〔註105〕王明：《抱朴子內篇校釋》，頁136。
〔註106〕王明：《抱朴子內篇校釋》，頁226。
〔註107〕王明：《抱朴子內篇校釋》，頁110。
〔註108〕王明：《抱朴子內篇校釋》，頁136。
〔註109〕蔡林波：《神藥之殤：道教丹術轉型的文化闡釋》，頁78。
〔註110〕王明：《抱朴子內篇校釋》，頁203。
〔註111〕李豐楙：《不死的探求——抱朴子》，頁313。
〔註112〕王明：《抱朴子內篇校釋》，頁227。

「金丹入身中，沾洽榮衛。」〔註113〕五臟六府皆受氣而成，清者為營，濁者為衛；動脈血為營，靜脈血為衛。營衛者，人體之精氣也。血之與氣，異名而同類〔註114〕。是以，丹藥的功效，要能產生，與環境和人們的意識有關，須要有純正信奉玄道的環境，無論是煉丹者或往來者、旁觀者，均須信奉玄道，才能使藥效透過血氣，與血氣相融滋潤，產生藥效。經由純正信奉玄道之意識，加上諸神佑助人，煉製而成之丹藥，方能對人們的疾病，產生療癒的功效。

　　據是得之，葛洪的療癒觀並非純為「自力拯救」，而仍須「他力救贖」〔註115〕，且先經「自力拯救」，方可保證「他力救贖」的降臨。且葛洪認為療癒之所以能產生作用，實與人們之意識有密切的關係。煉丹者純正的信道意識，將透過血氣的中介，對不同空間的服用者，產生「非局域療癒」的效果。所以，葛洪「非局域療癒」之所以能夠發生，是立基於萬物皆由氣產生，透過氣可交感互應。若旁觀者發出不信道之負面意識，或有月事之婦人，發出邪氣，經由血氣之中介，便使得神丹煉製不成；若煉丹者、旁觀者，皆具純正之信道意識，透過血氣之中介，神丹才可煉製成功。葛洪丹藥學中，除了配製的原料，尚須注意「意識」與「血氣」二者，在煉丹過程中，產生的重大影響。

　　服食丹藥雖效果宏大，然而煉丹要成功，需要許多條件的配合，可依〈金丹〉歸納如下：

1. 得名師傳授煉藥之方，「不值明師，無由聞天下之有斯妙事也。」〔註116〕

2. 要有足夠的財力得以購置煉丹之原料，故云「當用錢」〔註117〕。

3. 要有堅強的意志力，勤求之〔註118〕，突破「勤苦至難」的過程，才能成功。〈仙藥〉亦云：「服之遠者，不過一月，未覺大有益輒止，有

〔註113〕王明：《抱朴子內篇校釋・金丹》，頁72。

〔註114〕王明：《抱朴子內篇校釋・塞難》，頁143。

〔註115〕李豐楙《不死的探求──抱朴子》云：「葛洪在救濟思想是重自力，而反他力。」（頁226）其實，丹藥要能煉製成，須諸神護佑，方能成功，並非完全不須外力。這就是何以煉製丹藥，必須選擇名山，因為名山，才有諸神護佑，諸小小山，並無諸神護佑。

〔註116〕王明：《抱朴子內篇校釋・金丹》，頁72。

〔註117〕王明：《抱朴子內篇校釋・金丹》，頁84。

〔註118〕王明：《抱朴子內篇校釋・金丹》，頁72。

志者難得如是也」〔註119〕，便是強調堅強意志力的重要。〈辨問〉亦云：「至於仙者，唯須篤志至信，勤而不怠，能恬能靜，便可得之，不待多才也。」〔註120〕〈勤求〉亦云：「未有不勤而獲長生度世也。」〔註121〕其中說的「篤志至信，勤而不怠」，亦是強調要有堅強的意志力，並付諸實踐，勤於修煉。

4. 要有純正的信道意識。不可傳示非人，「傳示非人，令藥不成不神」。〔註122〕

5. 「道與世事並不興」〔註123〕，須挑選精潔之地及名山，「不得與俗人相往來」〔註124〕，進入此種俗人罕至之清淨地，避免不信道者詆毀，方能得諸神護佑，煉丹才能成功。〈明本〉亦云：「合金丹之大藥，鍊八石之飛精者，尤忌利口之愚人，凡俗之聞見，明靈為之不降，仙藥為之不成。」〔註125〕利口之愚人，及凡俗之聞見，都將使得神靈不肯降臨，仙藥無法煉成，可知仙藥之煉製，與信道意識有關。且〈仙藥〉云：「但凡庸道士，心不專精，行穢德薄，又不曉入山之術，雖得其圖，不知其狀，亦終不能得也。山無大小，皆有鬼神，其鬼神不以芝與人，人則雖踐之，不可見也。」〔註126〕心不專精，無純正、堅定之信道意識，或行穢德薄，不能積德行善，皆不能得仙藥。亦即，必須先具有信道意識，並積德行善，行踐其地，鬼神方能將芝與人，令人得見仙藥。求得仙藥的關鍵，在於個人之「信道意識」與「積德行善」，〈極言〉便云：「性篤行貞」〔註127〕。能夠如此，鬼神方能祐助之。因此，須先「自力拯救」，方能得到「他力救贖」。

6. 要能於公眾之地默默捨金以祀神〔註128〕，表示「酬謝諸神及分惠他

〔註119〕王明：《抱朴子內篇校釋》，頁 207。
〔註120〕王明：《抱朴子內篇校釋》，頁 224。
〔註121〕王明：《抱朴子內篇校釋》，頁 260。
〔註122〕王明：《抱朴子內篇校釋・金丹》，頁 86。
〔註123〕王明：《抱朴子內篇校釋・金丹》，頁 87。
〔註124〕王明：《抱朴子內篇校釋・金丹》，頁 83。
〔註125〕王明：《抱朴子內篇校釋》，頁 187。
〔註126〕王明：《抱朴子內篇校釋》，頁 202。
〔註127〕王明：《抱朴子內篇校釋》，頁 239。
〔註128〕王明：《抱朴子內篇校釋・金丹》云：「禮天二十斤，日月五斤，北斗八斤，太乙八斤，井五斤，竈五斤，河伯十二斤，社五斤，門戶閭鬼神清君各五斤，凡八十八斤。餘一十二斤，以好韋囊盛之，良日於都市中市盛之時，默聲放

人」〔註129〕。

　　煉丹成功六條件中，三、四、五、六這四項，皆與個人之意識有關，據是得知，煉丹要成功，固然因素甚多，但是意識顯然占了重要的地位。

　　葛洪之身體觀，至少有三項要點，一是回歸未顯化之生命，以存有的根源療癒生命。這一點，本為魏晉思想家的共識。二是關注身體感官疾病的療癒，追求身體的年輕化、機能強化，可稱為「少年青春肉體的歸返」，這就是魏晉思想家較少注意到的面相，值得我們去注意。魏晉思想家，如王弼、嵇康、阮籍、郭象、張湛等人，較關心的是追尋形而上存有的根源，做為人生最後的歸宿，較不關心形而下層面身體感官疾病的療癒，也不注意追尋身體的年輕化及機能強化，這是宗教家葛洪不同於玄學家的地方。三是身體療癒可透過意識，跨越空間距離，產生「非局域現象」，此即為「遠距靈療」〔註130〕。

　　當然，這樣的「遠距靈療」，屬於身體的抽象經驗，也屬於身體的獨特經驗，是讓意識脫離日常生活經驗，以遨遊於「超日常領域」，以獲得此種抽象的獨特經驗。山林修道合藥，成為道教修道重要的「儀式」或「通道」，透過此種「儀式」或「通道」，才能帶領我們脫離日常經驗，進入神聖氛圍，「遠距靈療」才能發生。是以尤阿希姆‧法爾史提希《內在的療癒》便說：「儀式本身確實是療癒的強力工具，帶領我們脫離日常情境，由俗入聖，進入與某種更偉大、或許是神性相連結的感受。此外，持續好幾個小時的儀式，也會改變患者的意識狀態，使他們感到自己被安全與力量之網穩穩托住。」〔註131〕言之誠然。依照赫爾曼‧施密茨《新現象學》來說，情感是空間，「作為情緒上震顫的主體通過身體而陷入其中的氣氛才可恰當地和富有啟發地被理解。」〔註132〕不僅情感是空間，氛圍也是一種空間。葛洪強調整個場域必須充滿信道的意識，合藥方有其效，便是一種氛圍哲學，探討的是「意識」、「丹藥」、「身體」、「氛圍」四者的互動關係。葛洪的身體空間，或身體現象學，是將

　　　棄之於多人處，徑去無復顧。凡用百斤外，乃得自恣用之耳。不先以金祀神，必被殃咎。」（頁76～77）

〔註129〕李豐楙：《不死的探求——抱朴子》，頁305。

〔註130〕〔德〕尤阿希姆‧法爾史提希：《內在的療癒力量》，頁211。

〔註131〕〔德〕尤阿希姆‧法爾史提希：《內在的療癒力量》，頁121。

〔註132〕〔德〕赫爾曼‧施密茨：《新現象學》（上海：上海譯文出版社，1997年5月），頁75。

來值得開發的議題。

　　上述第二點及第三點，都是葛洪不同於一般魏晉思想家的地方，值得將來作更進一步的研究。

二、滌除玄覽，存思通神

　　既然療癒與意識有關，是以，意識的純化，去除雜念與各種欲念的沉迷，便成爲重要的課題。盼能「捨棄現實生活糾葛，追求超凡脫俗的純粹體驗」〔註133〕。〈至理〉云：

> 遐棲幽遁，韜鱗掩藻，遏欲視之目，遣損明之色，杜思音之耳，遠亂聽之聲，滌除玄覽，守雌抱一，專氣致柔，鎮以恬素，遣歡成之邪情，外得失之榮辱，歠厚生之腊毒，謐多言於樞機，反聽而後所聞徹，內視而後見無朕，養靈根於冥鈞，除誘慕於接物，削斥淺務，御以愉慔，爲乎無爲，以全天理耳。〔註134〕

對於修道人來說，外在之色、聲、形、音，應極力加以滌除排遣，要守雌抱一，不與物遷，不受外在環境左右，維持心理平衡，這是屬於「中國式的自我脫離精神超越法」〔註135〕。

　　〈辨問〉亦云：「得合一大藥，知守一養神之要，則長生久視。」〔註136〕而抱一、守一，可有二種意涵，一是「守眞一」，二是「守玄一」。徐儀明、冷天吉《人仙之間──《抱朴子》與中國文化》云：「一是一種神仙世界。」〔註137〕眞一與玄一，皆有姓字、服色〔註138〕，葛洪〈地眞〉云：「一有姓字服色，男長九分，女長六分。」〔註139〕守眞一，便是體會形上之玄道，存思奇景仙境或身中丹田之神，凝聚意念〔註140〕，如此方可通神，葛洪〈明本〉

〔註133〕呂錫琛等著：《道學健心智慧──道學與西方心理治療學的互動研究》（北京：中國社會科學出版社，2008年12月），頁75。
〔註134〕王明：《抱朴子內篇校釋》，頁111。
〔註135〕呂錫琛等著：《道學健心智慧──道學與西方心理治療學的互動研究》（北京：中國社會科學出版社，2008年12月），頁127。
〔註136〕王明：《抱朴子內篇校釋》，頁224。
〔註137〕徐儀明、冷天吉：《人仙之間──《抱朴子》與中國文化》（開封市：河南大學出版社，1998年8月），頁38。
〔註138〕李豐楙《不死的探求──抱朴子》云：「眞一也有姓字、長短、服色，玄一也是。」（頁387）
〔註139〕王明：《抱朴子內篇校釋》，頁323。
〔註140〕胡孚琛《魏晉神仙道教──《抱朴子內篇》研究》云：「守眞一之術大致是存

便云：「夫入九室以精思，存眞一以招神。」〔註141〕〈地眞〉云：「守一存眞，乃能通神。」〔註142〕存守眞一之道，可以招引神靈，與神相通，若能如此，便是突破個體的限制，與道冥合，「成爲具有超自然力的神仙」〔註143〕。將抽象之內在世界，轉換爲可以具體體驗與實踐。「一」在葛洪思想中，已方術化，成爲「連接葛洪的本體論哲學與神仙道教的橋樑」〔註144〕。持守眞一之道，除通神之外，尚可守形卻惡，〈地眞〉云：「守形卻惡，則獨有眞一。」〔註145〕是以，守眞一，其功效包含通神、守形卻惡，就葛洪來說，有其養生的功效。是以，「守一」成爲葛洪修煉成仙的重要法門。

守玄一，則是要守住這個有姓字、長短、服色的「一」，便可守形卻惡、通神、分形、內視〔註146〕。〈地眞〉云：「思見身中諸神，而內視令見。」〔註147〕內視是指內視諸神〔註148〕，並非作抽象思考。〈地眞〉云：「守玄一，並思其身，分爲三人，三人已見，又轉益之，可至數十人，皆如己身，隱之顯之，皆自有口訣，此所謂分形之道。」〔註149〕守玄一，藉由「思其身」，可分形爲三人，甚至可分形爲數十人。守眞一，與守玄一，是屬於身體修養具體之操作技術。葛洪將老莊抽象的玄理，轉換成具體可掌握的身體操作技術。

葛洪滌除玄覽的目的，是在於去除思慮雜念，「體認道體在身體中融化相

思北極大淵中的奇景仙境或人身中的丹田之神，從而使人的意念凝聚起來。」（台北：臺灣商務印書館，1995 年 5 月），頁 337。
〔註141〕王明：《抱朴子內篇校釋》，頁 187。
〔註142〕王明：《抱朴子內篇校釋》，頁 324。
〔註143〕湯一介：〈魏晉玄學與道教〉，頁 296。
〔註144〕張禹東、楊楹等著：〈抱朴子內篇的本體論及其思想淵源〉，《宗教與哲學》（北京：社會科學文獻出版社，2009 年 4 月），頁 190。
〔註145〕王明：《抱朴子內篇校釋》，頁 324。
〔註146〕胡孚琛《魏晉神仙道教——《抱朴子內篇》研究》云：「葛洪對守玄一的功法，比守眞一還要重視。因爲守玄一之術乃葛洪由其師左慈、葛仙公、鄭隱一脈相傳的道術，此術比守眞一容易修煉，不但具有守眞一功法守形卻惡和通神的效果，還有分形和內視的功用。」（頁 337）
〔註147〕王明：《抱朴子內篇校釋》，頁 324。
〔註148〕盧央《葛洪評傳》云：「守一其方法僅僅是在冥想中使精神集中，即凝視諸神中的神，想要固定的神，將思維集中到這個神上。神不僅是空洞的形象，不是想像神，而是眞正地看到神。神居住在身體內的一個地方，穿著衣裳，手持特有的物品，以普通的姿態，與環繞著他的小神們同在。因此，只有這才叫內視。」（南京市：南京大學出版社，2006 年 8 月），頁 143。
〔註149〕王明：《抱朴子內篇校釋》，頁 325。

通，從而使抽象的道體幻化出形象化的神仙境界。」〔註150〕葛洪滌除玄覽，並非如同玄學一樣作抽象之玄思，而是在存思形象化的神仙境界。

守眞一之一，指的便是「有姓字長短服色的人格化了的神。」〔註151〕只有此種人格化的神，應加以持守。修養的目標，在於持守眞一之道，藉此以通神；修養的方法，則由愛養精神，使筋骨柔和下手，若從這樣的角度來說，守一便可詮釋爲「守氣」〔註152〕。將身體保持在體氣柔和的狀態，心情也保持在恬素平和。李豐楙《不死的探求——抱朴子》便說：「葛洪的養生思想，其基本觀念就是氣化思想，因而對於氣血與人體的關係，首要的就是強調不傷不損、虛心靜慮。」〔註153〕體氣柔和，便與氣血不傷不損有關；心情恬素平和，則與虛心靜慮有關。

外在歡戚的邪情、得失之榮辱、重祿之深毒，一併排遣。〈明本〉云：「外物棄智，滌蕩機變，忘富逸貴，杜遏勸沮。」〔註154〕〈辨問〉云：「閉聰掩明，內視反聽。」〔註155〕外在之富貴，及內在之思慮，皆須加以排遣、棄置，甚至各種身體感官亦加以遮蔽，方能內視反聽。〈塞難〉云：「眾煩既損，和氣自益。」〔註156〕去除各種干擾心靈主體的外物，和氣自能增益，和氣增益後，內視反聽，集中於「體內之身神」，藉由冥想存思諸神，期盼獲致長壽〔註157〕。藉由「去外存內」，去除外在之色、聲、形、音，以保持內在之心靈主體之清靜狀態，盼能全身久壽。〈釋滯〉云：

> 背榮華如棄跡，絕可欲於胸中，凌嵩峻以獨往，侶影響於名山，內視於無形之域，反聽乎至寂之中……其事在於少思寡欲，其業在於全身久壽。〔註158〕

外在的榮華、可欲，皆須絕棄，要少思寡欲，內視反聽於「無形之域」、「至寂之中」。所謂的「無形之域」、「至寂之中」，指的便是「存有的根源」。形上

〔註150〕徐儀明、冷天吉：《人仙之間——《抱朴子》與中國文化》，頁29。
〔註151〕張禹東、楊楹等著：〈抱朴子內篇的本體論及其思想淵源〉，《宗教與哲學》（北京：社會科學文獻出版社，2009年4月），頁191。
〔註152〕湯一介：〈魏晉玄學與道教〉，頁298。
〔註153〕李豐楙：《不死的探求——抱朴子》，頁261。
〔註154〕王明：《抱朴子內篇校釋》，頁187。
〔註155〕王明：《抱朴子內篇校釋》，頁224。
〔註156〕王明：《抱朴子內篇校釋》，頁139。
〔註157〕李豐楙《不死的探求——抱朴子》云：「內視、守一、存星都借存思、冥想的方法，獲致長壽的效果。」（頁377）
〔註158〕王明：《抱朴子內篇校釋》，頁152～153。

之存有之根，無形無聲，故可云「無形之域」、「至寂之中」。是以，綜合〈至理〉與〈釋滯〉、〈明本〉，可以知道葛洪身體修養的方法，係從「去外存內」下手，甚至連累心之物，或心中之思慮，亦要去除；修養的目標，則在於歸返於「體內身神」，這是葛洪的存思法術〔註159〕。故〈明本〉云：「夫道者，其爲也，善自修以成務。」〔註160〕對於修道者來說，要善於自我修持，而善於自我修持，便須以體證「體內有姓字、服色之身神」，以「全身久壽」爲其目標。宗教形上學認爲，宗教之核心，必有一超越的實在。它可以是類比於我們經驗世界的人格神，也可以是類比於我們理性概念中的超越觀念，如絕對精神、終極關懷等〔註161〕。葛洪的身體修煉，其重點便在於體驗有姓字、長短、服色之人格神，以全身久壽。

葛洪主張在煉丹時，要小心排除不信道者及婦人之邪氣；在身體修煉過程時，要排除邪情及榮辱、深毒。邪與正相對，身體修養過程中，要去邪以存正，將邪氣、邪情，盡皆去除，以保持正信、正念，然而，最終目的並非停留於「去邪存正」之階段，「去邪存正」並非即爲「無朕」、「聞徹」的境界，身體修養到最高境界，不但要將「邪」去除，連「正」亦要超越，方能達至「存有的根源」，此爲道的位階，是神的世界，是超越「正邪之分」的。

〈至理〉揭示了身體修養的方法，與身體修養的目標。修養的方法，在於「去外存內」、「去邪存正」；修養的目標，則在於超越「內外之別」、「正邪之分」，而達致「存有的根源」，亦即是歸返於玄道。而玄道便與神仙世界相通而無違，是以，徐天儀、冷天吉《人仙之間——《抱朴子》與中國文化》云：「不管外在的玄、道、一如何玄妙，都必須和個體的神仙修煉結合起來。」〔註162〕葛洪心目中的玄、道、一，並非是抽象的純理世界，而是形象化的神仙世界，是以，身體修養的目標在於歸返玄道，便可詮釋爲透過思見身中諸神，內視令見，因而證悟神仙世界。

〔註159〕關於葛洪的存思法術，請參閱李豐楙《不死的探求——抱朴子》第十一章「抱朴子的存思法術」，頁 355～405。存思法術，存思身中神，或召呼身中神，在道教典籍中，多有論述，如〈靈寶五符序〉，便提到存思之法，《黃庭經》召呼身中神以治病。參閱林富士：〈中國早期道士的醫療活動及其醫術考釋〉，《中國中古時期的宗教與醫療》（台北：聯經出版事業股份有限公司，2008 年 6 月），頁 227。

〔註160〕王明：《抱朴子內篇校釋》，頁 188。

〔註161〕單純：《宗教哲學》（北京：中國社會科學出版社，2003 年 10 月），頁 70。

〔註162〕徐天儀、冷天吉：《人仙之間——《抱朴子》與中國文化》，頁 36。

〈道意〉對於「太初之本」的追尋，亦值得吾人深思：

> 俗人不能識其太初之本，而修其流淫之末，人能淡默恬愉，不染不
> 移，養其心以無欲，頤其神以粹素，掃滌誘慕，收之以正，除難求
> 之思，遣害真之累，薄喜怒之邪，滅愛惡之端，則不請福而福來，
> 不禳禍而禍去矣。……患乎凡夫不能守真，無杜遏之檢括，愛嗜好
> 之搖奪，馳騁流遁，有遺無返，情感物而外起，智接事而旁溢，誘
> 於可欲，而天理滅矣，惑乎見聞，而純一遷矣。〔註163〕

俗人不識存有的根源為太初之本，只知追求「流淫之末」。流淫之末，應包含
外界聲色之誘惑，及內在情緒（喜怒、愛惡）的操控。受到「流淫之末」的
影響，使得源自於「太初之本」的「純粹意識」受到遮蔽。應以「無欲」掃
除外誘，收之以正；以「粹素」之心神，遣害真之累，保持恬淡的精神境
界，不受外界的影響，也不受內在喜怒、愛惡情緒的影響，不染不移，如
此，歸返於符合「太初之本」的「純粹意識」，方能福來禍去，保有身體之
康泰。

〈明本〉中對於歸返於「太初之本」，作了令人神往的描繪：

> 夫得仙者，或昇太清，或翔紫霄，或造玄洲，或棲板桐，聽鈞天之
> 樂，享九芝之饌，出攜松羨於倒景之表，入宴常陽於瑤房之中。……
> 夫道也者，逍遙虹霓，翱翔丹霄，鴻崖六虛，唯意所造。〔註164〕

葛洪塑造的「太初世界」，實與「神仙世界」相通，是非常具體的，並非是抽
象的純理世界。在此可聽天樂，享九芝，飛昇太清，唯意所造，因而歸返於
「存有的根源」，對於道教徒葛洪來說，便是藉由身體修煉，以超昇於神仙
世界。

三、導引行氣，調氣卻惡，進行非局域療癒

有無相須，形為神之宅，是以，在論述完葛洪滌除玄覽之煉神主張後，
緊接著，必須論述葛洪煉形中「煉氣」的主張。〈至理〉云：

> 服藥雖為長生之本，若能兼行氣者，其益甚速，若不能得藥，但行
> 氣而盡其理者，亦得數百歲。然又宜知房中之術，所以爾者，不知
> 陰陽之術，屢為勞損，則行氣難得力也。夫人在氣中，氣在人中，

〔註163〕王明：《抱朴子內篇校釋》，頁170～171。
〔註164〕王明：《抱朴子內篇校釋》，頁189。

自天地至於萬物，無不須氣以生者也。善行氣者，內以養身，外以
卻惡，然百姓日用而不知焉。〔註165〕

〈釋滯〉亦云：

欲求神仙，唯當得其至要，至要者在於寶精、行氣，服一大藥便
足。〔註166〕

若想成為神仙，有三項最重要的方法：寶精、行氣、服藥。寶精者，寶養體
內之真精，靠的是房中術；行氣者，藉由閉氣的練習，再將體內之氣緩緩呼
出，最終希望能進入「胎息」狀態，如處母親的子宮之中，回到生命的始源；
服藥者，服食丹藥之謂也，藉由服食還丹、金液，以提高身體機能、老而更
生，甚至長生不老。

　　行氣可加快服藥的功效，是以，行氣對於身體修養來說，亦為重要的方
法。行氣且能盡其理者，至少可得數百歲之壽命，這是因為行氣可以「內以
養生，外以卻惡」，之所以說行氣可以「內以養生」，這是因為邪氣可以令人
老，導引行氣，正在於調養體氣，〈至理〉云：

今道引行氣，還精補腦，食飲有度，興居有節，將服藥物，思神守
一，柱天禁戒，帶符配印，傷生之徒，一切遠之。〔註167〕

施行呼吸吐納之術的訓練，為行氣；施行肢體屈伸之法，為道引。導引行
氣，以肢體屈伸運動，做出類似體操的方式，引導血氣運行，具有養生的功
能，是故，葛洪認為行氣道引可以內以養生，是以，道引行氣為「呼吸運動
和軀體運動相結合的一種醫療體育方式」〔註168〕。鄭志明〈葛洪《抱朴子》
內篇的醫療觀〉云：「道引行氣與還精補腦是身體內部精氣能量的持守與擴
充。」〔註169〕身體內部精氣能量的虧損，會導致身體的疾病或衰老，是以，
必須藉由道引行氣與還精補腦，來促使身體內部精氣能量的持守與擴充。

　　吐納、道引，可以增加年壽，在《莊子‧刻意》中便已云：「吹呴呼吸，
吐故納新，熊經鳥申，為壽而已矣，此道引之士，養形之人，彭祖壽考者
之所好也。」〔註170〕熊經者，若熊之攀樹而引氣；鳥申者，如鳥之嚬呻也。

〔註165〕王明：《抱朴子內篇校釋》，頁114。
〔註166〕王明：《抱朴子內篇校釋》，頁149。
〔註167〕王明：《抱朴子內篇校釋》，頁112～113。
〔註168〕李豐楙：《不死的探求──抱朴子》，頁272。
〔註169〕鄭志明：《道教生死學》（北京：中央編譯出版社，2008年8月），頁96。
〔註170〕〔周〕《莊子》（台北：中華書局，1993年6月），卷6，頁1。

這是作出模仿動物的動作，以增強身體功能〔註171〕。導氣令和，引體令柔〔註172〕。道引養形之人，經由吐納、導引，能使體氣諧和，以達到延壽的目的，此為養形煉氣的方法。〈釋滯〉云：

> 初學行氣，鼻中引氣而閉之，陰以心數至一百二十，乃以口微吐之，及引之皆不欲令己耳聞其氣出入之聲……至千則老者更少，日還一日矣。〔註173〕

行氣是以先練習閉氣，數息至一百二十下，再以口微微吐之，是一種呼吸吐納之術的訓練。行氣在練習吐氣之時，不能聽到氣息出入之聲，以此練習自己氣息之綿長，若閉氣時數息，能至一千，才以口微微吐氣，能如此，老者便可維持少年青春之身體，這種方法，〈辨問〉稱為「數習思神」〔註174〕，亦即，是藉著數著氣習，停止思慮的方式，在進行體氣之修煉。

葛洪不僅主張服食丹藥以回復少年青春身體，尚主張以行氣的方式，回復少年青春身體，據是可知，葛洪對於回復少年青春身體，有一種極為強烈的追求衝動。甚至於最終希望能夠不以鼻口噓吸，便進入「胎息」狀態，有如回到生命的始源，這是道教「返元歸根」的思想〔註175〕。藉由身體的修煉，葛洪主張的是「個人生命史的倒退歸返」，或說是「生命的逆向演化」〔註176〕，由老年歸返少年，再由少年，發展至生命的起源。〈至理〉又云：

> 有吳普者，從華陀受五禽之戲，以代導引，猶得數百歲。〔註177〕

五禽之戲是做出五種動物（虎、鹿、熊、猿、鳥）的動作，伸展肢體，亦有

〔註171〕李豐楙《不死的探求——抱朴子》云：「由於先民在長期發展的身體文化中，發現最有功能的動作，依象徵性原則，賦予動物動作的名稱，強調其特點，並便於記憶。」（頁271）

〔註172〕〔周〕《莊子》（台北：中華書局，1993年6月），卷6，頁2。

〔註173〕王明：《抱朴子內篇校釋》，頁148。

〔註174〕王明：《抱朴子內篇校釋》，頁224。

〔註175〕王珊華：〈道教疾病預防方法初探——以葛洪《抱朴子·內篇》為例〉，收於陳鼓應、李豐楙編輯：《三清青年學術論文集》（台北：三清道家道教文化基金會，2005年7月），頁264。

〔註176〕胡孚琛《魏晉神仙道教——《抱朴子內篇》研究》云：「人要想長生，也要逆回嬰兒初生時的狀態。葛洪《內篇》中的胎息法，就是以道教哲學的這一思想為根據的。道教哲學強調生命的逆向演化的思想，雖說在後世以《參同契》為丹經之祖的內丹派道書中才有明確論述，但其出現卻在葛洪以前。葛洪提倡以方術奪陰陽造化之機，行胎息法，煉製金丹，本身就暗含了這一道教哲學思想。」（頁265）

〔註177〕王明：《抱朴子內篇校釋》，頁113。

延長壽命數百歲的功效。

　　論述完行氣「內以養生」之後，續言行氣可以「外以卻惡」。關於行氣外以卻惡，〈至理〉論述甚詳，例如邪魅山精侵犯人家，善禁者以氣禁之，皆即絕，此是氣可以禁鬼神也；入山林多溪毒蝮蛇之地，凡人經過，無不中傷，可以氣禁之，又能禁虎豹及蛇蜂，皆悉令伏不能起；氣尚可以禁金瘡，血即登止，又能續骨連筋；以氣禁白刃，則可以蹈之不傷〔註178〕。依〈至理〉，行氣的功效甚多，如禳天災、禁鬼神、禁虎豹及蛇蜂、禁金瘡、續骨連筋、禁白刃、禁水、禁沸湯、禁犬令不得吠，是以，葛洪認爲行氣具有「外以卻惡」的功效。〈釋滯〉又云：

> 行氣或可以治百病，或可以入瘟疫，或可以禁蛇虎，或可以止瘡血，或可以居水中，或可以辟飢渴，或可以延年命。其大要者，胎息而已。得胎息者，能不以鼻口噓吸，如在胞胎之中，則道成矣。
> 〔註179〕

行氣的功效甚多，包含治病（治百病、入瘟疫、止瘡血）、控制自然（禁蛇虎）、控制身體機能（辟飢渴）、延年益壽（延年命），甚至可以到達「胎息」狀態，到此境界，身體修煉便已成功，便可說是修道成功。且行氣須挑選後半夜到第二天中午之生氣時間，不可挑選下午到前半夜之死氣時間，使個人小宇宙之能量場修煉，與大宇宙之能量場，能相互諧合。

　　〈釋滯〉在敘述行氣的功效時，最令人注意的是行氣具有「療癒」的效果：

> 若他人爲兵刃所傷，噓之血即止；聞有爲毒蟲所中，雖不見其人，遙爲噓祝我之手，男噓我左，女噓我右，而彼人雖在百里之外，即時皆愈矣。〔註180〕

王明校釋：

> 《御覽》七百三十七引治金創以氣吹之，即斷痛。登山，蛇虺毒蟲中人，在近者就以氣禁之，其相遠或數十里，便延（當作遙）治之。士呼其姓名而咒之男也，吹吾右手，……又有介象者，能以氣禁一里中居人炊者不得蒸。〔註181〕

〔註178〕王明：《抱朴子內篇校釋》，頁114。
〔註179〕王明：《抱朴子內篇校釋》，頁148。
〔註180〕王明：《抱朴子內篇校釋》，頁150。
〔註181〕王明：《抱朴子內篇校釋》，頁120。

葛洪〈釋滯〉記載行氣吐出之氣，可使他人爲兵刃所傷流出之血，立即停止，已夠令人驚異其神效，但更使人注意的是「非局域療癒」。行氣之人藉由吐氣在自己的手上，便可對百里之外的彼人，產生立即療癒的功效。王明校釋所引《御覽》之資料，亦爲「非局域現象」。可對相隔數十里爲蛇虺毒蟲所中之人，以行氣的方式，遙相治之，此爲「非局域療癒」；介象以氣禁一里中人，炊者不得蒸，此雖非療癒，亦屬「非局域現象」。王明引用《御覽》「非局域現象」之資料，詮釋葛洪〈釋滯〉之「非局域現象」，確屬允當。

葛洪認爲服食丹藥時，煉丹者之信道意識，可使丹藥產生功效，丹藥可「分人服也」〔註182〕、「可以分他人服也」〔註183〕，即使服用者與煉製者，並非同一人，並非同處一地，皆可產生「非局域療癒」的效果；葛洪還認爲行氣也可對百里之外的他人，產生「非局域療癒」。現代非傳統醫學所主張的「非局域療癒」，在東晉的葛洪思想中，便早已蘊含，是故，今日我們做的工作，是「傳統資源的再開發」，將傳統思想與現代智慧作一結合。

就因爲行氣，可以「內以養生，外以卻惡」，是以〈至理〉云：

> 夫氣出於形，用之其效至此，何疑不可絕穀治病，延年養性乎？
> 仲長公理者，才達之士也，著《昌言》，亦論行氣可以不飢不病。
> 〔註184〕

行氣，可以絕穀治病，延年養性，使身體不飢不病，所以導引行氣，也是身體修養的重要的方法。〈對俗〉中便舉一例，以證明導引行氣，可以不飢，漢代陳仲弓撰《異聞記》，敘述張廣定遭亂常避地，將女兒置於塚中，三年後張廣定還鄉里，欲收所棄女骨，女兒尚自坐於塚中，女兒自述不飢之法，是學習大龜伸頸吞氣之法：

> 女言糧初盡時甚飢，見塚角有一物，伸頸吞氣，試效之，轉不復飢，
> 日月爲之，以至於今。……廣定乃索女所言物，乃是一大龜耳。……
> 此又足以知龜有不死之法。〔註185〕

大龜行氣可以不飢不死，人效之，亦可「轉不復飢」，所以導引行氣，可以延長壽命。人若學習大龜之「伸頸」，此爲道引；若學習大龜之「吞氣」，此爲

〔註182〕王明：《抱朴子內篇校釋・仙藥》，頁198。
〔註183〕王明：《抱朴子內篇校釋・仙藥》，頁200。
〔註184〕王明：《抱朴子內篇校釋》，頁115。
〔註185〕王明：《抱朴子內篇校釋》，頁48。

「行氣」。〈對俗〉云：

> 蟲之能蟄者多矣，鳥之能飛者饒矣，而獨舉龜鶴有長生之壽者，其
> 所以不死者，不由蟄與飛也。是以真人但令學其道引以延年，法其
> 食氣以絕穀，不學其土蟄與天飛也。〔註186〕

真人可以學習大龜之「道引」以延年，法其「食氣」以絕穀，是以，道引行
氣，具有絕穀、延年的功效。〈對俗〉便云：「知龜鶴之遐壽，故效其道引以
增年。」〔註187〕不僅食氣為身體具體的「止飢」操作技術，道引亦成為「延
長壽命」的具體操作技術。

四、行房中術，寶精愛氣

　　徐儀明、冷天吉《人仙之間──《抱朴子》與中國文化》云：「行氣為正
面的輔助作用，寶精則是堤防作用。」〔註188〕是以，論述完行氣，須接著介
紹寶精之房中術。行氣須搭配行房中術，陰陽才能諧和，否則陰陽不交，體
氣不順，偏於陰氣或偏於陽氣，行氣亦難以成功，是以，〈至理〉云：

> 又宜知房中之術，所以爾者，不知陰陽之術，屢為勞損，則行氣難
> 得力也。〔註189〕

若交合過甚，屢為勞損，陰陽之氣不能諧和，行氣亦難得力也。換句話說，
對於葛洪來說，陰陽不交，不利於養生；陰陽交合過甚，過於勞損，亦不利
於養生。是故〈釋滯〉云：「任情肆意，又損年命。唯有得其節宣之和，可以
不損。」〔註190〕唯有施行房中術，採行適當的陰陽交合，才能既不損傷身體，
又能達到〈至理〉所說的「還精補腦」的功能。〈釋滯〉便云：

> 房中之法十餘家，或以補救傷損，或以攻治眾病，或以采陰益陽，
> 或以增年延壽，其大要在於還精補腦之一事耳。〔註191〕

房中術有許多功效，包含補救傷損、攻治眾病、采陰益陽、增年延壽。體內
陰陽之氣不諧和或虧缺，此為身體傷損的內在原因，〈辨問〉云：「損傷則病
矣」〔註192〕，體氣若有虧損或損傷，容易導致疾病的產生。葛洪藉由陰陽交

〔註186〕王明：《抱朴子內篇校釋》，頁49。
〔註187〕王明：《抱朴子內篇校釋》，頁46。
〔註188〕徐儀明、冷天吉：《人仙之間──《抱朴子》與中國文化》，頁27。
〔註189〕王明：《抱朴子內篇校釋》，頁114。
〔註190〕王明：《抱朴子內篇校釋》，頁150。
〔註191〕王明：《抱朴子內篇校釋》，頁150。
〔註192〕王明：《抱朴子內篇校釋》，頁227。

合，重新調整身體之氣，使其歸趨於諧和，此爲補救傷損；老病的成因，在於百憂聚集，邪氣所傷，或陰陽不交，體氣不順暢，多種疾病因而產生。〈釋滯〉云：「陰陽不交，則坐致壅閼之病，故幽閉怨曠，多病而不壽也。」〔註193〕陰陽不交，體氣不順暢，體中之陰陽之氣，失去平衡，會導致疾病的產生，甚至會導致死亡。〈道意〉云：

> 明德惟馨，無憂者壽，嗇寶不夭，多慘用老，自理之理，外物何爲！
> 若養之失和，伐之不解，百痾緣隙而結，榮衛竭而不悟，太牢三牲，曷能濟焉？〔註194〕

精神若有許多煩憂，這是身體調養失和的狀態，煩憂不斷戕賊生命，百痾緣是而生，將使血氣不順暢，解決方法在於「嗇寶不夭」，亦即，須施行房中術，以寶養精氣，調理身體失和之血氣狀態。是故，要解決因爲百憂而來之百痾，須由房中術著手，因此，房中術成爲調養身體的具體操作方法。

葛洪是從身體內部精氣能量場平衡與否，來詮釋疾病產生的緣由。既然如此，那麼問題的解決，自須從促進身體內部精氣能量場的平衡，爲下手的切入點。是故，鄭志明〈葛洪《抱朴子》內篇的醫療觀〉云：「治病去疾在於煉精養氣」〔註195〕，疾病的醫療，須從精氣的煉養，爲身體修養的方法。服食丹藥之「下藥」，能使「惡氣不行」〔註196〕；服食天門冬，「喜令人下氣」〔註197〕，服食有調整體氣的功能，爲葛洪屢次提及。除服食丹藥外，房中術行陰陽交合，具有重新調整小我能量場之功能，此爲「攻治眾病」所必須；小我之能量場，既經陰陽交合，而歸趨於平衡，此爲「采陰益陽」的功效；傷損既已補救，眾病既已攻治，陰陽既已諧和，年壽自能予以延長，此爲「增年延壽」。房中之術，其功偉矣。

身體的醫療，是以體內精氣能量場的平衡爲入手處，無論是藉由行氣道引，以促進非局域性療癒，或是行房中術，不能洩精，還精補腦〔註198〕，以攻治眾病、采陰益陽、增年延壽，促進體內精氣能量場，是以，要進行身體

〔註193〕王明：《抱朴子內篇校釋》，頁150。
〔註194〕王明：《抱朴子內篇校釋》，頁172。
〔註195〕鄭志明：《道教生死學》，頁108。
〔註196〕王明：《抱朴子內篇校釋・仙藥》，頁196。
〔註197〕王明：《抱朴子內篇校釋・仙藥》，頁197。
〔註198〕胡孚琛《魏晉神仙道教——《抱朴子內篇》研究》云：「所謂還精補腦，實則是在將要射精時用手指在會陰穴處壓迫輸精管，使精液逆流進精囊，並配合一些行氣動作將精化掉，牽動督脈而有補腦的作用。」（頁342）

疾病的醫療，葛洪認爲當從體氣的平衡下手，且還精可具有補腦的功效，當身體處於虧損狀態時，須以房中術的方式，增進氣體的諧和，補其虧缺，以維護身體的健康，達到增年延壽的目的。依林富士的研究，性活動功能有三，一是生育，二是養生，三是快樂。爲了養生，必須放棄交媾洩精所帶的快樂和生育子女的機會〔註199〕。葛洪視房中術爲補養之術，其功能便是養生，因而放棄生育與洩精的快樂。

五、積善行德，寶德以長生

積善行德，也是身體修養的一項重要的方法。〈對俗〉云：

> 按《玉鈐經‧中篇》云：立功爲上，除過次之。爲道者以救人危使免禍，護人疾病，令不枉死，爲上功也。欲求仙者，要當以忠孝和順仁信爲本。若德行不修，而但務方術，皆不得長生也。〔註200〕

前云煉製丹藥時，須於市集默然棄置黃金，這是因爲市集捨財，符合「救人危，使免禍」的上功，屬於積善行德的行爲，能如此積善行德，成仙方有可能，亦即，就葛洪來說，積善成德爲成仙必要的條件。想要成仙，必須要以忠孝和順仁信爲本，否則，但務方術，亦不得長生。〈微旨〉亦云：

> 非積善陰德，不足以感神明；非誠心款契，不足以結師友。〔註201〕

〈對俗〉云：

> 人欲地仙，當立三百善，欲天仙，立千二百善。……積善事未滿，雖服仙藥，亦無益也。若不服仙藥，並行好事，雖未便得仙，亦可無卒死之禍矣。〔註202〕

積善陰德，感動神明，仙道方足以修成，否則是不得長生之道的。這便是〈道意〉所說的「或有陰德善行，以致福祐」〔註203〕，或者是〈明本〉所說的「寶德以長生」〔註204〕。積累德行，是具有「寶德以長生」的功效的，因此，對於修道者來說，積累德行，便具有修行上的意義。想成爲地仙，要先立三百善；想成爲天仙，要先立一千二百善。積善行德，配合服食丹藥，對於成仙

〔註199〕林富士：〈略論早期道教與房中術的關係〉，《中國中古時期的宗教與醫療》，頁400。

〔註200〕王明：《抱朴子內篇校釋》，頁53。

〔註201〕王明：《抱朴子內篇校釋》，頁124。

〔註202〕王明：《抱朴子內篇校釋》，頁53～54。

〔註203〕王明：《抱朴子內篇校釋》，頁177。

〔註204〕王明：《抱朴子內篇校釋》，頁188。

來說，效果較好。若能積善行德，即使未能配合服食丹藥，因而未能成仙，但是尚可保全身體之平安，不會有猝死的災禍。〈微旨〉云：

> 山川草木，井竈洿池，猶皆有精氣；人身之中，亦有魂魄；況天地
> 爲物之至大者，於理當有精神，有精神則宜賞善而罰惡。〔註205〕

天地有其神明，會依據人們的行事，加以賞善而罰惡，這樣的天地，是具有人格神意味的。因爲天具有人格神意味，會根據人們行事，賞善罰惡，是以，想修成仙道，一定要積德行善不可。〈微旨〉云：

> 覽諸道戒，無不云欲求長生者，必欲積善立功，慈心於物，恕己及
> 人，仁逮昆蟲，樂人之吉，愍人之苦，賙人之急，救人之窮，手不
> 傷生，口不勸禍，見人之得如己之得，見人之失如己之失；不自貴，
> 不自譽，不嫉妒勝己，不佞諂陰賊，如此乃爲有德，受福於天，所
> 作必成，求仙可冀也。〔註206〕

想求得仙道，必須先積善立功，受福於天，求仙才能達成。「積善立功」爲「自力拯救」；「受福於天，所作必成，求仙可冀也。」福來自於天神的賜予，此爲「他力救贖」。葛洪無論是對於煉製丹藥，或是對於積善成德的看法，都一再表明須「自力拯救」與「他力救贖」兼具，仙道乃可求成，且「自力拯救」爲「他力救贖」的根基，須先行「自力拯救」，「他力救贖」才有可能達成。若不行善積德，專做惡事，司命會削減其壽命，〈微旨〉云：

> 凡有一事，輒是一罪，隨事輕重，司命奪其算紀，算盡則死。
>
> 〔註207〕

〈對俗〉云：

> 行惡事大者，司命奪紀，小過奪算，隨所犯輕重，故所奪有多少
> 也。〔註208〕

壞事做得愈多，壽命必遭奪去愈多，甚至於會導致死亡，如此，求仙必不得也。必須多行善事，才能轉禍爲福，延年益壽，學道速成。故〈微旨〉云：「行善不怠，必得吉報。」〔註209〕學道成功，成爲神仙，便是最好的吉報。

〔註205〕王明：《抱朴子內篇校釋》，頁125。
〔註206〕王明：《抱朴子內篇校釋》，頁126。
〔註207〕王明：《抱朴子內篇校釋》，頁126。
〔註208〕王明：《抱朴子內篇校釋》，頁53。
〔註209〕王明：《抱朴子內篇校釋》，頁127。

六、興居有節，避免傷損

葛洪認為強行做出超乎能力所及之事、情緒的起伏變化太大，或欲望的沉迷、生活的不知節制，都會導致氣血的傷損，〈極言〉云：

> 才所不逮，而困思之，傷也；力所不勝，而強舉之，傷也；悲哀憔
> 悴，傷也；喜樂過差，傷也；汲汲所欲，傷也；久談言笑，傷也；
> 寢息失時，傷也；挽弓引弩，傷也；沉醉嘔吐，傷也；飽食即臥，
> 傷也；跳走喘乏，傷也；歡呼哭泣，傷也；陰陽不交，傷也；積傷
> 至盡則早亡，早亡非道也。〔註210〕

若做一些能力不及之事，或喜樂過度、久談言笑、悲哀憔悴、沉醉嘔吐，這些日常行為，都會使自己的身體，在不知不覺中，受到傷損，應極力加以避免。調養之方，在於日常生活中，須自行節制自己的行為，〈極言〉云：

> 是以養生之方，唾不及遠，行不疾步，耳不極聽，目不久視，坐
> 不至久，臥不及疲，先寒而衣，先熱而解，不欲極飢而食，食不
> 過飽，不欲極渴而飲，飲不過多。凡食過則結積聚，飲過則成痰
> 癖。不欲甚勞甚逸，不欲起晚，不欲汗流，……大寒大熱，大風
> 大霧，皆不欲冒之。五味入口，不欲偏多，故酸多則傷脾，苦多
> 傷肺，辛多傷肝，鹹多則傷心，甘多則傷腎，此五行自然之理也。
> 〔註211〕

日常生活須多加自我節制，凡事不要過度，如五味入口，不可偏多；大寒大熱，大風大霧，不欲冒之；不極飢而食，不極渴而飲；不甚勞甚逸，才能常保身體不受傷損。是以，〈極言〉云：

> 凡言傷者，亦不便覺也，謂久則壽損也。是以善攝生者，臥起有四
> 時之早晚，興居有至和之常制；調利筋骨，有偃仰之方；杜疾閑邪，
> 有吞吐之術；流行榮衛，有補瀉之法；節宣勞逸，有與奪之要。忍
> 怒以全陰氣，抑喜以養陽氣。然後先將服草木以救虧缺，後服金丹
> 以定無窮，長生之理，盡於此矣。〔註212〕

日常生活多加節制，並以服草木來補救先天及後天之氣血虧缺，再服金丹，長生才有可能。

〔註210〕王明：《抱朴子內篇校釋》，頁245。
〔註211〕王明：《抱朴子內篇校釋》，頁245。
〔註212〕王明：《抱朴子內篇校釋》，頁245～246。

第四節　結　語

　　葛洪認為萬物皆由氣形成，身體亦然。疾病的成因，便在於血氣的傷損，而血氣的傷損，有受氣多少的先天因素，也有生活習慣不良、沉迷嗜欲、勢利之後天因素，因此，每個人都會產生疾病，就因為每個人都會生病，所以，身體的修養或預防，便成為眾人必修的課業。

　　葛洪重視「預防醫學」，既然疾病的成因，在於「氣損」、「血減」，是以，葛洪的身體修養重點，便置於氣血的調理，希望藉由「預防與補救」，調整身體之狀況。藉由服食丹藥，因血以補血，調理血氣，增強生理機能，進而長生不老；藉由行氣、道引，因氣以長氣，使氣息緜長，盼能達致胎息，歸返生命的始源；藉由行房中術，寶精愛氣，避免精氣的虧損；藉由興居有節，避免血氣的傷損。並積德行善，寶德以長生，及滌除玄覽，思存身神，盼能領悟神仙世界。亦即，身體修養不止在於調整個人小宇宙之能量場，亦希望能與大宇宙相諧合。

　　在研究葛洪身體修養方法時，我們同時也發現到葛洪思想中，有二項特點，一是意識對於療癒有重大作用〔註213〕。丹藥煉製時，若有不信道者、婦人、小孩之邪氣存在，則丹藥將喪失藥效。亦即，丹藥要能產生療癒藥效，必須有純正之信道意識方可。這當然不是正統醫學的說法，而是宗教的說法。守一存思，「利用意志以抵抗疫疾傳播，就算身於疫疾環境之中，也不怕受到侵害。」〔註214〕這也是以意識，來進行宗教療癒。二是存在著「非局域療癒」的現象。服食雲母，氣類相感，可召喚雲氣前來，服其母可致其子，已為「非局域現象」；煉丹者之純正信道意識及煉丹環境之清淨，透過正氣相感互應，對不同空間之服用者，將產生「非局域療癒」；行氣之人藉由吐氣在自己的手上，便可對百里之外的彼人，產生立即療癒的效果，此亦為「非局域療癒」。葛洪在論述身體修養時，無論是煉製丹藥，或行氣道引，皆強調將產生「非局域療癒」。從「宗教療癒」的角度，切入來探討身體修養論，確實可以有新的發現，這種新的研究視角，值得將來繼續深入探討，相信可以有更為豐碩的收穫。

〔註213〕盧央《葛洪評傳》云：「（葛洪）他有時在形神關係的深入討論中，卻把神視為某種意識活動。……居於人體中的神，實與養生之道密切相關。」（頁104）

〔註214〕王珊華：〈道教疾病預防方法初探──以葛洪《抱朴子·內篇》為例〉，頁266。

第十章　結　論

　　經由以上的討論，我們可就魏晉時期思想家之身體修養，作一綜述。身體是指形、氣、知覺（神）之有機綜合體，兼含形氣主體、自然本體，以及知覺主體。楊儒賓說：「你任何的意識一定是身體的意識，因爲它一定要附著在你的身體上，底層連著氣，表層透向形。」〔註1〕「意識或意志不是單兵作戰，它是跟氣連成一體，不斷撞擊你的身體。」〔註2〕形爲顯示向度，氣爲隱闇向度，形與氣之間，尚有意識（神）存在。是故，意識的底層，爲隱闇存在之「氣」。

　　就因爲身體爲形氣主體，是故，可開展出魏晉形體美學，如《世說新語》；就因爲身體爲精神意識主體，是故，可往辨名析理方向發展，開出爲身體爲中心之相須論，如嵇康；也可往人格品鑒方向發展，開出魏晉人格品鑒美學，如劉邵《人物志》；就因爲身體爲意識主體，爲自然本體，是故可往身體修養方向發展，開出魏晉形神修養論，如劉邵、王弼、嵇康、阮籍、郭象、張湛；亦可往身體表演方向發展，開出身體表演之多重意涵，如阮籍之嘯。

　　《人物志》以「中和無味說」，開展出一套人格品鑑美學。「中和無味說」，重視淡之味。欣賞的是以「陰陽互補」爲基調，形成的均衡和諧美，這是屬於「身體美學」之範疇。對於身體均衡和諧美之追求，爲魏晉時期，普遍的現象，如阮籍認爲天地萬物本具均衡和諧，後因人們的「矯意妄作」、「情緒的不平衡」、「後天環境的不良」，使得諧和之氣受到破壞，可透過身體修養工夫，復歸於身體之均衡和諧，可知，不但劉邵追求身體之均衡和諧

〔註1〕楊儒賓、何乏筆主編：《身體與社會》，頁51。
〔註2〕楊儒賓、何乏筆主編：《身體與社會》，頁33。

美，阮籍亦然。嵇康追求理想世界與現實世界之復歸諧和，使形神之分裂對立消失，達到出世與入世之和諧統一，將分裂之思維意識復歸於諧和，以求得自家生命之和諧圓滿。是故，嵇康亦追求身體之和諧美。郭象則認為身體是由形、氣、心三部份所組成，當處於原始和諧時，形、氣、心相互諧和。但是當與生活世界相接觸，出現「以心制形」或「以形制心」之異化狀況，必須實施自我治療，使「分裂之身體」，復歸於和合狀態，內外和合、人物一如，玄同彼我，與萬物為一，達致跡冥圓融。此時，身體不但是一個和諧的小場域，己身與萬物，亦和合為一和諧之大場域。是故得知，魏晉時期，劉邵、阮籍、嵇康、郭象，均追求均衡和諧之身體美，所言或異，旨趣則同。

其實，以身體為中心開展出之相須論，固為辨名析理之思考活動，但是論述之陰陽相須、形神相須、內外相須、人地相須，追求的亦為一種均衡對稱之美，相異之二者或多者，可合為一整體，亦與均衡和諧之美感旨趣相符。

魏晉身體美學靠身體修養來完成其追求之均衡和諧美，二者關係密切，是故，於論述完身體美學之後，便須緊接著討論魏晉之身體修養論。軀體是一牢籠，使吾人之生命不得自由，要忘卻軀體的存在，就必須身體之修養。楊儒賓云：

> 所謂踐形，意指人經過一番努力後，可以充分體現人的身體。這種觀點當然預設著：現實的人的身體都是不完整的，要使身體趨於完整，只有經過一種朗現潛能的工夫，並在人的身體上顯現出來，才算完成人身應有的模態。〔註3〕

先秦儒家主張「踐形」，認為透過心靈主體之精神修養，可將內在精神顯發於外，使身體成為「精神化的身體」。在身體之形軀之上，自能顯發出道德的光輝。魏晉時期亦有其「踐形觀」，預設身體是不完整的，要經身體修養，方可將內在的風韻氣度，顯發於外。當然，與先秦時期孟子主張將內在之道德光輝顯發於外，是有不同的意涵的。但，相同點都是認為身體之內外可相通貫，且可經由身體之修養，將內在之精神，呈顯於外，使身體成為「精神化的身體」。現實人的身體都是不完整的，只有經由「體現」、「朗現」的工夫，不完整的身體，才能變成完整。

〔註3〕楊儒賓主編：《氣論及身體觀‧導論》，頁25。

　　魏晉思想家，雖然主張或有其差異，但是都有其身體修養論，則是相同的，楊儒賓便說：「從你的呼吸到你的意識，都要經過仔細的鍛鍊，這是比較精緻的過程。」〔註4〕魏晉思想家，對於養形及調神練氣，有相當仔細的討論。

　　如劉邵主張「以小心培養大志」、「內心寬恕，消解人我對立」、「退讓、不爭、不伐」；王弼則主張「身之調養，須合自然之性與自然之氣」、「以虛受人，處卑守靜」、「無所爭競，無欲自樸」、「滌除邪飾，不累於身」、「以性約束情，去邪存正」；阮籍主張修養之對象，端在心與氣，要「虛心」、「沖虛」、「縱心慮」、「虛形體」，泯除干擾情緒之差別性，無論是生死、是非、善惡、窮達，皆以齊物的方法，加以超越。要心不使氣，任氣之自然，並使氣純一不雜，稟一內修，及藉助服食以養神補氣。不但超越心之執著及了別，氣也趨於諧和，心與氣兩皆解放，形亦加以超越，順隨六氣之盈虛，縱浪大化，自在自得。並藉音樂與嘯，通達於道。這是以氣為路徑，由氣歸返於道。反乎大道之所存，歸於存有的根源。

　　嵇康則主張形神雙養，養神方面，主張滌情蕩欲，要踐履虛靜、因任、道療之方法與原則；養形方面，以預防、戒欲、資妙物，為身體修養的具體方法與原則。

　　至於郭象之身體修養，是藉由遺、忘、無、任等方式，自力救贖，自我治療。經由遺身工夫，回返生命本源，解消心對形的執著，也解消形對心的拖累，這是屬於「存有的治療」，也稱為「道療法」。主張「無心任物」，從宰制性思維中跳出，心物一體昇進，相互和諧。張湛之身體修養論，則主張無、忘、不爭、虛靜守柔。

　　大致來說，魏晉時期之身體修養論，較受到道家虛無柔弱，無欲自樸，因任自然之自然思潮的影響，劉邵、王弼、阮籍、嵇康、郭象、張湛，皆為如此。魏晉時期之身體修養論，較值得注意的是道療法的提出，主張以道家自然之道，來作自我治療，阮籍、嵇康、葛洪，皆為如此。

　　關於魏晉之身體修養，有幾點值得注意：

一、身體由氣以入道

　　魏晉時期常認為身體為入道津梁，嵇康雖視形下世界為暫見忽終，而欲

〔註4〕楊儒賓、何乏筆主編：《身體與社會》，頁49。

追求形上之永恆世界，既然如此，身亦為形下之物，何以嵇康又主張重身呢？原來身體雖為形下之物，但是身體為入道之津梁，為突破黑暗的出口，欲通達形上之道，首先須修養形下之身體，方能以「氣」為中介，通達於形上之道。是故，身體須珍視，形上之道的追求，方有可能達成。

至於郭象則主張「以身觀治道」，主張從身體中可得知治道，包含：「君臣上下，天理自然」、「百節皆適，君主與群生感通逍遙」、「勿以一正萬、以己正天下」、「形各有所司，臣亦應各當其份」、「以天下為一體，無愛為於其間」、「大人無常心，以百姓之心為心」。

無論是嵇康主張的透過身體形神雙修，通達於道，或者是郭象從身體觀治道，無論所說的道是治道或形上之道，皆以身體為入道之津梁，此為「我，回到道」，由「身體」以觀「道」。

郭象主張「形容與天地無異」，將形而下之身體，提到形而上的層次來作論述，認為沒有離開具體事物的道，即用是體，即體是用，身體即天道，天道即身體，造化本體（境界）與造化事物圓融為一，無二無別，此為身體之隱喻思維。「我，回到天地之間」，是從相異的兩端，歸於相互融合為一，郭象「身體即是天地」之說，身體與天地已泯合無跡，不顯相異相。張湛認為人是天具體而微的模型，人為天之複本化，不但身體具備天地之理，且取於身而足，靡有一物不備，既然萬物靡有一物不備於身體，可知萬物已經鑲嵌於身體之中，成為身體的「附件」或「物件」，是故，身體為天地的複本化，萬物亦以複本化的身份，成為身體的附件，人身與天地與萬物，融通為一，此為張湛「身體即天地境界」之說的玄理。

劉邵所重在「政治身體」，而以「自然身體」為追求目標，欲塑造政治上之聖王；王弼才為玄理化人生修養的真正開端，王弼身體修養論，頗為玄妙精深，雖亦為重視「自然身體」，但王弼的理路，非常特殊，他強調的是身體的「物質自主真實性」，認為只要放掉意識造作執著，順任自然之氣，身體自身的物質自主性，才可獲得保全，當身體不受意識掌控時，身體自身可自生、自濟、自我長成、自定方向。阮籍身體修養論，談論春氣與地氣對身體的正面影響，亦論及地氣對人之性情的負面影響，所論較王弼為細膩，但義理之深刻性，不及王弼，亦未能承續王弼「身體自主性」之說，就身體自生、自濟、自我長成、自定方向之說，承續拓展。此乃「能言人不可得，能解人亦不可得也。」常人難以理解王弼身體修養論之精微玄妙，自難以承續弘揚。

阮籍身體修養論，雖細膩處超過王弼，但所述較爲零散，不成系統。嵇康相須論則以「氣論」爲理論基底，以陰陽相須、形神相須、明膽相須、人地相須爲綱目，以「氣的交感互通」爲運作方法，以「大通境界」之「整體諧和觀」爲「終極關懷」。嵇康身體理論，是兼含「理論基底」、「核心概念」、「運作方法」、「終極關懷」，這是一套系統龐大的完整理論。嵇康雖解決阮籍身體修養論不成系統的問題，但是劉邵、王弼、阮籍、嵇康，雖然都以自然之道爲身體修養追求之目標，但是「身體」與「自然之道」，距離懸隔甚遠，以致於阮籍與嵇康內心時相衝突，未能安穩，這樣的理論缺失，到了郭象、張湛，終於獲得解決。郭象「即身證天道」，「身體即是天道」，張湛「天地」、「身體」、「萬物」融通爲一，天地以複本的姿態，融入身體，萬物亦以「附件」、「物件」的方式，鑲嵌入身體之中，不但身體具備天地之理，且取於身而足，靡有一物不備，魏晉身體修養論發展至郭象、張湛，已達顛峰。就因爲魏晉身體修養論發展至此，理論高度難以超越，是故，葛洪別開一路，取道教理論，別開宗教身體療癒一路。身體療癒在葛洪之前，嵇康已有些道教色彩，但嵇康身體修養論中，宗教的味道尚很稀薄，葛洪身體療癒觀，則充滿宗教的色彩與方法。

　　既然郭象、張湛等人主張身體即天理，身體即具備天地境界，身體自須加以珍視愛護，此爲魏晉重身愛身之思想。

二、強調整全不分之一體觀

　　周渝說：「中國去巫的結果是保存大量的對世界的直觀跟整體思維的東西。」〔註 5〕中國有大量「整體思維」的論述，關於身體之「一體觀」，便屬於「整體思維」，強調整全不分之整體，而不取分解的方式。魏晉時期對於整全不分之一體觀，極爲重視，反覆強調。可分爲幾點來加以介紹：

（一）身爲一體

　　魏晉時視身體爲一整全體，兼含知覺主體、形氣主體、精神主體。且形與神爲顯明結構，氣則爲隱闇結構。氣雖爲隱闇結構，但可貫串形與神。且形與神爲一體，若形與神分，便是生命力衰落的象徵，爲須對治的對象。王志楣便說：「道是整全全息，只有整全之人才能領會整全之道，因此若過度膨

〔註 5〕楊儒賓、何乏筆主編：《身體與社會》，頁 73。

脹發用形體，反可能對人的生命有極大妨害。」〔註6〕道為整全不分，只有經身體修養後，達至整全之人，才能體會。整全之人，便是修養後，體會形、氣、神一體不分的修道者，苟能如是，才不會對生命有極大妨害。

（二）內外通貫，終始相依

劉邵、王弼、嵇康皆主張身體可「內外通貫」，內可通外，外可通內，內外相通而無違，郭象也主張「內外和合相通」。王弼、阮籍、張湛，又主張「終始相依」，終即始，始即終。內外通貫及終始相依，皆須置於「一體觀」之理論脈絡下，才能明瞭何以如此主張。

魏晉時不僅哲學著作中，有身體內外通貫的思想，文學性著作亦有此種思想。《世說新語·容止》第十則云：

> 裴令公有俊容姿，一旦有疾至困，惠帝使王夷甫往看，裴方向壁臥，聞王使至，強回視之。王出語人曰：雙目閃閃，若巖下電，精神挺動，體中故小惡。〔註7〕

雙目閃閃，若巖下電，精神挺動，此為形體顯現精神，或說精神外現於形體，這是魏晉的「踐形」，與身體美學有關，但是與先秦儒家「踐形觀」以外形透顯道德意識不同。魏晉之「踐形」，反映的是身體一體觀，身既為一個整體，是故，內可通外，外可通內。魏晉時期之人物品鑑亦主張身體內外相通，賴麗蓉《魏晉人物品鑑研究》便說：

> 人物品鑑則是神寓形中，無形即無由見神，雖尚神明，而不忽略形體。〔註8〕

神寓形中，即形見神，魏晉人物品鑑亦主張身體內外可相通貫。

（三）明膽相須，形神相須，人地相須，人宅相須

劉邵論述英與雄時，主張明膽相須，嵇康亦主張明膽相須、形神相須，此為人身體之小宇宙之一體觀；另外，嵇康亦主張人地相須，人宅相須，則為人之身體與大宇宙之一體觀。是故，身體相須，亦須置入魏晉時期流行之一體觀脈絡下，才能理解何以魏晉時期，會突然流行以身體為中心之相須理論。

〔註6〕 王志楣：〈從有身到無身——論《老子》的身體觀〉，頁 40。
〔註7〕 余嘉錫：《世說新語箋疏》，頁 612。
〔註8〕 賴麗蓉：《魏晉人物品鑑研究》，頁 194。

三、身體結構可以改變

　　楊儒賓云：「什麼叫體驗的形而上學？什麼叫實踐的形而上學？這些詞語有一個很根本的意義，就是你的身體結構要改變，你的身心的意識結構要改變。」〔註9〕「形上世界可在學者身心結構的轉換中，乍然呈現。」〔註10〕身體需要發展，身體結構可以改變，身心意識可以改變，且身心結構轉變中，形上世界可乍然呈現。郭象便是主張「體驗的形而上學」，將思辨與身體體驗結合，且在體驗中，呈顯形上世界，故為體驗型之形上學。

　　楊儒賓云：「在東方思想傳統中，意識轉變非常重要，它提供了一種宗教拯救的力量，一種終極的關懷。」〔註11〕「人的身心可以轉化」〔註12〕，魏晉時期，意識轉變也很重要，它提供了一條自我救贖的道路，也與宗教拯救有關。

　　魏晉時期認為身體的結構可以改變，阮籍便認為身體可由「和諧穩定」，趨向於「氣之不和」，經由身體修養，可使「氣之不和」，復歸於「和諧穩定」之狀態。嵇康亦認為大樸未虧時，世界原本為完整如一的，大道凌遲後，世界分裂為二，一為濁穢的世俗世界，一為永恆、潔淨的形上世界。形留於形下世界，神卻嚮往飛奔形上世界，形與神分裂，反映著自我意識無法諧和統一，「意志與軀體的分裂是人類獨有的痛苦」〔註13〕。須經身體修養，方可將形與神復歸統一，將出世與入世，重歸諧和。郭象亦主張跳脫心與形、己與物的互相宰制，任彼自化，化除雙方對抗關係，相互諧和，一體昇進。是故，阮籍、嵇康、郭象，都認為身體的結構，是可以改變的，形神的分立，可透過身體修養，復歸於形與神的諧和。

四、魏晉七大身體：自然身體、宇宙身體、政治身體、氣化身體、精神化身體、隱喻身體、社會身體

　　魏晉時期流行自然思潮，無論是劉邵、王弼、阮籍、嵇康、郭象、張湛皆主張自然論，例如阮籍主張「無欲空虛，尚靜尚深者，自然之道也。」「棄

〔註9〕楊儒賓、何乏筆主編：《身體與社會》（台北：唐山出版社，2004年12月），頁49。
〔註10〕楊儒賓主編：《氣論及身體觀・導論》，頁51。
〔註11〕楊儒賓、何乏筆主編：《身體與社會》，頁19。
〔註12〕楊儒賓、何乏筆主編：《身體與社會》，頁34。
〔註13〕南帆：〈軀體的牢籠〉，頁150。

身以保身，保身以全道眞。」「殞性亡軀乃淳厚之道已廢的表徵」，強調的是對於「自然身體」的追求。諸家對於自然身體的追求，均極爲強調，要求身體遵循自然原則行事，以求得自我小宇宙之諧合。甚至要求自我之小宇宙與自然之大宇宙相諧合，是故，自然身體推擴至極處，便是追求「宇宙化之身體」。

除此之外，對於政治身體，亦極重視，劉邵中和無味說，本具政治上實用之目的；王弼注《老子》，亦有強烈的政治性；阮籍陽狂以自全，藉身體表演，以保全自身。且阮籍主張「殘生害性，斷割肢體，則疾萌亂作。」「刳腹割肌者，亂國之臣。」身體整全性之破壞，會引起天下之疾病與禍亂災變，爲亂國之臣。關注「身體整全」與「政治安危」之關係，注重「政治身體」。

另外，魏晉時期，普遍重視氣論，認爲身體由氣所形成，且李清澤說：「氣可能是最底層的，從氣開始再有『形——身體』，後來再有『神』的部份，然後再說『虛』跟『道』。」〔註14〕身體之中，形爲顯示向度，氣爲隱闇向度，故可云氣爲身體最底層。

劉邵、王弼、阮籍、嵇康、郭象、張湛，皆主張身體由氣所形成。是故，魏晉時期主張身體由氣產生，並非戲論，而是本時期玄學家共同的認知。先天之氣本爲諧和，經後天之攪擾，身體由和諧趨向於不和諧，災疾也跟著發生。是故，須經身體修養之工夫，使不和諧之身體，復歸於和諧。據是得知，魏晉時期，對於「氣化身體」之重視。認爲身體爲氣所形成，故魏晉時期，具有楊儒賓所說的「自然氣化觀」。氣化的身體觀，爲道家思想最大的特色〔註15〕，在魏晉時期，此種特色亦爲玄學家所普遍接受。

另外，魏晉時期對於「精神化身體」極爲重視。楊儒賓云：「人的身體乃是具體化的道，它凝聚不可見的精神面相於貌相聲色的身軀構造。孟子說：身體心氣化了，它就可以生色，此時的身體不只是生理的結構，它變成精神化、也是宇宙化的作用體。」〔註16〕楊儒賓認爲身體爲具體化的道，不可見的精神，可呈顯在可見的貌相聲色之上，此時的身體便是「精神化的身體」。楊儒賓是就孟子立論，我們可以思考魏晉時期，是否也有「精神化的身體」

〔註14〕楊儒賓、何乏筆主編：《身體與社會》，頁 42。
〔註15〕王志楣：〈從有身到無身——論《老子》的身體觀〉，頁 43。
〔註16〕楊儒賓、何乏筆主編：《身體與社會》，頁 10。

出現呢？答案應是肯定的，劉劭、王弼、郭象等人主張身體「內外通貫」之說，便是「精神化身體」的表示，此時之身體，並非僅指形軀而言，而是洋溢精神化之身體；《世說新語》中，藉觀看外形，品鑑人之精神美、風韻美，亦何嘗不是品賞「精神化之身體」？「雙目閃閃，如巖下電，精神挺動」正說出對於「精神化身體」的重視，「雙目因為眼光的清濁亮暗而成為品評的對象」〔註 17〕從裴楷的身體表演中，呈顯出對於「精神化身體」的重視；《人物志》中，藉觀看外形之平淡無味，品鑑人之均衡和諧美，亦何嘗不是品賞「精神化之身體」。綜合言之，魏晉時期，無論是哲理性著作，或文學性著作，皆流露出對於「精神化身體」的重視。魏晉時期對於「美感身體」亦極為重視，重視人格美、言語美、風韻美、才性美，這是一個重視「身體美學」的時代。「精神化身體」與「美感身體」，實乃二而一，一而二，二者可相通貫。

另外，魏晉時期藉由「身體表演」，以符合社會對於名士的既定標準，無論是「自我抑制的身體」，抑或是「至德的身體」，都可看出「個人」向「社會價值觀」靠攏，重視的是「社會身體」。

另外，魏晉時期也重視「隱喻身體」。何乏筆說：「抽象的思維也是一種身體的活動」〔註 18〕，我們所有的思考都建立在身體上面，無論是郭象的「身體類推法」，或是張湛的「取象聯想法」，或者「形容與天地無異」、「身體即天道境界」，皆為如此。何為「隱喻身體」？依黃俊傑的詮釋，隱喻身體是以身體作為一種隱喻，呈現「身體思維」。也就是「身體本身作為思想」（body thinking）〔註 19〕，而非「透過身體來思考」（bodily thinking）。本文所謂的「隱喻身體」，指的便是「身體本身作為思想」，在魏晉時期，通常以「形容與天地無異」、「身體即天道境界」來表述，如郭象、張湛皆是也。

楊儒賓便說：「練氣到最後其實要透過整個身心結構改變，以臻最高的境界。」〔註 20〕所謂最高的境界，便是天地境界，亦即為天道境界。身體修養最高目標，是要達到「身體即天道」，此即為「身體隱喻」。

葛紅兵、宋耕《身體政治》認為漢語思想中的「身」，至少有三方面的涵義：一為肉體，無規定性的肉體，二是軀體，受到內驅力（情感、潛意識）

〔註 17〕鄭毓瑜：〈身體表演與魏晉人倫品鑑〉，頁 82。
〔註 18〕楊儒賓、何乏筆主編：《身體與社會》，頁 21。
〔註 19〕楊儒賓、何乏筆主編：《身體與社會》，頁 4。
〔註 20〕楊儒賓、何乏筆主編：《身體與社會》，頁 51。

作用的軀體，三是身份，是受到外在驅力（社會道德、文明意識等）作用的身體〔註21〕。

魏晉時期，「氣化身體」指的是自然氣化所成之身體，此為楊儒賓所說的「自然氣化觀」，較接近葛紅兵、宋耕「身」之涵義一的肉體意義，當然，「氣化身體」並不是僅指肉體而已，而是兼含形、氣、意識，為形、氣、意識之綜合體。而且葛紅兵、宋耕以「內驅力」、「外驅力」作為「身」之涵義的分界線，涵義一之「肉體」，雖言為「無規定性之肉體」，難道世間之「肉體」，真能完全不受「內驅力」、「外驅力」的影響嗎？是故，應以「先天之氣」與「後天之內驅力」、「後天之外驅力」為分別之界限所在，較為適宜，亦即，可將葛紅兵涵義一之「肉體」，更改為「受先天之氣影響，自然形成的身體」。楊儒賓《氣論及身體觀・導論》云：「道家思想最大的一項特色乃是氣化的身體觀，更進一步的界定，我們可以說這是負陰抱陽以為和的身體。……個體都是由表層的限定（物）與底層的無限（氣）結合而成。」〔註22〕道家氣化身體觀，認為身體由表層的限定（物）與底層的無限（氣）結合而成，魏晉深受道家思想影響，普遍接受「氣化身體觀」，是以我們將葛紅兵「身」之涵義一作更改，以求符合魏晉時代「身體觀」研究之實際需要。

「自然身體」、「宇宙身體」、「精神化身體」、「隱喻身體」，較接近「身」之涵義二，受到內驅力影響，無論是受到氣、志、神、心、精那一項的驅使，皆為內驅力，受到情感、潛意識的驅使，亦為內驅力。身體為意識主體，阮籍「以志化治氣」，使不和之氣，歸於和諧，便是屬於「內驅力」，藉由此意識主體，改變了身體之結構。另外，阮籍主張「氣之不和，身疾死滅」，認為身體之狀態，係由體氣之和不和諧來決定，此亦屬「內驅力」。無論是「體氣」或是「志」，皆屬「內驅力」。至於劉劭心、志對言，心為主觀性心靈，志為客觀性志向，主張「以小心培養大志」，以謹小慎微之「心」，避免身體過錯的產生。劉劭主張之身體，係受到「心」之影響，此亦為「內驅力」。

「自然身體」強調人們應遵循自然之性與自然之氣，致虛守靜，保全萬物之物性，並維護身體之諧和。是故，「自然身體」可說是受到內驅力「自然之性」與「自然之氣」的影響；「宇宙身體」，則是在已達致「自然身體」之

〔註21〕葛紅兵、宋耕：《身體政治》，頁16～17。
〔註22〕楊儒賓主編：《氣論及身體觀》，頁21。

後，更進一步，想使一己之小宇宙，與自然之大宇宙相諧和，所以，「宇宙身體」，亦可說是受到內在的自然之性與自然之氣影響而成；「精神化身體」，是內在精神氣度，自發地外顯於形軀，所以「精神化身體」，當然亦可說是受到「內驅力」影響而成；「隱喻身體」，主張「形容與天地無異」、「身體即天地境界」，形容並不會很容易就與天地無異，身體也不會很容易就呈顯天地境界，須先在內在心靈下致虛守靜，自然無為之工夫，方能達致此境界形態，是故，「隱喻身體」，亦可說是受到心靈之內驅力影響而成。

「政治身體」較接近「身」之涵義三：身份地位，受到政治動機之驅使，因而倡導「君尊臣卑」或「君無為於上，臣有為於下」之政治哲理，求取政治上之實用效果，如劉劭、阮籍、郭象等人。至於「美感身體」形成的原因，若是因為衷心喜愛，發自真誠情感，自屬「內驅力」，但是若修飾儀表，是為了求取宦途順暢，提高社會地位，增加上升機會〔註23〕，則屬「外驅力」。是故，同一身體行為，可能歸屬於不同的身體義涵。

魏晉時雖然「身」之三大涵義皆具備，但較偏向於涵義二，葛紅兵、宋耕《身體政治》便說：「氣、志、神、心、精等被看成是內在於身的驅動力，是身的所有物，從屬于身。因此，道家基本上是在漢語身含義的第二層面軀體的意義上認識身的。」〔註24〕道家較偏向於身涵義之第二部份，魏晉正是受到道家玄理流行的時期，身之涵義，也偏向于葛紅兵所說的第二部份：受到內驅力影響的軀體。

簡言之，魏晉身體有三大涵義：（一）身體受先天之氣影響，自然形成。（二）身體受內驅力影響。（三）身體受外驅力影響。

魏晉身體以氣為中心，身體由氣構成，氣之不和，身疾死滅，故身體修養要注意調養體氣之均衡和諧。且修養之目的在於與道合一，亦須藉助於「氣」之路徑，生命方能上歸於道。所以魏晉之身體，與氣的關係，非常密切。

身體修養，不僅可維持一己小宇宙之和諧，使形、神分裂，歸於形、神和諧，使境、識分立，可歸於境、識俱泯，因而可知身體結構，是可經由修

〔註23〕徐碧輝、郭麗〈琳瑯珠玉──《世說新語》的形體之美〉云：「當我們看到當時色美者得意洋洋，色遜者自慚形穢，以及美貌提高了社會地位，增加了他們的上升機會時，隱約總感覺到其中有一種同性戀的因素在發揮著某種作用。」（頁95）
〔註24〕葛紅兵、宋耕：《身體政治》，頁17。

養而改變。魏晉時期身體修養之方法，藉助於吸收天地大自然之氣，及順應自然之道，以因、任、無等方式，泯除心靈的雜質，使自己能成為真人。

魏晉時期，尚以欣賞身體美，及開出人格品鑑美學，來修養人們的生命，這是以藝術滋潤真人的生命，提昇生命之美。

身體修養，除使一己之生命維持和諧，尚要更進一步，使一己之小宇宙，與自然之大宇宙，維持和諧，並透過氣之路徑，上歸於道，以道療法，來從事自我生命意義之治療。是以，魏晉身體修養之縱深處，隱含著生命意義之自我治療。

參考書目

一、**書籍**（依作者筆畫順序排列）

（一）古　籍

1. 〔魏〕王弼、韓康伯注，孔穎達疏：《周易注疏》，學生書局，1999 年 1月。
2. 〔魏〕王弼注：《老子道德經》，文史哲出版社，1990 年 7 月。
3. 〔魏〕王弼等著：《老子四種》，大安出版社，1999 年 10 月。
4. 〔魏〕阮籍：《阮嗣宗集》，華正書局，1979 年 3 月。
5. 〔晉〕陳壽：《三國志》，鼎文書局，1997 年 5 月。
6. 〔晉〕郭象：《莊子注》，臺灣中華書局，1993 年 6 月。
7. 〔東晉〕張湛注：《列子》，藝文印書館，1975 年 9 月。
8. 〔西涼〕劉昞：《人物志注》，世界書局，2000 年 4 月。
9. 〔唐〕房玄齡等：《晉書》，北京：中華書局，1998 年 3 月。
10. 〔宋〕朱熹：《四書集注》，藝文印書館，1996 年 4 月。
11. 〔清〕阮元重刊：《十三經注疏》，藝文印書館，1997 年 8 月。
12. 〔清〕王先謙：《莊子集解》，三秦出版社，2005 年 3 月。
13. 〔清〕郭慶藩編，王孝魚整理：《莊子集釋》，木鐸出版社，1983 年 9月。
14. 〔清〕嚴可均：《全三國文》，北京：商務印書館，1999 年 10 月。
15. 〔清〕嚴可均：《全晉文》，北京：商務印書館，1999 年 10 月。

（二）今人著作

1. 尤雅姿：《魏晉士人之思想與文化研究》，文史哲出版社，1998 年 9 月。

2. 王邦雄:《儒道之間》,漢光文化事業公司,1986 年 8 月。

3. 王瑤:《中古文學史論》,長安出版社,1986 年 6 月。

4. 王德有:《談有論無——魏晉玄學》,萬卷樓出版社,2000 年 6 月。

5. 王明:《抱朴子內篇校釋》,中華書局,1996 年 9 月。

6. 王葆玹:《玄學通論》,五南圖書出版公司,1996 年 4 月。

7. 王葆玹:《王弼評傳》,廣西教育出版社,1997 年 7 月。

8. 王叔岷:《慕廬雜稿》,大安出版社,2001 年 2 月。

9. 王德有注:《老子指歸》,北京中華書局,1997 年 10 月。

10. 王邦雄:《中國哲學論集》,學生書局,1990 年 12 月。

11. 王邦雄:《老子的哲學》,東大圖書公司,1993 年 10 月。

12. 王博:《老子思想的史官特色》,文津出版社,1993 年 11 月。

13. 孔繁:《魏晉玄談》,洪葉文化事業有限公司,1994 年 2 月。

14. 孔毅:《魏晉名士》,巴蜀書社,1994 年 4 月。

15. 中村元著,徐復觀譯:《中國人之思維方法》,學生書局,1995 年 3 月。

16. 王壽南主編:《中國歷代思想家》,臺灣商務印書館,1999 年 4 月。

17. 王德有:《玄學漫話》,社會科學文獻出版社,1999 年 2 月。

18. 田文棠:《魏晉三大思潮論稿》,陝西人民出版社,1988 年 12 月。

19. 牟宗三:《才性與玄理》,學生書局,1993 年 2 月。

20. 牟宗三:《人文講習錄》,學生書局,1996 年 2 月。

21. 牟宗三:《佛性與般若》,學生書局,1997 年 5 月。

22. 牟宗三:《政道與治道》,學生書局,1983 年 10 月。

23. 牟宗三:《中國哲學十九講》,學生書局,1991 年 12 月。

24. 牟宗三:《四因說演講錄》,鵝湖出版社,1997 年 9 月。

25. 牟宗三:《中西哲學之會通十四講》,學生書局,1996 年 3 月。

26. 牟宗三:《圓善論》,學生書局,1996 年 4 月。

27. 牟宗三:《歷史哲學》,學生書局,2000 年 9 月。

28. 李澤厚:《中國古代思想史論》,漢京文化事業有限公司,1987 年 2 月。

29. 李建中、高華平:《玄學與魏晉社會》,河北人民出版社,2003 年 1 月。

30. 任繼愈:《中國哲學發展史(魏晉南北朝)》,人民出版社,1998 年 5 月。

31. 吳冠宏:《魏晉玄義與聲論新探》,里仁書局,2006 年 3 月。

32. 吳冠宏:《聖賢典型的儒道義蘊試詮》,里仁書局,2000 年 11 月。

33. 余嘉錫:《世說新語箋疏》,華正書局,1993 年 10 月。

34. 余敦康:《魏晉玄學史》,北京大學出版社,2004 年 12 月。

35. 余敦康：《中國哲學論集》，遼寧大學出版社，1993 年 10 月。

36. 余英時：《中國知識階層史論（古代篇）》，聯經出版事業公司，1980 年 8 月。

37. 余英時：《歷史與思想》，聯經出版股份有限公司，2003 年 5 月。

38. 余培林：《生命的大智慧》，時報文化出版企業股份有限公司，1998 年 6 月。

39. 李威熊：《中國哲學史》，國立彰化師範大學，1997 年 7 月。

40. 李澤厚：《美的歷程》，三民書局，1996 年 9 月。

41. 李澤厚、劉綱紀：《中國美學史》，安徽文藝出版社，1999 年 5 月。

42. 李建中：《亂世苦魂──世說新語時代的人格悲劇》，東方出版社，1998 年 3 月。

43. 李建中：《魏晉文學與魏晉人格》，湖北教育出版社，1998 年 9 月。

44. 辛旗：《中國歷代思想史（魏晉南北朝隋唐卷）》，文津出版社，1993 年 12 月。

45. 辛旗：《阮籍》，東大圖書公司，1996 年 6 月。

46. 何啓民：《魏晉思想與談風》，學生書局，1990 年 6 月。

47. 吳怡：《生命的轉化》，東大圖書公司，1996 年 10 月。

48. 李玲珠：《魏晉新文化運動──自然思潮》，文津出版社，2004 年 4 月。

49. 李清筠：《魏晉名士人格之研究》，文津出版社，2000 年 10 月。

50. 林聰舜：《向郭莊學之研究》，文史哲出版社，1980 年 12 月。

51. 林安梧：《人文學方法論》，讀冊文化事業有限公司，2003 年 7 月。

52. 林安梧：《儒學轉向：從新儒學到後新儒學的過渡》，學生書局，2006 年 2 月。

53. 林安梧：《新道家與治療學》，臺灣商務印書館，2006 年 8 月。

54. 林安梧：《中國宗教與意義治療》，明文書局，1996 年 4 月。

55. 林麗真：《王弼》，東大圖書公司，1988 年 7 月。

56. 林文月：《中古文學論叢》，大安出版社，1989 年 6 月。

57. 林尹：《中國學術思想大綱》，臺灣商務印書館，1995 年 1 月。

58. 宗白華：《美從何處尋》，駱駝出版社，1987 年 6 月。

59. 宗白華：《美學的散步》，洪範書店，2001 年 3 月。

60. 周慶華：《身體權力學》，弘智文化事業有限公司，2005 年 5 月。

61. 岡村繁：《漢魏六朝的思想和文學》，上海古籍出版社，2002 年 8 月。

62. 周紹賢：《魏晉清談述論》，臺灣商務印書館，1987 年 2 月。

63. 周紹賢：《魏晉哲學》，五南圖書出版公司，1996 年 7 月。

64. 周與沉：《身體：思想與修行》，中國社會科學出版社，2005 年 1 月。

65. 張蓓蓓：《中古學術論略》，大安出版社，1991 年 5 月。

66. 侯敏：《有根的詩學——現代新儒家文化詩學研究》，上海人民出版社，2003 年 12 月。

67. 范子燁：《中古文人生活研究》，山東將育出版社，2001 年 7 月。

68. 徐復觀：《中國藝術精神》，學生書局 1984 年 10 月。

69. 徐復觀：《中國思想史論集》，學生書局，1993 年 9 月。

70. 徐復觀：《中國人性論史》，臺灣商務印書館，1994 年 4 月。

71. 徐復觀：《中國經學史的基礎》，學生書局，1996 年 4 月。

72. 涂又光：《楚國哲學史》，湖北教育出版社，1995 年 7 月。

73. 唐君毅：《人生之體驗續編》，廣西師範大學出版社，2005 年 9 月。

74. 唐君毅：《中國哲學原論》，學生書局，1992 年 3 月。

75. 唐君毅：《哲學概論》，學生書局，1989 年 10 月。

76. 陶建國：《兩漢魏晉之道家思想》，文津出版社，1990 年 3 月。

77. 高晨陽：《儒道會通與正始玄學》，齊魯書社，2000 年 1 月。

78. 高晨陽：《阮籍評傳》，南京大學出版社，1997 年 3 月。

79. 高明：《帛書老子校注》，中華書局，1998 年 12 月。

80. 高齡芬：《王弼老學之研究》，文津出版社，1992 年 1 月。

81. 逯欽立：《先秦漢魏晉南北朝詩》，中華書局，1998 年 5 月。

82. 馬良懷：《漢晉之際道家思想研究》，廈門大學出版社，2006 年 3 月。

83. 唐翼明：《魏晉清談》，東大圖書公司，1992 年 10 月。

84. 陳鼓應、白奚：《老子評傳》，文史哲出版社，2002 年 7 月。

85. 徐國榮：《玄學和詩學》，中國社會科學出版社，2004 年 11 月。

86. 徐公持：《魏晉文學史》，人民文學出版社，1999 年 9 月。

87. 徐斌：《魏晉玄學新論》，上海古籍出版社，2000 年 12 月。

88. 高華平：《魏晉玄學人格美研究》，巴蜀書社，2000 年 8 月。

89. 高峰、雷海燕等著：《玄學十日談》，上海書店，1999 年 7 月。

90. 徐震堮：《世說新語校箋》，文史哲出版社，1989 年 9 月。

91. 郭梨華：《王弼之自然與名教》，文津出版社，1995 年 12 月。

92. 孫隆基：《中國文化的深層結構》，廣西師範大學出版社，2004 年 12 月。

93. 張舜徽：《周秦道論發微》，木鐸出版社，1988 年 9 月。

94. 莊耀郎：《郭象玄學》，里仁書局，1998 年 3 月。

95. 章啓群：《論魏晉自然觀》，北京大學出版社，2000 年 8 月。

96. 莊萬壽：《道家史論》，萬卷樓圖書有限公司，2000 年 4 月。

97. 曹道衡、俞紹初：《魏晉南北朝詩選析》，三秦出版社，2004 年 7 月。

98. 張立文：《和合哲學論》，人民出版社，2004 年 12 月。

99. 張立文等主編：《玄境——道學與中國文化》，人民出版社，1997 年 5 月。

100. 張起鈞：《智慧的老子》，東大圖書公司，1992 年 11 月。

101. 張岱年：《中國古典哲學概念範疇要論》，中國社會科學出版社，2000 年 3 月。

102. 張岱年：《中國哲學大綱》，中國社會科學出版社，1997 年 4 月。

103. 梁啓超：《論中國學術思想變遷之大勢》，上海古籍出版社，2001 年 9 月。

104. 湯用彤：《理學‧佛學‧玄學》，淑馨出版社，1997 年 1 月。

105. 莊萬壽：《嵇康研究及年譜》，學生書局，1990 年 10 月。

106. 張亞新：《漢魏六朝詩》，廣西師範大學出版社，1999 年 6 月。

107. 許抗生：《魏晉玄學史》，陝西師範大學出版社，1989 年 7 月。

108. 許抗生：《魏晉思想史》，桂冠圖書公司，1995 年 1 月。

109. 許尤娜：《魏晉隱逸思想及其美學涵義》，文津出版社，2001 年 7 月。

110. 張蓓蓓：《魏晉學術人物新研》，大安出版社，2001 年 12 月。

111. 張海明：《玄妙之境》，東北師範大學出版社，1997 年 5 月。

112. 曹道衡、沈玉成：《中國文學家大辭典‧先秦漢魏晉南北朝卷》，北京中華書局，1996 年 8 月。

113. 湯一介：《郭象與魏晉玄學》，古風出版社，1987 年 3 月。

114. 游國恩：《魏晉南北朝文學史參考資料》，漢京文化事業有限公司，1985 年 12 月。

115. 曾春海：《嵇康》，萬卷樓圖書有限公司，2000 年 3 月。

116. 童強：《嵇康評傳》，南京大學出版社，2006 年 4 月。

117. 湯用彤等著：《魏晉思想》，里仁書局，1995 年 8 月。

118. 湯一介：《在非有與非無之間》，正中書局，1995 年 9 月。

119. 湯一介：《魏晉玄學》（增訂本），北京大學出版社，2000 年 7 月。

120. 馮友蘭：《新原道》，臺灣商務印書館，1995 年 3 月。

121. 黃節：《阮步兵詠懷詩注》，藝文印書館，2000 年 11 月。

122. 傅剛：《魏晉風度》，上海古籍出版社，1997 年 11 月。

123. 黃侃：《文心雕龍札記》，北京中華書局，2006 年 5 月。

124. 黃侃：《文選評點》，北京中華書局，2006 年 5 月。

125. 葉海煙：《人文與哲學的對話》，文津出版社，1999 年 11 月。

126. 葉海煙：《老莊哲學新論》，文津出版社，1997 年 9 月。

127. 楊儒賓：《儒家身體觀》，中央研究院中國文哲研究所，2004 年 12 月。

128. 楊儒賓、何乏筆主編：《身體與社會》，唐山出版社，2004 年 12 月。

129. 楊儒賓主編：《氣論及身體觀》，巨流圖書公司，1997 年 2 月。

130. 楊家駱主編：《新校本三國志》，鼎文書局，1997 年 5 月。

131. 董希文：《文學文本理論研究》，社會科學文獻出版社，2006 年 3 月。

132. 楊勇：《世說新語校箋》，正文書局，2000 年 5 月。

133. 熊十力：《十力語要》，中華書局，1996 年 8 月。

134. 熊十力：《讀經示要》，明文書局，1999 年 9 月。

135. 熊十力：《原儒》，明文書局，1997 年 3 月。

136. 熊十力：《中國歷史講話》，明文書局，1994 年 1 月。

137. 廖蔚卿：《漢魏六朝文學論集》，大安出版社，1997 年 12 月。

138. 寧稼雨：《魏晉風度》，東方出版社，1996 年 12 月。

139. 劉貴傑：《東晉道安思想研究》，文津出版社，1992 年 10 月。

140. 劉運好：《魏晉哲學與詩學》，安徽大學出版社，2003 年 4 月。

141. 蔡振豐：《魏晉名士與玄學清談》，黎明文化事業公司，1997 年 8 月。

142. 劉躍進：《中古文學文獻學》，江蘇古籍出版社，2000 年 1 月。

143. 蔡忠道：《魏晉儒道互補之研究》，文津出版社，2000 年 6 月。

144. 樓宇烈校釋：《王弼集校釋》，華正書局，1992 年 12 月。

145. 劉長林：《中國系統思維》，中國社會科學出版社，1997 年 4 月。

146. 劉錦賢：《儒家保身觀與成德之教》，樂學書局，2003 年 1 月。

147. 錢穆：《人生十論》，東大圖書公司，1993 年 9 月。

148. 錢穆：《現代中國學術論衡》，三聯書店，2002 年 11 月。

149. 錢穆：《國史新論》，素書樓文教基金會，2001 年 2 月。

150. 錢穆：《國史大綱》，臺灣商務印書館，1982 年 6 月。

151. 錢穆：《晚學盲言》，素書樓文教基金會，2001 年 4 月。

152. 錢穆：《論語新解》，東大圖書公司，1988 年 4 月。

153. 錢穆：《四書釋義》，素書樓文教基金會，2000 年 11 月。

154. 錢穆：《莊老通辨》，東大圖書公司，1991 年 12 月。

155. 錢穆：《政學私言》，素書樓文教基金會，2001 年 2 月。

156. 錢穆：《先秦諸子繫年》，商務印書館，2001 年 8 月。

157. 錢穆：《學術思想遺稿》，素書樓文教基金會，2000 年 12 月。

158. 錢穆：《歷史與文化論叢》，素書樓文教基金會，2001 年 5 月。

159. 錢穆：《中國思想史》，學生書局，1995 年 8 月。

160. 錢穆：《湖上閒思錄》，蘭臺出版社，2001 年 4 月。

161. 錢穆：《雙溪獨語》，素書樓文教基金會，2001 年 4 月。

162. 錢穆：《中國學術思想史論叢》，素書樓文教基金會，2000 年 11 月。

163. 錢穆：《中國史學名著》，素書樓文教基金會，2001 年 2 月。

164. 錢穆：《中國歷史研究法》，素書樓文教基金會，2001 年 2 月。

165. 錢穆：《中國思想通俗講話》，素書樓文教基金會，2001 年 2 月。

166. 錢鍾書：《管錐篇》，書林出版有限公司，1990 年 8 月。

167. 盧國龍：《郭象評傳》，廣西教育出版社，1996 年 8 月。

168. 謝大寧：《歷史的嵇康與玄學的嵇康》，文史哲出版社，1997 年 12 月。

169. 穆克宏：《魏晉南北朝文學史料述略》，北京中華書局，2002 年 10 月。

170. 戴璉璋：《玄智、玄理與文化發展》，中央研究院中國文哲研究所，2002 年 3 月。

171. 戴明揚：《嵇康集校注》，河洛圖書出版社，1978 年 5 月。

172. 戴燕：《玄意幽遠》，雲南人民出版社，1997 年 6 月。

173. 韓林合：《虛己以遊世》，北京大學出版社，2006 年 1 月。

174. 瀧川龜太郎：《史記會注考證》，萬卷樓圖書有限公司，2002 年 1 月。

175. 羅宗強：《魏晉南北朝文學思想史》，北京中華書局，2002 年 10 月。

176. 羅宗強：《玄學與魏晉士人心態》，文史哲出版社，1992 年 11 月。

177. 蘇東天：《易老子與王弼注辨義》，文化藝術出版社，1997 年 4 月。

178. 蘇新鋈：《郭象莊學評議》，學生書局，1980 年 10 月。

179. 嚴靈峰：《無求備齋學術新著》，臺灣商務印書館，1987 年 2 月。

二、論文（依姓名筆畫排列）

（一）學位論文

1. 方碧玉：《魏晉人物品評風尚探究》，中興大學歷史學研究所碩士論文，1996 年 1 月。

2. 王素娟：《魏晉儒道會通思想研究——以向郭跡冥論為中心而展開》，中央大學中國文學研究所碩士論文，1994 年 6 月。

3. 王岫林：《由「適性安命」到「達生肆情」——西東晉士人應世思想之轉折》，成功大學中國文學研究所八十七學年度碩士論文，1999 年 6 月。

4. 王岫林：《魏晉士人之身體觀》，國立中山大學中國文學研究所博士論

文，2006 年 6 月。

5. 吳冠宏：《顏子形象與魏晉人物品鑒》，臺灣大學中國文學研究所碩士論文，1992 年 7 月。

6. 吳冠宏：《魏晉玄論與士風新探——以情爲綰合及詮釋進路》，臺灣大學中文研究所博士論文，1993 年 10 月。

7. 吳惠玲：《世說新語之人物美學研究》，臺灣師範大學國文研究所碩士論文，1998 年 6 月。

8. 栗子菁：《魏晉任誕士風研究》，臺灣大學中國文學研究所碩士論文，1988 年 7 月。

9. 陳慧玲：《由世說新語探討魏晉清談與雋語之關係》，東吳大學中國文學研究所碩士論文，1987 年 4 月。

10. 陳美朱：《西晉之理想士人論》，成功大學中國文學研究所碩士論文，1995 年 5 月。

11. 陳惠玲：《魏晉反玄思想論》，成功大學中國文學研究所碩士論文，1998 年 6 月。

12. 張蓓蓓：《漢晉人物品鑒》，臺灣大學中文研究所博士論文，1983 年 2 月。

（二）單篇論文

1. 王國良：〈魯迅輯校整理古籍的成績與影響〉，《東吳中文學報》，2001 年 5 月。

2. 王宣歷：〈老子正言若反之表述方式試探〉，《鵝湖月刊》第 317 期，2001 年 11 月。

3. 王邦雄：〈論身心靈三層次的生命安立之道〉，《鵝湖月刊》第 322 期，2002 年 4 月。

4. 王邦雄：〈莊子心齋觀念的詮釋問題〉，收於林明德策畫：《中國文學新詮釋》，立緒文化事業有限公司，2006 年 8 月。

5. 王邦雄：〈論孔孟儒學的安身立命之道〉，《鵝湖月刊》第 318 期，2001 年 12 月。

6. 牟宗三：〈康德第三批判演講錄（四）〉，《鵝湖月刊》第 26 卷第 6 期，2000 年 12 月。

7. 牟宗三：〈康德第三批判演講錄（七）〉《鵝湖月刊》第 309 期，2001 年 3 月。

8. 牟宗三：〈康德第三批判演講錄（九）〉，《鵝湖月刊》第 26 卷第 11 期，2001 年 5 月。

9. 牟宗三：〈康德第三批判演講錄（十）〉，《鵝湖月刊》第 26 卷第 12 期，

2001 年 6 月。

10. 牟宗三：〈康德第三批判演講錄（十一）〉，《鵝湖月刊》第 27 卷第 1 期，2001 年 7 月。

11. 牟宗三：〈康德第三批判演講錄（十二）〉，《鵝湖月刊》第 314 期，2001 年 8 月。

12. 牟宗三：〈莊子齊物論講演錄（二）〉，《鵝湖月刊》第 320 期，2002 年 2 月。

13. 江淑君：〈魏晉玄解論語政治思想探析〉，收於成功大學主編：《魏晉南北朝文學與思想學術研討會論文集》第 5 輯，2004 年 11 月。

14. 江建俊：〈先玄學——由劉劭徵質到王弼的崇本〉，《六朝學刊》第 1 期，成功大學中文系，2004 年 12 月。

15. 伍至學：〈庖丁解牛作爲一種隱喻〉，發表於文化大學哲學系主辦之：《2006 道文化國際學術研討會》，2006 年 5 月。

16. 李漢相：〈老子之德的涵意〉，《鵝湖月刊》第 320 期，2002 年 2 月。

17. 杜保瑞：〈儒道互補價值觀念的方法論探究〉，《哲學與文化月刊》第 330 期，2001 年 11 月。

18. 李漢相：〈先秦的和合思想〉，《鵝湖月刊》第 29 卷第 9 期，2004 年 3 月。

19. 李軍：〈嵇康的自然主義教育論及其反現實性〉，《中國文化月刊》第 182 期，1994 年 12 月。

20. 吳聯益：〈嵇康養生思想及其黃老、道教之淵源蠡測〉，臺灣大學中國文學研究所《中國文學研究》第 18 期，2004 年 6 月。

21. 吳佳璇：〈嵇康的自然觀〉，《中國學術年刊》第 23 期，2002 年 6 月。

22. 吳冠宏：〈何晏聖人無情說試解〉，《台大中文學報》第 9 期，1997 年 6 月。

23. 余敦康：〈魏晉玄學與儒道會通〉，《宗教哲學》第 1 卷第 1 期，1995 年 1 月。

24. 余敦康：〈從莊子到郭象莊子注〉，收於晨曦主編：《道家思想文化：海峽兩岸道家思想與道教文化研討會論文集》，中華民國宗教哲學研究會，1994 年 3 月。

25. 周大興：〈何晏玄學新論〉，《鵝湖學誌》第 22 期，1999 年 6 月。

26. 周大興：〈阮籍的名教空間與大人先生的神貴空間〉，收於李豐楙、劉苑如主編：《空間、地域與文化——中國文化空間的書寫與闡釋》，中央研究院中國文哲研究所，2002 年 12 月。

27. 林素珍：〈芝蘭玉樹欲其生庭階——魏晉南北朝士族家學探析〉，彰化師

範大學《國文學誌》第 4 期，2000 年 12 月。

28. 林秀珍：〈人物志觀的審美精神〉，《中國文化月刊》第 267 期，2002 年 6 月。

29. 林安梧：〈儒道佛文化對臺灣公民社會養成的一些省思〉，收於臺灣哲學學會及中臺科技大學彙編：《文本與實踐：解釋學與社會行動國際學術研討會論文集》，2006 年 5 月。

30. 周翊雯：〈郭象注莊中身體思維探究〉，《鵝湖月刊》第 365 期，2005 年 11 月。

31. 宗白華：〈中國美學史中重要問題的初步探索〉，收於宗氏：《中國美學史論集》，安徽教育出版社，2006 年 8 月。

32. 洪銘水〈魏晉名士的幽默與反諷〉，收於《第三屆魏晉南北朝文學國際學術研討會論文集》，文史哲出版社，1998 年 8 月。

33. 洪景潭：〈嵇康遊心太玄——玄理凝視下的藝術化生命〉，《中國文學研究》第 21 期，2005 年 12 月。

34. 唐翼明：〈從王弼答裴徽問論魏晉玄學的思想綱領與論述策略〉，《中華學苑》第 50 期，1997 年 7 月。

35. 高柏園：〈人物志論性之哲學根據與論性傳統〉，《鵝湖月刊》第 284 期，1999 年 2 月。

36. 陳德和：〈莊子寓言中的逍遙思想〉，《鵝湖月刊》第 316 期，2000 年 5 月。

37. 涂又光：〈道家注重個體說〉，收於陳鼓應主編：《道家文化研究》第 1 輯，文史哲出版社，2000 年 8 月。

38. 孫以楷、夏當英：〈莊子與楚文化〉，收於中國蒙城莊子學會編：《國際莊子學術研討會論文集》，安徽教育出版社，2000 年 11 月。

39. 袁保新：〈秩序與創新——從文化治療學的角度省思道家哲學的現代義涵〉，《鵝湖月刊》第 314 期，2001 年 8 月。

40. 陳德和：〈老莊教育思想及其實踐〉，《鵝湖月刊》第 314 期，2001 年 8 月。

41. 馬良懷：〈世俗與超越——論向秀、嵇康對莊子的不同理解〉，收於成大中文系主編之：《魏晉南北朝文學與思想學術研討會論文集》第 4 輯，文津出版社，2001 年 10 月

42. 孫世民：〈錢賓四先生儒學和合論研究〉，國立彰化師範大學國文學系《國文學誌》第 11 期，2005 年 12 月。

43. 孫世民：〈郭象身體思維研究〉，彰化師大《國文學誌》第 13 期，2006 年 12 月。

44. 孫世民：〈嵇康養生論探析〉，國立中興大學文學院《興大人文學報》第

38 期，2007 年 3 月。

45. 孫世民：〈嵇康身體相須論〉，彰化師大《國文學誌》第 19 期，2009 年 6 月。

46. 孫世民：《從葛洪身體修養論談其療癒觀點——以《抱朴子·內篇》為核心的探討》，慈濟大學人文社會科學學刊第 11 期，2011 年 6 月。

47. 陳靜容：〈觀看自我的藝術——試論魏晉時人身體思維的釋放與轉向〉，《東華人文學報》第 9 期，2006 年 7 月。

48. 陳昊志：〈文化人格的才性論〉，《成大中文學報》第 14 期，2006 年 6 月。

49. 陳昊志：〈聖人觀的原型與型變——魏晉儒道思想中的文化人格的官能調和論〉，發表於國立臺灣師範大學國文系舉辦之：「第三屆儒道國際學術研討會——魏晉南北朝」，2007 年 4 月。

50. 莊耀郎：〈魏晉玄學家的聖人觀〉，臺灣師範大學《國文學報》第 22 期，1993 年 6 月。

51. 許尤娜：〈魏晉人物品鑑的一個新尺度——以《世說新語》〈棲逸〉篇為例〉，《鵝湖月刊》第 24 卷第 4 期，1998 年 10 月。

52. 張鈞莉：〈論魏晉名士的自我意識〉，收於銘傳大學《跨世紀國際學術研討會論文集》，1999 年 3 月。

53. 張靜茹：〈貴在肆志，縱心無悔——嵇康〈與山巨源絕交書〉的政治立場與主題思想析論〉，《中國學術年刊》第 22 期，2001 年 5 月。

54. 崔世崙：〈試探韓康伯繫辭傳注的易學思維〉，《哲學與文化月刊》第 331 期，2001 年 12 月。

55. 王曉毅：〈嵇康的才性與命運〉，《書目季刊》第 28 卷第 2 期，1994 年 9 月。

56. 黃明喜：〈略論嵇康的越名教而任自然〉，《哲學與文化》第 28 卷第 3 期，2001 年 3 月。

57. 曾春海：〈嵇康的審美表現及生命美學〉，《哲學與文化》第 28 卷第 8 期，2001 年 8 月。

58. 黃偉倫：〈工夫、境界與自然之道——阮籍〈達莊論〉的理論思維〉，《政大中文學報》第 1 期，2004 年 6 月。

59. 彭鋒：〈從渾沌、象罔和鴻蒙看莊子美學思想〉，收於汝信、黃德勝主編：《中國美學》第 2 輯，北京商務印書館，2004 年 11 月。

60. 曾春海：〈莊子形神關係的人生觀〉，收於臺灣大學哲學系主編之：《中韓東西哲學中之心身關係與修養論學術研討會論文集》，2006 年 7 月。

61. 曾春海：〈氣在魏晉玄學與美學中的理論意義〉，《哲學與文化》第 387 期，2006 年 8 月。

62. 楊國娟：〈世說新語中的竹林七賢風貌探究〉，《靜宜人文學報》第 5 期，1993 年 6 月。

63. 楊祖漢：〈論嵇康的越名教而任自然〉，收於《魏晉南北朝文學與思想學術研討會論文集》第 3 輯，文津出版社，1997 年 9 月。

64. 楊自平：〈嵇康養生論之養生主張與思惟表現〉，《鵝湖月刊》第 366 期，2005 年 12 月。

65. 趙衛民〈老子的道初論〉，《鵝湖月刊》第 219 期，1993 年 9 月。

66. 趙衛民：〈莊子的風神〉，《鵝湖月刊》第 315 期，2001 年 9 月。

67. 寧新昌：〈再論境界的形而上學〉，《鵝湖月刊》第 317 期，2001 年 11 月。

68. 蔡偉鼎：〈語言的邊際——論莊子的弔詭〉，《哲學與文化》第 329 期，2001 年 10 月。

69. 劉姿君：〈阮籍聖人觀探析〉，《鵝湖月刊》第 336 期，2003 年 6 月。

70. 劉月、王淑芹：〈氣：魏晉時期美學精神的凝結〉，收於吳兆路主編：《中國學研究》第 6 輯，2003 年 10 月。

71. 劉原池：〈阮籍大人先生傳中理想人格的修養問題〉，《哲學與文化》第 31 卷第 7 期，2004 年 7 月。

72. 劉原池：〈阮籍〈達莊論〉中的莊學思想〉，國立新竹師範學院《新竹師院學報》第 17 期，2003 年 12 月。

73. 蔡忠道：〈嵇康處世思想探析〉，收於成大中文系主編之：《魏晉南北朝文學與思想學術研討會論文集》第 5 輯，里仁書局，2004 年 11 月。

74. 劉述先：〈對於全球對話的時代的回應〉，《鵝湖月刊》第 377 期，2006 年 11 月。

75. 劉榮傑：〈從理想國君觀和形名學運用的角度探討劉卲到王弼的思想的遞變〉，《屏東科技大學學報》第 9 卷第 1 期，2000 年 3 月。

76. 謝大寧：〈論郭象與支遁之逍遙義及支遁義之淵源〉，《中國學術年刊》，第 9 期，1986 年。

77. 謝揚舉：〈逍遙與自由——以西方概念闡釋中國哲學的個案分析〉，《中國哲學》，2004 年第 5 期。

78. 羅宗強：〈嵇康的心態及其人生悲劇〉，收於羅氏：《因緣集——羅宗強自選集》，南開大學出版社，2004 年 10 月。